Blumenbar

Das Buch

Die Memoiren Sebastian Horsleys lesen sich wie ein irrwitziger und komischer Roman über die Kunst des stilvollen Scheiterns. Einer der Grundsätze Horsleys lautet: Ich kann keine Bank akzeptieren, die jemandem wie mir einen Kredit geben würde. Er begibt sich auf die Spuren klassischer Dandys wie Oscar Wilde, Quentin Crisp oder Lord Byron. Er verehrt Marc Bolan (und dessen Platte »Dandy In The Underworld«), Prostituierte, rote Samtanzüge, Crack und sein eigenes Spiegelbild. Die Krise lauert überall – doch Sebastian Horsley ist ihr immer einen Schritt voraus.

Der Autor

Sebastian Horsley, geboren 1962, lebt und arbeitet in Soho, London. Er schrieb für *The Observer*, *New Statesman* und *The Independent* und hatte eine monatliche Kolumne in *The Erotic Review*. Bei einer geplanten Lesetour verweigerten ihm amerikanische Behörden die Einreise wegen »moralischer Verkommenheit«.

Der Übersetzer

Andreas Leopold Hofbauer, geboren 1967 in Wien. Philosoph, Autor und Übersetzer. Lebt in Berlin.

Sebastian Horsley

Dandy in der Unterwelt

Eine unautorisierte
Autobiografie

Aus dem Englischen
von Andreas Leopold Hofbauer

Blumenbar Verlag

Liebe Leserin, lieber Leser,

gestatten Sie, dass ich mich vorstelle. Ich bin ein Pfau ohne Grund. Ich bin ein Stück transzendenten Mülls – eine sinnlose Explosion von Farbe in einer sinn- und farblosen Welt.

Und dies ist meine Lebensgeschichte. Von der missglückten Abtreibung bis zur Kreuzigung – mit einer ganzen Menge weniger nützlichen Zeugs dazwischen (wie zum Beispiel: Punkrock, eine in den Sand gesetzte Million, große weiße Haie und Sex mit einem psychopathischen Gangster). Es folgt die Karriere eines unverbesserlichen Dandys, der sich mit Make-up wichtig macht. Der Drogen schießt. Huren fickt. Und erfolgreich scheitert, ein Künstler zu sein.

Dieses Buch handelt davon, wie man im Rettungsboot tanzt. Von der Wahrheit als Drahtseilakt. Vom Lachen angesichts des Erschießungskommandos. Es ist die Geschichte eines Mannes, der von Pfeilen durchbohrt ist (vor allem von *freundlich gesinnten*, wie ich zugeben muss). Eines Mannes, der trotzdem noch am Leben ist.

Ich habe für meine Kunst gelitten. Jetzt bist Du dran.

Love
Sebastian

Dieses Buch ist den beiden glorreichen und schönen Rachels gewidmet, dem unerschöpflichen Quell der Inspiration und des Entzückens. Sie haben den Löwenanteil dieses Buches geschrieben – einschließlich dieser Widmung.

Auch wenn es nicht von Bedeutung ist: Das Nachfolgende ist wahr.*

*Wenngleich ich widerwillig ein paar Namen geändert habe.

DIE GEBURT WAR
BEINAHE MEIN TOD

ALS MUTTER HERAUSFAND, dass sie schwanger war, nahm
sie eine Überdosis. Vater gab ihr die Pillen. Um sich daran zu
erinnern, immer noch lebendig zu sein, brauchte sie biswei-
len ein Drama. Die Sache mit der Überdosis klappte nicht.
Doch hätte sie gewusst, wie ich mich entwickeln würde,
hätte sie zu Zyanid gegriffen.

Obwohl meine fabelhafte Laufbahn mit einer misslun-
genen Abtreibung begonnen hatte, konnte ich es nicht abwarten, geboren zu werden. Genauso gut hätte Mutter versuchen können, einen Meteoriten aufzuhalten. Ich raste auf
die Erde zu und schlug 1962 in Hull ein. Ich war so erschüttert, dass ich zwei Jahre kein Wort sprach.

Mutter war ihre ganze Schwangerschaft hindurch betrunken. Ich hingegen war wohlerzogen. Ich verursachte ihr damals keine Schmerzen. Mein ganzes Leben habe ich keine
Frau getreten – nicht einmal meine eigene Mutter.

Auf dem Weg ins Krankenhaus wurde entschieden, dass
ich Hugo Horsley heißen solle. Während meiner Geburt änderte Mutter ihre Meinung und ich wurde als Marcus ins Ge-
burtsregister eingetragen. Das wäre recht hübsch gewesen,
war ich doch aus dem Mutterleib herausgetanzt, sodass man
mich auch nach meinem ersten Helden hätte benennen können – Marc Bolan. Es sollte aber nicht sein. Als Mutter nach
Hause kam, stellte sie fest, dass sie einen Fehler gemacht hatte. Sie holte tief Luft und nannte mich Sebastian. Mein Name
wurde offiziell durch eine einseitige Absichtserklärung geändert – aber erst, als Mutter Zeit dafür fand. 1967.

Dafür bin ich dankbar. Das schönste Wort der englischen

Sprache ist »Sebastian«. Sebastian Flyte, Sebastian Dangerfield, Sebastian Venable; die Anrede ist göttlich – glänzend in Zinnober. Sogar für jemanden, der in geistigen Dingen so militant anspruchslos war wie Vater. Nach meiner letztgültigen Namensgebung sagte Vater zu Mutter: »Ich hoffe, der Name bringt ihn nicht auf irgendwelche Ideen.«

Ich gestehe, dass er das sehr wohl tat. Jahre später, als ich nach meiner Kreuzigung immer wieder gefragt wurde, warum ich das getan habe, erwiderte ich: »Weil ich Sebastian heiße.« In der aufrührerischen Welt der Kunst wurde das verstanden. Die Ikone Sebastian besitzt Anziehungskraft – wenn auch nur für Schwuchteln. Herr Wilde wählte Sebastian als Vornamen für sein Pseudonym, als er in Frankreich auf der Flucht war. Er schrieb auch »Keats' Grab« für mich:

... liegt hier der jüngste Märtyrer,
schön wie Sebastian und so jung erschlagen.

Es mit einer guten Idee zu probieren ist besser, als eine schlechte zu perfektionieren. Ohne Frage entsprach die Ehe zwischen Vater und Mutter Letzterem. Es hatte mit einem Drama begonnen, das Fräulein Scarlet O'Hara die Röte ins Gesicht getrieben hätte.

Mutter hatte die Welt ziellos durchstreift. In Wales geboren – einem Land, wo Sonntage früh beginnen und Jahre dauern – hatte sie gute Gründe, die Flucht zu ergreifen. Ihre Mutter besaß zwar nichts, wollte es aber mit der Welt teilen – deshalb wurde sie Mitglied der Kommunistischen Partei und steckte ihre Tochter in ein katholisches Konvikt.

Im *Guten Heiland* zu Holyhead schlugen sich die Nonnen darum, sie mit Kleidung auszustatten. Das war eine raffinierte Methode, ihr den Katholizismus zu verkaufen, da Mutter all die Kutten und Habits liebte. Doch es war ihr bestimmt, unerrettet zu bleiben. Als dürres, schlichtes kleines Mädchen mit mausartigem Haar und Hautausschlag wirkte sie scheu wie eine Antilope; hinter ihrer Schüchternheit verbarg sich jedoch das Temperament einer Löwin.

Dazu angehalten, ihre Näharbeiten zu verrichten, spülte sie ihr Stickmustertuch die Toilette hinunter. Zur Rede gestellt, schüttete sie mitten im Klassenzimmer Tinte über den Habit einer Nonne. Eines Tages trat sie in den Hungerstreik. Eine Nonne saß ihr am Tisch im Speisezimmer gegenüber und befahl ihr runterzuschlucken. Mutter schlang ihre Arme fest wie eine Zwangsjacke um ihren Körper. Der Nachmittag ging in die Abenddämmerung über. Der Grießbrei wurde kalt, ihre Lippen blieben versiegelt. Der Himmel verdunkelte sich. Unvermittelt stand sie kerzengerade auf und schmiss den Brei auf den Boden. Sie marschierte zur Schwester rüber und fixierte sie mit starrem Blick. »Jetzt leckst du das auf«, sagte sie.

Es ist unmöglich, im Zustand der Rebellion Gnade zu erfahren. Ein hoffnungsloser Fall beim Sport und in allen anderen Fächern – mit Ausnahme der englischen Literatur –, war Mutter in etwa so nützlich wie die Titten einer Nonne.

Mit vierzehn wurde Mutter in die Grundschule geschickt. Sie war ein einzelgängerischer Teenager ohne Freunde und erhielt von ihren Feinden den Spitznamen »Dämlack«. Ihre einzige Fluchtmöglichkeit war die Reise in ihr Inneres. Ohne einen Fernseher im Haus und mit einem Radio, das nur angestellt werden durfte, wenn ihre Mutter nicht da war (die es hasste, wenn sich die Außenwelt bemerkbar machte), hörte und sah sie nichts; sie musste ihre Einbildungskraft nutzen.

Sie besaß nicht wirklich die Größe, eine Sekretärin zu werden. Auch wenn sie mit siebzehn eine Schule für Maschineschreiben in Llandudno besuchte. Von dort wechselte sie nach Edinburgh, um als Stenotypistin für das Finanzamt zu arbeiten, wofür man ihr vier Pfund und zehn Pence die Woche bezahlte. Sie schuftete wie eine mittellose Frau, doch sie schritt durchs Leben wie eine Königin. Gebt ihr Luxus, und alles andere wird unwichtig. Essen und Unterkunft waren optional, Hüte und Pelze obligatorisch. Mutter verstand instinktiv, dass Stil und Reichtum wenig miteinander zu tun haben. Stil ist die Antwort auf die Frage, wie man in einer feindlich gesinnten oder indifferenten Welt man selbst sein kann. »Gut angezogen« zu sein hat nichts mit teurer oder der »richtigen« Kleidung zu tun. Du kannst in Fetzen gehen, solange sie dir stehen. Stil ist nicht Eleganz, sondern Konsequenz.

Aus einer Laune heraus ging Mutter nach New York und wurde persönliche Assistentin eines Bankiers an der Wall Street. Sich Mutter an der Wall Street vorzustellen scheint mir bizarr – für sie war es das jedoch keineswegs. Sie war ein Bohemien – ohne Vorurteile und ohne Wurzeln.

Sie saß an ihrem Schreibtisch und las jeden Morgen Keats. Nur dringende geschäftliche Angelegenheiten vermochten sie aufzuscheuchen. Eines Tages kam ihr zu Gehör, dass eine konkurrierende Firma von der anderen Straßenseite eine Werbeveranstaltung durchführen würde. Am Abend sollten zweitausend Ballons aus den Fenstern der obersten Etage losgelassen werden. An einem dieser Ballons würde ein Flugticket hängen. Für den nun anstehenden Spaziergang setzte Mutter ihren besten Hut auf.

Während andere die Wall Street auf der Suche nach Geld durchstreiften, sprang Mutter (die wusste, dass Gerissenheit der Feind der Romantik ist) in dieser Straße auf der Jagd nach ihren Träumen herum. Die roten, weißen und blauen Ballons schwebten auf sie herab wie Seifenblasen. Massenhaft reckten sich Arme dem Himmel entgegen, aber Mutter hüpfte einfach hoch und fing sich einen. Und an diesem hing das Flugticket. Zielort: New Orleans.

Als sie dort ankam, kannte sie niemanden und hatte nichts zum Wohnen. Das brachte sie aber keineswegs außer Tritt. Es schien so, als ob sie immer auf den Füßen landete – zumindest auf den Füßen anderer. Während sie sich zum French Quarter durchschlängelte, stach ihr eine Kunstgalerie ins Auge, die ihre Ware auf der Straße präsentierte. Sie beschloss zu bleiben und warf ihr Rückflugticket weg.

Kunst bringt kein Geld, doch die Arbeitzeiten sind vertretbar. Am Anfang arbeitete Mutter ganztägig. Der Chef ließ sie mit den Malern verhandeln, die den Laden aufsuchten, und das gefiel ihr. Es ist nicht schwer, mit Künstlern umzugehen – vorausgesetzt, man mag Kinder. Nach einem Monat begann sie sich zu entspannen. Sie arbeitete nun von zwölf bis eins und nahm eine Stunde frei fürs Mittagessen.

Sogar in Sachen Leichtsinn war sie diszipliniert. Sie widmete ihr ganzes Leben ausschließlich ihren eigenen Interessen. Sie verstand, dass alle Kunst dem Zustand der Musik zustrebt, einem Zustand, wo uns unser innerster Standpunkt von außen begegnet. Deshalb verbrachte sie ihre Tage damit, die anschwellenden Freundlichkeiten klassischer Musik zu genießen und die berechnenden Tücken des Jazz zu ignorieren. Sie liebte Erstere mit derselben Inbrunst, mit der sie Letzteren hasste. »Weißt du, Jazz hat einen schlechten Ruf, weil er schlichtweg Mist ist und langweilig obendrein«, sollte sie noch Jahre später sagen. »Er ist die fürchterlichste Rache der Schwarzen an den Weißen.«

In ihr Zimmer zurückgekehrt, las sie Shakespeare und Baudelaire. Ihr Studienprogramm umfasste – unvermeidlicherweise – auch die Selbstzerstörung. Schließlich ist das der schnellste Weg, das Schicksal selbst in die Hand zu nehmen. Auf dem Dampfer nach New York hatte sie den Alkohol entdeckt und verbrachte nun Nächte in Bars, trank Bourbon und flirtete mit den Männern.

Sie traf Janet, die ihr eine lebenslange Freundin blieb. An Sonntagen gingen sie beschwingt und Arm in Arm in eine Bar für Lesbierinnen, die ein Gratisbuffet im Angebot hatte. Beide trugen ihr Haar kurz geschnitten und waren gekleidet wie Jungs. Trotzdem war es immer Mutter, die angebaggert wurde. »Sind Sie lesbisch?«, wurde sie einmal von einem Taxifahrer gefragt. Sie zuckte mit den Achseln. »Mein lieber

Mann – an manchen Tagen schon. An anderen wiederum nicht.«

Einmal ging Mutter spät nachts durch die Straßen von New Orleans. Ein weißer Lieferwagen hielt längsseits. Zwei junge Männer sprangen heraus und drängten sie in den Laderaum. »Wenn du schreist, drehe ich dir den Hals um«, sagte einer. Er riss ihr das Höschen runter und kletterte auf sie drauf. Dann war der zweite dran. »Das waren bloß Kinder«, sagte Mutter später. »Die kriegten keinen hoch. Sie wollten mit einem Seil Billard spielen.«

Mutters Chef war anscheinend der letzte Liebhaber Billie Holidays gewesen. »Ich wusste, dass ich vom Heroin runter war, als ich aufhörte fernzusehen«, lautet ein berühmter Ausspruch von Fräulein Holiday. Der Chef lud Mutter in seine Wohnung zum Abendessen ein. Der Unterschied zwischen Vergewaltigung und Verführung ist Geschäftstüchtigkeit. Als Mutter ankam, gab es kein Abendbrot. Stattdessen stand er da, holte seinen Schwanz raus und teilte ihr mit: »Was Sie brauchen, junge Dame, ist ein guter Fick.« Mutter machte sich aus dem Staub. Sie knallte die Glastür hinter sich zu. Er rannte geradewegs in diese hinein und brach inmitten seines zersplitterten Egos zusammen.

Nachdem Mutter gefeuert worden war, war sie völlig mittellos. Bananen, die sie direkt im Supermarkt aß, erhielten sie am Leben. Sie war ein Instrument des Schicksals.

Eines Nachmittags, als sie auf dem Rasen des Jackson Square Park saß, sah sie einen lächerlich groß gewachsenen Mann, der einen ungewöhnlichen und weit ausgreifenden Gang hatte. Er ragte heraus. Alle anderen trugen Turnschuhe oder Sandalen oder gingen barfuss. Ganz gewiss hörte sie das unverwechselbare Klacken genagelten englischen Schuhwerks an den Beinen eines englischen Galgenstricks. Sie schloss mit Jane, die neben ihr lag, eine Wette ab, dass der Mann Engländer sei. Sie gewann. Zwei Tage später heiratete sie ihn.

Vater war von Kanada aus in die Stadt getrampt. Er hatte dort neun Monate verbracht, seltsame Jobs verrichtet und sich das Land angesehen, ehe er heimkehrte, um sich im Schoß des Familienunternehmens in Yorkshire niederzulassen. »Ich besitze einen Milchhof«, erzählte er Mutter. »Ja, klar! Eine Scheune auf einer Brache mit einer Kuh«, sagte Janet. Aber Mutter kümmerte das überhaupt nicht. Nachdem sie dort angekommen war, schickte sie Janet ein Telegramm aus der Villa in Yorkshire. Alles, was darin stand, war: »Es gibt mehr als eine Kuh!«

Ihre zweitägige Balz verbrachten sie auf den Rastplätzen derer, die vom Whisky geschlagen sind. Im French Quarter waren alle Läden rund um die Uhr geöffnet. Als sie im Poppa Joe's saßen, fragte Vater Mutter, ob sie ihn heiraten wolle. Sie stand auf, ging zur Musikbox, wählte Sarah Vaughns »I'm glad there is you« und kippte sich einen weiteren Drink hinter die Binde. Dann torkelten sie Richtung Osten. In diesen Tagen mussten sich Männer in Amerika einem Bluttest zur Feststellung von Geschlechtskrankheiten unterziehen, ehe die Heiratsurkunde unterzeichnet werden konnte. Vater hatte schreckliche Angst vor Nadeln. Sie fanden einen Bundesstaat, in welchem diese Bestimmung nicht verpflichtend war.

Der Friedensrichter von Gulfport, Mississippi, zog skeptisch eine Augenbraue hoch, als Mutter hereinspazierte. »Ah, sie wieder«, sagte er.

Zwei Wochen vorher war Mutter schon einmal dort gewesen, um einen Exhäftling mit Namen Jack Stone zu heiraten. Sie hatte ihn erst zwei Tage gekannt – genug, um den Friedensrichter zu warnen: »Wenn ich im betrunkenen Zustand zu was auch immer Ja sage – glauben Sie mir nicht.«

Mutter glich einem auf und ab schaukelnden Schiff, das sich niemals fortbewegte, wenn nicht männlicher Atem Wind in die Segel blies. Ohne eigene Riemen, die es ihr erlaubt hätten, Kurs zu halten, ohne persönlichen Ballast und ohne Ruder wurde sie hin und her geweht, nirgends zu Hause, verloren auf hoher See. Als Mutter und Herr Stone beim Standesamt angekommen waren, hatte sie der Friedensrichter nach einem Identitätsnachweis gefragt. Alles hätte dafür ausgereicht. Sogar ein Brief, mit ihrer Adresse drauf. Mutter hatte gar nichts.

Als sie jetzt wieder mit Vater auftauchte, hatte sie einen Brief, aber dafür keinen Ring. Sie mussten sich den von Janet ausleihen. Auf der Rückfahrt nach New Orleans kamen sie an einem Rummelplatz vorbei, und ihr erstes Hochzeitsgeschenk war eine Fahrt auf dem Karussell. Vater schickte ein knappes Telegramm an seine Familie. HABE HEUTE ENGLÄNDERIN GEHEIRATET ... STOP ... BRIEF FOLGT.

Es war Hitlers Geburtstag, 20. April 1958. Sie verkauften ihre Geschichte dem *New Orleans Item*. Unter der Überschrift »Heirat: Britisches Paar lernt sich bei uns kennen« starren sie aus dem Foto, mit Augen, die noch nichts wissen von all dem Schmerz, der folgen würde. Mutter lehnt sanft an Vaters Schulter, eine wunderschöne und unentwirrbare Verbindung aus Glamour und Leid. Vater hat den Blick gesenkt wie ein scheuer Hirsch, verborgen hinter einem ganzen Wald von Haaren. Ungeschickt, als ob er schon an seine künftigen Kinder dächte, wiegt er eine neapolitanische Mandoline in seinen Armen.

»Ich nehme an, wir wirken nicht gerade sehr englisch«, sagte Vater zum Interviewer mit einem Kopfnicken in Richtung seiner erst seit drei Tagen Angetrauten. Die Zeitung brachte die Geschichte ihrer »stürmischen Begegnung« und meldete: »Wenn sie auch nicht so ergreifend verlief wie die zwischen Elizabeth Barrett und Robert Browning, so beweist sie zuletzt doch, dass manche Engländer weit mehr Romantik denn Vorsicht in ihren Seelen tragen.« Anlässlich ihrer Abreise von New York auf der *Queen Mary* »hängt jedoch eine kleine dunkle Wolke über ihrem Glück. Sie haben kein Geld.« Vater meinte: »Vielleicht müssen wir trampen.«

Schließlich fragte sie der Reporter: »Passen Sie beide denn zusammen?« Mutter hatte ein gutes Gefühl für Schlagzeilen, und deshalb lieferte sie eine: »Keine Ahnung«, sagte sie, »ich kenne ihn erst seit einer Woche. Ich weiß gar nicht, wer er ist.«

Lange Zeit wurde ich von drei undeutlichen Erinnerungen gequält. In einer von ihnen sind wir in Castle House, einem großen Landsitz in Brough. Ich muss zwei oder drei Jahre alt gewesen sein. Der Kühlschrank ist voller Eier. Ich fasse sie an und beginne, sie hin und her zu bewegen, hebe aber keines hoch. Sie sind kalt und symmetrisch, und es sind viele. Ich schließe meine Hand um eines und lasse es halb unabsichtlich auf den Küchenboden fallen. Das *Plop* und die Sauerei, die es macht, sind so delikat, dass ich ein weiteres Ei in die Hand nehme und das Ganze wiederhole. Mutter findet mich eine Stunde später in der Küche, die jetzt komplett mit Eierschalen dekoriert ist. Das entzückte Strahlen auf meinem Gesicht machte es ihr unmöglich, mich zu rügen. Sie ging sogar noch einen Schritt weiter und gestattete mir das Gefühl, dass es sich hierbei um eine Vorliebe handelte, die wir teilten. Soweit es mich betraf, war ich Mutters Liebling. Bis dahin hatte sie mir noch nicht erzählt, dass ich nur aufgrund eines gerissenen Kondoms gezeugt worden war und einen Abtreibungsversuch überlebt hatte – offensichtlich war sie aber unfähig, dieses bisschen Tratsch für sich zu behalten und hatte meiner traumatisierten älteren Schwester erzählt, es sei sie gewesen, die sie abzutreiben versucht hatte.

In meiner zweiten Erinnerung sitze ich auf einem Kinderhochstuhl und schlabbere meinen Brei. Mein Arm hängt an der einen Seite runter und meine Hand befindet sich direkt vor einer offenen Schranktür. Schwester Ash knallt plötzlich diese Türe zu und trennt mir so die Spitze des kleinen Fingers meiner rechten Hand ab. Blut spritzt herum. Die Kinderfrau kreischt, wie die Kinderfrau aus *Panzerkreuzer Potemkin*. Der

Gärtner, der üblicherweise eher in der Küche als im Garten zu finden ist, hebt das abgeschnittene Stückchen auf, steckt es in einen Umschlag und rast mit mir und dem Stück von mir ins Krankenhaus. Für die Ärzte ist es für eine Wiederzusammenführung zu spät. Sie schmeißen das falsche Stück von mir in die Mülltonne.

Als Baby habe ich nicht geweint, da ich zu gut erzogen war – wenngleich mir unter Umständen wie dem gerade geschilderten ein kleiner Aufschrei entfahren sein mag. Da Tränen aber die schärfste Waffe im unerschöpflichen Arsenal des Babys sind, musste ich mich nach etwas anderem umsehen.

Meine Rache war exquisit. Ich wartete – einige Jahre –, bis Ash einmal mit nackten Beinen auf dem Bett herumhüpfte und immer wieder von den Knien auf die Füße sprang. Anmutig schob ich eine Glasscherbe auf die Matratze, die dann auch ganz harmlos ihren Platz in Ashs Knie fand. Meine Geschwister sind mir schon immer zu vulgär gewesen.

Meine letzte Erinnerung aus dieser Zeit handelt davon, wie ich loslaufe, ohne überhaupt schon laufen zu können. Als ich einen langen Flur entlangstolpere, falle ich über eine Milchflasche. Das Glas zerbricht unter meiner Hand. So viel Blut! So viel Blut um mich herum, das eigentlich in mir drin sein sollte!

Bis heute sind meine Hände nicht wieder ganz in Ordnung gekommen. Nervenenden klingen und klimpern herum. Die Narben singen, aber ich mag sie. Erinnerungen sind bloß Erinnerungen, aber einer Narbe kann man vertrauen.

1966 zogen wir von Castle House nach High Hall um, wo ich blieb, bis ich elf Jahre alt war, und dort fangen meine Erinnerungen an, deutlicher zu werden. Vorher ist alles vernebelt – die Erinnerungen scheinen wie Luftspiegelungen; doch beim bloßen Klang der Worte »High Hall« treten alle Bilder, Töne und Gerüche meiner Kindheit wieder lebendig hervor.

High Hall befand sich auf einem Hügel, damit Gott alles sehen konnte, was dort vor sich ging. Darunter lag ein kleines Dorf namens Etton: eine Straße, ein Pub und ein Geschäft. Der Friedhof war ein Teil des Dorfes, in dem die Toten ruhten, und Etton war Teil des Kirchhofs, in dem die Lebenden ruhten. Alles war von Stille erfüllt. In meiner Erinnerung sehe ich immer hinaus auf die leeren Felder und die düsteren Eiben, die entlang der blaugrauen Wege stehen, welche die Landschaft mit ihren Zickzacklinien durchziehen. Die Sonne scheint, die Erde ist unbewohnt, und vor meinem wachen Auge ist alles wie gefroren – ein Zustand zwischen Unterbrechung und Erwartung.

Ursprünglich als kleines Herrenhaus im 18. Jahrhundert errichtet, war High Hall nun ein herrschaftlicher Wohnsitz, so groß, dass man eine ganze katholische Familie hätte unterbringen können. Ein hoch aufragendes, weitläufiges Gebäude aus roten Ziegeln, Strebewerk und spitzen Giebeln. Es verfügte über drei Stockwerke mit unzähligen Schlafzimmern und Dachböden, durchzogen von Fluren, durch die man rennen und stürzen konnte. In der Mitte war eine riesige Eingangshalle mit einem Balkon, der so hoch war, dass ich das Gefühl hatte, Mammutbäume könnten darunter wachsen. Draußen gab es Rasen und Pferdekoppeln, Tennisplätze, Gartenhäuser und Stallungen. Es war ein ganzes Universum für ein Kind. Ich sehe all das noch vor mir. Vielleicht hat High Hall mich vergessen, ich jedoch erinnere mich seiner.

Im Schlaf, wenn der Schaum der Erinnerung in Bewegung gerät, wie Dreck der vom Sturm aus einer umgeworfenen Mülltonne geweht wird, kehre ich immer wieder nach High Hall zurück. Es ist der beständige Schauplatz meiner Erwachsenenträume, in denen ich seine Gärten durchwandere und zwischen seinen Bäumen umherstreiche. Die Felder sind in Rot getaucht, die Flüsse gelb und die Bäume blau eingefärbt. Die Wege sind mit Opalen gepflastert, und die Luft glitzert diamanten. Es gibt Kamelien, groß wie Kohlköpfe, und Sonnenblumen, hoch wie Telegrafenmasten. Ich allein besitze den Schlüssel zu diesem Paradies.

In meinen Dreißigern, als ich krank von Drogen daniederlag, besuchte ich im Geiste High Hall mit der sentimentalen Überempfindlichkeit des Heroinkranken. Selbst der geringste Entzug verursacht akute Nostalgie. Immer wieder kehre ich zurück zum Zauber meiner Kindheit. Jeden Morgen wurde ich mit einer leichten Übelkeit wach. Ich lag da und blickte die Schatten an den weiß verputzten Wänden an. Ich verspürte einen schrecklichen Schmerz der Sehnsucht nach High Hall und wurde von ihm zerrissen, wenn ich der goldenen Nächte gedachte, die über seinen abendlichen Rasen hereinbrachen.

In den frühen Tagen der Ehe waren Vater und Mutter glücklich, aber ich habe keinerlei Erinnerung daran. Die erstaunliche Glaswand, die sich – wie uns Herr Forster mitteilt – zwischen einem verheirateten Paar und der Außenwelt befindet, war ohne Zweifel schon errichtet. Sie verließen kaum das Haus. Sie saßen rum und tranken. Manchmal standen sie auf und gingen in den Light Dragoon Pub im Dorf.

Sie glaubten, dass romantische Liebe Fortpflanzung ausschlösse. Mit einem Kind setzen wir unseren ärgsten Rivalen in die Welt, eine Person, die wir mehr lieben werden, als wir einander lieben. Aber eigentlich hegten sie keinerlei Gedanken dieser Art. Sie schenkten uns überhaupt keine Aufmerksamkeit. Sie ignorierten uns nicht einmal.

Im Alter von fünf Jahren ging ich zur Cherry-Burton-Grundschule, die zwei Meilen von Etton entfernt war. Ich kann mich gut an meinen ersten Tag erinnern, weil ich mich vollschiss – mitten im Klassenzimmer. Oben triefte ich vor Tränen, unten vor Exkrementen. Was mich aber wirklich entsetzte, war die Tatsache, dass mich der Lehrer in ein Paar knallgelber Hosen mit großem weißen Punktemuster steckte, in denen ich nach Hause laufen musste. Ich hatte meine

Grundsätze. Vielleicht waren sie noch nicht besonders hehr, doch ich hatte welche.

In der Grundschule war es auch, als mir die traurige Einsicht dämmerte, ich wäre nicht sonderlich klug. Es stimmt, dass ich mich in der Schule weder hervortat noch blamierte, aber ich war langsam – beinahe bewegungslos.

Es ist besser, wenn man ein wenig doof ist, dann entgeht einem das Ausmaß der eigenen Unzulänglichkeit. Ich aber wusste darüber nur allzu gut Bescheid. Und Ashs Brillanz machte alles nur noch schlimmer. Sie blendete jeden mit ihren Fähigkeiten in Mathematik, Sprachen und den anderen Wissenschaften – samt und sonders Gebiete, von denen ich nichts verstand und bis heute nichts verstehe. (Im wirklichen Leben, das versichere ich, gibt es keine Algebra. Ich musste noch nie zu einem Formelbuch greifen, um herauszufinden, was ich meinem Dealer schulde.) Und in der Tat lud der Direktor der Schule Vater und Mutter vor, um ihnen mitzuteilen, dass Ash ein Genie sei.

Während sie die Probleme des Universums in sechs verschiedenen Sprachen löste, hatte ich Schwierigkeiten, meine Schnürsenkel zu binden. Ich beharrte darauf, Slipper zu bevorzugen, um mein peinliches Geheimnis nicht preisgeben zu müssen. Vater lehrte Schwester Lesen und Schreiben, als sie drei Jahre alt war; bei mir gab er auf. Und das tat Ash schließlich auch. Als sie einmal versuchte, mir etwas beizubringen, und dabei nicht den gewünschten Effekt erzielte, wurde sie immer rechthaberischer, was schließlich damit endete, dass ich ihr ins Gesicht schlug.

Ich war ein hoffnungsloser Fall. Ich konnte nicht lesen, nicht schreiben, verstand nichts und konnte nicht buchstabieren. Vater wurde nicht müde, mich daran zu erinnern. »Nun gut … ich habe versucht, es Sebastian beizubringen, aber er war zu blöd, um es zu begreifen.« Ich sehnte mich nach Legasthenie oder einem ähnlichen Alibi. Alle Versuche, meiner Idiotie Würde zu verleihen, wurden von Vater ausnahmslos zunichtegemacht. »Legasthenie ist nur ein Begriff, der von der Schickeria benutzt wird, um die Dummheit ihrer Kinder zu umschreiben.«

Ich kann kaum glauben, dass Mutter, die niemals mehr als eine romantische Affäre mit der Verantwortlichkeit hatte, all das überhaupt bemerkte, doch sie lud meinen Grundschullehrer Herrn Piles ein, um mit ihm über meine Fortschritte, oder vielmehr das Ausbleiben derselben zu sprechen. Es war vier Uhr nachmittags, und meine Mutter bot ihm Tee an. »Ich nehme einen Whisky«, sagte er. Nach einer kurzen Diskussion über mich heiterte sich der Zustand der beiden angenehm auf. Als aber der Nachmittag in den Abend überging, wurde mein Lehrer streitlustig. Seine Herkunft aus der Arbeiterklasse stieg ihm zu Kopf, und er vergaß seine guten Manieren. Mutter, die die Arbeiterklasse verabscheute, versuchte das Thema zu wechseln. Wie ärgerlich doch Betrunkene werden, wenn man so etwas versucht! Will man einem Besoffenen sein Thema streitig machen, dann ist das so, als wolle man einem deutschen Schäferhund seinen Knochen klauen.

Herr Piles stand auf, wies auf den riesigen Garten und brüllte: »Sehen Sie sich diese Scheißzuckererbsen da draußen an – das ist Geld. Das ist beschissenes Geld! Und wegen dieser Scheißerbsen und Leuten wie Ihnen kommen Leute wie ich niemals zu etwas. Warum sollte ich Ihre Scheißkinder überhaupt unterrichten? Leck mich!«

Ein schmaler Grat trennt einen würdevollen Trinker von einem widerlichen Besoffenen. Herr Piles torkelte in den Hof hinaus und dann zu seinem Auto. Mutter versuchte ihn aufzuhalten, indem sie auf das Trittbrett des Wagens sprang. Sie durchbrachen die Tore von High Hall und bogen mit quietschenden Reifen auf die Landstraße ein. Mutter landete im Graben. Der Lehrer, sein Auto und seine Karriere schleuderten kopfüber vorwärts, durch Etton hindurch, in eine Mauer und dann – in einen weiteren Graben.

In High Hall verbrachten wir die meiste Zeit in Einsamkeit. Mich störte das nicht besonders. Als geborener Einzel-
gänger erfasste ich rasch die Bedeutungslosigkeit des Fami-
lienlebens. Die Außenwelt und die Rolle, die ich in ihr
spielen könnte, schienen mir unwirklich und bedrohlich. Ich
hatte schon den Rückzug in das traurige Königreich meines
Selbst angetreten.

Dennoch gab es da meine großen Leidenschaften, meine
Liebesaffären, meine Zerstreuungen. Ich verliebte mich in
die Sonnenblumen. Ich pflanzte sie jedes Jahr aufs Neue. Ein
monströses Regiment, das sich vor der Wand eines Schup-
pens in Stellung brachte. Ich kümmerte mich nicht um die
Ringelblume, die Dahlie oder die Rose. Einzig und allein mit
der Sonnenblume identifizierte ich mich. Ich hatte ein tiefes
Verständnis für ihr plötzliches fantastisches Erblühen und
ihr ebenso schnelles Verwelken entwickelt. Vielleicht habe
ich sie schon damals als unser aller Leben Wappenblume gesehen.

Mein anderes Hobby in diesem Lebensabschnitt war
Brandstiftung. Brandstiftung ähnelt in der Wirkung ein wenig einer Droge – man braucht mehr und mehr, um immer
wieder denselben Effekt hervorzubringen. Ich fing klein an.
Modellfiguren, die ich in mühseliger wochenlanger Arbeit
zusammengebaut und gewissenhaft bemalt hatte, stellte ich
auf einem alten Steinblock auf dem Hof in Reih und Glied
auf, übergoss sie mit Petroleum und fackelte sie ab. Aber das
machte mich nicht besonders lange glücklich.

Ich wählte zuerst ein Ziel: einen großen Heuschober, etwa
eine Viertelmeile vom Haus entfernt. Dann wartete ich, bis
die Dämmerung hereinbrach und holte die Streichhölzer
hervor. Die trockenen Halme fingen sofort Feuer. Ich erinnere mich der Erregung, die der Rauch auslöste, der Furcht,
die meine Kehle zuschnürte, als die Flammen plötzlich
hochschlugen. Ich entsinne mich der Aufregung, als ich so
schnell wie irgend möglich mit meinem Fahrrad zum Haus

zurückfuhr und auf den Dachboden hochrannte. Von dort aus beobachtete ich das Feuer, das wie ein gewaltiges goldenes Idol in der Nacht loderte.

Später beobachtete ich dann die Lichter der eintreffenden Feuerwehrfahrzeuge, die gleich Leuchtkäfern immer wieder auf den sich dahinschlängelnden Landstraßen auftauchten und verschwanden. Ich saugte diese Aussicht in mich hinein. Es war mein erster Vorgeschmack auf den berauschenden Cocktail aus Angst und Macht.

Als Nächstes war High Hall dran. Es war natürlich ein Unfall – auch wenn es in Ashs Kinderwagen begann, der im Heizungskeller stand, und den ich mit Methylalkohol begoss, um ihn dann anzuzünden. Ich saß mitten auf dem Boden und kicherte. Mutter schoss herein, mit einem Handtuch um den Kopf gewickelt, und löschte das Feuer. Mutter dabei zu ertappen, wie sie sich verantwortungsbewusst verhielt, war genauso absurd, wie den Grafen Dracula beim Morgensport zu überraschen.

Ein anderer Zeitvertreib in diesem zarten Alter war es, ein elektrischer Leiter zu sein. Die Pferdekoppeln um unser Anwesen herum waren von Strom führenden Zäunen umgeben, damit die Pferde drinnen blieben und die Horsleys draußen. Ich lockte Freunde zu mir rüber, ergriff dann den Draht und leitete den Strom durch mich hindurch und – indem ich ihre Hände packte – in sie hinein. Ihre verzerrten Gesichter zu sehen war es wert. Ihre Körper zuckten herum wie Marionetten.

Ich brachte es aber dennoch zuwege, in Vaters Bibliothek Lesen und Schreiben zu lernen. Ich hatte *Tim und Struppi* entdeckt – das war etwas für Kinder, denen *Asterix* zu intellektuell war. Die *Fünf Freunde* hatten mich eher gelangweilt. Für mich war Tim realistischer, fast so, als hätte es ihn wirklich gegeben, und ich betete ihn an.

Mutter und Vater waren viel zu intelligent, um sich selbst oder anderen vorzumachen, sie seien Bohemiens. Mutter war eine Dichterin. Eine *wahre* Dichterin. Sie tat nichts. Sie schrieb nicht einmal Gedichte. Vater hatte vage romantische Vorstellungen, zu schreiben wie Hemingway, stattdessen begann er jedoch Schweinefleischpasteten zu verkaufen.

Viele Menschen werden als Poeten geboren und sterben als Geschäftsleute. Seine Bibliothek spiegelte seine verlorenen Hoffnungen – in seinem Studierzimmer befand sich sein Harem. Kafka, Fitzgerald, Baudelaire und Ginsberg. Mein Liebling war William Burroughs.

Ich öffnete *Naked Lunch*. Seite 99. Und las:

»Darling, ich will dich in den Arsch ficken«, flüstert sie.
»Nee. Nicht jetzt.«
»Ich will aber. Bitte.«
»Na ja. Meinetwegen. Ich geh mir den Arsch waschen.«
»Nee, ich wasch ihn dir.«
»Ah, was soll der Quatsch, der ist doch nicht dreckig.«
»Doch. Na komm schon, Johnny-Boy.«

Ich wusste, dass ich mich dem Ort näherte, wo der Schatz vergraben lag.

Mutter las uns Oscar Wilde vor. Meistens die Geschichte »Der glückliche Prinz«. Sie schaffte es nie, sie zu Ende zu lesen, da ihre Augen immer voller Tränen waren. Jahre später, als ich versuchte, dieselbe Geschichte einer Geliebten vorzulesen, konnte auch ich es nicht. Vielleicht vererbt sich, was in den tiefsten Regionen unserer Herzen ruht.

Die Literatur Wildes schien Mutter wie einen Seidenhandschuh aufgehoben und probiert zu haben, um dann festzustellen, dass er ihr perfekt passte. Auch sein Stil war tief in sie eingedrungen. Seine Theatralität schwebte beständig an mir vorbei. Ich kann mich erinnern, dass sie sich einmal mit großer Sorgfalt vor dem Spiegel zum Ausgehen bereit machte und verlangte, dass eines der Kinder sie begleitete. »Welches Kind?«, fragte das Kindermädchen. »Das ist mir egal«, schnappte Mutter zurück, »dasjenige, das am besten zu rotem Samt passt.« (Selbstverständlich war ich das.) Ihre doppelte Obsession hinsichtlich Tod und Kleidung gingen ein unheiliges Ehebündnis ein. Sie sprach ohne Unterlass davon, glamouröse Unterwäsche zu tragen, um auf den unausweichlichen Autounfall vorbereitet zu sein, den sie – und auch wir – ein halbes Leben lang erwarteten.

Wenn Charisma zu überzeugen vermag, ohne die Logik in Anschlag zu bringen, dann hatte Mutter Charisma. Sie geleitete mich in eine lebenslange exotische Ohnmacht, von der ich mich nie wieder richtig erholt habe. Wenn ich daran denke, wie sie zwischen ihren Hüten und Mänteln herumwirbelte, wie ein Vamp auf der Stummfilmleinwand, welch' grelle Geister sehe ich dann im Rückspiegel meines eigenen Lebens.

Aber damals empfand ich nichts anderes als Verlegenheit. Es war Sporttag in der Grundschule, und ich hatte wie üblich alles verloren, was man verlieren konnte. Ich wartete darauf, Mutter zu erzählen, dass ihr feiner junger Sohn es mal wieder nicht weit gebracht habe. Mutter kam selbstverständlich zu spät.

Der Jaguar hielt mit knirschenden Reifen, und seine Tür öffnete sich langsam. Mutter entstieg ihm, behängt mit Juwelen, einer schwarzen Federboa und flamingofarbenen Handschuhen. Sie sah aus wie der Weihnachtsbaum einer Dragqueen. Ihr Kleid war bis an die Grenzen des Anstands geschlitzt und so eng, dass man sehen konnte, was sie dachte. Und als sie ihre Hutkrempe zurechtrückte, sah es aus, als habe sie einen großen Flügel schlagenden Vogel auf ihrem Kopf sitzen, dem es schwerfiel, sich auf einer schwankenden Sitzstange auszuruhen. Beschwipst torkelte sie heran. »Schon wieder verloren, mein Liebling?«, fragte sie.

Dass Mutter überhaupt einen Führerschein besaß, glich dem achten Weltwunder. Wenn wir zuweilen den Schulbus verpassten, saß sie in Negligé und Pantoffeln am Steuer ihres Triumph Cabrio; ihr langes Haar flog wild im Wind. Sie brabbelte vor sich hin und fluchte wie eine Landstreicherin. Wir wussten nie, worum es bei diesen Selbstgesprächen ging, nur, dass sie gespickt waren mit Schimpfwörtern. Sie war die am wenigsten ausgeglichene Person, die ich jemals gekannt habe. Sie war schlicht und einfach verrückt.

Das Leben ist nur Theater – und Mutter wusste, dass es zumeist nur ein billiges Melodrama war. Sie war eine Inszenierung auf der Suche nach einem Publikum.

Vater hatte die Suche nach allem aufgegeben – mit Ausnahme der Suche nach der Schnapsflasche. Er war anwesend, aber völlig unzugänglich. Das kam mir entgegen. Vater und Sohn sind natürliche Feinde, und es ist im Interesse beider, es dabei auch zu belassen.

Das größte Unglück, das einem gewöhnlichen Menschen zustoßen kann, ist, der Sohn eines ungewöhnlichen Vaters zu sein. Und Vater war ungewöhnlich, allerdings nicht auf die Weise, wie er es sein wollte. Als er das Ziel seiner Arbeit erreicht, also ein Vermögen verdient hatte, tat er so, als sei gerade das nicht das Ziel seiner Arbeit gewesen. Er war seinem Vater in der familieneigenen Firma nachgefolgt und hatte aus der Molkerei Northern Dairies gemacht und aus Northern Dairies wiederum Northern Foods. Vom Hauptquartier in Hull aus hatte er schließlich ein Zwei-Milliarden-Pfund-Imperium aufgebaut. Als ihm dann der Titel eines *Commander of the Order of the British Empire* für seine Verdienste um die britische Industrie angetragen wurde, lehnte er ihn ab.

Einen Titel abzulehnen ist nur eine andere Form, ihn anzunehmen, nur dass man dabei mehr Rummel veranstaltet als gemeinhin üblich. Er hingegen wies seinen in aller Stille zurück – zum Entsetzen seiner Eltern. Sie verehrten Titel und Erbrechte, während sie diese gleichzeitig mit Worten lächerlich machten; ganz besonders Großvater, der bei der Parade der Eitelkeiten nicht nur immer ganz vorn mitmarschierte, sondern auch die größte und glänzendste Fahne trug.

Vater war wahrhaftig unfähig, seine seltenen Fähigkeiten

anzuerkennen. Als Geschäftsmann entschuldigte er sich andauernd für seinen Beruf. Er verhielt sich, als wolle er kein erfolgreicher Mann sein, sondern ein ehrenwerter. Und Wert besaßen für ihn nur das kreative Schreiben, investigativer Journalismus oder radikale politische Bewegungen.

Mutterschaft ist, wie alle Stylisten wissen, die unglamouröseste Rolle, die eine Frau spielen kann. Mutter verstand das und war nicht bereit, ihre Performance auch nur durch ein winziges Detail – wie zum Beispiel drei eigene Kinder – stören zu lassen. Vater andererseits war ein Feind des Stils. Menschen, die nicht eitel hinsichtlich ihrer Garderobe sind, sind meistens eitel auf diese Uneitelkeit bedacht. Er hatte sein Erscheinungsbild so lange vernachlässigt, dass es einfach verschwunden war. Jetzt legte er gemeinsam mit Mutter eine seltsame Asymmetrie an den Tag. Manche mögen Jahre benötigen, um einzusehen, dass die ihnen angebotenen Rollen nicht zu ihnen passen, Vater jedoch wusste augenblicklich, dass er in seiner eigenen Rolle eine komplette Fehlbesetzung war. Er war kein Mensch, auf den man sich als Liebhaber, Ehemann, Vater oder ganz allgemein als gewöhnlichen Zeitgenossen verlassen konnte. Aber darin war er immerhin völlig professionell.

Ich habe keinerlei wirkliche Erinnerungen an ihn, mit der Ausnahme, dass er mir Schwimmen beibrachte. Jeden Sonntag fuhr er uns in seinem Jaguar – ich saß für gewöhnlich im Kofferraum – zu Pocklington Baths. Ich entsinne mich, dass ich Schwierigkeiten mit dem Auftrieb hatte, Vater aber schien mit meiner Leistung zufrieden.

Abgesehen davon machte er gar nichts. Er hat mich nicht einmal zur Seite genommen und mich dort einfach stehen lassen. Selbst jetzt kommt es mir ironisch vor, dass ich ihn »Vater« nenne, weil er sich in den zehn Jahren, die ich ihn kannte, weigerte zu reagieren, wenn ich ihn so rief – oder es gar wagte, ihn mit »Papa« oder »Vati« anzusprechen. Es war mir nur gestattet, ihn »Nick« zu nennen.

Vielleicht lag es an seinem körperlichen Zustand. Vaters physisches Selbst stand seinem intellektuellen und spirituellen Selbst im Weg. Er war ein Spastiker. Gemeinsam mit dem Geschäft hatte er von meinen Großeltern eine Veranlagung zur Lähmung geerbt. Sie war genetisch bedingt; eine sehr seltene degenerative Funktionsstörung des Rückenmarks, die sich nur dann manifestiert, wenn zwei Menschen, die dieselbe genetische Mutation besitzen, sich fortpflanzen. Die Chance, dass sich zwei Menschen mit einer solchen Mutation kennenlernen und Kinder bekommen, ist verschwindend gering. Aber das ist nun einmal die Art von Glück, die meine Familie hatte.

Als Kinder waren wir Zuschauer seines langsamen Verfalls. Es hatte mit dem seltsamen Gang begonnen, der Mutter aufgefallen war, als sie ihn in New Orleans getroffen hatte: schleifende, schleppende Schritte. In der Zeit, als wir aufwuchsen, wurden Schuhe für ihn unbequem. Wir hörten seinen Gang, das Rutschen der Slipper auf dem Parkett in der Halle, die klimpernden Münzen in seinen Taschen. Es wurde beständig schlimmer. Zuerst Stöcke, dann Krücken, und schließlich war er an den Rollstuhl gefesselt. Nur im Wasser konnte er sich frei bewegen. Jetzt war ich es, der ihm beim Schwimmen zusah.

Bevor die Ärzte über seine Krankheit Bescheid wussten, brachen sie ihm alle Zehen und durchbohrten sie dann mit Drähten, um sie zu strecken. Ich kann mich daran erinnern, wie ich ihn im Krankenhaus besuchte. Vater lag in einem dunklen Raum, schwer sediert und die unteren Teile seiner Beine dick bandagiert. Der widerliche Krankenhausgeruch von Ausdünstung und Hitze lag in der Luft. Ich entsinne mich meiner Verwirrung. Warum mussten sie ihm wehtun? Warum hatte man die Füße meines Vaters gebrochen? Als er nach Hause kam, war es beinahe unerträglich schmerzhaft, diese stille und dominante Figur, die mein Leben durch ihre Versäumnisse so lange bestimmt hatte, herumhumpeln zu sehen. Bis heute versetzt es mir einen Stich ins Herz, wenn ich einen Krüppel sehe. Ich zucke zusammen und wende mich ab. Es entzündet sich eine Lunte, die geradewegs zu meinem Vater führt.

Nach den Sonnenblumen vernarrte ich mich in den großen weißen Hai. Ich verbrachte ganze Tage in meinem Zimmer, um ihn zu studieren und zu zeichnen; ich sammelte Bücher und Zeitschriften, die von meinem neuen Freund berichteten. Bruder war besessen von Dinosauriern, was mir sinnlos erschien, da sie nicht mehr existierten. Das wahre Mysterium der Welt war für mich das Sichtbare, nicht das Unsichtbare. Ein Hai war ein lebender Dinosaurier – 400 Millionen Jahre alt –, und er fraß Menschen.

Meine Karriere als Vandale gedieh. Ich fiel über die grünen Felder Ettons her wie eine Heuschrecke. Die Gewächshäuser waren mein Spezialgebiet. Ich schloss andere Kinder in ihnen ein und bewarf sie dann mit allem, was ich in die Finger bekommen konnte. Steine, Dachziegel, Kiesel, Spielzeugautos, Blechdosen, Action-Men-Figuren und Puppen – alles flog in hohem Bogen durch die Luft, um dann, gleich Nijinsky, für einen kostbaren Augenblick in der Luft zu verharren, bevor es durch das Dach splitterte. Zusammen mit meinen Cousins warf ich Steine von der Autobahnbrücke in Brough auf die unten vorüberfahrenden Autos. Anschließend kletterten wir zur Straßenüberführung hoch und versteckten uns in einer Rinne zwischen Hochstraße und Damm. Da saßen wir dann fröhlich und rollten Äste auf die Straße hinunter.

Als ich neun Jahre alt war, gelang es mir, ein 4,5-Millimeter-Kaliber-Luftgewehr in die Finger zu kriegen. Das Dach von High Hall war durch eine enge Falltür vom Dachboden aus erreichbar. In der knallheißen Sommerhitze pflegte ich von einer der Balustraden aus, die um das Haus herum verliefen, die Bäume und die Autos und die Kühe ins Visier zu nehmen. Draußen auf dem Land, wo alle wohlerzogen sind –

selbst die Blumen und die Bäume –, muss eben irgendjemand die Standards für schlechtes Benehmen festlegen.

Nach einer Weile wurde das langweilig, und ich begann auf Mitglieder meiner Familie zu schießen, während sie Krocket spielten. Ich würde mich wohl erinnern, wenn ich jemals einen von ihnen getroffen hätte, aber wie bei der Liebe ist es immer die Geste, die zählt. Ich hatte also nur die besten Absichten.

Es war nur eine Frage der Zeit, dass ich zum Mörder diplomierte. Eines Morgens wachte ich auf und die Sonne schien. Mir war danach, etwas zu töten. Irgendetwas. Auf der Straße vor High Hall pirschte ich mich an ein Rotkehlchen heran, das auf einem Zaun saß. Es schien so selbstgefällig in seiner eigenen Schönheit. Es zwitscherte dem blauen Himmel entgegen, als sei die ganze Welt für seine eigene Glückseligkeit gemacht. Ich griff zur Waffe. Ich erinnere mich an den befriedigenden Knacks, als das Projektil in seinen zerbrechlichen Brustkorb einschlug. Der Vogel fiel tot zu Boden.

Ich fühlte mich, als hätte ich eben den Weihnachtsmann erschossen. Ich lief zu der gestürzten Kreatur hinüber, fiel auf die Knie und brach in Tränen aus. Ich trug den Vogel in den hinteren Teil des Gartens, wo ich ihm ein kleines Grab bereitete, in das ich ihn bettete, kalt und allein.

Es verwundert keineswegs, dass Menschen so fürchterlich sind, beginnen sie ihr Leben doch als Kinder. Die Idee, Kinder seien unschuldig, ist ein Mythos. Ich kann mich nicht daran erinnern, irgendwann einmal jungfräulich oder besonders überrascht oder schockiert gewesen zu sein. Das Schreckliche an mir war meine schiere Selbstbezüglichkeit, meine nackte darwinistische Lust an der Überlegenheit. Erst als Erwachsener lernte ich, sie zu verbergen.

Die Vorstellung, dass Vater und Mutter ihre Liebe durch drei teilen würden, war fürchterlich. Mein Einkommen an Lob wird niemals zum Leben reichen. Von Anfang an wollte ich die Braut auf jeder Hochzeit sein, die Leiche bei jedem Begräbnis und das Kind bei jeder Taufe.

Besonders meinem Bruder gegenüber verhielt ich mich schrecklich. Das fing früh an. Als Ash, die gerade vom Krankenhaus zurückkam, verkündete: »Es ist ein Junge!«, zog ich schon ein langes Gesicht. Ich hatte eher auf eine Totgeburt gehofft. Jake war eine mächtige Bedrohung meiner Individualität. Von diesem Augenblick an war mein Verhältnis zu ihm gespannt – jede Ausrede, ihn zu schlagen, zu stechen oder auf ihn zu schießen, war mir willkommen. Ich erinnere mich, dass ich seinen Kinderwagen einmal eine abschüssige Wiese hinunterschubste und ihn in einen Graben fahren ließ, wo er sich dann überschlug. »Ich glaube, Jake ist tot«, informierte ich meine Mutter. Als ich älter wurde, wendete ich subtilere Taktiken an. Ich erinnere mich, dass ich ihm in den Bauch getreten habe und dabei zusah, wie er in sich zusammenfiel wie ein Luftballon, dem man gerade die Luft herausließ. Einmal wippte er mit seinem Fuß ostentativ zur Musik von Marc Bolan. Ich stand auf und trat drauf. »Such dir deine eigene Musik«, sagte ich. Später stahl er meine Kleidung und meine Besitztümer und versuchte wie ich zu sein. Er scheiterte. Niemand kann genauso sein wie ich. Selbst ich habe Schwierigkeiten damit.

Mutter hatte einen so großen Appetit auf Traurigkeit, dass kein Unglück ausreichte, um ihn zu stillen. Eines Tages bekamen wir einen Schwarzweißfernseher. Ein erleuchtetes Rechteck, vollgepackt mit Prominenz und unnatürlichen Unglücksfällen, von denen zu erzählen Mutter großes Vergnügen bereitete. Ihr Lieblingsthema war der Tod. Und Filmstars. Todesarten von Filmstars begeisterten sie jedoch am meisten.

Sie stand hinter uns mit einem Drink in der Hand, wenn wir wie hypnotisiert vor den flackernden Bildern saßen.

»Oh, das ist doch Jane Mansfield, nicht wahr? Ist sie nicht

hässlich? Wisst ihr, wie sie starb, Kinder? Geköpft! Mit ihren eigenen Kindern auf dem Rücksitz. Könnt ihr euch das vorstellen? Oh, ist das nicht George Sanders? Er war ein Schwein! Wisst ihr, was mit ihm geschehen ist? Er beging Selbstmord und hinterließ eine Notiz mit dem Wortlaut: ›Gott, mir ist so langweilig.‹« Und so ging es immer weiter. »Kay Kendall? Krebs. *Fürchterlich.*« »Linda Darnell? Verbrannt, nachdem sie mit einer brennenden Zigarette eingeschlafen war! Könnt ihr euch das vorstellen? Gott im Himmel, ich würde das nicht aushalten zu verbrennen. Man sieht danach so abstoßend aus.«

Mutters Kindheit war eine Lehrzeit menschlicher Verzweiflung gewesen. Ihr Vater, »Jack, der Ausreißer«, schrieb reißerische Schundgeschichten, arbeitete niemals und verschwand bald nach Mutters Geburt. Sie sah ihn nie wieder. Sie erinnerte sich nur an seine großen blauen Augen. Seine Worte waren billig und ohne Ausnahme abgekupfert. Er schickte ihr Geschichten ins Konvikt, die, wie sie später herausfand, allesamt Plagiate waren. Es gibt kein Verzeichnis seiner Bücher. Wir sollten jedoch nicht danach beurteilt werden, was aus unserem Mund, sondern danach, was uns von Herzen kommt. Im Fall dieses Ausreißers offenbar nichts. Er war ein chronischer Frauenheld und wusste so gut wie nichts von der melancholischen sexuellen Perversion, die man Treue nennt. Mutters Mutter war seine Ehefrau Nummer 4.

Ada – die wir Gogo nannten – war eine großartige Studie in Selbstzerstörung. Ein trunkener Geist, dessen göttliche Essenz Irrsinn war. Als Kind war mir klar, dass Unberechenbarkeit der Puls des Wahnsinns ist. Auch Mutter war damit aufgewachsen. Gogo lebte in einer kleinen Wohnung, in der die Vorhänge permanent zugezogen blieben. Ihr Charakter bildete sich, gleich einer Fotografie, in der Dunkelheit heraus. Keiner kam je zu Besuch, und keiner wusste, welche Tageszeit eigentlich war. »Es war wie das Leben auf einer Insel«, erzählte mir Mutter. Gogo zog ihren Sohn ihrer Tochter vor. Sie wachte um vier Uhr nachmittags auf und bereitete das Frühstück. Der Sohn bekam ein braunes Ei, das sie aus irgendwelchen Gründen für besser hielt als Mutters weißes Ei. Häufig verschwand sie und ließ die Kinder tagelang allein in der Wohnung. Ihre Ausflüge endeten immer auf dieselbe Weise. Besoffen.

Vater verstand Gogo. Er wusste um die Demokratie des Trinkens. Letztendlich kann kein Säufer auf einen anderen von oben herabblicken. Betrunken zu sein war eine Art christlicher Kommunion. Jeder trete heran und habe teil. Und außerdem hasste er es, seinem Laster allein frönen zu müssen. Immer wenn Gogo High Hall besuchte, stand eine Flasche von ihrem Lieblingswermut Dubonnet neben ihrem Bett.

Als Erwachsener war ich von Gogos Scheitern berührt, aber als Kind hatte ich Angst vor ihr. Die sorglose Art, wie sie mit ihrem verbliebenen Leben umging, ließ uns fürchten, sie könnte es jederzeit verlieren und dahinscheiden. Immer stürzte sie und hatte Unfälle. Der schlimmste war ein Autounfall, bei dem sie sich schwere Kopfverletzungen zuzog und rechtsseitig gelähmt blieb. Sie spürte ihren Arm und ihre Hand nicht mehr. Als sie nach High Hall kam, demonstrierte sie diese Eigenschaft dadurch, dass sie dieses taube Anhängsel ins Feuer hielt und dort beließ. Wir standen um sie herum und riefen:»Weiter rein, Gogo! Ein bisschen nach links – da – über die Flamme!« Wir warteten darauf, sie schreien zu hören und vor Schmerz zurückspringen zu sehen, oder darauf, dass ihre Haut verbrannte, aufplatzte oder schmolz. Aber nichts dergleichen geschah.

Bei einer anderen Gelegenheit stieß sie sich den Augapfel aus der Höhle. Ich entsinne mich, dass es mitten in der längsten Nacht des Jahres war. Zuerst hörte ich sie jammern und dann den Krach, als sie wie ein verwundeter Bär durch die Dunkelheit stolperte und kratzte. Sie schwankte aus ihrem Zimmer, Blut lief ihr übers Gesicht. Sie war am Kopfende des Bettes gefallen und hatte sich vermutlich die Spitze des Bettpfostens in die Augenhöhle gerammt.

Kreischend drehte ich mich um und lief weg. Sie torkelte mir hinterher, die Arme wie ein grotesker alter Ghul nach mir gereckt. In meiner Vorstellung war sie hinter mir her. Ihrer Vorstellung nach versuchte sie nur, mich zu beruhigen.

Von diesem Tag an wurde mir das Gästezimmer, in dem sie geschlafen hatte, unheimlich. Ich konnte es nicht mehr betreten, aber ich linste immer wieder durch den Türspalt, um den Blutfleck auf dem Boden zu sehen.

Ich kann zweifellos behaupten, dass niemand mehr Unglück hatte als ich, seit dieser kosmische Dreckhaufen von einem Planeten geöffnet hat. Ich wurde in eine Familie von Sozialisten hineingeboren. Sozialismus bedeutet – für mich – die breitere Verteilung von Räucherlachs, Kaviar und Champagner. Für sie jedoch bedeutete es etwas anderes. Für sie war Sozialismus das Organisieren, Kontrollieren und Herumkommandieren von Menschen – in erster Linie ihrer eigenen Verwandtschaft.

Die gute Nachricht war, dass die verschwenderische Menschenfreundlichkeit und der Sozialismus meines Vaters sehr abrupt an der Schwelle unseres eigenen Hauses endeten. Ich wurde mit jedem nur erdenklichen Luxus übergossen – Atheismus, Alkoholismus und Wahnsinn. Es gab Kompensationen. Hauptsächlich Geld in rauen Mengen. Es fiel vom Himmel wie Konfetti. Es dämmerte mir ziemlich früh, dass ich ein Parvenü war. Nun gut. Besser neureich als gar nicht reich. Aber mit der Zeit entfernte es uns voneinander. Die Jaguars, High Hall, die Wohnung in London. Wenn wir dort waren, wurde Harrods zu unserem Eckladen. Wir rannten rum und kreischten, griffen uns Spielsachen und verdroschen einander. Wenn wir etwas wollten, machten wir uns niemals die Mühe, nach dem Preis zu fragen – das wäre unziemlich gewesen für Kinder in unserer gesellschaftlichen Stellung.

Wie beim Christentum sind es auch beim Sozialismus die Anhänger, die das schlechteste Vorbild abgeben. Großvater legte den Grundstein zum Familienunternehmen Northern Diaries, welches der Hauptlieferant von Nahrungsmitteln für Marks & Spencer wurde. Er glaubte nicht daran, dass ein Unternehmen, wenn es groß, effizient und profitabel ist, zugleich auch die Allgemeinheit ausbeuten müsse. Er sah sich aber mit der Schwierigkeit konfrontiert, dass der Drang, Menschlichkeit zu bewahren, fast immer die Kehrseite des Drangs zu herrschen ist. Es gibt zwei Sorten von Tyrannen: diejenigen, die glauben, Gott zu sein, und diejenigen, die sich dessen sicher sind. Großvater war sich ganz sicher.

Diejenigen, die vorgeben, sich um die Menschlichkeit zu kümmern, verhalten sich gegenüber den Leiden des Einzelnen völlig gleichgültig. Großvater war grundsätzlich ein Mann des Friedens – Familienangelegenheiten ausgenommen. Gerade hier schiss diese Friedenstaube jeden an. Keiner liebt den, den er fürchtet. Vater hasste ihn bis zum Schluss. Er nahm nicht einmal an seiner Beerdigung teil.

Meine Familie war vielleicht dem Kapitalismus feindlich gesinnt, nicht jedoch dem Kapital. Wie streng auch immer ihr soziales Gewissen gewesen sein mag, sie lebten in Häusern, die so groß waren, wie sie es sich leisten konnten. Und ihre moralischen Grundsätze hielten sie nicht davon ab, diese Häuser um den doppelten Preis ihres Wertes weiterzuverkaufen, wenn ihr Gegenüber ein naiver Verhandlungspartner war. *Caveat emptor* – »Der Käufer möge sich hüten« – war das Familienmotto.

Meine Großeltern väterlicherseits lebten in Talbot Lodge/ Hessle. Als Kinder verbrachten wir viel Zeit unter den Trauerweiden, die den Swimmingpool säumten; besonders, als Vater und Mutters Ehe auseinanderzubrechen begann. Das Haus und seine Inneneinrichtung waren fürchterlich – man kann sich nicht vorstellen, dass es möglich ist, hunderttausend Pfund bei Woolworth auszugeben.

Großmutter spielte Golf. Ein Spiel, das dem Zustand des Todes am nächsten kommt. Sie war mir ein vollständiges Rätsel. Wenn man an ihrer Oberfläche kratzte, fand man nur noch mehr Oberfläche. Nur einmal bekam ihre Resopalverkleidung Risse. Als Vater Großvater entmachtete. Großvater war alt geworden und hatte seine Urteilsfähigkeit eingebüßt. Er begann fragwürdige Geschäftsprojekte zu finanzieren und spendete für zwielichtige Zwecke. Vater, stellvertretender Vorsitzender der Firma, führte einen Putsch des Aufsichtsrats an und ließ ihn feuern. Großmutter schüttete ihm einen Drink ins Gesicht. Abgesehen davon war sie für uns ein Buch mit sieben Siegeln. Sie starb im Alter von 82 Jahren an Stickerei.

Eine ihrer herausragenden Qualitäten war Loyalität. Sie war Großvater Adolfs Eva Braun. Man könnte sich vorstellen, wie er Judenleichen in die großen Öfen schaufelt, während sie daneben steht und fragt: »Möchtest du zwei oder drei Kartoffeln?« Über niemanden sagte sie Schlechtes – nicht einmal über Adolf Hitler: Auf seinem Gebiet war er der Beste.

Auf Talbot Lodge hielt Großvater Hof. Die Reichen, die Berühmten und die Verzweifelten – sie alle tauchten auf. Das Haus war der Schauplatz für das erste Geschäftstreffen zwischen Gordon White und James Hanson. Hier sprach der legendäre Auslandskorrespondent James Cameron über die Schrecken eines Atomkriegs, nachdem er 1946 die Explosion auf dem Bikiniatoll miterlebt hatte. Er unterstrich seine Meinung mit einem Bericht darüber, was er in Hiroshima gesehen hatte: die Nachwirkungen, die die Radioaktivität bei den Überlebenden der Bombe mit Namen »Little Boy« hinterlassen hatte.

Linke Figuren aus dem Showbusiness wie Susannah York, Sybil Thorndyke und Paul Robeson standen dort Schulter an Schulter mit Typen wie Michael Foot und Bruce Kent, dem Vorsitzenden der Kampagne für nukleare Abrüstung. Philip

Larkin besuchte High Hall, und auch Fay Godwin kam regelmäßig vorbei. Eines Abends schoss sie Fotos von mir, wie ich mit einer Gitarre als Marc Bolan posierte. Beinahe jeder möchte berühmt sein, und wenn schon nicht berühmt sein, dann wenigstens über ein paar Kontakte zur Prominenz verfügen. Familie Horsley war da keine Ausnahme. Einkommensgleichheit, für die sie sich stark machten, konnten sie nicht ertragen, noch konnten sie die Underdogs in Ruhe lassen.

Man sollte nur Menschen angreifen, die von Natur aus herausfordernd sind – Terroristen zum Beispiel oder Schwangere. Talbot Lodge hatte noch viel fragwürdigere Besucher. Ein pädophiler Freund Großvaters, das Gesicht vom Krebs gezeichnet, warf einmal ein Auge auf Brüderchen. Der hatte – als Kind – wiederum ein Gesicht, das die Menschen auf der Straße anhalten ließ, weil es so schön war, sodass man wohl kaum annehmen konnte, dass es einen Pädophilen, den man zur Familienrunde einlud, kalt lassen würde. Ich verabscheute sein schmeichlerisches Wesen, seine unterwürfigen Komplimente – allerdings nur deshalb, weil sie nicht mir galten.

Großvater brachte alle möglichen Versager mit nach Hause, wo er dann versuchte, sie zu resozialisieren. Natürlich waren sie in jeder Hinsicht seinesgleichen – mit der einzigen Ausnahme, dass sie nichts mit ihm gemein hatten. Er liebte die Armen, die Unterdrückten und die Sonderlinge. Aber seine Lieblinge waren die Schwarzen. Er liebte sie schamlos – niemals hätte er Bedienstete anderer Hautfarbe zugelassen.

Es gibt so etwas wie spirituelle Ruhe, wenn man genug Geld auf der Bank hat. Großvater besuchte Myra Hindley und den berüchtigten Gangster aus Glasgow, Jimmy Boyle, in den Zellen der Sonderabteilung des Barlinnie-Gefängnisses. Als die Täter des großen Eisenbahnraubs nach Hull verlegt wurden, suchte er sie regelmäßig auf – was zur damaligen Zeit ein Skandal war. Wer würde heute, vielleicht mit Ausnahme des Direktors der Britischen Post, einen Handschlag mit einem der Beteiligten am großen Eisenbahnraub ausschlagen? Großvater hingegen würde angesichts des am Boden liegenden, verblutenden Wachmanns des entführten Eisenbahnzugs sagen: »Wir müssen den Mann finden, der das getan hat. Er braucht Hilfe!« Er glich den Liberalen, die ganze Studienzweige – wie Psychologie, Soziologie, *Women's Studies* – erfunden haben, nur um zu beweisen, dass nichts die Schuld von niemandem ist.

Mutter und Vater kamen nicht umhin, einige dieser trostlosen Grundsätze zu übernehmen. Sie nahmen an Friedensdemonstrationen teil. Ich kann mich im Augenblick nicht erinnern, auf wessen Seite sie waren. Eine ihrer großartigen Geschichten war, dass Ash während des Friedensmarsches in Aldermaston gezeugt worden war. Während sich die anderen Demonstranten im Freien ausschliefen, gingen Mutter und Vater ins Hotel zur Goldenen Krone.

Zu meiner großen Freude fand ich heraus, dass ich in New York gezeugt worden war: künstlich, maschinengefertigt und wider die Natur. Ein gebürtiger Amerikaner! Man hatte mir das Ende der Welt versprochen, als ich ein kleiner Junge war, und ich war sehr enttäuscht, dass dieses Versprechen nicht gehalten wurde.

DER GÖTTLICHE DANDY

WAHRE SEHNSUCHT RICHTET SICH immer auf etwas Un-
erreichbares. Marc Bolan war auf schmerzliche Weise unerreichbar. Ich glaubte an ihn, wie andere an Gott glauben. Er
durchdrang alles und war doch fern: Ich hatte ihn geschaffen, aber sein Schicksal war nicht das meine, und er weigerte sich hartnäckig, meine Gebete zu erhören. Ich flehte zu
ihm, auf dass er mich aus dem Strudel High Halls heraus-
ziehe, mich von diesem Ort weghole, dessen einzige Musik
der Tumult war, bevor ich ihn entdeckte. Wie alle wahren
Sterne leuchtete er umso heller am Firmament meiner Träume, je schwärzer die Nacht war, die uns umgab.

Richtete ich meinen Blick auf sein Bild, beschleunigte sich
mein Puls. Die Schatten an den Wänden von High Hall ge-
wannen an Kontur. Die Hintergrundmusik schwoll an. Und
genau durch diese Zeichen wurde mir klar, dass ich verliebt
war. Hier war ein Mann, dessen diamantene Hände Rosen
streuten – kostbare Rosen, die von Persönlichkeit zeugten.

Es war also an der Zeit, Marc Bolan zu werden. Ich verbrachte meine Tage damit, sein Gesicht zu studieren, sein
Make-up, seine Kleider, seine Stimme. Ich verfertigte magische Amulette, ich sprach Zaubersprüche, ich stieß Gebete
hervor, die ihn mir näherbringen sollten. Mein Schlafzimmer
war voller Opfergaben: Gitarren aus Pappschachteln mit
wollenen Saiten, Mikrofone aus Bambusstangen mit Tennis-
ballköpfen und Verstärker aus alten Teekisten, überzogen
mit Alufolie.

Ich schlich mich in Mutters Ankleideraum, warf mir eine
schwarze Federboa um und schlüpfte in ihre rosafarbenen

Handschuhe. Ich saß an ihrem Schminktisch und legte den knalligsten Lippenstift auf. Selbst heute noch kann ich mich an das klebrige Aroma und an die seltsam wächserne Konsistenz auf meinen Lippen erinnern. Ich war hingerissen von der klaffenden Wunde in meinem Gesicht. Ich machte Mutter nach, rieb meine Lippen aneinander und formte einen Kussmund. Die Verwandlung war berauschend.

Ich inszenierte Konzerte, wobei ich Marc beim Singen seiner göttlich unsinnigen und delikat entrückten Liedtexte nachahmte. Mein Favorit war der Alles-oder-nichts-Song »Raw Ramp«:

Ohh woman, I love your chests.
Ohh baby I'm crazy about your breasts.

Niemals war ich glücklicher. Solche Vorstellungen konnte ich ganze Nachmittage lang geben.

Eines Tages betrat Vater das Zimmer, während ich gerade meine Show abzog, und ich erstarrte vor Verlegenheit, nachdem ich direkt aus einem Sprung heraus vor Schreck so hart auf den Boden gefallen war, dass der Tonabnehmer hüpfte und über die Schallplatte kratzte. Immer noch sehe ich seinen ungläubigen Blick vor mir.

Ich konnte mich nicht zurückhalten. Von Vater hatte ich gelernt, Männer seien Luftikusse. Sie besäßen den abenteuerlichen Geist der Rücksichtslosigkeit und der Distanz. Von Mutter hatte ich gelernt, dass Frauen Gefäße der Leidenschaften seien. Meine Gefühle waren andauernd in Aufruhr – mit dem Ergebnis, dass ich mich selbst mehr und mehr wie eine ehrenamtliche Frau fühlte. Ebenso bemerkte ich den Unterschied zwischen Mutters und Vaters Stil. Diamanten mögen die besten Freunde einer Frau sein, der beste Freund eines Mannes jedoch ist sein Hund. Es war also nicht verwunderlich, dass ich mich entschieden hatte, die Gefolgschaft zu wechseln.

Um meine Metamorphose zu vervollkommnen, suchte ich nach Überbleibseln meiner Männlichkeit wie nach Läusen. Nicht um meinen Charakter kümmerte ich mich, sondern um mein Haar und meine Kleider. Ich verbrannte meine Action-Men-Figuren – zumindest diejenigen, die die Versuche mit meinem Chemiebaukasten überlebt hatten – und begann mir die Requisiten und die Ausstattung des schönen Geschlechts zuzulegen.

Zuerst kaufte ich Frauenmagazine. *Jackie* wurde zu meiner Bibel. Dann kamen Puppen und deren Kleidungsstücke dran. Es dauerte Monate, aber schließlich war mein Haar lang genug, dass ich mit schmachtendem Herzen – und mit durchtriebenem Lächeln – als Mädchen durchging. Ash wurde gebieterisch darauf hingewiesen, dass ihr Bruder ab sofort offiziell für tot erklärt sei. Von nun an hatte sie mich (wenn überhaupt) als ihre Schwester anzusprechen. Der Beweis für den triumphale Erfolg meiner Mission war schließlich erbracht, als ein Ladeninhaber, nachdem er Ash bedient hatte, sich an mich wandte und fragte: »Und was kann ich für das kleine Fräulein tun?«

Für die meisten Kinder gibt es einen graduellen Unterschied zwischen ihrem imaginären und ihrem wirklichen Leben – das eine ist geschmeidiger und weitaus schöner als das andere. Für mich waren Fantasie und Wirklichkeit nicht bloß voneinander verschieden, sie waren einander entgegengesetzt. In der einen Welt war ich Marc oder irgendeine andere exotische und arrogante Frau; und in der anderen Welt war ich nichts weiter als ein Junge.

Marc verehrte ich, da er mir gestattete, die Person zu werden, von der ich anzunehmen begann, dass ich sie sei. Er war die erste Ikone, die Androgynität zur käuflichen Ware machte. Sogar in seiner Anfangszeit als elfenhafter Folksänger strahlte er etwas Engelsgleiches und Hermaphroditisches aus. Eine ganz spezielle Aura umgibt Menschen, denen es gelingt, ihr professionelles und persönliches Leben in Übereinstimmung zu bringen. Man hätte Marc nicht erfinden können – selbst dann nicht, wenn die ganze Welt die ganze Nacht hindurch Überstunden gemacht hätte. Meine eigentliche Erziehung begann erst jetzt. Am 22. Dezember 1972, 20.30 Uhr, Edmonton Sundown, London, sah ich ihn endlich.

Ich war mit meinem kleinen Freund Steve angekommen, den ich in Sizilien kennengelernt hatte. Er liebte Marc. Ich liebte Marc. Aus so etwas ist Freundschaft gemacht, wenn man jung ist.

Steve hatte sich bei einem Skiunfall ein Bein gebrochen. Wir fuhren in einer schwarzen Limousine vor, die so lang war und so schnell dahinfloss wie die Themse. Die Scheiben waren getönt, und im Inneren war alles gut gepolstert, inklusive des Chauffeurs. Als das Auto sich langsam durch die Menge schob, die sich vor dem Eingang in Trauben versammelt hatte, stürzten sich die Mädels drauf wie die Suffragetten. »MARC! MARC! MARC!«

Es war eine katastrophale Verwechslung. Als zwei pickelige Bürschchen – einer von ihnen auch noch mit Gipsbein – aus der Limousine krochen, erstarben die Schreie auf den schaumbedeckten Lippen. Ich, der ich immer schon ein so starkes Gespür für die Enttäuschungen des Lebens hatte, senkte meinen Kopf voller Scham. Ich bedauerte es, ein Niemand zu sein. Steve versuchte Würde zu bewahren. Es gelang ihm nicht, denn es ist mehr als schwierig, bedeutend auszusehen, während man sich auf zwei Krücken stützt.

In der Konzerthalle erloschen die Lichter, und Marc betrat die Bühne. Er war gespenstisch dünn, mit großen, leuchtenden Augen und schwarzen Korkenzieherlocken, die kaskadengleich von seinem Haupt um sein ätherisch blasses Gesicht herum herabfielen. Zu seinem goldlaméfarbenen Overall trug er sein rosalaméfarbenen Frack und winzige Damenschuhe. Er streifte auf der Bühne umher: arrogant, prächtig. Er spreizte und brüstete sich mit jeder Bewegung,

45

radioaktiv und glühend im äußersten Glauben an sich selbst. »Ich starrte sein Make-up an, sein langes schwarzes Haar, seine animalische Grazie.« David Bowie sah das genau richtig. Sofort lag ich Marc zu Füßen.

Musik ist erhaben. Keine andere Kunstform gleicht ihr. Keine andere Kunstform liefert ein so verlässliches Antidot zum Alltagsleben – solange man bereit ist, sich ihr ganz zu überlassen. Diese Musik war meine eigene. Ich war erst zehn. Aber ich hatte es schon begriffen, wie jeder junge Mann unmittelbar begreift, was am meisten zu lieben ihm bestimmt ist.

Wieder zu Hause angekommen, beschloss ich, dass auch ich ein Rockstar werden und die Welt regieren wollte. Mutter kaufte mir eine elektrische Gitarre und Ash ein Piano. Zweimal die Woche kam ein Lehrer und versuchte die fürchterliche Kluft zwischen ihr und Beethoven und mir und Marc zu überbrücken.

Ich übte und spielte gern, allerdings nicht so, dass auch jeder mit Freude gelauscht hätte. Ich konnte nur zwei Melodien. Die eine war »Get it on« und die andere nicht. *Jackie* schrieb, Marc Bolan sei ein Drei-Akkorde-Betrüger, aber das störte mich nicht im Geringsten – für mich war er der schönste Betrüger der Welt. Er gab mir Esprit, so wie Tim mir Weisheit gegeben hatte.

Marc war tiefgründiges Superplastik. Ein kurioser Hybrid aus Dandy und Poseur, Schmuddelkind und Visionär. Die Unmenge an Widersprüchen wurde nur durch die vereinheitlichende Kraft der Kunst zusammengehalten. Die einzige wirkliche Philosophie, die er vertrat, besagte, dass das menschliche Wesen selbst eine Kunstform sei. Er war ganz und gar seine eigene Kreation: eine Kreatur, die liebevoll aus den Bausteinen seiner Imagination errichtet war. Er war wichtig, weil er trivial und zugleich hintergründig war, poppig, doch interessant – und all das konnte ich jetzt in einer Person lieben.

Marc Bolan erklärte mich mir selbst. Wie alle Popstars würde ich versuchen, die Trostlosigkeit meines Charakters loszuwerden, und mich rückhaltlos verfügbar machen. Nicht für andere, sondern für die Welt. Ich sollte herausfinden, dass ein solcher Lebensweg zu einer Art Märtyrertum führt.

Es gibt nur wenige Menschen, die sich ihrer Liebesbeziehungen nicht schämen, nachdem die anfängliche Verzauberung gewichen ist. Ich habe mich nie für Marc geschämt. Als ich älter wurde, war ich in der Lage, ihn als Person zu begreifen, und stellte fest, dass er besser nur in meinem Herzen lebte, wo unsere Liebe durch nichts befleckt werden konnte. Er hatte seine Bestimmung erfüllt. Ich hatte ein kleines Hinterstübchen errichtet, das nur mir gehörte und mir einen Ort für meine wahre Freiheit, meine Pläne und meine Träume bot. Hier brachte ich meine Opfergaben in Form von Plattenhüllen und Zeichnungen, Kopfkissenbezügen und Plakaten dar. Marc war meine erste Muse.

Während ich Bilder malte, machte Mutter weiter Szenen. Sie war damit nicht allein. Szenen waren für meine Familie, was Glasperlen für die weißen Händler in Afrika gewesen waren. Ich habe ein Foto aus dieser Zeit, das ich von ihnen allen zusammen gemacht habe. Mutter liegt am Boden, mit dem Gesicht in einer Lache ihrer eigenen Kotze. Auf dem Sofa sitzt Gogo mit verrutschter Perücke und verschmiertem Lippenstift quer über ihrem Gesicht. Daneben Vater; in einer Hand seinen Drink, in der anderen seinen Schwanz. *Home sweet Home* wurde vermutlich von einem Junggesellen verfasst.

Für mich markiert dieses Bild den Augenblick, als die Zurechnungsfähigkeit uns endgültig verließ. Mutters Liebesbeziehung zu Vater war niederschmetternd, und das natürlich auf die denkbar dramatischste und spektakulärste Weise. Wenn sich zwei Menschen lieben, kann es kein Happy End geben. In Wirklichkeit hatte sich ihre Beziehung wohl erschöpft, und einer der beiden hätte eigentlich ein Tuch (vorzugsweise aus Seide) herausholen und leise zum Abschied winken sollen. Menschliche Wesen sind jedoch selten in der Lage, solch einen philosophischen Schluss zu ziehen und zerstören deshalb erst einmal alles um sich herum. Mutter und Vater waren Verlierer; zwei blinde Passagiere im Kamikazeflieger des Lebens. Zu Anfang war ihre Liebe wie ein Märchen, das sich in einer andauernden Fantasie der Jugend erhielt. Nun waren dunklere Tage angebrochen.

Vater trug nicht dazu bei, die Situation zu entschärfen. Er hatte sein monströses Ego in Verderbtheit konserviert. Er war kein Freund öffentlicher Häuser, doch nun standen alle Betten offen. Liebhaberinnen wurden dutzendweise aus der Kälte hereingeholt. Königin Sex bestieg den Thron; sie zog die Zugbrücke hoch, um den Verstand auf Distanz zu halten. Vater war mehr daran interessiert, in Körperöffnungen einzudringen als in die Tiefen der Weisheit. Wenn wir heimkamen, fanden wir ihn oftmals in Gesellschaft einer Frau vor. Es waren viele, und keine von ihnen hatte irgendeine Ähnlichkeit mit Mutter. Oft saßen wir im Kinderzimmer einer Fremden und spielten mit den Kindern der Fremden, während Vater für ein oder zwei Stunden mit eben dieser Fremden nach oben verschwand.

An einem Abend fickte Vater Mutters beste Freundin Janet im Mittelmeer. Ich beobachtete sie dabei, wie sie aneinander saugten und herumtasteten, aneinandergepresst wie balzende Seeschnecken. Ein anderes Mal versuchte er Mutters Schwägerin zu verführen (bequemerweise war sie krank und daher ans Bett gefesselt). Aber es waren zu viele, um sich an alle zu erinnern. Trinken, wenn man nicht durstig ist, ficken ohne Rücksicht auf die Jahreszeit – das war alles, was Vater von anderen Säugetieren unterschied.

Zuweilen versuchten Familienmitglieder andere Familienmitglieder im Zaum zu halten. Mutters Benehmen war das bewunderungswürdigste. Sie schloss Schwester einen ganzen Tag lang in ein Zimmer ein; sie fackelte beinahe das Haus ab; sie verbrannte alle Sachen von Vater in eifersüchtiger Wut und sprang dann um das Lagerfeuer herum wie ein wilde Waldhexe; sie wurde wegen Ladendiebstahls in einem von Vaters Läden festgenommen; sie überfuhr einen Polizisten und fuhr drei von Vaters Jaguars zu Schrott, als sie betrunken unterwegs zum Spirituosenladen war. Schließlich nahm er ihr verärgert die Autoschlüssel ab und hoffte, so zwei Fliegen mit einer Klappe zu schlagen. Daraufhin fuhr sie mit dem Rasenmäher los, um etwas zu trinken zu organisieren.

Stil ist, wenn sie dich aus der Stadt jagen und du es so aussehen lässt, als würdest du eine Parade anführen. Mutter führte gar nichts mehr an. An einem Silvesterabend fuhr sie einen von Vaters Jaguars in einen Graben und verbrachte die Nacht darin kopfüber. Um fünf Uhr früh wurde sie halb bewusstlos gefunden. Ihr Gesicht war so blutverschmiert, dass der Polizeibeamte sie kaum erkannte. Sie wurde wieder einmal ins Krankenhaus gebracht. Als sie heimkam und ich sie sah, erschrak ich über die tiefe Narbe auf ihrer Stirn und die entsetzliche Blässe ihrer Haut. Sie sah aus wie Nebel, der über einem Friedhof liegt. Der Raum ächzte vor Einsamkeit. Ich fühlte die heimtückische Verstrickung von Mitleid und Liebe.

Wenn du nicht weißt, wohin du willst, dann wird jede Straße dich dorthin führen. Man konnte nichts machen. Es gibt Menschen, die nach Trauer dürsten; ihre Fähigkeit zu genießen ist nicht stark genug, und sie erflehen den Schmerz. Mutter im Haus festzuhalten gelang am besten, indem man einen guten Vorrat an Gin bereithielt, das Feuer im Kamin nicht ausgehen und die Luft aus den Autoreifen ließ. Als sie schließlich wiederhergestellt war, gab es für sie nur eine Lösung. Um Unfälle zu vermeiden, blieb sie den ganzen Tag im Bett. Aber selbst dann bestand noch immer die Möglichkeit rauszufallen.

Sich in der Nähe von Vater und Mutter aufzuhalten, war wie einer Naturkatastrophe beizuwohnen. Als die Geschichte krankhafte Züge zu tragen begann, wurde daraus eine unwiderstehliche Melange aus Gewalt und schwarzem Humor.

Eines Abends zertrümmerte Mutter eine Flasche auf Vaters Kopf. Die beste Kur für ihre Depression wäre wohl gewesen, ihr eine reinzuhauen – stattdessen schlug Vater mit der Faust ins Schlafzimmerfenster. An einem anderen Nachmittag warf Mutter eine Schreibmaschine durch eines der oberen Fenster unseres Hauses. Ich war im Garten, als die Schreibmaschine wie eine Bombe aufschlug und zersplitterte. Nun war Vater an der Reihe, den Jaguar in einen Graben zu fahren. Ash und ich besuchten die Unfallstelle und schauten traurig auf die neuen Holzlatten, mit denen das Loch im Zaun ausgebessert worden war. Einmal saßen wir mit im Auto, als er ganz gefühllos gegen eine Wand fuhr. Wir saßen auf dem Rücksitz und brüllten wie am Spieß, während der Wagen kurz darauf den Hügel zu High Hall stotternd rauftuckerte. Später fanden wir ihn ohnmächtig hinter einem Sessel in seinem Schlafzimmer – nackt bis auf den blauen Frotteebademantel, der sich geöffnet hatte wie die Blütenblätter einer toten Blume.

War ihre Gewalt der Aperitif für den Sex? Ash und ich saßen im oberen Stockwerk und ließen unsere Beine durch das Geländer baumeln, während wir den Schreien und dem Geklirr brechenden Glases lauschten. Wir hörten Mutters Mitleid erregendes Jammern, das von den unter uns liegenden Wänden der Eingangshalle widerhallte und in dem alles mitschwang, was so schrecklich an unserem Leben war. Wie das Wehklagen einer Witwe bei der Totenwache; es klang wie jemand, der allein in einer leeren Kirche weint.

»Nun – im schlimmsten Fall werden sie sich scheiden lassen«, sagte ich zu Ash. Wir bemerkten nicht, wie sehr ihre Beziehung zur Wirklichkeit von deren dunkler Seite abhängig war. »Kopf hoch, Bash. Es könnte schlimmer sein«, sagte Ash, während sie meine Hand hielt. Also hob ich mein Haupt – und es wurde schlimmer.

Stiefvater betrat die Szene.

Er lebte im Dorf Etton mit seiner Frau und fünf Kindern.

Er war aus Indien zurückgekehrt, wo er Lehrer für kleine Kinder gewesen war – heutzutage wohl eines der verräterischsten Zeichen, die man sich vorstellen kann. In Indien war er so damit beschäftigt gewesen, andere zu erziehen, dass er keine Zeit gefunden hatte, sich selbst zu erziehen. Um das zu kaschieren, versuchte er, sich Würde zu verleihen, indem er eine für diesen Zweck allzu bekannte Verkleidung wählte – einen Bart und später weite Gewänder.

Er war aus Indien heimgekehrt, weil er ein kaputtes Herz hatte und einen Schrittmacher brauchte. Es war dieses falsche Herz, das er Mutter zu Füßen legte. Seine Frau hatte Mutter im Dorf getroffen und sie ermutigt, ihn während seiner Genesung zu besuchen. So viel dazu. Er brach in unser Leben ein wie der Kuckuck ins Nest – und blieb.

Was ich am wenigsten an ihm mochte, war seine alles durchdringende Ernsthaftigkeit. Die einzige ernsthafte Überzeugung, die ein Mann haben sollte, ist die, nichts allzu ernst zu nehmen. Am wenigsten die Spiritualität, die größte Pose von allen. Er hatte diese romantische Auffassung, die Europäer aus der Mittelklasse so gern kultivieren: dass der Inder mit seinem auf die Stirn gemalten Punkt und seinem Gurubart über mehr Einsicht verfügt als ein Börsenmakler. Das andere ist immer heiliger als das Wohlbekannte.

Er saß auf meiner Bettkante und sagte Sachen wie: »Am besten entdeckt man sein ureigenstes Sein durch Selbsterkenntnis, Sebastian. Du musst dein Sein schälen, wie man eine Zwiebel schält. Schäl weiter ... und du wirst Schicht auf Schicht finden, und schließlich, wenn alle Schichten abgetragen sind, dann wirst du reines Nichts in deinen Händen halten. Leere ... Leere ist dein wesentlicher Kern. Und was ist Leere? Leere ist Liebe, Sebastian. Pure Liebe.«

Er hielt (wenn auch etwas langatmige) Reden wie ein Engel, aber er lebte wie ein Tier. Sein vulkanisches Temperament passte nicht so recht zum heiligen alten Ghandi-Mann aus den Bergen.

Als ich einmal fröhlich durch Etton radelte und Ausschau hielt nach etwas, das sich zerstören ließ, schoss plötzlich ein Auto mit quietschenden Reifen um die Ecke. Heraus sprang Stiefvater. Sein Kopf war hochrot, und jedes sichtbare Äderchen in seinem Gesicht war von Blut durchpulst. Sogar seine Augen waren rosafarben. Er hielt einen Schraubenschlüssel in der Hand. Er marschierte auf mich zu, und als ich gerade dachte, er würde mich damit schlagen, bückte er sich, montierte das Vorderrad meines Fahrrads ab und stürmte zurück ins Auto. Ehe er in die Nacht verschwand, brüllte er aus dem offenen Fahrerfenster: »Das wird dir eine verdammte Lehre sein, zu spät zum Abendessen zu kommen!«

Es war immer unheimlich, mit Stiefvater allein zu sein. Als wäre man mit jemandem zusammen, der scheinbar bei klarem Verstand, doch in Wirklichkeit schwer gestört ist. Seine wahre Natur blieb im Verborgenen. Er dachte, es ginge ihm gut, aber das ist das beste Anzeichen für den Wahnsinn. Verrückte sind immer davon überzeugt, dass mit ihnen alles in Ordnung ist. Nur Normale sind bereit zuzugeben, dass sie verrückt sind. Ich kam (selbstverständlich auf einem einrädrigen Fahrrad) noch ein wenig später zum Abendessen als gewöhnlich.

Einmal besuchte er Großvater und fragte ihn. »Fühlst du dich manchmal wie Gott?«

»Nein«, log Großvater.

»Ich schon«, antwortete Stiefvater.

Seine Unberechenbarkeit ging mir auf die Nerven, aber ich hoffte immer noch, er wäre ein Weiser, und nannte ihn den »Zauberer«. Obwohl ich wusste, dass seine Zaubertränke – vor allem der gegen Schlaflosigkeit – nichts weiter als Schwindel waren. Als die Familie auseinanderfiel, hatte ich Schwierigkeiten einzuschlafen, und ich bat Stiefvater, auf meiner Bettkante zu sitzen und so lange meine Hand zu halten, bis ich eingeschlafen war. Ich hatte damals Angst, mich einem auch nur zeitweiligen Vergessen zu überlassen. Ganz langsam spielte ich ihm vor, dass ich einschlief, ließ meine Lider sinken und atmete tiefer, bis er sich hinaus in die Nacht schlich. Selbst heute gebe ich widerwillig auch nur eine Unze Aufmerksamkeit preis, die mir geschenkt wird.

Obwohl ich Stiefvaters Anwesenheit als ärgerlich empfand, so lernte ich doch – unbeabsichtigterweise – durch ihn eine der größten Lektionen meines Lebens. Mein betrunkener Vater war ein besserer Mann als mein nüchterner Stiefvater. Es ist besser, dafür gehasst zu werden, was man ist, als dafür geliebt zu werden, was man nicht ist.

Vater und Stiefvater waren beide Schürzenjäger; Vater war diesbezüglich jedoch aufrichtig. Meistens konnte er ohnehin keine Verbindung zwischen den absurden Trivialitäten, die seinen Tag ausfüllten – wie eine multinationale zwei Milliarden Pfund schwere Firma zu führen –, und den seriösen Aufgaben wie Saufen und Ficken herstellen. Seine Treulosigkeiten waren zahlreich, doch wir wussten über sie Bescheid und sahen sie sogar. Stiefvater hingegen glaubte, dass Heuchelei das Gleitmittel der Gesellschaft, die Vaseline gesellschaftlichen Verkehrs sei, und nahm sie mit in sein Schlafzimmer für den Verkehr nach seiner Fasson. Gerade das machte ihn so geschmacklos. Sex in Spiritualität zu hüllen, von Kundalini zu quatschen, wenn man Cunnilingus meint: Meiner Meinung nach war das alles andere als ein stilvolles Unterfangen.

Am Anfang war die Affäre von Stiefvater und Mutter halb geheim, obgleich jeder Bescheid wusste. Vater kam durch die Eingangstür nach Hause, und Stiefvater verschwand durch die Hintertür. Er wieselte zu seinem kleinen Bungalow und seiner kleinen Frau im Dorf. Niemand würde sein Haus oder seine Frau begehren. Außer Vater. Er ging hin und bumste sie.

Nicht aus Rache – er glaubte nicht an so etwas wie Rache. Er glaubte an gar nichts. Nur seine Faulheit hielt ihn davon ab, Nihilist zu sein. »Dieses Jahr fällt Ostern aus«, pflegte er jedes Jahr ausdruckslos zu bemerken, »sie haben die Leiche gefunden.« Andere Feiertage wurden ähnlich abgehandelt. »Weihnachten? Klingt wie eine beschissener Slogan von Weinhändlern.« In gewisser Hinsicht war es schade, dass Vater nicht religiös war, denn die größte Errungenschaft des christlichen Glaubens besteht darin, Säufer, Krüppel, Sklaven, Schwachsinnige, Ehebrecher, die Schwachen wie die Mächtigen aufzunehmen und mit dem ewigen Leben zu belohnen. Er erfüllte also alle Anforderungen.

Er kümmerte sich um überhaupt nichts. Stiefvater hatte das rasch erkannt. Wenn Vater nach Hause kam, fand er Stiefvater nun in der Küche beim Kochen vor. Er war andauernd im Haus. Es war wie in einem schlechten französischen Film: Louis schläft mit Claudette, weil Bernadette mit Christophe geschlafen hat – und am Schluss gehen alle gemeinsam ins Restaurant. Das war der Mann, in den sich Mutter verliebt hatte und für den sie bereit war, ihre ganze Welt wegzuwerfen. Sie war drauf und dran, ihre Familie zu verlieren, ihren Reichtum, High Hall und das, was von ihrer geistigen Gesundheit noch übrig geblieben war. Von diesen drei Dingen verlor sie zuerst sich selbst.

Der Abstieg in den heiligen Zustand des Wahnsinns war unausweichlich. Es hatte nicht viel mit ihrer Situation zu tun. Es war ein Erbteil. Neun Monate im Bauch von Gogo – wer wäre da nicht ein wenig verrückt geworden? Und sie war es geblieben. Ihr ganzes Leben lang war sie um das Irrenhaus herumgeschlichen, hatte aber nie darin gelebt. Nun tat sie es. Was war High Hall schließlich anderes als eine komfortabel wattierte Irrenanstalt?

Mutter spürte die Loyalität, die wir alle der Schwermut zollten; einem Zustand, der uns allen angemessen ist. Soweit es sie betraf, hatte Herr Freud völlig recht, als er den Selbstmord als eine große Leidenschaft beschrieb, die dem Verliebtsein gleicht. Selbstmord (eher schlecht als recht als Märtyrertum getarnt) war der Felsen, auf dem sie versucht hatte, ihr ganzes Leben zu errichten. Als dieses Leben zusammenbrach, als jedweder Maßstab, nach dem sie zu existieren versucht hatte, jetzt sinnlos geworden war, war dieser Felsen alles, was ihr blieb. Die Hochwassermarke eines Lebens, das eine lange Geschichte des Scheiterns war. Bei diesem finalen Scheitern klammerte sie sich nun an die letzte Chance zur Selbstbehauptung, an die Freiheit (wie gering auch immer), auf ihre Weise und zu der von ihr selbst gewählten Zeit zu sterben.

Sie nahm noch eine Überdosis. Diesmal war sie allein. Stiefvater jedoch – wie immer nutzlos – kam unerwartet nach Hause und fand sie bewusstlos auf dem Bett. Sie wurde sofort ins Krankenhaus gebracht. Dort wurde ihr der Magen ausgepumpt, und Stiefvater erfuhr von einer Krankenschwester (die äußerst gefühlvoll war, nur nicht, was den Schmerz anging): »Sie wird wahrscheinlich überleben, aber sie könnte einen Hirnschaden erlitten haben.«

Mutter kam unversehrt nach Hause – oder zumindest merkte man nichts von einem Hirnschaden. »Wenn du zwischen dem Teufel und dem tiefen blauen Meer entscheiden musst, kann das tiefe Blau des Meeres sehr einladend sein«, zwitscherte sie Vater ins Ohr.

Bis zum heutigen Tag spricht sie von Selbstmord. Es scheint ihr normal, sich jeden Tag eine Stunde mit den Vor- und Nachteilen einer Gasvergiftung im Vergleich zu einem Sprung von einem hohen Gebäude auseinanderzusetzen. »Alles, was zählt, ist, den Sinn für Stil beim Sterben nicht zu verlieren. Man hat die Verpflichtung, die Welt stilvoll zu verlassen«, sagte sie stolz. Aber nach vier fehlgeschlagenen Versuchen darf ich nun stolz verkünden, dass Mutter eine gescheiterte Selbstmörderin ist. Evolutionär betrachtet kann man kaum schlechter abschneiden.

Wo Mutter früher Feuer und Flamme war, da gab es jetzt nur noch Asche. Sie hatte kein Gefühl mehr dafür, irgendwo oder irgendwer zu sein. Sie schleppte sich einsam wie eine Wolke dahin – kein Dichter leistete ihr dabei Gesellschaft.

Die Lage entbehrte nicht der Komik. Gute, alte Mutter. Immer in der Küche – mit dem Kopf im Backrohr. Wenn sie nicht vorsichtig war, würde sie sich eines Tages selbst verletzen. Aber sie schien sich keine Sorgen zu machen. Der Tod war alles, was sie interessierte. In der Regel lebte sie von Schnaps und Pillen und verließ das Bett nur für Begräbnisse.

Ich entwickelte ein Selbstmordspiel. Es gab drei Dachbodenfenster auf der einen Seite des Hauses. Jedes Mal, wenn neue Freunde zu Besuch kamen, vollzog ich dasselbe Ritual. Ich ließ sie an der Tür stehen und öffnete ein Fenster. In einer angemessen elegischen Pose warf ich mich schreiend hinaus. Nie werde ich ihre Gesichter vergessen, wie sie dann herunterstarrten und mich dort liegen sahen, alle viere von mir gestreckt, direkt vor ihnen auf dem Balkon unmittelbar unter dem Fenster. Mutter hatte ja so recht. Es ist schon was, wenn die Leute glauben, du seist tot.

Die Welt meiner Eltern wirkte nach außen schick und freizügig und war in ihrem Innersten emotional beschädigt. Vater konnte oder wollte den Schmerz, mit sich selbst leben zu müssen, nicht ohne das Anästhetikum Alkohol ertragen. Jeden Abend punkt sechs Uhr hörten wir den Jaguar den Kiesweg heraufkommen, hörten, wie Vater hereintappte und sich einen Drink eingoss. Einen eiskalten doppelten Ginkatatonik, das Glas beschlagen, schnurstracks aufgefüllt und dann zackig hinter die Binde gekippt. Dann durchflutete das Schmerzmittel warm seinen Magen und schlug in sein Hirn ein, und dann – eine Stunde süßer melancholischer Euphorie. Anschließend Wein zum Abendessen, das mit einem Weinbrand beschlossen wurde, und zuletzt Irish Coffee, mit allen vier für Vater wichtigen Nahrungsmittelinhaltsstoffen: Alkohol, Koffein, Zucker und Fett.

Oder das sonntägliche Mittagessen: Wir saßen an einer Tafel im Speisezimmer von High Hall, die so lang wie das Leben war, und kauten an unserem Roastbeef, während Vater und Mutter sich fröhlich die Kante gaben und dem Gleißen der Sonne zusahen. Ich stamme aus einer Familie, in der unter Bratensaft ein alkoholhaltiges Getränk verstanden wurde.

Als ich eines morgens nach einer ihrer Weltuntergangspartys die Treppen runterkam, fand ich Mutter und Vater bewusstlos vom Alkohol vor. Sie lagen zwischen ihren Flaschen wie Sträflinge in ihren Ketten oder Spieler zwischen ihren Karten. Zigarettenstummel schwammen in den halb geleerten Gläsern. Später sammelte Gogo die leeren Flaschen ein, fuhr sie in einem Kinderwagen den Hügel nach Etton runter und stellte sie an den Türschwellen der verschiedenen Landhäuser ab. »Wir können doch die Leute von der Müllabfuhr nicht wissen lassen, womit wir uns die Zeit vertreiben«, sagte sie.

Jede Nacht wurde High Hall von einer gewaltigen Welle Alkohol überflutet. Das Resultat war verheerend. Vater fiel jedes Mal hin, weil er ein Saufkopf und Krüppel war. Mutter kam niemals aus dem Bett, weil sie ein Saufkopf und eine Manisch-Depressive war und noch dazu faul. Und Stiefvater mit seinem defekten Schrittmacher, der immer wieder den Geist aufgab, verbrachte ohnehin sein ganzes Leben damit, sich am Boden festzukrallen. In der Tat war jeder in meinem Leben, der eigentlich hätte aufrecht stehen sollen, andauernd in der Horizontalen.

Das Chaos musste sich selbst ausbrennen. Möglicherweise war es Vater, der die Entscheidung traf. Mutters Stimmungen zu navigieren glich dem Versuch, die Niagarafälle mit einem Kanu zu durchfahren. Immerhin hielt sie das Ruder der Selbstmedikation fest in ihren Händen, aber sie wechselte öfter ihre Meinung, als sie ihr Bett machte, das sie ohnehin kaum verließ.

Zuletzt verließ Vater High Hall und hinterließ an Stiefvaters Fahrrad einen Zettel, auf dem geschrieben stand: »Ich denke, mit Michael wirst du es besser haben. Vielleicht liebt er dich mehr als ich.«

Wenn dir einer deine Frau stiehlt, gibt es keine bessere

Rache, als sie ihm zu lassen. Es gab keine Aussprache mit Mutter und keine mit den Kindern. Er humpelte einfach aus unserem Leben. Ich sah ihn kaum mehr wieder.

Das war 1973, und ich war elf. Für die Kinder war die Zeit angebrochen, das Elternhaus zu verlassen. Die Hunde durften zu Hause bleiben, und die Kinder wurden auf die höheren Pensionate geschickt, um abgerichtet zu werden. Ash und ich wurden auf verschiedene Schulen in verschiedenen Landesteilen geschickt. Vom Heim in die Heime.

In vielerlei Hinsicht war meine Kindheit ruinös, aber zugleich konnte ich mich zwischen ihren Trümmern selbst entdecken. Sie glich einem Theaterstück, beinahe einer Oper. Und das zog andere Probleme nach sich. Wir waren ungezähmte Kinder, die keine Belohnungen oder Bestrafungen kannten, und wie jeder weiß, der schon einmal mit Kindern zu tun hatte, weinen diese genauso oft in ihrer Verzweiflung darüber, dass ihnen zu viele Möglichkeiten offenstehen, wie sie aus Frustration weinen. Die freie Wahl ist eher eine Art Gefängnis als eine Form der Freiheit. Ein Kind in High Hall aufzuziehen war in etwa so Erfolg versprechend wie das Züchten von Orchideen in der marokkanischen Wüste.

Als Kind war mein Inneres erfüllt von Albträumen, erfüllt von unmöglichen Schlachten, Schrecken erregenden Ängsten vor Blut, Schmerz, Einsamkeit, Dunkelheit und Zerstörung, vermischt mit endlosen Sehnsüchten, Eindrücken unbeschreiblicher Schönheit, Erhabenheit, Ehrfurcht und Mysterien. Meine Jugendzeit verbrachte ich in einer stillen, aber dunklen Revolte. Dennoch waren diese Tage die glücklichsten meines Lebens.

Was sie so großartig machte, war Mutter. Wann immer ich denke, das Leben sei nichts anderes als die Misere, die zwischen Abtreibung und Euthanasie bleibt, dann ist immer sie es, an die ich mich wende. Wenn Glamour bedeutet, dass einem alles zu Füßen liegt, man aber nichts davon geschenkt bekommt, dann besaß Mutter zweifellos Glamour. Sie lehrte mich die einzige Sache, die man wissen muss: Wenn zwischen Illusion und Wirklichkeit Krieg herrscht, dann sollte man der Wirklichkeit nahelegen, taktvoll zu kapitulieren.

Selbstverständlich ging Mutters Charme Hand in Hand mit einer Sympathie für den Verfall, aber was sie so wunderbar machte, war, dass sie ihre Verwüstung mit einem solchen Gusto annahm. Vielleicht noch wichtiger – mit Geschmack. Rimbaud nannte seine Mutter einen »Schlund der Dunkelheit«, was ich auch von meiner Mutter sagen könnte. Ich erinnere mich daran, was sie einmal Ash und mir erzählte. »Madame Verlaine hatte die richtige Idee. Sie bevorzugte die Gesellschaft ihrer beiden Kinder – beides Totgeburten, in ihrem Zimmer sitzend, zusammengerollt in Einmachgläsern. Da wären wir nun, Kinder – wenn man Kinder nur sehen kann, aber nichts von ihnen hört, dann ist es doch wirklich schade, dass sie tot sind.«

Jahre später besuchte sie mich in einer Drogenklinik. Ich lag im Bett und versuchte tapfer, von Crack und Heroin runterzukommen. Ich sah aus und fühlte mich auch so, als wäre ich bereit für den Totengräber. Aus dem Augenwinkel bemerkte ich eine flammende Explosion in Technicolor, von der ich zuerst dachte, es sei ein Früchtekarren. Es war Mutter. Sie spazierte in mein Zimmer, von Kopf bis Fuß in Samt und Seide, und hockte sich ans Ende meines Bettes.

»Habe ich als Mutter versagt, Sylvester?«

»Ich heiße *Sebastian*, Mutter.«

NUR WER NICHTS KANN,
KANN ZUM GENIE WERDEN

MEINE NEUE SCHULE WAR EINE ART teure Besserungs-
anstalt. Sie hatte den Ruf, fortschrittlich und unakademisch
zu sein. Mit anderen Worten: perfekt für reiche Verlierer.

Ich wurde dorthin geschickt, nachdem ich bei der Aufnahmeprüfung für Bedales – der Schule, die ich eigentlich besuchen wollte – durchgefallen war. Schweren Herzens und
mit dem Bewusstsein, aus meiner Familie exkommuniziert
zu sein, war ich schon durch ein paar miserable Schulen gegangen, die auf Namen wie Frensham Heights oder Dar-
tington Halls hörten. Bedales jedoch stimmte mich etwas
fröhlicher. Alle sahen gut aus, golden und behütet.

An dem Wochenende, an dem ich meine Prüfung ablegte, war der Himmel kristallklar, und die Täler hallten wider
von hellem Lachen. Ich tollte mit den anderen Kindern rum
und schwamm mit ihnen. Ich sehnte mich danach, Bestandteil ihrer Familie zu werden. Ihr Sklave. Als Kind war ich erschreckend frei, sehnte mich aber nach Ordnung. Bedales
repräsentierte für mich die Liebe zur Disziplin und die Disziplin der Liebe. Vielleicht verdankt sich meine Sehnsucht
aber auch der Zurückweisung. Die Anziehungskraft verhält
sich immer umgekehrt proportional zur Erreichbarkeit.

Mein neues Zuhause war ein gemischtes Pensionat und
ein Potpourri von Rassen, Glaubensbekenntnissen und
Hautfarben. Es schien mir, als hätten sich die Pforten des
Himmels geöffnet und die ganze Welt hätte sich auf das
Schulgelände entleert. Der Leim, der diesen Stock zusam-
menhielt – in dem es nur so von Itakern, Schlitzaugen, Kaf-
fern, Tschuschen, Kanaken, Pakis und Bleichgesichtern wim-

melte –, war der süße Honig des Geldes. Der ganze Ort triefte nur so davon. Die Schule war nicht dafür berühmt, Gewinner hervorzubringen oder Leute, die was erreichten.
Aber das war auch nicht nötig. Der Vorteil klassischer Bildung besteht darin, dass sie es erlaubt, den Wohlstand zu
verachten, den zu erwerben sie verhindert. Der Vorteil der
Bildung für schlichte Gemüter besteht darin, dass sie es erlaubt, den Wohlstand zu lieben, den man sich nicht mühsam
verdienen muss. Die meisten meiner Mitschüler entstamm-
ten den Champagner- und Kokaingürteln dieser Erde. Sie
waren reicher, als man sich das in seinen gierigsten Träumen
vorstellen konnte. Mit ein paar Ausnahmen.

Teil der Schulpolitik war es, Kinder anzunehmen, die niemand sonst wollte. Heimjungs und Mädels, die in Wohnwä-
gen aufgewachsen waren, erhielten subventionierte Schul-
plätze. Das ergab eine eher entnervende Mischung. Alle
möglichen Geschichten rankten sich um einen Jungen, den
wir auf Grund seines Watschelgangs den »Revolverhelden«
nannten und über den das Gerücht ging, er hätte eine örtliche Polizeistation in die Luft gejagt. Ein anderer unserer
Mithäftlinge war offensichtlich der Schule verwiesen worden, weil er der Schulmilch Zyanid beigemengt hatte. Beide
waren legendär, die vergötterten Teufelskerle unseres Wilden Westens.

An meinem ersten Tag trug ich meine kurzen braunen
Cordsamthosen. Ich hatte ein paar Spielsachen dabei und
eine Süßigkeitenschachtel, die mit Bildern von Marc beklebt
war. Ich war mit Mutter, Stiefvater und seinen beiden Töchtern, die ebenfalls diese Schule besuchten, hingefahren. Der
Range Rover schob sich über die welligen und düsteren
Landstraßen von Rochester. Nervös saß ich zwischen meinen Familienmitgliedern, aalte mich aber zugleich in dem
Vertrauen, das man in mich gesetzt hatte.

Doch schon abends war ich allein. Nach dem Abendessen
schlich ich mich zurück in den Schlafsaal, wo das kleine Bett,

das mir zugewiesen worden war, auf mich wartete. Die violett überzogene Decke war zurückgeschlagen, die Kopfkissen aufgeschüttelt. Auf dem frischen, glatten Leintuch lag ein erschlagener Teddybär. Meine sechs Fuß lange Schlange hatte man erdrosselt; schlapp baumelte sie von der Decke herab. Mein kleiner Hund war enthauptet worden. Sein Körper lag unter dem Bett, Füllmaterial und Sägespäne quollen aus ihm heraus. Den kleinen grauen Kopf mit den Ohren, an denen ich genuckelt und die ich so viele Jahre lang liebkost und gestreichelt hatte, hatte man danebengeschmissen. Ich war fassungslos angesichts dieser Grausamkeit. Es war eine Warnung. Kinder, die spielen, spielen keineswegs.

Mein Hauptbeschäftigung hieß von nun an Überleben: Die Regeln kapieren; sich flach auf den Boden pressen, wenn man unter Beschuss gerät; anderen die Schuld zuschieben. Aber tief in mir drin war ich untröstlich. Die Probleme in High Hall waren mir nun gleichgültig. Ich war krank vor Heimweh nach meinem kranken Zuhause.

Während eines meiner üblichen Weinanfälle rief ich Mutter an und bat sie, mich vom Internat zu nehmen. »Du wirst dich schon dran gewöhnen«, sagte sie, »und wenn du nicht gleich mit Weinen aufhörst, dann weigere ich mich, die Telefonkosten zu übernehmen.« Dalton Holme 251. Ich sehe immer noch die kleine Telefonzelle vor mir, die ganze Täfelung über und über mit Telefonnummern bedeckt, in Holz eingeritzte und immer wieder neu überschriebene verzweifelte Codes verlassener Kinder.

Schließlich nahm ich mein Schicksal jedoch an und sah mich mit furchtsamem Blick um. Die ganze Schule beförderte den Gärprozess der Affekte in noch größerem Maße, als es High Hall jemals getan hatte. Da es sich um ein gemischtes Internat handelte, waren Affären, Verliebtheiten und sexuelle Beziehungen – mit all ihren grausamen, exotischen Details – unser Alltag. Das war hier die Währung. Als ich es herausfand, wollte ich nichts anderes, als zum Protagonisten einer Romanze zu werden, die in der ganzen Schule Aufsehen erregen würde.

Bis zu diesem Zeitpunkt aber war, soweit es sich um lohnenswerte körperliche Erfahrungen handelte, ich selbst der einzige Nutznießer meiner sexuellen Aufmerksamkeiten gewesen. Ich hatte im Alter von elf Jahren zu masturbieren begonnen, und bis zum heutigen Tag ist die Masturbation das Einzige im Leben geblieben, das ich voll und ganz begreife.

Nachdem ich das erste Mal gekommen war, erstaunte es mich, dass ich weder gestorben noch verrückt geworden war oder mir irgendeine unheilbare Krankheit zugezogen hatte. Das Einzige, was mir Sorgen bereitete, war die Tatsache, dass ich im Zuge dieser Erfahrung kein Ejakulat hervorgebracht hatte. Das überzeugte mich davon, eine noch eigenartigere Missgeburt zu sein, als ich es bereits vermutet hatte.

Und dann sah ich sie. Ein Mann erinnert sich immer mit besonderer Zartheit seiner ersten Liebe; danach beginnt er alle folgenden über einen Kamm zu scheren. Alle Männer wollen in der Jungfrau die Hure entdecken, und ich, obgleich ich das zu diesem Zeitpunkt noch gar nicht ahnte, war durch einen glücklichen Zufall ausgerechnet über eines dieser seltenen Wesen gestolpert.

Es gab zwei gefeierte Schulschönheiten – Ragi war eine davon. Als sie durch den Rosengarten schritt, wusste ich sofort, dass ich sie haben musste. Sie war Inderin. Ein wesentlicher Bestandteil der Schönheit ist romantische Melancholie – und die besaß sie: große Augen und Haare, die schwärzer waren als die Schwingen des Raben um Mitternacht. Ich brachte also mein unvergleichliches Tänzeln zur Anwendung.

»Du bewegst dich wie Marc Bolan«, sagte sie. Volltreffer. Sie sah mich an, und als sie ihre Lider hob, schien sie zugleich ihre Bluse hochzuheben und alles meinen Blicken preiszugeben. Ich verliebte mich mit erstaunlicher Leichtigkeit. Ich ergoss mich in sie wie ein Fluss und ersoff dabei.

Alle Mädchen schliefen im Hauptgebäude der Schule. Die Jungen hingegen waren auf einzelne Häuser verteilt, die in einem Radius von zwei Meilen um dieses Honigtopf herum angeordnet waren. Welcher Romeo hätte da widerstehen können?

Eines Nachts, nachdem ich meine Kopfkissen als raffinierte Täuschung unter die Bettdecke gesteckt hatte, kletterte ich aus dem Fenster, schlitterte die Feuerleiter hinunter, überquerte die schlammigen Felder und schlich im Stockfinsteren durch die Gänge und die Treppen hoch zum Schlafsaal der Mädchen. Ich verschaffte mir selbst Zutritt – zum Zimmer meines Mädchens, in ihr Bett und schließlich auch zu ihr. Nun ist mir klar, dass Romeo sehr wohl das Nachbarsmädchen hätte heiraten können. Auch Ragi und ich hätten einander beinahe jeden Nachmittag hinter irgendeinem trostlosen Fahrradschuppen treffen können. Doch was ich tat, tat ich nicht allein der Liebe wegen, sondern auch, um mit allen mir zu Gebote stehenden Mitteln die Autoritäten herauszufordern. Ich wurde nicht erwischt. Schnell jedoch gelang es mir, eine Spur zur Goldgrube meiner kleinen Romanze zu legen, und schon zum Abendessen wusste die ganze Schule über jedes Detail der Eskapade Bescheid. Von nun an wurde man bei mir fündig.

Zuallererst jedoch war es mir um Vergeltung gegangen. Alle Jungen der Schule waren verrückt nach Ragi und wollten mit ihr gehen – die Henker des Teddybären mit eingerechnet, versteht sich. Es war köstlich. Was ist Rache schon anderes als Liebe mit heruntergelassenen Hosen?

Ich arbeitete wirklich hart an meinen Schulaufgaben oder zumindest so hart, dass mein Können wenigstens in ein paar Fächern schwach aufleuchtete. Man unternahm nicht einmal den Versuch, mich über meine Grundfähigkeiten hinaus zu bilden. Ich war gut in Englisch, wo ich mich auf eine unklare, alles tolerierende literarische Teilnahmslosigkeit festlegte. In anderen Fächern gab man mich auf und ließ mich machen, wozu auch immer ich Lust hatte. Der Versuch, mir zum Beispiel in Physik oder Mathematik etwas beizubringen, zeitigte ohnehin keine Erfolge. Ich hatte nicht die geringste Ahnung, wovon da gesprochen wurde, oder ob das, worüber da gesprochen wurde, überhaupt seine Richtigkeit hatte.

Ich vermutete, dass dem nicht so war. Ich war bereits ein jugendlich-modischer Solipsist. Man erklärte uns, dass Ptolemäus lehrte, die Sonne drehe sich um die Erde. Kopernikus lehrte, die Erde drehe sich um die Sonne. Horsley aber lehrte, die Sonne, die Erde und das ganze Sonnensystem drehten sich um ihn. Die physikalischen Gesetze interessierten mich nicht. Mich interessierten nur Tatsachen.

»Warum müssen wir wissen, dass Wasser bei hundert Grad Celsius kocht, wenn wir auch ganz einfach einen Teekessel aufsetzen können?«, fragte ich einmal den Physiklehrer. Er hat mir nie geantwortet. Vielleicht gibt es zu viele Möglichkeiten in der Physik. Das Problem mit Mathematik hingegen war, dass es nur eine korrekte Antwort gab. Wie konnte ich meine Lehrer davon überzeugen, dass meine Antworten ironisch gemeint waren? Verzweifelt versuchte ich, Tests allein mit dem zu bestehen, was ich auswendig gelernt hatte. Üblicherweise stolperte ich ins Prüfungszimmer, murmelten mit blassen Lippen Gleichungen und Formeln und kam dann völlig verwirrt wieder heraus und verstand gar nichts.

Ich flehte die Schulleitung an, diese trübseligen Gegenstände aufgeben und mich den Mädchen in Hauswirtschaftslehre anschließen zu dürfen. Zu meiner Freude und zu deren Kummer stimmten sie zu. Wir diskutierten darüber, wie man Pilze füllt, wie man eine Schürze bindet und sicherstellt, dass Béchamelsauce nicht klumpt. Ich muss zugeben, dass ich kein besonderes Talent zum Kochen besaß. Das erste Gericht, an dem ich mich versuchte, war so widerlich, dass man unmöglich sagen konnte, wo der Teller aufhörte und das Bœuf Bourgignon anfing. Aber letzten Endes war ich zufrieden – nur die Mary-Quantum-Theorie war eine mir verständliche Physik.

Ich war von Frauen umgeben. Darin bestand für mich die wahre Erziehung. Alles andere verwirrte mich. Einmal lernte ich in einer Geografiestunde alle Namen von Währungen, die im Gebiet des Pazifischen Ozeans in Umlauf waren. Wo, fragte ich mich, sollte ich diese Informationen verwenden? Ich überließ mich Tagträumereien – das ist für den Geist eines unverbesserlichen Fantasten, was für andere die Ertüchtigung des Körpers ist. Ich sehnte mich danach, dass man mich Singen und Tanzen lehrte. Das schienen Fähigkeiten zu sein, die ich nach draußen in die Welt mitnehmen und wie eine Krone zur Schau stellen könnte. Menschen, die gelernt haben zu singen, werden immer schönere und vollere Stimmen besitzen. Menschen, die gelernt haben zu tanzen, werden immer großartigere und schwungvollere Bewegungen an den Tag legen. Der kleine Sieg, bei den Frauen sein zu dürfen und kochen zu lernen, war mein erster wirklicher Schritt zur Definition meines Selbst – in meinen Augen und in denen der anderen. Kunst ist Ich. Wissenschaft ist Wir. Ich wurde zum Romantiker – zu demjenigen, der sich selbst als Zentrum erkennt.

Das verlangte eine gewisse Geheimhaltung. Ein Zehntel meiner Persönlichkeit brach durch die Oberfläche und neun Zehntel lagen wie ein Eisberg bedrohlich lauernd darunter. Jeder einzelne meiner Streiche hätte dazu geführt, dass man mich der Schule verwiesen hätte. Aber für eine Person, die sich in ihrer Gesamtheit entwickeln wollte, waren sie viel mehr als bloße Kindereien. Ich brauchte sie. Darf man sich nicht äußern, dann verkümmert das Gemüt und stirbt ab.

Ich schummelte bei meinen Abschlussprüfungen. Ich bestahl meine Lehrer; einmal brach ich in den Weinkeller des Schulleiters ein, ehe ich mich entschied, selbst Alkohol herzustellen. Das erste Problem bestand darin, einen Platz ausfindig zu machen, an dem man mich nicht entdecken würde.

Nach einer kurzen Erkundung beschloss ich, dass eine Dachkammer über dem Geografiesaal der ideale Ort für eine illegale Brennerei war. Ich war noch nie gut in Geografie gewesen. Mein Orientierungssinn wies immer abwärts.

Es geriet zum Desaster. Nachdem ich unzählige Gärbehälter in den Raum geschafft und Wochen damit verbracht hatte, das Gebräu zu perfektionieren, war das, was nach einer Stunde Destillation schließlich dabei herauskam, eine unverändert faulig stinkende Brühe. Hätte ich das Zeug gleich die Toilette runtergeschüttet, dann hätte ich mir auch den Zwischenhändler erspart. Aber das wäre nicht die richtige Einstellung gewesen. Ich konnte nun im Geografieunterricht sitzen und meine Augen gen Himmel richten.

Hemmungslos, wie jemand, der von seiner eigenen Existenz heimgesucht wird, schüttete ich von frühester Jugend an den Schnaps in mich hinein. Ich war dreizehn, als ich das erste Mal betrunken war. Es war ein Sonntag im Sommer, als ich mit meinen beiden Freunden Bird und Will und drei großen Flaschen Pommagne runter zum Sportplatz ging. Das Licht und das Gras und das Wasser schienen sich ins Unendliche auszudehnen, und ich erinnere mich an den plötzlichen Knacks in meinem Kopf, als mein Bewusstsein nach dem zweiten Glas einen anderen Gang einlegte und abhob in einen Raum, der erfüllt war von Glückseligkeit und Dankbarkeit und Wärme. Alles schien neu und seltsam in diesem Land, unbeschreibbar einzigartig und verstörend schön. Die Felder standen voll reicher Ernte, unvergänglich, für die Ewigkeit; der Dunst der Sonne war kostbar wie Gold, als wir rannten und sprangen, unsere Herzen voll der Begeisterung.

Ich hatte das Tor zum künstlichen Paradies gefunden.

Ich habe nichts Stärkeres als Dope konsumiert, bevor ich dreizehn war. Ich schaffte es, ein wenig Marihuana von einem der anderen verdorbenen Burschen an der Schule zu klauen, und schloss mich auf dem Klo ein, zitternd vor Angst und Aufregung. Ich rauchte mich ein. Während ich auf die Wirkung wartete, dachte ich, dass bald die ganze Schule wissen würde, dass ich ein Abhängiger war – ganz gewiss würde es sich wie ein Kainsmal auf meinem Gesicht zeigen. Stattdessen zeigte sich gar nichts. Ich saß im Klassenzimmer und starrte die Wand an. Da die meisten Menschen ohnehin nicht zwischen natürlicher oder chemisch induzierter Blödheit unterscheiden können, ging ich als stumpfsinniger, aber glücklicher Kerl durch. Es war mir egal. Von nun an war jede Droge, auch die schwächste, besser als das wirkliche Leben.

Nach dem ersten Halbjahr kehrte ich mit bösen Vorahnungen nach Yorkshire zurück. Mutter hatte High Hall gegen ein kleines Haus in Beverly eingetauscht, einem Marktflecken in der Nähe von Hull. Sie hatte Tausende und Abertausende von Pfund bei einem Handel mit sogenannten Freunden verloren, die, nachdem Vater ausgezogen war, generöserweise angeboten hatten, ihr schäbiges kleines Kleinstadthaus gegen ihren ach-so-unkomfortablen Landsitz einzutauschen. Niemand kann dich ohne deine Zustimmung schlecht behandeln. Mutter war vollkommen unfähig. Sie hatte ihr Erbe schlicht und einfach diesen grinsenden Dieben überantwortet.

Aber die Lage war nicht so schlecht, wie sie aussah. Sie war noch schlimmer. High Hall war weg. Vater war weg. Und Mutter war weg. Wer da war, war Stiefvater.

Er war von Kopf bis Fuß in Orange gekleidet. Seine Hosen waren orange. Seine Socken waren orange. Seine Schuhe waren orange. Und über all dem hing ein weites Gewand – in Orange. Sein Haar fiel ihm bis auf die Schultern, und sein langer weißer Bart war zerzaust. Was man von seinem Gesicht noch erkennen konnte, glich einer Lichtung im Dschungel. Stiefvater hatte sich Bhagwan Shree Rajneesh angeschlossen, der Sekte der orangefarbenen Menschen.

In seinen Händen hielt er ein Pendel, das er über einer Ausgabe des *Guardian* hin und her schwingen ließ. Die Schlagzeile lautete: »250 Tote bei Flugzeugabsturz«. In gebeugter Haltung, wie Professor Bienlein in *Tim und Struppi*, verengte er seine Augen, räusperte sich und intonierte: »Sie sind verloren. Das Pendel sagt, sie waren alle dem Untergang geweiht.«

Die orangefarbenen Menschen wurden von Bhagwan angeführt – dem antimaterialistischen Führer, der neunundneunzig Rolls-Royce sein Eigen nannte. Für Stiefvater besaß der Goldene Guru alle Antworten auf die Probleme der modernen Welt, besonders der westlichen – zum Beispiel akute Leichtgläubigkeit.

Mutter war nirgendwo zu sehen. »Wo ist sie?«, fragte ich Stiefvater. »Man hat sie eingewiesen«, antwortete er. »Wir dürfen sie heute Nachmittag besuchen.«

»Du wirst deine Mutter nicht sehr verändert vorfinden«, verkündete er, als das Auto in die Zufahrt zur Anstalt einbog. Das Gebäude wirkte nüchtern, bar jeden Charakters. Wir betraten einen Raum, dessen Fußboden so gebohnert war, dass sich selbst ein geistig Gesunder nur mit Schwierigkeiten aufrecht halten konnte. Vorsichtig sahen wir zu den Fenstern hinaus, da man uns gesagt hatte, dass zwischen den Lorbeersträuchern Männer lauerten, die sich gern vor Besuchern entblößten. Eine Krankenschwester brachte uns an Mutters Bett.

Sie war so mit Medikamenten vollgepumpt, dass sie kaum ihre Augenlider heben konnte. Sie wurde gerade einer Art Schlaftherapie unterzogen, die auf der Einnahme einer Unzahl von Valiumtabletten basierte. Wenn das Träumen einem jeden von uns gestattet, Nacht für Nacht still und heimlich wahnsinnig zu sein, dann wachte sie in einer Art schauderhaftem Albtraum, ohne die geringste Ruhepause. Die Krankenschwester versuchte sie zu wecken und ging dann los, um etwas zu essen zu holen.

Mutter konnte die Gabel nicht halten. Stiefvater versuchte ihr zu helfen. »Oh nein!«, sagte die Schwester, nahm ihm die Gabel aus der Hand und legte sie wieder in ihre zurück.

»Sie muss lernen, das selbst zu machen.« Mutter schubste den Nachttisch mit ihren Knien weg. Nachdem das Krachen des Tellers auf dem Boden verhallt war, nuschelte sie: »Das totale Irrenhaus hier.«

Es war eine grausame Szene. Ich fühlte mich unbehaglich angesichts ihrer Schwäche – aber man verachtet die Unglücklichen immer auch. Und es war nicht nur das. Das Gefühl für passives Leiden, das mir Mutter mitgegeben hatte, verfluchte mich zur tiefen Anteilnahme für andere. Ich fand das immer schon abstoßend. Mitleid ist eben leider nicht fotogen.

Wie auch immer – unsere Familie war von den Flügeln des Wahnsinns geschlagen. Gogo war klinisch geisteskrank. Auch Mutter war immer wieder im Irrenhaus. Ihr Zustand schwankte wie verrückt, immer davon abhängig, welche Therapie gerade angewendet wurde. Nach der Elektroschockbehandlung fühlte sie sich »irgendwie Funken sprühend« und bewegte sich beschwingten Schrittes. Nach der Einnahme von Mandrax wurde sie depressiv und kroch im Haus herum wie eine Schildkröte auf Salatjagd. Oft frage ich mich, warum gerade ich, der ich schon immer über den Geist, die Nerven und die Geschichte (alle drei sind tatsächlich notwendig, um wahnsinnig zu werden) verfügte, nie wirklich verrückt wurde. Stattdessen verbrachte ich mein Leben zwischen Savile Row und Death Row, versuchte Eitelkeit und Wahnsinn auszubalancieren und wanderte ziellos umher wie der König ohne Land, der ich nun einmal bin.

Schließlich wurde Mutter aus der Anstalt entlassen, weil sie die anderen Insassen deprimierte. Sie kam nun nach Hause zurück, um die Familie zu deprimieren. Während sie unten alles ins Chaos stürzte, warf ich mich oben in Schale. Steve war immer noch mein Kamerad; er kam in den Ferien zu mir rüber, und wir verkrochen uns zusammen.

Unsere neue Leidenschaft waren Hammer-Horrorfilme. Wie gern wir in ihnen aufgetreten wären! Bei mir hätte es beinahe geklappt. Als ich in Mutters neuem Haus kampierte, ersetzte ich all die Marc-Bolan-Poster, mit denen wir die Wände meines Quartiers in High Hall tapeziert hatten, durch grässliche Folterszenen und Bilder von Verstümmelungen, die ich sorgfältig aus den monströsesten, grausamsten und trashigsten Slasherfilmen auswählte. Das Weibsvolk in meiner Familie traute sich nicht einmal zu mir rein. Ich hingegen liebte Filme. Sie schienen mir so sehr dem Leben zu gleichen – abgesehen davon, dass all die entsetzlich langweiligen Szenen aus ihnen herausgeschnitten worden waren.

Eines Nachmittags, im Alter von dreizehn Jahren, schaffte ich es, mich in meinen ersten Film ab achtzehn zu schmuggeln. Zu diesem Zwecke verkleidete ich mich als Erwachsener, mit Hut und Trenchcoat. Es lief: *Einer flog über das Kuckucksnest*.

Die amerikanischen Bands KISS und New York Dolls nahmen den Rest unserer Zeit in Beschlag. Guter Geschmack ist besser als schlechter, aber schlechter Geschmack ist besser als gar keiner. Ich hatte keine Wahl – es war eine schreckliche Epoche. Audio-Tapeten wie Yes, ELP und Rick Wakeman dominierten. Mit Marc wusste Musik noch, wohin sie gehörte. Nun hing sie mit einer schlimmen Truppe ab und hatte ihren Sinn für Anstand vollkommen verloren. Die Funktion von Musik besteht darin, uns von der Langeweile der Existenz zu erlösen. Ich wollte Kunst, die mein Leben widerspiegelte, und mein Leben war Theater.

Ich kann mich erinnern, dass ich KISS am 15. Mai 1976 im Hammersmith Odeon sah. Es war das erste Mal, dass sie in England spielten. Ich trug schwarzen Lippenstift und Mutters Plateauschuhe. Ich schwänzte die Schule und zog los, um die Band willkommen zu heißen. Die einzige Entschuldigung dafür, ein wenig *overdressed* zu sein, ist, geistig vollkommen unterentwickelt zu sein.

Es ist so bewegend zu sehen, wenn jemand genau das tut, was er tun sollte. Paul Stanley mit seinem herzförmigen Gesicht und Augen wie tränenförmige Diamanten servierte den

Teenagern ihre Träume mit meisterlicher Grazie. »Es gab einmal eine Zeit, als das Publikum noch dachte, es hätte Glück, auf einem Konzert zu sein, Glück, dass die Band für es spielte. Wir sind glücklich, dass ihr hier seid. Und wir werden uns anstrengen, um sicherzugehen, dass ihr auch bleibt«, sprach er von der Bühne herab.

Mit KISS und den Dolls hatte ich die zugleich realsten und künstlichsten Bands der Welt gefunden. Ich war glücklich. Ich habe Trash immer geliebt. Auch wenn er nicht angesagt war. Ich weiß, dass man von uns erwartet, dass wir all die Schwarzen lieben, die den Blues singen, oder den Blues, den die Schwarzen singen – aber ich fürchte, ich teile diese Meinung nicht. Bands wie die Rolling Stones sind das Schlimmste – Weiße, die so tun, als wären sie Schwarze. Nette Mittelklassejungs, die vorgeben, Neger zu sein – das ist so was von verblödet. Ich mag Marc Bolan und KISS und die Sex Pistols und Guns N' Roses. Weiße, die so tun, als wären sie Weiße.

All die Spiele, die ich mit Steve spielte, waren in Wahrheit ein und dasselbe. Wir zogen uns Mutters Kleider an, pappten uns soviel Make-up ins Gesicht, wie es die Erdanziehungskraft zuließ, und stolzierten durch die Straßen von Beverly. Wir verbrachten Stunden damit, uns gegenseitig Lidschatten, Lippenstift und Rouge aufzutragen. Dann standen wir draußen rum und fotografierten uns und die Gesichter der erstaunten Zuschauer.

Homosexuelle Neigungen gehören in gewissem Maße zu allen kreativen Persönlichkeiten. Später stellte sich heraus, dass mein kleiner Freund tatsächlich schwul war und mich beeinflusst haben könnte. Ich war zwar keine Schwuchtel, jedoch nur allzu willig dazuzulernen.

Als instinktiver Pessimist erwartete ich jedoch, dass alle zwischenmenschlichen Angelegenheiten über kurz oder lang schiefgingen. Ich wurde nicht enttäuscht. Stiefvater entschied, dass unsere Beziehung »ungesund« und »asozial« sei. Bemerkungen über unsere Sexualität wurden gemacht. Steve wurde für immer aus unserem Haus verbannt. Was aber nur dazu führte, dass unsere Liebe entflammte. Es liegt immer ein Reiz im Verbotenen, der es unaussprechlich begehrenswert macht. Ich verbrachte meine Tage in stiller Wut und warf Dartpfeile, deren Spitzen ich in rote Farbe getaucht hatte, auf Fotos von Stiefvater. Wie alle Jugendlichen wissen, ist ohnmächtiger Hass das schlimmste aller Gefühle. Man sollte niemanden hassen, den man nicht auch zerstören kann.

Vielleicht war es falsch, aufgrund dieses Zwischenfalls ein Urteil über ihn zu fällen, wo es doch so viele andere Gründe gab, ihn nicht zu mögen. Eines Tages jedoch tat Stiefvater etwas vollkommen Unverzeihliches: Er rettete mein Leben.

Der Sommer war mit der ihm eigenen Unnachsichtigkeit hereingebrochen. Ich war damit beschäftigt, herumzusitzen und darauf zu achten, wie die Stunden vergingen, während ich den Rasen mähen sollte. Wie viele andere Leute, die nichts zu tun haben, ärgerte es mich, wenn man über meine Zeit bestimmen wollte – ganz besonders, wenn dies mit Gartenarbeit in Zusammenhang stand. Nichts konnte mich dazu bringen, das Land zu bestellen oder die Scholle zu pflügen – außer die Aussicht auf Bezahlung.

Allein schon das Starten des Rasenmähers verbrauchte mehr Zeit und Energie, als hätte ich den gesamten Rasen mit meinen Zähnen abgegrast. Aber schließlich konnte ich das Scheißding aus seinem Schlummer erwecken. Es wackelte also – mit mir im Schlepptau – den Rasen rauf und runter. Sieh einmal einer an, dachte ich bei mir. Gartenarbeit! Das verheißt nichts Gutes für die Zukunft.

Nach zehn Minuten hatte ich genug von der Formschnitt-gärtnerei und war bereit, das Handtuch zu werfen, als ich das Kabel des Mähers durchtrennte. »Verflucht!« Ich schaltete den Motor aus und machte mich daran, das Stromkabel zu reparieren. Ich löste das Isoliermaterial um das Kabel herum ab, indem ich es in den Mund nahm und mit den Zähnen zurückzog. Dann verband ich die Teile wieder und holte eine

Schere, um die unordentlich abstehenden losen Enden abzuschneiden.

Ich schrie. Zuerst dachte ich, jemand hätte mich in den Rücken getreten. Ich taumelte vorwärts, mein Körper wurde von Krämpfen geschüttelt, in meinem Hirn explodierten funkelnde, sprühende und blitzende Sterne. Ich sah mein bisheriges Leben nicht vor meinem inneren Auge vorbeiziehen – vielleicht weil ich bislang noch nicht wirklich etwas gemacht hatte. Aber ich wurde auf den Boden geworfen, zuckte dort herum und war nicht in der Lage, die Schere loszuwerden, die mich an den Hauptstrom anschloss. Meine Schreie wurden im Haus gehört – und sie wurden wahrscheinlich vom Himmel erhört. Mutter kam in den Garten raus und stimmte gleich – grölend und kreischend – mit ein. Doch Stiefvater wusste sofort, was zu tun war. Er rannte zum Sicherungskasten und schaltete den Strom ab. Er war gerade dabei gewesen auszugehen, hatte es sich aber im letzten Augenblick anders überlegt.

Ich lag betäubt da. Der Gestank verbrannten Fleisches stieg mir in die Nase. Das heiße Metall der Schere hatte sich mir tief in die Hand gebrannt. Ich war nicht lange gestorben, aber es hatte mir gereicht. Ich war auf der anderen Seite gewesen. Und wenn so das Sterben aussah, dann hatte ich nicht viel dafür übrig. Angesichts der Menge an Aufmerksamkeit, die man ihm entgegenbringt, hatte es die Erwartungen enttäuscht.

Im Krankenhaus sagte der Arzt zu mir, dass mich mein starkes Herz gerettet habe. Und wenn die Kabelenden in meinem Mund zusammengekommen wären? Dann wäre der letzte Vorhang gefallen. Noch heute frage ich mich, ob jemand applaudiert hätte.

Als ich zurück in die Schule kam, wurde ich in ein neues Drama gestürzt. In den Ferien war mein Liebesverhältnis zu Ragi aufgeblüht. Ich hatte ihr pornografische Briefe geschrieben, die ihre Eltern abgefangen und der Schulleitung

74

vorlegt hatten. Meine Relegation wurde gefordert. Das war aufregend – das würde mein Ansehen als Prinz erhöhen und der Galanterie zur Ehre gereichen. Es kam aber anders: Wir wurden voneinander getrennt und hatten nun keine gemeinsamen Unterrichtsstunden mehr. Aber immerhin erhielt ich so etwas Aufmerksamkeit.

Alles im Zusammenhang mit meiner ersten Liebe war dramatisch und schmerzhaft. Ragi stieß mich in das kalte und giftige Becken der Eifersucht, von der ich mich nie wieder richtig erholt habe. Eine treue Frau ist verantwortungsbewusst; sie lässt es nicht zu, dass zwei Männer zur selben Zeit leiden. Warum aber hätte Ragi nur zwei leiden lassen sollen, wenn sie vier haben konnte? Ich kann mich immer noch an ihre Namen erinnern. Boris. Flynn. Andrew. Und ebenso genau kann ich mich der Höllenqualen entsinnen, als ich beobachtete, wie Ragi Hand in Hand mit Flynn über die Sportanlage lief, oder als ich durch das Fenster der Abschlussklasse spähte und sehen musste, wie sie leidenschaftlich auf Andrews Knie auf und ab wippte. Bei mir draußen war es unerbittlich kalt, dunkel und winterlich – aber drinnen leuchtete sein goldenes Haar im warmen orangefarbenen Licht, während sie kuschelten und kicherten. Liebe mag blind machen, doch die Eifersucht sieht zu viel.

»Du bist der, den ich wirklich liebe, Sebastian«, sagte sie, als ich sie mit all der Wärme und der Qual meines Verlangens liebkoste. Wir lagen aneinandergeschmiegt auf dem Boden des Turnsaals, und ich stellte mir die anderen Jungs vor, wie sie ihre dunkle Haut berührten, und fühlte dabei, wie mein Körper vom Schmerz durchzuckt wurde. Für mich waren sie eigentlich gar keine Jungs mehr – sie waren Männer. Boris war sechzehn, als er Ragi entjungferte. Wir fummelten herum und kamen über das Vorspiel nicht hinaus. Jahrelang schnüffelte und wühlte ich in den Resten, die vom Tisch der großen Jungs gefallen waren. Aber letztendlich erging es uns allen gleich. Ragi spielte mit uns wie mit Fliegen und riss uns einen Flügel nach dem anderen aus. »*Er liebt mich, er liebt mich nicht. Er liebt mich, er liebt mich nicht.*«

Ich war ihr treu. Ash hatte von ihrer Schule zu meiner gewechselt, und in ihren Armen heulte ich mich über den jeweils letzten Betrug an mir aus. Sollte es zutreffen, dass alles Leben mit Tränen endet, so beginnt alle Liebe mit ihnen. Auch meine tat es. Wenn man älter ist, verschafft einem der Schmerz, der einem zugefügt wird, eine angenehme Traurigkeit, und oft schwelge ich im Leid, das man mir angetan hat. Aber als Junge war das anders. Herr Auden erklärt uns, dass die Angelegenheiten des Herzens so verdreht sind wie Korkenzieher. Vielleicht würde er zustimmen, dass meine erste romantische Erfahrung wohl jeden Hetero umgedreht hätte. Normalerweise ist Eifersucht ein Symptom neurotischer Unsicherheit. Aber war diese neurotische Unsicherheit in meinem Fall nicht eher durch die schreckliche Eifersucht inspiriert?

Zwei Monate schaffte ich es, kein Wort mit Ragi zu wechseln. Wenn ich bei der Essensausgabe in der Reihe anstand und prahlerisch laut lachte, dann beobachtete ich sie zwanghaft aus den Augenwinkeln. Wenn ich sie aus der Ferne näher kommen sah, rannte und spielte ich sofort mit anderen Mädchen herum. Die Tage dehnten sich endlos. Leid macht Zeit sichtbar.

Ich hatte so viel Zeit und konnte so wenig damit anfangen. Man hatte mich inzwischen von allen sportlichen Verpflichtungen freigestellt, weil mir diese nicht »entsprachen«. Das war ein Sieg – ich lehnte Sport mit derselben Leidenschaft ab, mit der ich Musik liebte. Als junger Mann, der gerade dabei war, seinen Lebensstil auszuformen, vermied ich jegliche Art sportlicher Betätigung, denn diese trugen nichts zu dieser Stilbildung bei. Zum einen wusste ich, dass ich nicht gewinnen würde; und zum anderen wusste ich, dass jede Form von Wettkampf dazu ermuntert, zwischen sich und anderen Vergleiche anzustellen, was eine völlig überflüssige Betätigung darstellt. Was den Sport anging, so verfügte ich nur über den robusten Willen zu verlieren.

Beim Fußball habe ich ein Spiel in Folge gewonnen. Meine Theorie lautet: Wenn du eine Eistüte kaufst und es hinkriegst, diese in den Mund zu stecken, dann kannst du Fußball oder Tennis spielen. Wenn dir das Eis auf der Stirn klebt, dann stehen deine diesbezüglichen Chancen eher schlecht. Noch schlimmer war es beim Kricket. Ich war nie dazu in der Lage zu fangen, und ich hätte nicht einmal den Arsch einer Kuh mit einem Banjo getroffen, ganz zu schweigen von einem Ball. Man schickte mich an den Spielfeldrand und ermunterte mich, das Spiel als solches zu betrachten – organisierte Tagträumerei.

Aber für Rugby hob ich mir eine geballte Ladung meines Abscheus auf. Die Idee des Spiels bestand darin, mit dem Kopf voran in andere Spieler hineinzurennen. Der Ball schien bloß aus Versehen mit im Spiel zu sein. Wenn man ihn dann doch ergatterte, prügelten alle anderen auf einen ein. Für mich gab es folglich nur ein Ziel: mich von dem Augenblick an, wo die Trillerpfeife die verbissenen Lippen des Schiedsrichters verlassen hatte, so weit wie möglich vom Ball zu entfernen. An diesen bitteren Nachmittagen stürzte ich mich aufs Feld und rannte wie ein Verrückter in alle nur möglichen Richtungen davon.

Nicht nur beim Sport scheiterte ich daran, mich auszuzeichnen. Akademisch gesehen war ich mehr als brillant – ich war ganz und gar jenseits jeden Niveaus. Die Probleme, die ich zu dieser Zeit hatte, wurden noch verschlimmert durch die ersten Anzeichen einer Nervenstörung, die ich später als Zwangsneurose identifizieren sollte.

Als Kind war ich immer besorgt, und wenn Sorge der Zins für Schwierigkeiten ist, die noch gar nicht fällig sind, dann entwickelte ich Rituale, um die Schuld gleich ein für alle Mal zu begleichen. Es fing mit Berühren, Zählen und dem Abtasten von verborgenen Flächen an – jeweils zwi-

schen sechs und sechsunddreißig Mal. (Als ich die Glücks-
zahlen für mich entdeckte, war Mutter gerade sechsunddreißig.) Räume zu verlassen wurde schwierig für mich. Lesen
und Schreiben – niemals einfach – wurden jetzt durch end-
lose Zwangsrituale behindert. Alles, was ich schrieb, musste
doppelt rot unterstrichen werden, und wenn mir eine Passage, ein Satz oder ein Wort aus einem Buch einfiel, dann verbrachte ich Tage damit, danach zu suchen, und hörte erst auf,
wenn ich sie fand. Ich stellte mir Fragen. »Wird Ragi mich
verlassen?« oder »Werde ich die Prüfung bestehen?« und
schlug dann ein Buch zufällig irgendwo auf. Fiel mir zuerst
ein E ins Auge, dann bedeute das YES; war es ein O, dann
bedeutete das NO. Sah ich aber ON, dann hieß das NO rückwärts – folglich: YES. Und so weiter. Und so weiter. Dieses
Ritual konnte zwischen sechs und sechsunddreißig Mal wie-
derholt werden. Es war strapaziös. Es gab jetzt die richtige
Weise, etwas zu tun, und machte man es »falsch«, dann würde etwas schieflaufen.

Man hat mir einmal die Geschichte von einem erzählt, der
seine ganze Zugfahrt zwischen London und Bristol damit
verbringt, eine Zeitung in kleine Fetzen zu zerreißen und
diese aus dem Fenster zu werfen. »Warum tun Sie das?«, fragt
ein amüsierter Mitreisender. »Das hält die Tiger auf Distanz«,
kommt als Antwort. »Aber hier gibt es doch gar keine Tiger!« –
»Sehen Sie, wie effektiv die Methode ist?« Das ist Zwangsneurose.

Und ich war Zwangsneurotiker. Wenn ich die Straße ent-
langging, musste ich zwanghaft Geländer anfassen. Wenn ich
etwas wegwarf, musste ich den ganzen Inhalt des Mülleimers
wieder auskippen, um es zurückzukriegen. Ich löste das Problem, indem ich alles, was auch nur im Entferntesten gefährlich erschien, in der Toilette entsorgte. Daraus erwuchs ein
neues Problem, weil die Abflussrohre mit Papierseiten, ab-
gebrochenen Schminkstiften, Zigarettenkippen und irgendwann sogar mit meinem Ehering verstopften.

Wenn ich mit meinem Moped herumfuhr, musste ich immer wieder kehrtmachen, um die Türschwelle zu finden, auf der ich eine Flasche gesehen hatte oder die Titelseite eines scheinbar am falschen Ort abgelegten Magazins, oder ich musste nach dem Tor sehen, dass offen oder geschlossen sein sollte, oder nach den Steinen, die, wie mir schien, unbedingt neu angeordnet werden mussten. Als im Keller ein Betonboden verlegt wurde, konnte ich das nicht mit ansehen. Die Vorstellung, dass all die wichtigen Dinge unwiderruflich unter dieser Oberfläche verschwinden sollten, war einfach zu viel für mich.

Sauberkeit war immer mein Laster gewesen, und das bedeutet, dass ich niemals wirklich schick sein werde. Nur ein Narr macht jeden Morgen sein Bett, doch ich konnte nicht widerstehen. Die Welt würde untergehen, wenn der Teekessel nicht exakt nach Osten zeigte. Für mich hingen die Kontrolle der Innenräume und die Aufrechterhaltung der Ordnung einer von Natur aus chaotischen Existenz auf intime Weise zusammen. Mit zunehmendem Alter wurde mein Streben nach systematischer Ordnung, wie es sich in der Gleichförmigkeit meiner Kleidung, in der obsessiven Suche nach Perfektion in meiner Arbeit und in der Symmetrie meiner Kunst zeigte, zu einem Mittel, das Chaos zu bannen, welches ich im Zentrum meines Seins ausmachte.

Meine Art und Weise, damit umzugehen, war infantil. Zwangsneurosen sind Bittgebete, mit denen man versucht, Ergebnisse zu manipulieren. Und Gebete sind für Männer, was Puppen für Kinder sind. Sie sind nicht völlig ohne Nutzen und entbehren nicht des Trosts, aber man sollte sie nicht allzu ernst nehmen.

Vom Sport befreit, ernannte man mich zum zweiten Aufseher des Chemielabors und händigte mir die Schlüssel für das Gebäude aus. Es war in einer Bodensenke errichtet, und von der Hinterseite des Labors konnte man auf den höher gelegenen Weg blicken. An Sommertagen schloss ich regelmäßig die Tür ab, stellte mich auf einen Stuhl und masturbierte wie ein Wilder, während ich durch das rückwärtige Fenster meinen Blick auf die Knöchel der Mädchen richtete. Ich konnte damit fast meine ganze wache Zeit füllen – und oftmals auch meine Träume. Der Grad einer Perversion bemisst sich an der Notwendigkeit, sie zu wiederholen, und an der Unmöglichkeit, sie zu befriedigen.

Auch am Kochen war ich weiterhin interessiert. Ich hatte einige neue Rezepte erfunden, die ich ausprobieren wollte. Einmal rührte ich Kalium an, wartete, bis das Schwimmbecken der Schule wohl gefüllt mit Schülern war, und schmiss den Klumpen hinein. Das Ergebnis war spektakulär. Er schoss wild an der Oberfläche des Wassers hin und her, versprühte Funken und zischte, während die verängstigten Schwimmer das Weite suchten, als hätten sie einen Hai gesehen.

Das war so erfolgreich, dass ich mich – inspiriert von Tim – entschloss zu expandieren. Ich bohrte eine Flasche Chloroform an. Mein Opfer war klein und Amerikaner. Das schien zu genügen. Als wir uns bei einem Schulausflug zur Kläranlage fröhlich dahinschleppten, tränkte ich eine Socke mit der stechend riechenden Flüssigkeit und drückte sie ihm fest auf den Mund. Ich hoffte, er würde in Ohnmacht fallen, wie die Bösewichte im Comic. Tat er aber nicht. Er hustete nur und quatschte weiter, wie man das von Amerikanern gewohnt ist. Ich schnüffelte an der Flasche, um herauszufinden, was hier los war. Als sich mein Opfer dann schließlich umdrehte, war ich es, der in Ohnmacht fiel. Bei Tim und Struppi war das anders.

Ende 1976 wurde meine Schule endgültig durch den größten Meteoriten, der jemals auf die Erde gestürzt war, von meiner Langweilerei befreit. Man nannte sie die Sex Pistols, und sie waren die tiefsinnigsten Philosophen seit Kierkegaard.

Augenblicklich hatten sie mich in ihren Bann geschlagen. Natürlich gab es da Marc. Aber letztlich war Glam Rock zu verschroben, um wahrhaft subversiv zu sein. Zu meiner Schande muß ich gestehen, dass ich Marcs größten Karrieresprung im darauffolgenden Jahr kaum wahrnahm – seinen Tod. In vielerlei Hinsicht erzählten die Sex Pistols nichts Neues – Punk war Glam mit aufgerissenem Innenfutter, das linksherum getragen wurde. Johnny Rotten war der in Finsbury Park wiedergeborene Rimbaud. Er verfügte über alle untrüglichen Zeichen: eine charismatische Aura, den Narzissmus des Dandys, den raffinierten Look des heiligen Gammlers. Mülltüten, Sicherheitsnadeln, Barette, ja, er besaß sogar den stechenden Blick der Medusa – eine Metapher für die hypnotische Kraft der Vision, des Genies oder des Wahnsinns. »Ich werde wiederkehren mit Gliedern aus Stahl, mit dunkler Haut und einem entsetzlichen Blick«, spuckte Rimbaud. Rotten war so lupenrein wie diese flammend schönen Poétes maudits, diese Dekadenten, die durch eine langsame und überlegte Verwirrung der Sinne darauf abzielten, sich selbst aus dem Blick zu verlieren und die Welt mit wahren Augen zu sehen, um die Transzendenz in der Erniedrigung zu suchen. Das Vagabundieren, das Aufblitzen des Temperaments, die surrealen Liedtexte, die Feindschaft, der *Look*.

Es war erstaunlich, dass jemand, der so jung war, über so viel Intelligenz und Vision verfügte. Er war der einzige der Sex Pistols mit moralischen Überzeugungen. Der Rest der Band war reichlich gewöhnlich, obwohl Sid nicht so einfältig war, wie behauptet wurde; er besuchte die Universität des Lebens und graduierte, indem er sich selbst auslöschte. Für mich jedoch ging es bei Punk immer nur um einen einzigen Mann – und der hieß Rotten. Nicht dass es möglich gewesen wäre, ihn zu kennen. Schwer fassbar, ironisch, sarkastisch … war er ein endloses Geheimnis. Ein cooler Narziss, abgehoben, in sich verschlossen, jedes Anzeichen von Emotion verächtlich verweigernd. Aber hinter dieser chamäleonhaften Fassade verbarg sich ein grimmiges Herz … und ein außergewöhnlicher Dichter:

Where there is no future, how can there be sin?
We're the flowers in the dustbin.

Das war unwiderstehlich. Wenn ich abends die Schulbank drückte, klangen die Pistols wie eine Anklage: Warum machst du das hier, wenn du doch so frei sein könntest wie wir? Ich war zu jung, um zu verstehen, dass Freiheit eine innere Errungenschaft ist und keine äußerliche Veränderung. Deshalb nahm ich zuerst einmal mein Aussehen in Angriff. Ich setzte meine Kleidung politisch ein. Sie war eine ausgezeichnete Möglichkeit, um Macht und Autorität zu verhöhnen. Ich schnitt meine Haare kurz und färbte sie schwarz. Ich kaufte mir Hosen aus PVC, eine Zwangsjacke und metallicblaue Schuhe mit Kreppsohlen. Der Aufgabe, gefärbte Shirts und Hosen mit Reißverschlüssen, Rasierklingen und Sicherheitsnadeln zu versehen, widmete ich den Großteil meiner Freizeit. Der Rest der Zeit ging damit drauf, sie anzuziehen und mit ihnen anzugeben.

Die Sex Pistols waren eine Aufforderung, sich zu finden und nicht sich selbst zu klonen. Aber trotzdem mussten Teenager sich auf die gleiche Weise kleiden, um ihre Individualität zu behaupten. Ich befolgte den strengen Dresscode eines angesagten Punkclubs. Das vereinfachte mein Leben. Sobald ich meine Punkuniform angelegt hatte, war ich für alles gerüstet. Von diesem Augenblick an waren all jene meine Freunde, die Punk etwas abgewinnen konnten, und all jene meine Feinde, die dazu nicht bereit waren.

In der Schule wurde ich von den älteren Jungs schikaniert und zusammengeschlagen, in Derby von Teddyboys und in Yorkshire vom Springreiter Harvey Smith. Er war gerade in den Schlagzeilen, weil er nach einem Sieg ein V-Zeichen gemacht hatte und man sich darüber stritt, ob er damit Victory oder »Leck mich« gemeint hatte; zudem war er mit Prinzessin Anne befreundet. Seine Party war voll von steifen Frömmlern aus Lester. »Ich dulde keinen einzigen von euch gewalttätigen und ungehobelten Punkrockern in meinem Haus«, zischte er, ehe er mich ohrfeigte.

Vielleicht lag es an den Raulederschuhen. In diesen Tagen galt das bestenfalls als Zeichen sexueller Uneindeutigkeit. Wie auch immer, es war es wert. Einem Stamm anzugehören, war in einer Zeit, als es noch so wenig andere taten, ebenso berauschend wie gefährlich, und jemand auf der Straße in Röhrenhosen zu sehen, reichte aus, um die Zugehörigkeit zu beweisen.

Sniffing Glue, das Punk-Fanzine, klärte uns auf: »Hier habt ihr drei Akkorde. Jetzt gründet eine Band.« Die Tatsache, dass ich kein Instrument spielen konnte, war nichts weiter als ein vernachlässigenswertes Detail. Eine gute Sache am Jungsein ist, dass man noch nicht über genügend Erfahrung verfügt, um zu merken, dass man das, was man gerade tut, überhaupt nicht kann. Will war der Sänger, Ged spielte Bass, Giant war an den Drums und ich spielte Gitarre. Wir nannten uns nach der französischen Malergruppe Fauves »Die Raubtiere«. Zugegebenermaßen waren wir erst vierzehn, aber Rockmusik hat nichts mit Berufen wie Literatur oder Philosophie gemein, wo erst das Alter Weisheit bringt. Natürlich braucht es etwas ganz Spezielles, um ein Star zu werden. Gewöhnlich nennt man das Talent. Damals wurde behauptet, die Sex Pistols könnten nicht spielen. Glaubt mir, sie konnten es!

Wir verfügten über einen Proberaum unterhalb eines Turnsaals, den wir *Das Loch* nannten, und über Equipment, das wir »organisiert« hatten. Zu Hause hatte ich von Mutters und Vaters Gästen Geld gestohlen. Ich filzte einen Mantel nach dem anderen, während sie drinnen beim Abendessen saßen, klaute ein Pfund hier und fünf Pfund da, bis ich sechzig Pfund zusammenhatte und einen großen Verstärker kaufen konnte.

Ich sägte mir Freiräume in meine Schultage, indem ich im Loch saß und Trommelfell zerstörende Songs schrieb. Einer hieß »School Days«, ein anderer »Sewn up/Shown up«.

Sewn up or shown up – you ain't got no choice.
Sewn up or shown up – in daddy's Rolls-Royce.

Als die letzte Woche meiner Schulkarriere anbrach, hielten
wir Kriegsrat im Geiste der Rebellion und entschieden uns
abzuhauen, um ohne Erlaubnis The Clash in Derby anzu-
gucken. Dafür durften Will und ich später nicht in die Ferien,
sondern mussten nach deren Beginn an der Schule harte Arbeit verrichten. Dazu gehörte es, mit einer Walze den Kri-
cketrasen zu plätten, was nur dann wirklich schwerfällt,
wenn man es in einer Zwangsjacke tut. Als ich abgeholt werden sollte, erschien Vater wie immer nicht. In den fünf Jahren, die ich im Internat verbrachte, hatte ich absolut keinen
Kontakt zu ihm. Kein Brief, keine Geburtstagskarte, kein
Besuch. All meine Bitten, ihn zu sehen, wurden ignoriert. Ich
hätte meine Briefe ebenso gut in ein schwarzes Loch schicken können. Vater hatte wieder geheiratet, und seine Le-
benseinstellung lautete: Kinder, die etwas von einem wollen,
sollte man meiden. Aber er hatte den letzten Lacher auf seiner Seite. Er hatte einen Wagen geschickt, um uns abholen
zu lassen. Will und ich standen am Ende der Auffahrt wie
Häftlinge in Punkuniformen – Doc-Martens-Springstiefel,
Wollpullover, gefärbtes Haar – und warteten auf unseren Ab-
transport. Hinter den Bäumen sahen wir einen riesigen Wagen aufblitzen und glitzern. Als wir ihn endlich erkannten,
schrumpften wir wie Schnecken, die man an ihre Fühler ge-
stupst hatte, in unseren Punkschneckenhäusern zusammen.
Es war ein Rolls-Royce.

Als ich zurück nach Beverly kam, stellte ich fest, dass Mutter wieder umgezogen war. Diesmal lebten wir zeitweilig
über einem Kinderbuchladen mit dem Namen »Die Eule
und der Biber«. Sie und Stiefvater hatten sich selbstständig
gemacht. Die Vorstellung, dass die beiden Bücher verkauften, erschien mir lächerlich, aber im Gegensatz zur Realität
muss wenigstens die Fiktion Sinn machen. Nachdem sie he-

84

rausgefunden hatten, dass ihre eigenen Kinder vollständig verwildert waren, verkauften sie flauschige Häschenfantasien an die Kinder anderer Leute. Ich nehme an, sie waren bestrebt, eine neue Generation zu erziehen – und das traf sich gut. Wir klauten Bücher dutzendweise und verscheuerten sie auf der Straße. Ich erinnere mich allerdings, dass ich *Unten am Fluss* mochte. Für einen Hasen war es verdammt gut geschrieben.

Während ich dort lebte, gewann Gogo ihr großes Spiel mit der Zukunft. Sie starb. Sie hatte eine Überdosis Schnaps und Pillen genommen und wurde eine Woche später in ihrer kleinen dunklen Wohnung in Liverpool gefunden. Das Bild, wie sie da allein und unentdeckt lag, verfolgte mich. Ich versuchte daran zu glauben, dass ihr Selbstmord der bedeutungsvollste Akt in ihrem Leben gewesen sei – ein Akt der Courage und der Zustimmung. Doch leider lässt sich ihr letzter Ausweg nur schwer als stilvolle Entscheidung denken.

Ich war aufgewühlt. Tief in meinem Herzen ahnte ich, dass ich auf derselben Schiene unterwegs war. Mit Mutter und meiner Geburt hatte es angefangen und nun schleuderte ich ziellos durch mein eigenes Leben. Es schien zu spät, danach zu fragen, wohin es mit mir ging. Ich hatte nicht einmal eine Ahnung, woher ich kam. Und ich hatte auch keine Ahnung, wo ich gerade war. Aber ich hatte mitbekommen, dass Selbstmord der Tempel für den Glauben meiner Familie war, und dass, wenn darin die Extravaganz angebetet wurde, der Priester, der am Altar stand, Nihilismus hieß.

Mutter kam auf zwei Weisen damit zurecht, genauso, wie sie mit allem anderen auch zurechtkam – trinken und in Bewegung bleiben. Bewegung an sich schien zu ihrer Lebensart geworden zu sein. Wenn sie sich setzte, ohne irgendetwas Spezielles zu tun, wurde ihr Körper von Elend und Angst erfasst. Mit einigen Zwischenaufenthalten waren wir von High Hall ins *Schrankenhaus* gezogen – nur für den Fall, dass wir die Botschaft noch nicht verstanden hatten.

Unser Haus trug diesen Namen, da vom Hauptgebäude über die Straße eine Schranke aus dem 12. Jahrhundert reichte, unter welcher die Autos hindurchfuhren. Offensichtlich hatte es Charles I. als Versteck gedient, während er sich auf der Flucht befand. Dieses Turmverließ wurde nun zu meinem Versteck. Ich vergnügte mich damit, meine Blase durch eines der alten Bogenfenster zu entleeren, um die ameisengleichen Lakaien unter mir zu besprengen. Anlässlich der Feierlichkeiten zu ihrem silbernen Amtsjubiläums sollte die Queen höchstpersönlich unter meinem Fenster vorbeiziehen. Ich hängte einen zerrissenen und mit Sicherheitsnadeln zusammengeflickten Union Jack aus dem Fenster, um Werbung für die Single »God save the Queen« von den Sex Pistols zu machen, öffnete meinen Hosenstall und machte mich bereit. Traurigerweise setzte die Polizei meiner kleinen Palastrevolution schon nach Minuten ein Ende.

Ich war traurig. Punk begann sich aufzulösen. Die Sex Pistols hatten bewiesen, dass sie eine wahrhafte Kamikazeband waren: Sie hatten sich selbst zerstört, nachdem ihre Mission erfüllt war. Ihr Antiestablishment-Einsatz war so erfolgreich, dass sie niemals wirklich Erfolg hatten. Die bitterste Pille musste ich am Weihnachtsabend 1977 schlucken. Ich hatte eine Eintrittskarte für das, was sich später als ihr letztes Konzert in Großbritannien herausstellen sollte. Es fand in einem Club namens Ivanhoe's in Huddersfield statt. Ich konnte nicht hin, weil es keine öffentlichen oder privaten Verkehrsmittel dorthin gab. Stiefvater weigerte sich, mich zu fahren. Wenn man älter wird, stellt man fest, dass die einzigen Dinge, die man bereut, diejenigen sind, die man nicht getan hat. Ja – ich habe die Sex Pistols nicht gesehen! Ich werde dies bis an den Tag bereuen, an dem ich abtreten werde – wenn ich es jemals bis dahin schaffe.

Ich verließ die Schule nur, um an einer anderen in Pocklington meine Abiturabschlüsse zu machen. Ich wählte Englisch, Kunst und Sachkunde. Ich bestand alles bis auf Sachkunde. Spielend geschafft. Was ich am meisten an den Examina schätzte, war der Sex, den ich dabei hatte. Ich pflegte mich an meinen Tisch zu setzen, und als der Prüfer sagte: »Sie können nun das vor Ihnen liegende Blatt Papier umdrehen und anfangen«, saß ich immer noch da und tat nichts. Ich schaute auf die Uhr an der Wand und sagte zu mir selbst: »So wenig Zeit, so wenig zu machen.« Aus irgendeinem Grund wurde ich mit einem berauschenden Cocktail aus purer Angst und Erregung wachgeschüttelt, sodass ich sofort ejakulierte.

Sex war aber nicht nur eines meiner Abiturthemen. Ich hatte den Voyeurismus entdeckt und verbrachte mein Leben an Schlüssellöchern. Wenn man durch ein Schlüsselloch schaut, wird alles zu einem schmutzigen Geheimnis. Um in mein Zimmer zu gelangen, musste ich durch das von Schwester. Das stellte eine ausgezeichnete Gelegenheit dar. Ich bohrte ein Loch in die Tür, verstopfte es mit einem Zapfen aus Fensterkitt und verdeckte es mit einem Bild (von mir). Abends zog ich dann den Zapfen raus, griff zum Türknopf, holte meinen Schwanz raus und masturbierte wie ein Irrer, während ich auf die Freundinnen von Schwester blickte – inklusive Stiefschwester und sogar Schwester selbst, wenn niemand anders da war.

Eines Nachts schlich ich mich rüber, begann die Decke mit einer Hand von Stiefschwester runterzuziehen, während ich mich mit der anderen an mir verging. Es gab zwei gute Gründe, warum ich sie mochte. Sie waren prall und standen hübsch von ihr ab. Ich grinste wie ein Idiot und wichste mich selbst wie ein Pavian. Gerade als der blau geäderte Sahnespritzsack bereit war abzuspritzen, schlug sie die Augen auf. Mit dem wuterfüllten Blick einer Gorgone starrte sie mich an. Zweifellos eine komplizierte Situation. Ich nahm die Beine in die Hand. Glücklicherweise dachte sie am nächsten Morgen, ich wäre schlafgewandelt.

Voyeurismus ist eine gesunde sexuelle Aktivität ohne Mitbestimmung eines anderen. Die Welt sollte einen Blick auf die Welt werfen. Traurig wäre das Menschenwesen, hätte es nichts vor der Öffentlichkeit zu verbergen. Und außerdem: Wozu soll die Privatsphäre überhaupt gut sein, wenn man nicht in sie eindringen darf? NEIN. ICH KANN UND WILL DIESES BESCHISSENE SCHULDGEFÜHL NICHT WIE EIN WIDERLICHES KREUZ MIT MIR HERUMTRAGEN! ICH ENTSCHULDIGE MICH FÜR NICHTS! In Ordnung, vielleicht war ich ein Perverser – aber dann war Byron auch einer.

Ich war nur ein Teil einer viel breiteren Kultur des Exzesses, in der ich aufgewachsen bin. Und Romantik lag ohne Zweifel in der Luft – oder zumindest in Schwesters Bett, in dem Stiefvater begonnen hatte, *billets doux* zu hinterlassen, die ewige Liebe bekundeten. »Ich kenne den Unterschied zwischen Liebe und Verliebtsein nicht«, entströmte dem einen. Ash sprach jahrelang nicht darüber. Aber insgeheim war sie perplex und wusste nicht, was da vorgefallen war. Mutter hingegen wusste Bescheid.

Stiefvater hatte seine Spiritualität in Anschlag gebracht, um Schwester zu verführen und Mutter mit dem Gürtel zu verdreschen. Eines Tages hatte sie ein blaues Auge, als sie morgens zum Frühstück kam. Sie saß zusammengekauert da in ihrem Morgenrock und mit ihrem wilden Haar, das ihr über das blau geschlagene Gesicht fiel. Ash schlich sich zur Schule. Ich blieb erschüttert zurück. Spirituelle Kriegführung ist so brutal wie eine Schlacht unter echten Männern. Offensichtlich hatte er sich reichlich Mühe gegeben mit diesen beiden zerbrechlichen Frauen.

Mutter saß schluchzend und verwirrt herum und machte anfangs eher eine traurige Figur. Aber schließlich fasste sie Mut, um sich zu rächen – zum zweiten Mal entzündete sie ein Lagerfeuer. Alle seine orangefarbenen Sachen gingen in orangefarbenen Flammen auf. Als ich die verkohlten Aschenreste durchsuchte, nachdem ich von der Schule heimgekehrt war, fand ich heraus, dass auch einiges aus meiner Garderobe ein Raub der Flammen geworden war.

In Pocklington schloss ich mich meiner zweiten Band an, die noch schlimmer war als die erste, wenngleich ich mehr Hoffnung in sie setzte. Bei den Fauves hatte ich mir geschworen, mich aus der Zweiten Liga herauszuspielen. Das hatte ich geschafft – ich war nun in der Dritten. Unser Problem bestand darin, dass wir zu nett waren, und die Krankheit Nettigkeit verkrüppelt mehr Leben als Alkoholismus oder Krebs. Der Rebell ist derjenige, der NEIN sagt, und nette Leute haben einfach nicht den Mumm dazu. Es war nicht unsere Schuld. Punk hatte jeden im Land dazu ermutigt, eine beschissene Band zu gründen, und wenn man unsere Truppe – The Void – so ansah, war das eindeutig ein Fehler. Als ich zu ihnen stieß, hatten sie schon Songs mit so bescheuerten Titeln wie »High on a Numbie« und »Sending My Girl to Holloway« in ihrem Repertoire. Was zu sagen völlig überflüssig ist, wird zumeist gesungen. Man stelle sich den Sound vor, den fünf Mittelschichtjungs machen, die sich zusammengetan haben. Dann stelle man sich den Sound vor, den eine Tür macht, wenn sie zugeschmissen wird.

Unsere Probleme verdienten Verständnis und Sympathie – aber kein zahlendes Publikum. Meistens hatten wir ohnehin keines. Wir brauchten eine Menge Vorstellungskraft, um uns als Musiker zu begreifen – wir mussten uns zum Beispiel vorstellen, überhaupt ein Publikum zu haben. Aus dieser Zeit stammt ein Punksong mit dem Titel »One Chord Wonders« von den Adverts.

I wonder what we'll do when things go wrong,
When we are half way through our favorite song,
We look up and the audience has gone.

Gut, dass sie wenigstens jemanden hatten, der abhauen konnte. Als wir sie in Doncaster als Vorgruppe unterstützten, wurden wir mit donnerndem Schweigen empfangen.

Es gab ein paar Wiedergutmachungen. Nachdem wir als

Opener für ein paar lausige Bands wie Adam and the Ants gespielt hatten, spielten wir auch für einige große Bands von damals. 1979 standen wir auf dem Plakat für das Futurama-Festival in Leeds. Ich war so nervös, dass ich mich betrank, bevor wir auftraten. Ich erinnere mich, wie ich im grellen Licht vor siebentausend Leuten stand und herauszufinden versuchte, welches Lied wir gerade spielten, ganz zu schweigen von der Tonart. Egal, welchen Maßstab man anlegen will: Unser Auftritt war Mist. In der Besprechung in *Sounds* stand zu lesen: »The Void sind nicht einmal Müll. Sie sahen aus und klangen wie fünf Schulbuben, was sie ja auch sind, wie man mir sagte.«

Nach uns waren Joy Division dran. Damals ging die ganze Debatte darum, welches das düsterste Album aller Zeiten sei – das erste oder das zweite von Joy Division. Selbstverständlich war ich ein Fan. Der Song fing an, und ich verfolgte Backstage, wie Ian Curtis wie eine epileptische Marionette tanzte, deren Fäden von Dämonen gezogen wurde. Er zuckte immer wieder krampfartig zur Seite und verwandelte sich in eine zitternde Masse Fleisch. Manisch geradeaus starrend, mit rotierenden Armen und zuckenden Beinen, sah er aus wie ein Besessener. Die Gitarren verklangen langsam, und zurück blieb der einsame Drummer, um den Song alleine zu beenden.

Headliner war Johnny Rottens neue Band Public Image Ltd. Er kam in einem dreiteiligen Anzug und mit einem weißen Einkaufsbeutel voller Texte auf die Bühne. Es gab damals selten die Gelegenheit, Lydon auf der Bühne zu sehen. Keiner hatte die Sex Pistols gesehen, und PIL weigerten sich, auf Tour zu gehen. Die Tausendschaften im Saal hatten Jahre darauf gewartet, diesen hypnotisierenden Mann zu Gesicht zu bekommen. Er performte das ganze Konzert hindurch mit dem Rücken zum Publikum.

Vor der Show war ich gemeinsam mit ihm in einem riesigen Umkleideraum, war aber nur in der Lage, ihn anzustarren. Direkt vor mir stand der Mann, den ich so lange aus der Ferne angebetet hatte. Er sah aus wie der Wiedergänger eines Toten, mit seinem leichenblassen Gesicht und seinem zerzausten Haar. Er war von einer Entourage umgeben, die mich eigentlich hätte stutzig machen sollen. Ein guter Teil des Rufs der am meisten gefeierten Stars verdankt sich der Kurzsichtigkeit ihrer Verehrer. Es braucht keinen Riesen, um einen riesenhaften Schatten an die Wand zu werfen. Im trügerischen Licht des Ruhmes betrachtet: kleiner Mann. Viel Licht. Riesiger Schatten. Aber er war kein kleiner Mann. Er hatte der Welt eine neue Bedeutung gegeben; zuerst mit den Sex Pistols und jetzt wieder mit PIL. Und er besaß zweifellos Charisma – etwas, das einen dazu brachte zuzuhören, wenn er sprach. Das hat man, oder man hat es nicht.

The Void wurschtelten für ein paar Jahre weiter. Das Menetekel war schon an die Wand geschrieben. Das Problem: Wir konnten nicht lesen. Eine Platte war nötig, um diese Misere zu beenden. Sie wurde von dem Mann herausgebracht, der das Leeds-Festival veranstaltet hatte. Es war ein Sammelalbum von Bands aus Privatschulen und trug den Titel: *Music for the Upper Classes to do Something to*. Innerhalb von Wochen wurde es auf öffentlichen Wunsch eingestampft.

Hauptsächlich spielten wir in Hull und Umgebung, was mehr oder weniger ein Friedhof mit Straßenbeleuchtung war. Es war eine Art Nirgendwo, das sich niemals so richtig vom Krieg erholt hatte. Die eine Hälfte sah aus, als wäre sie niedergebrannt, die andere, als sei sie noch nicht wieder aufgebaut. Der Hafen war ein besonderes Gebiet, wo keine Nationalität die Vorherrschaft besaß und die Zivilisation sich ins Meer zurückzuziehen begann. Allein schon der Name »Hull« klingt grauenhaft, der Überdruss, der Beigeschmack von Leere, Dumpfheit und Armut.

Man musste keine Verwandten in Hull haben, um sich unglücklich zu fühlen. Ich war erstaunt, hier überhaupt das Alter von siebzehn Jahren erreicht zu haben. Dennoch hielt ich mich ganz gut mit meinem Versuch, die Dinge zu ändern. Ich hatte mir ein Honda-SS50-Moped gekauft und wollte beweisen, dass ich ein Kamikaze der Straße war. In dem Jahr, in dem ich das Moped fuhr, traf ich auf zwei Autos, zwei Gräben und ein Schaf.

Ich wusste genau, was falsch lief. Ich schaute zwar in beide Richtungen, wenn ich bei Rot über die Ampel fuhr, aber ich kam trotzdem nirgendwohin. Man hatte mir die Welt versprochen – gelandet war ich in Hull. Wenn ich meine Bremsen nicht reparieren konnte, dann musste ich eben meine Hupe lauter einstellen.

Aber wie? Das Problem bestand darin, dass unter meiner seichten Oberflächlichkeit nur ein enormer Mangel an Charakter steckte. Ich war in der Tat zu gar nichts fähig. Ich hatte die verschwommene Idee, dass ich irgendwie auf der Bühne stehen wollte. Ich hatte es mit Musik probiert und herausgefunden, dass ich schrecklich unbegabt war. In der Schule hatte ich es mit Schauspielerei versucht (ein schneller Blick in den Spiegel war meine einzige Liebesszene gewesen), aber auch dafür war ich nicht zu gebrauchen.

Was sollte ich machen? Ich hätte abhauen können, wie es eine Menge meiner Freunde zu dieser Zeit taten, aber das hat mich nie überzeugt. All die coolen Typen, die abhauten und nie wieder zurückkamen, waren nichts weiter als Versager, die nichts auf die Reihe bekamen. Sie rannten vor der Wirklichkeit davon, anstatt sie zu entdecken. Dann gab es da noch die Universität, doch ich wollte meine Begabungen nicht auf solch konventionelle Art und Weise in einen Käfig sperren. Ich wurde für Oxford zugelassen und hatte in Erwägung gezogen, die Aufnahmeprüfung zu machen, mich jedoch im letzten Augenblick dagegen entschieden. Ich hatte Angst, dass mich drei Jahre in Oxford verderben, meine Naivität und Energie aufzehren und mich in einen verkorksten Bastard verwandeln würden, der vielerlei nachahmen konnte, aber nichts zu sagen hatte.

Zu guter Letzt entschied ich mich für einen Kompromiss. Ich sicherte mir einen Platz an der Universität Edinburgh, um Englisch zu hören, unter der Bedingung, mein Französischgrundstudium wieder zu beginnen. Ich fand ein Polytechnikum, das mich zu diesem Zwecke aufnahm. Die Entscheidung, nach Edinburgh zu gehen, wurde durch die Tatsache versüßt, dass auch mein Freund Steve dort war. Ich besuchte die Universität nicht, um dem Leben erwartungsvoll entgegenzugehen, sondern ich kroch rückwärts und versuchte, der Wirklichkeit zu entkommen. Ich wusste das. Doch während ich träumend in den Vorlesungen saß, schob ich wenigstens meine Konfrontation mit der Außenwelt um ein weiteres Jahr hinaus.

Schließlich hatte ich schon genug mit meiner Innenwelt zu tun. Überall da draußen mag sich der Wahnsinn seine fette Beute holen, vorausgesetzt, drinnen bleibt es ruhig. Das war aber keineswegs der Fall. Unglücklicherweise konnte ich nicht mehr Mutter und Vater die Schuld geben. Gegen Ende meiner Jugend war meine Isolation weitaus schmerzhafter, als es die bloße Einsamkeit eines zurückgewiesenen Kindes gewesen war. Ich wusste nicht, wer ich war, warum ich geboren wurde, was ich auf diesem Planeten sollte, was ich hoffen durfte. Alles, was sich mir zeigte, war allumfassende Leere. Sinnlosigkeit war alles, was ich bislang gefunden hatte.

Meine Familie war mir nur schwerlich eine Hilfe. Sollte ich irgendwelche Träume vom häuslichen Leben gehabt haben, dann wurde ich aus ihnen rüde geweckt. Würde man eine Filmproduktion auf die Beine stellen, in der Roman Polanski Regie führte und Bette Davies die Hauptrolle spielte, dann wäre man immer noch weit davon entfernt, die aufgestaute Gewalt und Verderbtheit eines einzigen Tages meiner Familie darstellen zu können. Sie war ein faulender Krake, dessen Tentakeln ich niemals ganz entkommen konnte.

Stiefvater hatte uns verlassen. Er hatte sich endgültig entschieden, in der Rajneesh-Gemeinschaft in Oregon zu leben.

Die Engländer würden ihn nicht verstehen, beklagte er sich. Wahrscheinlich hatte er recht. Als er einmal in einen Eckladen ging, um Papier zu kaufen, beugte sich die Frau hinter dem Tresen vor und betrachtete die Halskette, die er immer trug. Es war eine Holzperlenkette mit einem Anhänger, auf dem ein Bild seines Gurus zu sehen war, der selig aus seinem zausigen Bart grinste. »Wie süß«, gurrte die Verkäuferin, als sie noch näher ran ging, »ist das ihr Spaniel?«

Stiefvater verfügte selber über alle Eigenschaften eines Hundes – außer Treue. Er spazierte hinaus und ging dahin, wo alle die orangefarbenen Menschen aus dem ganzen Universum zusammenkamen, um Seiner Heiligkeit zu lauschen. Jeden Tag wählte der Bhagwan einen seiner neunundneunzig Rolls-Royces und fuhr langsam durch die kriecherische Menge; er winkte königlich und teilte das orangefarbene Meer.

Sie waren gekommen, um ihre Fesseln abzulegen. Die Erneuerung aber, die er vorschlug, konnte man schwerlich als orthodox bezeichnen. Bhagwans Vorstellung von einer Gruppentherapie war die Orgie. Jede Nacht schwitzte das ganze Lager vor Lust. Eine schockierende Wüstenei menschlichen Fleisches. Die Leute lutschten, fickten und leckten bis zum Herzstillstand. Stiefvater war in seinem Element. Zu Hause waren seine Liebesbriefe ungeöffnet retourniert worden. Hier jedoch hatten sich seine beiden Leidenschaften – das Fleisch und der Geist – in heiliger Harmonie vermählt. Zuletzt hatte er gefunden, was er sein ganzes Leben lang gesucht hatte: den bedeutsamen One-Night-Stand.

Sex hat nichts mit Moral zu tun. Sex ist eine Zwangshandlung – wie Mord. Als das Lager größer wurde, wurden alle zunehmend paranoid. Bewaffnete Einheiten – die »Peace Force« – patrouillierten durch die Gegend. Außenstehenden war es verboten, das Gelände zu betreten. Die im Umkreis angesiedelten Menschen aus Oregon wurden zu Feinden. Dann der Schlussakt. Eine Sekte wird zur Religion, wenn sie sich weiterentwickelt und beginnt, anstatt ausschließlich Mitglieder auch Nichtmitglieder zu töten. Die Sannyasins kippten Gift in das örtliche Wassernetz. Das störte Stiefvater nicht über Gebühr. Wenn er von Zeit zu Zeit nach Hause kam und mit den nackten Tatsachen seiner neuen Familie konfrontiert wurde, entgegnete er einfach: »Das ist euer Problem.« Stiefvater war ausgezogen, um sich selbst zu finden. Er wäre wohl sehr enttäuscht gewesen, wenn ihm das wirklich gelungen wäre.

Inzwischen führten uns Mutters Depressionen in immer kargere Regionen des Grauens. Vater hatte sich zu diesem Zeitpunkt mit Stiefmutter I verheiratet, der indischen Stieftochter des stillosen linken Journalisten James Cameron. Sie mit Mutter zu vergleichen, war in etwa so, als wolle man Raumspray mit Chanel No 5 vergleichen. Letzten Endes aber folgte sie ihr in die Irrenanstalt, was ein netter Zug von ihr war und beweist, dass der wahre Platz für eine Frau das Heim ist. Aber es mangelte ihr an Mutters Elan. Während Mutter beschlossen hatte, sich aus der Welt zu saufen, hatte Stiefmutter beschlossen, sich in diese Welt hineinzufressen. Essstörungen sind nicht im Entferntesten heroisch. Schlimmer war aber noch, dass sie absolut keinen Stil hatte. In Indien trugen selbst die Elefanten schönere Smaragde.

Trifft man nicht die notwendigen Vorkehrungen, um keine Eltern zu kriegen, dann muss man eben die Verantwortung übernehmen, sie großzuziehen. Unglücklicherweise war ich weder frei noch alt genug, sie zu rügen oder ihnen wenigstens die Stirn zu bieten. Ich entschied, dass es Zeit war, meinen familiären Verpflichtungen nicht mehr nachzukommen, um klarzustellen, wie wenig ich sie mochte. Ich ging fort.

KEINE AHNUNG, WOHIN ICH GEHE,
ABER ICH BIN AUF MEINEM WEG

MEINEN ACHTZEHNTEN GEBURTSTAG VERBRACHTE ich
Opium rauchend in einem Pariser Bordell. Es war Zeit gewesen zu verschwinden. Meine größte Angst war, in Hull zu
leben und zu sterben und unbedeutend zu bleiben. Deshalb
erwies ich meiner Heimatstadt aufs Stilvollste die Ehre: Ich
verließ sie so schnell wie möglich.

Den Kanal hatte ich mit einer Gruppe von Freunden und
einer Gitarre überquert, in der Annahme, dass wir mit
Straßenmusik für unseren Lebensunterhalt sorgen könnten.
Gleich am ersten Tag wurde mir meine Gitarre gestohlen,
und das war's dann mit dieser Idee. Alles in allem war es
nicht gerade großartig. Es gab natürlich ein paar zufällige
Vergnügungen, einschließlich der Freude darüber, Orte zu
verlassen, an die man nie wieder zurückkehren wollte. Doch
es war die Erinnerung an die Droge, die mich ständig begleitete. Das Gefühl der Ruhe, der Geistesgegenwart und der
tiefe, tiefe Schlaf, der dieser Erfahrung folgte. Die Eloquenz
der Droge! Die Euphorie, in die sie mich versetzte, war raf-
finiert und zauberhaft. Ich war fasziniert von einer neuen
Realität – es war ein erster Blick in ein Königreich, in das ich
später immer und immer wieder zurückkehren sollte. Als ich
mehr nahm, veränderten sich die Effekte, waren aber nicht
weniger angenehm. Ich erinnere mich, wie ich auf allen vieren glücklich vor mich hinkichernd auf dem kalten Steinfuß-
boden des Bordells herumgekrochen bin.

Ich war viel zu schüchtern und naiv, um mir zur Feier meiner Volljährigkeit eine Hure zu nehmen. Es sollte Jahre dauern, ehe ich die Courage aufbrachte, meine Verachtung für

Fleisch im Allgemeinen zu überwinden – ganz zu schweigen von käuflichem Fleisch. Ich war gespalten zwischen der puritanischen Obsession nach dreckigem Sex und meiner romantischen Natur. Um diesen Konflikt zu überwinden, sollte ich mich später ganz in ihn hineinversenken. Damals jedoch war ich so taktlos, dass ich nichts anderes tun konnte als gaffen.

In diesem Bordell im Pigalle hatte ich davon geträumt, mir alle Mädchen zu kaufen und sie zu meinen Sklavinnen zu machen. Die billigen Korsetts und die gelackten Körper ließen mich erkennen, dass diese Mädchen niemals irgendwo das Sagen hatten. Umso besser – vielleicht könnte ich ihr Sklave werden. So oder so hatte ich die Vision, mich ins Glück einzukaufen.

An meinem Geburtstag hatte ich die Mittel. Vater gab mir Geld – das unpersönlichste Instrument der Intimität. Aber es handelte sich nicht einmal um Bargeld, sondern um Anteile an seiner Firma Northern Dairies. Nicht, dass das für mich von Bedeutung gewesen wäre. Zu den wenigen Dingen, die es wirklich wert sind, sie zu besitzen, gehört Geld, für das man sich nicht die Mühe machen muss, es selbst zu verdienen. In welcher Form es daherkommt, spielt dabei keine Rolle. Ich schätze, ich hätte noch einen Schritt weitergehen und in den Familienbetrieb einsteigen können. Die Mehrzahl meiner Cousins betrat die Geschäftswelt – das logische Schicksal von Langeweilern. Aber damit hatte ich nichts am Hut. Was für ein Leben! Rumsitzen und auf sein Begräbnis warten.

Wusste Vater, wie man seinem Sohn die Mühsal auferlegt, die ihn reich machen würde? An so etwas dachte er gar nicht. Er hatte andere Motive. Nach der Scheidung hatten Mutters Anwälte ihr empfohlen, die Hälfte seines Vermögens zu fordern. Er trieb es ihr aus. Die Anwälte waren völlig aufgeschmissen. Liest man etwas, das man nicht versteht, kann man in der Regel sicher sein, dass es von Anwälten verfasst wurde. Im Abschiedsbrief dieser Anwälte war jedoch zu lesen: »Frau Horsley, Sie machen einen Fehler, den Sie für den Rest ihres Lebens bereuen werden.«

Meine Eltern einigten sich auf ein festgelegtes Drittel, das sich auch bei steigendem Einkommen nicht erhöhte. Nachdem wir Kinder achtzehn geworden waren, ließ er uns ihre Lebenshaltungskosten übernehmen. Ich sollte einen Brief von Stiefvater erhalten, in welchem er mich darauf hinwies, dass seine Unterhaltszahlungen fällig seien.

Vater hatte das so ausgehandelt, weil er niederträchtig war. Als er High Hall verließ, ließ er als Erstes das gemeinsame Bankkonto sperren. Als Mutter Einspruch erhob, schrieb er ihr einen Brief und teilte ihr mit, sie solle nicht »so weinerlich« sein. Die Brieftasche war seinem Herzen am nächsten. Sein Verhältnis zu Frauen beruhte auf einer rein sexuellen Basis. Mutter erzählte einmal davon, wie sie ihn besuchte, nachdem Stiefmutter I ihn verlassen hatte. Er saß da, in Tränen aufgelöst wie ein verlassenes Kind. Nach dem Abendessen, auf dem Weg nach Hause, fragte er sie, ob sie mit ihm ficken wolle. Als sie dieses Angebot höflich ausschlug, öffnete er die Autotür und warf sie am Seitenstreifen raus. Es war zwei Uhr morgens, Mutter war betrunken und fünf Meilen von zu Hause entfernt.

Ich tätigte die Zahlungen für ein paar Jahre, stellte ihn aber schließlich zur Rede. Wie eine Schildkröte zog er sich in seinen Kragen und seine Manschetten zurück. Ich wurde beschuldigt, »gierig« zu sein. Eine Familie ist eine Gruppe von Individuen, die durch Blut geeint und durch Geld getrennt werden. Ich suchte Zuflucht bei Anwälten. Im Gegensatz zu Vaters Behauptung hatte dieser Streit weniger mit Unersättlichkeit, sondern eher mit Meuterei zu tun. Die lebenslange Vernachlässigung ließ mich vor Lust an der Rache erzittern. Wenn man dauernd abgelehnt wird, kommt man nicht umhin, sich einen üppigen Vorrat an Rachegefühlen zuzulegen.

Vater war ein Gespenst – etwas, das aussah, als ob es lebte, obwohl es tot war. Mit diesem greifbaren Ziel vor Augen konnte ich nun endlich mit dem Exorzismus beginnen. Diesmal würde ich mein Stichwort nicht verpassen. Vergebung wäre viel zu extravagant gewesen – Vergeltung aber war ein Luxus, den ich mir jetzt leisten konnte.

Warum sollte man zur Armee gehen, wenn alle Triebe, die diese anspricht, schon durch die Parameter jeder anständigen Familie bestimmt wurden? Ich genoss den Konflikt. Ich heuchelte nicht, über der Schlacht zu schweben. Ich wollte in sie eintauchen, den Schwefel riechen und das Blut schmecken. Nachdem die Anwälte die Möglichkeit angedeutet hatten, Vater hätte das Gesetz gebrochen, lief ich durch die Straßen und boxte herausfordernd nach Schatten. Ich sah es vor mir: Wie ich ihn zum Endkampf im Hafen stellte, ganz in Schwarz gekleidet, als rächender Engel. Zeuge um Zeuge wurde in den Zeugenstand gerufen, um zu bestätigen, dass er als Vater nur ein klein wenig besser war als ein Leichnam. Soweit es mich betrifft, hätte er als Elternteil abtreten können, aber er verdiente weitere Verfolgung. Ein Stich ins Herz war nicht genug. Das wäre des Guten zu viel gewesen.

Ich entsinne mich, wie der Richter seinen Spruch verlas: »Der Gerichtshof hatte Schwierigkeiten, sich den Umfang der Verfehlungen, begangen durch Herrn Horsley, zu vergegenwärtigen. Angesichts dessen verurteilen wir ihn dazu, gehängt und geviertteilt zu werden. Seine Körperteile sollen auf die Spitzen der Brücke zu Hull gespießt werden.«

Ich war enttäuscht, dass nichts Illegales (sondern nur Fahrlässigkeit) aufgedeckt wurde. Ich hatte mein Recht auf Vatermord verwirkt. Alles, was mir erlaubt wurde, war, die Unterhaltszahlungen einzustellen.

Doch im Großen und Ganzen war ich zufrieden. Krieg ist gesund. Er stärkt den Zusammenhalt der Völker und befestigt die Grenzen – und ich verfügte noch dazu über ein Privatvermögen, was bekanntlich der beste Freund eines jungen Künstlers ist. Es war enorm viel Geld. Ich konnte die Summe kaum fassen. Die Anteile waren 150.000 Pfund wert. Wie fühlte ich mich dabei? Reicher. Ich wusste, dass ich mir mit Geld das Glück nicht kaufen konnte, aber ich wollte auch kein Glück. Was ich wollte, war Geld.

Mir war ein wenig unbehaglich wegen meiner Zukunft, als ich nach Edinburgh aufbrach. Gewiss, ich brauchte für meinen Lebensunterhalt nicht zu arbeiten – aber dennoch wusste ich immer noch nicht, wer ich war oder was ich tun wollte, oder warum ich etwas tun wollte, oder wie ich es tun wollte. Verwirrt und guten Mutes, stand ich fest mit beiden Beinen in der Luft.

Ich war nicht in einem Elendsviertel geboren, aber ich zog sofort in eins, als ich es mir leisten konnte; gemeinsam mit meinem alten Freund Steve bezog ich eine abscheuliche kleine Wohnung. Sie war so klein, dass die Türklinke gemeinsam mit mir ins Bett ging, wenn ich die Tür schloss. Die Einrichtung bestand aus zwei Betten, die so schmal wie Särge waren, und einem durchgesessenen alten Sofa. Wer auch immer gesagt hat, dass ein Mann jeden Morgen eine Kröte schlucken soll, um sicherzugehen, dass ihm im Laufe des Tages nichts noch Widerlicheres zustoßen kann, der war ganz bestimmt niemals in unserer Wohnung gewesen. Wenn wir nachmittags erwachten, zierten himmlische Zeichen unseren Teppich. Sie glitzerten und leuchteten. Es waren Schleimspuren von Schnecken. Ich musste meine Stiefel im Bett anbehalten, damit ich beim Aufstehen nicht mit meinem zierlichen nackten Fuß auf eines dieser ungebührlichen Geschöpfe trat. Aber tief in meinem Innern machte es mir nichts aus. Schmutz ist mein natürliches Element.

Es gibt heutzutage nur noch wenige Menschen, die den Charakter haben, ein Leben von so erschöpfender Trägheit zu führen, wie wir es taten. Wir begannen den Tag damit, dass wir gleich wieder zurück ins Bett gingen. Doch ich war glücklich. Schlaf glich für mich immer dem Tod, allerdings ohne die Langzeitverpflichtung. Verglichen mit Steve war ich ein Amateur. Wenn ich um fünf Uhr nachmittags von der Universität zurückkam, fand ich ihn in der völlig verdunkelten Wohnung immer noch schlafend vor. Sogar Kumbhakarna, der indische Dämon aus der Volkssage, der sein Leben schlafend verbringt, musste von Zeit zu Zeit aufstehen und auf die Toilette. Steve war schon bei Geburt in Rente gegangen, träumte aber davon, Regisseur zu werden.

Sein Genie für Untätigkeit wurde durch Geldmangel entschuldigt. Was ihm wirklich Freude machte, war, endlos über Filme zu reden, die er niemals machen würde. Er wollte Andy Warhol sein, aber statt einen Film mit dem Titel *Schlaf* zu drehen, schlief er lieber. Aus irgendwelchen seltsamen Gründen war er davon überzeugt, »entdeckt« zu werden – im Bett. Natürlich war alles eine Verschwörung und Ehrgeiz nur eine lausige Entschuldigung dafür, nicht genug Sinn für Faulheit zu haben. »Was ist falsch dran auszusteigen?«, schnauzte er immer wieder. »Für mich läuft das alles auf eins hinaus: Ich habe das Recht, mich aus einer Welt zurückzuziehen, die mir keinerlei spirituelle oder kreative Behausung bietet, und wieder ins Bett zu gehen. Für dich geht das klar – du hast Geld.«

Es ist schon schlimm genug, wenn man den Verdacht hegt, nur um seines Geldes willen geliebt zu werden; herauszufinden, dass man dafür verachtet wird, geht dann aber doch zu weit. Als ich ihn dabei beobachtete, wie er zurück in sein Bett tappte, wurde mir klar, dass ich einer derartigen Argumentationsführung nichts entgegenzusetzen hatte. Träume sind der einzige Luxus der Armen.

Natürlich hatte ich immer noch meine eigenen Sehnsüchte, und gewissermaßen lebte ich weiterhin in der Zukunft – eine Angewohnheit, die für das Glück den Tod bedeutet. Ich schrieb Gedichte und Liedtexte und wartete auf den Tag, an dem sie publiziert oder gehört werden würden. Ich hing Fantasien nach, in denen ich das öffentliche Leben eines berühmten Autors, Malers oder Popstars führte. Ich wollte einfach jemand sein – und dabei musste es sich nicht notwendigerweise um mich handeln. Wenn ich diese Träume abschaltete und versuchte, mit meinen wirklichen Erwartungen ins Reine zu kommen, wurde mir klar, dass ich wahrscheinlich niemals Anerkennung bekommen würde. Als ich dann mit dem Bus ins Stevenson-Polytechnikum fuhr, um meinen Anfängerkurs in Französisch zu besuchen, verstand ich, dass meine Ambitionen ein wenig größer waren als meine Talente. Und fühlte mich natürlich jämmerlich. Das Problem war, dass ich nichts unternahm. Und das führte unvermeidlich zu nichts. Als ich eines Nachmittags erwachte, fand ich mich in eine anonyme Person verwandelt.

Ich beobachtete den Regen, wie er auf die Stadt herabnieselte. Ein perfektes Abbild meines Inneren. In Schottland merkt man nur, dass es Sommer ist, weil sich der Regen dann wärmer anfühlt. Jeder Tag war einer dieser grauen Tage; die klammen Himmel waren verstopft mit dem Geruch von Hopfen. Die Hausreihen standen gestapelt wie vermoderte Koffer, die man auf einem feuchten Dachboden vergessen hatte. Die Menschen trugen steinerne Mienen zur Schau, die den Fassaden glichen, an denen sie entlangschritten. Die ganze Umgebung war ein Ort nicht enden wollender Sonnenfinsternis.

Das Polytechnikum war noch schlimmer. Der Bezirk Wester Hailes war in den Siebzigerjahren errichtet worden und die Schattenseite von Edinburghs heidnischer Kultur. Ein Ort der Verlorenen, der Zerstörten und der Schiffbrüchigen aus dem Chaos der Siedlungen. Als ich zwischen diesen unflätigen Gebäuden und Hochhäusern herumging, wurde ich zornig. Ich sah einen Baumarkt. Was mögen die wohl verkaufen?, fragte ich mich. TNT?

In Wester Hailes traf ich das erste Mal Jimmy Boyle. Großvater hatte uns einander vorgestellt. Er hatte eine Ausstellung seiner Skulpturen in Hull mit organisiert. Als ich Jimmy traf, hatte er Freigang auf Bewährung, arbeitete zwei Tage die Woche im örtlichen Gemeindezentrum und kehrte für die

Nächte ins Saugthon-Gefängnis von Edinburgh zurück. Ich hatte sein Buch *A Sense of Freedom* gelesen.

Geboren im berüchtigten Glasgower Bezirk Gorbals, hatte er schon als Jugendlicher Banden angeführt. Er plünderte und schoss, beschäftigte sich mit Schutzgelderpressung und arbeitet mit den Kray-Brüdern zusammen. In den Sechzigern stand er im Ruf, einer von Glasgows härtesten Jungs zu sein. Sein Buch erzählte davon, wie man Menschen mit Messern, Pistolen, Flaschen und Ziegelsteinen angreift, und dass man sich um einiges besser fühlt, nachdem man jemandem die Augen ausgestochen hat. Manchmal waren die Gegner Männer, manchmal Kinder und dann wieder irgendwelche, die einfach nur so vorbeikamen. Auf dem Einband konnte man ein Schwarz-Weiß-Foto von ihm sehen. Er sah aus wie Fred West, bloß ein wenig mitleidloser.

1965 stand er zweimal wegen Mordes vor Gericht. Im ersten Fall befand man ihn für unschuldig, im zweiten ließ man die Anklage fallen. Während beider Verhandlungen wurden die Häuser von Zeugen mit Plastiksprengstoff in die Luft gejagt. 1967 verließ ihn das Glück – er wanderte wegen Mordes hinter Gitter. Er wurde für schuldig befunden, William »Babs« Rooney erstochen zu haben, und erhielt eine lebenslange Haftstrafe. Er war der Todesstrafe knapp entgangen, sie war einige Monate vorher abgeschafft worden. Was für eine Schmach für einen großen Stilisten wie Boyle, beim Tütenkleben mit Kleinkriminellen zu enden.

Die Zeiten standen schlecht für Mörder. In den Tagen Dick Turpins war die Krönung eines Kriminellenlebens die öffentliche Hinrichtung. Die Mörder unserer Tage wurden nun durch die Abschaffung der Todesstrafe darum geprellt. Die lebenslange Haftstrafe beraubt Mörder ihrer besonderen Qualität. Es ist keine gnadenreiche Strafe. Herr Boyle ging mit diesem Umstand auf bewundernswerte Weise um. Stil bedeutet zu wissen, wer man ist, was man sagen und tun will und sich einen Scheiß darum zu kümmern, was andere denken. Er hatte verstanden, dass man nur Macht über andere hat, solange man ihnen nicht alles nimmt. Nimmt man ihnen alles, dann sind sie frei.

Boyle war ein extrem gewalttätiger Gefängnisinsasse. Nach den ersten zwei Wochen seiner lebenslangen Haftstrafe brach er dem Direktor des Barlinnie-Gefängnisses das Jochbein. Er wurde zweier weiterer Angriffe auf Wachpersonal für schuldig befunden und 1973, nach einem besonders brutalen Ausbruch, bei dem ein Mann sein Auge verlor, waren zu seiner Strafe noch ein gutes halbes Dutzend weiterer Jahre hinzugekommen. Er war mit der Welt im Kriegszustand – aber er kümmerte sich nicht um Niederlagen, und das machte ihn gefährlich. Kein Wunder, dass er als »Schottlands gewalttätigster Mann« berühmt wurde – eine ziemliche Leistung, bei dieser Konkurrenz.

Er erfand den Dreck-Aufstand: Er beschmierte sich mit seinem eigenen Kot und nutzte den Ekel als Waffe gegen seine Aufseher. Er verbrachte lange Monate seiner Strafe in einer Zwangsjacke und in Einzelhaft. Bald wollte ihn kein Gefängnis mehr aufnehmen. Ein Gefängnisdirektor schrieb 1973: »Ich bin der festen Überzeugung, dass dieser Mann so gefährlich ist, dass er niemals und unter keinen Umständen aus der Haft entlassen werden sollte, da er, abgesehen von den Übergriffen und Zwischenfällen, in die er in der Vergangenheit verwickelt war, immer noch, sogar in diesem Augenblick, weitere Übergriffe und Zwischenfälle plant. Gibt man ihm auch nur die geringste Chance dazu, so wird er zu jeder Zeit jeden, mit dem er in Kontakt kommt, angreifen und töten.«

Als er dann schließlich der Spezialabteilung des Barlinnie-Gefängnisses überstellt wurde – das letzte Mittel für aussichtslose Fälle –, legte er einen Coup hin, den nur ein Experte durchzuführen vermag: Er wandelte sich vom Kriminellen zum Künstler. Verbrechen und Kunst brauchen Visionen, Vorstellungskraft und Mut. Der Mord ist eine schöne Kunst, wie Herr De Quincey einmal bemerkte.

Künstler zu sein ist der vortrefflichste und individuellste Lebensstil, den man wählen kann, wenn man nicht die Laufbahn des Kriminellen einschlägt. Boyle hatte das verstanden. Er begann mit Bildhauerei und schrieb ein Buch – eine Saga menschlicher Verderbtheit, die Lügen wahrhaftig und den Mord ehrenwert erscheinen ließ. Das brachte ihm das größte Geschenk unter allen ein: Ruhm.

Es war einfach zu begreifen, warum. Die Leser des *Guardian* frohlocken angesichts der Reue eines Sünders etc. Die Aufmerksamkeit der Leute aus seinem Umfeld hatte er schon – jeder Gesetzlose liegt den Unterdrückten am Herzen. Doch nun hatte er ein neues Publikum: Leute wie mich, Menschen, die davon überzeugt waren, dass die Gesellschaft ungerecht ist; die überzeugt waren, dass die Unterdrückten erlöst würden, erhielten sie nur die Möglichkeiten, derer wir uns schämten, weil sie uns zugefallen und ungenutzt geblieben waren. Wir waren von seiner Mär begeistert.

Als ich ihm im Gemeinschaftszentrum von Wester Hailes gegenüber saß, war ich voller Bewunderung. Und er wusste das. Er ist die einzige Person, die ich kenne, die sogar im Sitzen herumstolzieren kann.

Ich war darüber verwundert, wie wenig Narben er hatte. Wo waren all die Stigmata der Stiche, Schläge und Schusswunden geblieben? Ich wollte seinen Körper lesen, wie ich sein Buch gelesen hatte. Jetzt aber, da ich ihn kenne, weiß ich, dass ich am falschen Ort gesucht habe. Kein Zweifel, wenn seine Feinde mit ihm fertig waren, dann war er über und über mit Blut besudelt – aber mit dem ihren.

Ich saß da wie ein Hase im Schweinwerferlicht seiner stahlblauen Augen. »Wie wär's, wennste hier im Zentrum ein bisschen Kunst machst?«, fragte er. Eifrig stimmte ich zu. Sein Leben schien so aufregend – kaum vergleichbar mit dem meinen. Ich ging nach Hause, setzte mich auf den Fußboden und las sein Buch nochmals. Ich fühlte mich wieder wie das zehn Jahre alte Kind, das das erste Mal einen Blick auf Marc geworfen hatte. Gleich der Musik erfüllt das Verbrechen die Sehnsucht eines Jungen nach Wagemut und Gefahr. Für mich war es aber mehr als das. Was ich wollte, war nicht bloß eine Sehnsucht, ich wollte einen Vater.

Boyle war alles, wovon ich redete. Ich ließ seinen Namen fallen, so wie Hänsel Kieselsteine ausstreute, um den Weg nach Hause zu finden. Ich erzählte jedem – ob er es hören wollte oder nicht –, was für ein erstaunliches Leben er geführt hatte, und wie er sich verändert hatte, und wie ich mit ihm zusammenarbeiten würde, und was für ein toller Künstler er war, und wie er Leuten geholfen hatte, die weniger Glück gehabt hatten als er, und was ich alles von ihm lernen würde, und wie ich die Welt lehren würde, dass sich Menschen sehr wohl ändern können, und was für ein großer Künstler ich sein würde, und wie wir die Welt retten würden, und ...

Das einzige Problem war, dass ich es kaum aus dem Bett heraus schaffte. Ich blieb mit Jimmy in Kontakt, kehrte aber niemals mehr ins Gemeindezentrum zurück.

Mein Leben war absolut ziellos. Hier stand ich nun, so leicht zu überzeugen, ein Nichts zu sein, und zugleich so selbstbesessen, dass ich mir sicher war, eines Tages wirklich Beachtung zu finden. Diese Besessenheit hatte mich isoliert. Und natürlich zog ich den Schluss, es sei die Einsamkeit, die meine Besonderheit unterstrich. Aber in Wahrheit war ich schlicht und ergreifend allein. Solipsist zu sein bedeutet im Grunde nichts anderes, als keine Freunde zu haben.

Wie man das in solchen Situationen zu tun pflegt, wurde ich Vegetarier; nicht aber, weil ich die Tiere liebte oder Pflanzen hasste. Doch selbst als Vegetarier war ich ein Versager. Wie hätte ich den Speck opfern sollen? Ich fing an, heimlich zu braten, sobald Steve die Wohnung verlassen hatte – was leider eher selten der Fall war. Als er einmal früher als erwartet nach Hause kam, musste ich das belastende Material so schnell wie möglich aus dem Fenster werfen. Der Geruch von geröstetem Speck hing verräterisch in der ganzen Küche. Die Luft war klebrig. »Nach was riecht es denn hier?«, fragte Steve auf seinem Weg ins Bett.

Nach einem Jahr gab ich auf. Ich hatte mein Gewissen überlistet, eine edle kleine Nebenrolle zu spielen, aber es war einfach zu speckig. Der Rest meines Körpers buhte es von der Bühne. Ich liebte also die Tiere, folgerte ich. Besonders in feiner Soße.

Das Leben in unserem Bunker war ziemlich trist. Steve und ich waren wie ein altes Ehepaar. Selbstverständlich glaubten wir daran, dass Freundschaft auf wenige Personen beschränkt ist – ein Springbrunnen stößt höhere Fontänen aus, wenn man die Öffnung des Ventils verkleinert. Aber wir verbrachten die meiste Zeit damit, Bier zu trinken, und, weil es nichts Besseres zu tun gab, bizarre Diäten zu halten. Eine Fastenkur, die ausschließlich aus braunem Reis bestand, führte nach einer Woche zu Blähungen, wie wir sie noch nie im Leben gehabt hatten. Homöopathie für pathetische Homos.

Steve hatte zu dieser Zeit sein Coming-out. Stiefvater hatte recht gehabt. Steve sagte es mir eines Abends mit gedämpfter Stimme, und ich starrte in den notwendigen Pausen pflichtschuldig auf den Boden. Schwul zu sein schien unseren jungen und dummen Gemütern von immenser Bedeutung. Die Luft im Zimmer war dick vor Feierlichkeit, so dass Steve genauso gut hätte verkünden können: »Ich habe nur noch sechs Monate zu leben.«

Ich hätte nicht überrascht sein sollen. Vor mir saß schließlich der Mann, mit dem ich ein Jahrzehnt damit verbracht hatte, Lippenstift aufzutragen und Frauenkleider anzuziehen. Ich hatte mir Steve vielleicht nicht aus einer Laune heraus ausgesucht, aber ich war auch nicht durch Zufall auf ihn gestoßen. Er war mein erster Mitverschwörer gewesen. Er hatte sich mit mir gegen den Rest der Welt und gegen meine Familie verbündet, und er war zur Strafe dafür aus meinem Zuhause verbannt worden.

Ich dachte an zu Hause – diese klaustrophobische Enklave

der Unausgeglichenheit. Homosexualität schien glamourös. Bald schon begann ich mich zu fragen, ob nicht sie der Weg zur Erleuchtung war.

Glücklicherweise sind unsere Wünsche und unser Schicksal beinahe immer einander entgegengesetzt. Eine Woche nach Steves Erklärung gingen wir ins Laughing Duck – eine Kneipe mit Q-Zertifikat. Keiner kam rein, wenn er nicht von einem Queer begleitet wurde. Ich betrat ein stampfendes, gleichförmiges Meer aus Kurzhaarschnitten, Arbeitsstiefeln, *Pre-ruined*-Jeans, Tischtuchhemden und struppigen Bärten. Und unverzüglich wünschte ich mir, all diese Gestalten würden so schnell wie möglich wieder in dem Schrank verschwinden, aus dem sie gekrochen waren. Da sah ich ein von Kopf bis Fuß in Schwarz gekleidetes Mädchen auf der Tanzfläche. Ihren Rock hätte man kaum als Kummerbund gebrauchen können, und ihre hüfthohen Lederstiefel waren beinahe so groß wie sie selbst. Ihr Haar sah aus wie ein Feuerwerk in Schwarz, und ihr hingebungsvolles Gesicht war tief vom Verfall gezeichnet. Die romantische Melancholie von Marc Bolans »Ballrooms of Mars« brandete in mir auf.

You dance
With your lizard leather boots on
And pull the strings
That change the faces of men

Es war Liebe. Liebe, die das Zwielicht dem hellen Tageslicht vorzieht. Meistens sind es Frauen, die sich im Laufe einer Nacht aufzulösen beginnen und mehr als die Hälfte ihres Aussehens auf dem Kopfkissenbezug hinterlassen. In diesem Falle jedoch war ich derjenige, der so viel Make-up aufgelegt hatte, dass ich nicht einmal mehr imstande war, mein Gesicht zu finden. Als sie mich ansah, war das Erste, was sie an diesem Abend sagte: »Trägste immer so dick auf? Wennste verstehst, was ich mein?«

»He?«, antworte ich, indem ich sie ziemlich frei zitierte.

Wir gingen es an. Man sollte sich nur eine Frau zur Geliebten wählen, die man auch zum Freund wählen würde, wäre sie ein Mann. Mutter hatte mich dazu erzogen, die »revoltierende Arbeiterklasse« mit ihren einsilbigen Namen zu hassen – als wäre es ein Zeichen von Exzellenz, wenn der eigene Name mehr als nur eine Silbe hat. Glücklicherweise bestand mein Mädchen diese erste gesellschaftliche Prüfung knapp. Sie hieß Evlynn.

Sie war in Edinburgh geboren und die jüngste von fünf Töchtern eines Dekorateurs und seiner Frau, die es irgendwie geschafft hatten, sie in einer Drei-Raum-Souterrainwohnung großzuziehen, die in die Vorratskammer von High Hall gepasst hätte.

Zu meinem Glück – hätte ich doch bei meiner Größe sonst kaum reingepasst – hatten alle ihre Schwestern geheiratet und waren zu der Zeit, als ich sie kennenlernte, ausgezogen. Ev lebte allein mit ihren Eltern. Ihr Vater hatte eine Gefäßerkrankung im Gehirn und schleppte sich wie eine Spieluhr mit ausgeleierter Feder durch das Haus. Er öffnete immer die Tür und starrte mich an, als wolle er herausfinden, ob ich der Postbote, sein Sohn oder ein Einbrecher sei. Irgendwann einmal sagte er dann zu mir: »Hallo, Cuthbert« – was ihm einigermaßen schick vorkam und deshalb wohl auch zu mir passte. Das Laufrad drehte sich noch, doch der Hamster war schon tot.

Die Familie wurde von Frauen regiert – vor allem von der Mutter, deren physische Zerbrechlichkeit durch ihre geistige Stärke wettgemacht wurde. Ev und ihre Schwestern hatten das von ihr geerbt. Es isolierte den Vater, und ehe es in seinem Gehirn den letzten Kurzschluss gab, schlug er gelegentlich in betrunkener Wut nach einer der Frauen. Sogar die Katze war weiblichen Geschlechts, weigerte sich aber, sich fortzupflanzen. »Fünf Töchter – und selbst die Katze ist lesbisch«, pflegte er zu sagen.

Alle Schwestern mit Ausnahme von Ev hatten zu diesem Zeitpunkt schon geworfen. Wenn man in diesem Teil der Stadt mit dreizehn noch nicht schwanger war, dann fiel man auf. Das war aber nicht der einzige Grund, warum sie anders zu sein schien. »Fantasy is all I got«, hatte Marc gesungen, und ebenso wie Bolan mein Leben gerettet hatte, hatte Bowie Evs gerettet. Auch er war ein Selfmademan, der seinen Schöpfer liebte. Auch er hatte sich auf dem Altar der Kunstfertigkeit geopfert. Ev war dabei, ihren Charakter auf dieselbe Weise zu formen.

Am Ende jeder Woche begann die Verwandlung. Es fing mit ihren Kleidern an. Sie brauchte nicht viel Geld. Sie graste Secondhandläden ab oder nähte selbst. Ihr Haar war ein Aufruhr von Farbe – es veränderte sich mit der Regelmäßigkeit einer exzentrischen Ampel von rot zu gelb und zu grün. Zuletzt war ihr Gesicht dran: weißes Fleisch und schwarze Lippen. Wenn sie sich fertig geschminkt hatte, sprach ihr Gesicht deutlicher als ihre Stimme. Für sie bedeutete sich anzukleiden, ihre Gedanken anzuziehen, ihre Einstellungen dem Leben gegenüber anzulegen.

Wahre Eleganz liegt im Geiste. Ev hatte die Schule mit fünfzehn verlassen, um eine Lehre als Friseuse zu beginnen. Das zog mich sofort an. Ich habe mich zwischen Intellektuellen nie wohlgefühlt. Es scheint mir, dass der Intelligente für die Intelligenzija das ist, was ein Gentleman für Herren ist. Und außerdem wollte sie Künstlerin werden, wie auch ich. Während ich mich ständig darauf vorbereitete zu leben, es aber nie tat, hatte Ev damit schon angefangen.

Sie konnte sich mühelos von der besten Gesellschaft in die schlechteste begeben und die meisten Menschen, die sie dabei traf, bezaubern. Intelligenz ermöglicht es uns, ohne Bildung auszukommen, während Bildung es uns ermöglicht, ohne Intelligenz auszukommen.

Aber das Beste von allem war, dass sie aus der Arbeiterklasse kam.

Ich schämte mich dessen, was ich war. Ich schämte mich meiner selbst, meiner Beziehungen, meines Akzents, meiner Meinungen, meiner Erfahrung, meines Namens, meines Kontostands. Konnten diese bürgerlichen Zeugnisse meine Existenz autorisieren? Ich hatte mir die ganze romantische Vorstellungswelt vollkommen einverleibt: Der Besoffene an der Straßenecke ist weiser als der Typ im Elfenbeinturm. Kriminelle, Landstreicher, Vagabunden, Friseusen und Trinker (vor allem, wenn sie betrunken sind) sind authentischer als die bourgeoisen Heuchler, die ihr verkrüppeltes Leben mit ihren vorzüglichen Zeugnissen, regelmäßigen Einkommen und liebenden Familien führen.

Ich wollte zur Arbeiterklasse gehören. Das Problem bestand darin, dass ich – abgesehen davon, dass ich der gewissenhafte Verwalter meiner Schönheit war – nicht arbeitete. Jede Minute, die ich nicht mit meiner eigenen Verschönerung verbrachte, widmete ich der Vernachlässigung meiner Pflichten. Aber Ev, die Friseuse aus dem wirklichen Leben, wies mir den Weg zur Erlösung. Sie färbte meine Locken grellorange und fixierte sie mit Haarlack steif-epileptisch.

Ich hatte das Bild eines Sonnengottpharaos im Sinn. Es sah aber eher so aus, als wäre ich der Herdflamme etwas zu nahe gekommen. Was soll's. Ich legte einen apfelgrünen Anzug an (der Liberace in Las Vegas zur Ehre gereicht hätte). Und siehe da – ich war verwandelt: in einen Pfau ohne Grund.

Oder wenigstens wollte ich es so sehen. Andere waren da anderer Meinung. Als ich einmal mit Evlynn in einen Pub ging, blieb ich am Tisch, während sie die Getränke holte. »Und hier die Nüsse für den Papagei«, sagte der Barmann zu mir.

Da ich in Schottland lebte, war mein Leben zu diesem Zeitpunkt davon bestimmt, den Widerling vor einem feindseligen Publikum zu geben. Glücklicherweise bin ich eine dieser Frohnaturen, die den Hass lieben und sich durch Verachtung geehrt fühlen. Soweit es mich betraf, war ganz Edinburgh eine Bühne, und sobald ich die Tür öffnete, betrat ich sie. Ein Pfau im Goldfischglas – und er fand es wunderbar. Der normalsterbliche Mann bekommt ein Mädchen, das ihm sagt: »Oh Rupert, mein Lieber, du bist herrlich!«, und sobald diese Worte ausgesprochen sind, kann sein Leben weitergehen. Es gibt aber auch andere, wie mich, denen das nicht genügt. Ich fragte mich selbst: »In Ordnung. Evlynn ist dieser Ansicht, aber was ist mit all den anderen da draußen?« Mein Herz war ein geheimes Heiligtum, das nur von einer Person betreten werden durfte (von mir – dem Hohepriester). Das Problem war, dass es auch viele Vorräume und Kammern gab, die sich nach einer Gemeinde sehnten. Ich mag die Seele eines Narziss haben, aber mein Geist glich viel eher Julie Andrews. Ich war bedürftig – lag aber immer im Streit mit meinen Gefühlen, weil diese meine Unabhängigkeit kompromittierten. Lieben heißt begehren, was wiederum bedeutet, abhängig zu sein.

Intellektuell verstand ich mich als Homosexueller – obgleich Steves Possen mich noch vor jeder physischen Anteilnahme abschreckten. Als typische Schwuchtel war er krankhaft unfähig, mit seinen Freunden Sex zu haben oder mit seinen Liebhabern Freundschaft zu schließen. Wenn ich ihn fragte, wie denn sein neuer Freund so sei, antwortete er nie »klug«, »freundlich« oder »unerschrocken«. Er sagte nur: »Riesig.«

Im Winter zogen Steve, Evlynn und ich in eine neue Wohnung, die ich gekauft hatte. Aber sie war zu klein, zu eng, zu stickig. Gefangen wie Spinnen in einer Flasche, begannen wir uns gegenseitig aufzufressen. Steve grollte Evlynn und mir – und völlig zu Recht: Nichts ist abscheulicher als die selbstgefällige Zufriedenheit eines frischverliebten Paares. Vielleicht wollte ich ausgerechnet dem entgegenwirken, als ich Steve eines Abends meine Liebe gestand. Ich nehme an, dass ich ihn wegtreiben sah, und wusste, dass ich ihn mit einem ziemlich kleinen Haken wieder einfangen konnte. Die rasende Evlynn stürzte sich ins Wildwasser ihrer Wut. Ich hatte eine Bombe gezündet. Um sicherzugehen, dass die Zerstörung komplett war, lieh ich Steve ein bisschen Geld.

Freundschaft ist ein heiliger Bund. So tief und süß und loyal und dauerhaft; er wird ein ganzes Leben lang bestehen – solange keiner dem anderen Geld leiht … oder mit ihm zusammenlebt … oder Sex hat.

Ich ging mit dem Problem so um, wie ich zu dieser Zeit mit allen Problemen in meinem Leben umging. Schweigen. Rückzug. Ausflucht. Ich erinnere mich, dass ich eine ganze Nacht lang streng von Ev und Steve verhört wurde. Wie Gefängnisaufseher standen sie um das Sofa herum, auf dem ich stumm saß, aber meine Lippen blieben versiegelt, meine Zunge war festgekettet. Die unbeantworteten Fragen fielen plumpsend zu Boden und zerschellten. Ich klemmte meine Hände zwischen meine Beine, beugte mich vor und senkte meinen Kopf, um dem Gewicht der Situation zu entsprechen. Es war hoffnungslos. Ich konnte mich nicht dazu bringen, ihnen die Wahrheit zu sagen – dass ich log.

Ich zog mich in eine Traumwelt zurück, in der ich versinken konnte, ohne eine Spur zu hinterlassen. Nochmals versuchte ich, ein Popstar zu werden. Jawohl, ich war ein schrecklicher Musiker – aber ich hatte den unwiderstehlichen Drang, dies auch zu beweisen. Ich hatte mit Herrn Paul Haig von der Band Josef K geprobt, aber als er herausfand, dass für mich nicht einmal die Hoffnung bestand, mittelmäßig zu werden, schmiss er mich raus. Ohne jeden Funken Talent beharrte ich darauf, eine Platte aufzunehmen. Die Zukunft sah also ziemlich düster aus.

Es kostete mich eine ansehnliche Stange Geld. Was den Krach anging, war er nichts als übler Gestank im Ohr. Ich gestaltete das Cover selbst – ein Selbstportrait eines geisteskranken Freundes, den ich im Irrenhaus von Yorkshire besucht hatte. Auf der Rückseite war mein Selbstportrait (man kann sich vorstellen, dass ich das natürlich nicht zugab) – es war abgekupfert von Edvard Munch, und meine Hand sah darauf aus, als hätte man sie gerade durch den Fleischwolf gedreht (was gewiss niemanden überraschte, der mich Gitarre spielen hörte).

Ich verschickte sie an eine Menge Plattenfirmen, die sie mit dem Eifer von Wimbledon-Siegern retournierten. Ich hätte genauso gut eine Tube Zahnpasta an Island Records schicken und nach einem Vertrag fragen können. Ich nahm also meinen besten Freund – die Niederlage – in den Arm und machte weiter, als ob nichts Unerfreuliches passiert wäre. Innerlich aber war ich irritiert. Ich hatte eine Platte gemacht, die so schlecht war, dass ich bis heute nicht verstehen kann, warum sie nicht erfolgreich war.

Was konnte ich machen? Ich hatte wieder mit meinem Französischgrundkurs begonnen und hätte also meinen Studienplatz an der Universität von Edinburgh antreten können. Ich hatte aber Probleme mit dem Geschlecht. Mir war zwar ersichtlich, dass eine Holzlatte feminin war und ein Pfau maskulin. Aber alles andere verwirrte mich. In Französisch fiel ich durch.

Bestens gerüstet mit keinerlei Qualifikation für irgendeinen Beruf, war ich fest entschlossen, mein Glück als Künstler zu suchen. Wie jeder weiß, ist dazu Folgendes nötig: kein Geld, kein Talent und keinerlei Verantwortungsgefühl. Ich scheiterte an Ersterem. Aber danach ging es aufwärts. Ich hatte keine originellen Gedanken. Ich hatte keine Ideen. Ich verstand nichts von Kompositionslehre. Und ich konnte mich ebenso wenig um mich selbst kümmern wie um andere. Vielleicht war es ja doch möglich, ein Künstler zu werden.

Mutter war begeistert. Ich hätte schon früh vielversprechendes Talent gezeigt, sagte sie. Im Alter von drei Jahren hätte ich meinen Penis mit allen Farben des Regenbogens bemalt und sei durch einen Schlossgarten in Cassis gelaufen, um ihn fröhlich zur Schau zu stellen. Demnach war sonnenklar, dass mein Charakter schon zu einem viel früheren Zeitpunkt deformiert worden war, als selbst ich es zu hoffen gewagt hätte.

Ich verbarrikadierte mich in meinem Studio. Ich schloss mein Fenster, ließ die Rollos runter und versuchte in der Dunkelheit eine magische Wirklichkeit heraufzubeschwören. Der ewige Konflikt zwischen dem geschundenen Romantiker und dem aufsteigenden Stern konnte nun in seiner ganzen Dramatik aufgeführt werden. In Wahrheit kopierte ich einfach die Bilder des Fauvismus und die von Matthew Smith. Was auch immer meine Quellen gewesen sein mögen – niemals ging ich über sie hinaus. Nach sechs Monaten sahen meine Bilder wie Fälschungen miserabler Malerei aus.

Wir ließen uns nicht beirren; Evlynn und ich bewarben uns an der angesagten Kunsthochschule Saint Martins. Zu meiner Überraschung wurde ich angenommen. Ich war außer mir vor Freude. Die Chance zu studieren, ohne dafür zahlen zu müssen, darf nicht verpasst werden, selbst wenn es etwas ist, das niemals auch nur den geringsten Nutzen haben wird. Evlynn hatte nicht so viel Pech, aber sie schaffte es, einen Job als Friseuse in einem Frisiersalon zu ergattern, der so modisch war, dass die Leute meinten, er hätte Stil. Wir verabschiedeten uns von Steve. Als ich ihn das nächste Mal sah, waren zwei Jahrzehnte vergangen, und ich erkannte ihn nicht wieder. Er war unmäßig fett geworden, sein Doppelkinn hing ihm bis zum Bauch runter, der so riesig war, dass man daraus eine weitere Person hätte formen können. In seinem Gesicht wuchs ein Pelz, und sein ganzer Körper war voller Tätowierungen. Er war bleischwer beladen mit Ringen, Dolchen und Amuletten. Auf dem Kopf trug er einen Nazistahlhelm. Er war jetzt ein Hell's Angel.

Es war unschwer zu erkennen, was passiert war. Man lässt sich Bilder in die Haut stechen, wenn man bemerkt, dass man im Leben keinen Stich mehr machen wird. Aber sein

Erscheinungsbild diente noch einem anderen Zweck. Typen in Bars behaupten immer, sie seien Boxer, weil sie hoffen, so vor Angriffen gefeit zu sein, gleich der Schwarzschlange, die ihren Schwanz im trockenen Laub zittern lässt, um den Eindruck zu erwecken, sie sei eine Klapperschlange. Schwebfliegen imitieren Wespen. Homosexuelle versuchen so auszusehen, als seien sie Mitglieder einer Rasselbande von Kettensträflingen. Steve war ein Hell's Angel ohne Motorrad, aber mit einem Job.

Ev und ich gingen nach London, mit der Freiheit derer, die nichts besitzen. Ich wusste, dass ich nicht notwendigerweise finden würde, wonach ich suchte, aber die Reise an sich war zur entscheidenden Angelegenheit geworden. Für mich war das Leben eine riesige Leinwand, und ich würde so viel Farbe wie nur irgend möglich draufknallen.

ICH STEHE FÜR NICHTS UND
FALLE AUF ALLES REIN

1982, LONDON SWINGT. Auch mein ganz privates London war in Schwung – es schwang hin und her wie ein Gehenkter am Strick. Ev und ich zogen in ein Kelleratelier in der Beaufort Street in Chelsea. Es war so klein, dass es zu viel verlangt gewesen wäre, ein Echo zu erwarten. Aber das passte mir ganz gut. Ich habe es immer mit Herrn Da Vincis Überzeugung gehalten, dass kleine Räume helfen, die Gedanken zu konzentrieren. Intime Gefühle entspringen intimen Räumen. Ich bevorzuge, in nur einem Raum zu leben. Überflüssige Räume, unbeaufsichtigt und unbenutzt, beginnen hinter dem Rücken über einen zu meckern.

Ich fing an, alles Überflüssige loszuwerden – mit Ausnahme von Ev. Schon damals begann ich so zu leben, wie ich es bis heute zu tun pflege – als ob das Leben sich gegen mich wenden und jeder Zeit einen Narren aus mir machen könnte. Also bereitete ich mich genau auf einen solchen Augenblick vor. Materielle Objekte sind bloß Geiseln des Glücks. Deine Besitztümer besitzen dich. Ich schmiss die ganze Inneneinrichtung raus, das ganze Küchengeschirr, all die fürchterlichen Bilder, die an den Wänden hingen, die Vorhänge, die Teppiche, die Lavalampe, die vermoderte Gummibadematte, den Klostampfer, die Topfreiniger und die geklauten Salzstreuer aus dem Café an der Ecke. Ich entkleidete den Raum, bis er nackt wie eine Gefängniszelle war. Wenn wir mit dem auskommen, was wir brauchen, statt mit dem, was wir wollen, dann haben wir unseren Frieden.

Und ich war zufrieden. Dies würde mein Kolosseum sein, meine große Manege, mein Privatheiligtum. Ich hatte keine

Veranlassung rauszugehen. Das Abenteuer, das große Abenteuer zu jener Zeit war für mich die Arbeit. Zu sehen, wie etwas aus den Nebeln meiner Imagination auf der Oberfläche der Leinwand seinen Niederschlag fand, schien für mein erhitztes Gemüt weit mehr zu bedeuten als jeder Trip zu Ghandi. Ich liebte die Romantiker. Auch ich wollte der Herr und Meister meines winzigen (aber unergründlich faszinierenden) Universums sein. Ich wollte ein Ausbund an Authentizität sein – gemessen jedoch an meiner Kunstfertigkeit. Das war meine Bestimmung. An ihr hing ich verbissen. Hier, in der völligen Isolation, würde ich mich von der ganzen Welt freimachen (Ev war in diesem Zusammenhang nichts weiter als ein kleiner Pieps). Alleine, mit Pinsel und Leuchte, in der tiefsten Höhle meines scharfsinnigen Selbstbewusstseins. Ich würde die Außenwelt ausschließen, um mir meine innere Welt zu öffnen.

Zu meinem Ärger besuchte ich immer noch die Kunsthochschule. Das war schon von Anfang an das Problem gewesen. Ironischerweise hatten die Sex Pistols ihr erstes Konzert am Saint Martins College of Art im November 1975 gegeben. Sie hatten gezeigt, dass große Kunst aus der kompletten Ablehnung jeder Autorität heraus entsteht. Wahrer künstlerischer Erfolg entspringt der Weigerung zu tun, was die Promoter wollen, der Weigerung, das vorzuzeigen, was das Publikum erwartet … ja, schließlich überhaupt nichts zu tun, was irgendeiner Anweisung folgt. Hier stand ich nun, in einer Hochschule, deren Autoritäten der Band den Strom nach drei Nummern abgedreht hatten.

Obwohl alle meine Helden Autodidakten waren, wusste ich dennoch, dass es nicht leicht war, sich alleine auf den Weg zu machen – sogar für einen Rebellen aus der Arbeiterklasse. Und für jemanden, der kein Talent besaß, war das ohne Zweifel mehr als riskant. Also besuchte ich weiterhin die Kunsthochschule.

Das musste kompensiert werden, indem ich zum totalen Arschloch wurde. Ich war einer dieser Unzufriedenen aus der

Mittelschicht, die alle Bessergestellten für die eigene Misere verantwortlich machen. Nichts, was Wert wäre, gewusst zu werden, könne gelehrt werden, schäumte ich. Studenten haben Herdenmentalität – sonst wären sie ja nicht an einer Hochschule. Die Kids dort waren nichts anderes als verzogene Bälger, die von allem zu viel hatten. Es war amtlich: Saint Martins war der Feind. Ein Ort, an dem man Kieselsteine schliff und den Glanz der Diamanten wegpolierte. Mich – den großen Niemand – würde keiner polieren. Ich war ein elektrischer Aal in einem Goldfischglas.

Für dieses Privileg musste ich leider zahlen. Aufgrund einer Formalität, die damit begründet wurde, dass ich zum Zeitpunkt meiner Immatrikulation in Schottland und nicht in England ansässig war, verweigerte man mir ein Stipendium. (Ich trage ihnen das nicht nach; ich hätte auch keine Schotten zugelassen.) Ich verfügte über kein rosafarbenes Dokument, das bewies, dass ich meine Gebühren bezahlt hatte. Ich setzte mich also hin und schuf mein erstes Kunstwerk – ich fälschte die Bescheinigung, komplett mit Foto und falschem Stempel.

Als ich nun wieder an Bord war, begann ich zu plündern. In den sechs Monaten, die ich dort war, ließ ich ein bisschen Kunst, ein klein wenig Architektur, jede Menge Staffeleien, Farben, Pinsel und Stifte, ein paar Skelettschädel und einen überschüssigen menschlichen Arm mitgehen.

Jeden Tag während der Mittagspause tauchte ich mit schwarzen Müllsäcken auf, und nach einer halben Stunde Requirierung ging ich wieder. Erst wenn der Laden so leer war wie ein Kaufhausregal in Polen, wechselte ich die Weidegründe. Ich fiel in die Goldsmiths-Hochschule in London ein und ins Art College von Chelsea. So wie ich es sah, war ich der Robin-Hood-Punk der Kunstwelt. Ich nahm den Armen und gab den Reichen – dabei hinderte mich allerdings meine Ignoranz daran zu erkennen, dass der Lebensstil eines Bohemiens doch eher ein konventioneller ist.

Zurück in meinem Studio, machte ich mich an mein großes Werk. Inspiriert von Jimmy Boyle (das heißt: ihn plagiierend), versuchte ich mich an der Bildhauerei. Als Michelangelo gefragt wurde, wie er seinen David geschaffen habe, antwortete er: »Ich nahm mir einen großen Block Marmor und meißelte alles weg, was nicht David war.« Ich versuchte dasselbe zu tun. Ich holte mir einen großen Block David und meißelte alles weg, was Marmor war. Am Ende blieb einfach nichts übrig.

Also ging ich raus, durchstreifte die Straßen von Chelsea und sehnte mich danach, ein anderer zu sein. Quentin Crisp wohnte mir gegenüber und Johnny Rotten nur ein paar Straßen weiter. Ich stand vor ihren Häusern und sog die Aura ihres Ruhms ein. Wenn ich es schaffen würde, sie zu treffen, dann würden auch sie mich willkommen heißen und mit ins Boot holen.

Eines Tages stellte ich fest, dass die Tür zu Herrn Rottens Haus offen stand. Ich schlich mich ran. Die Tür war über und über mit Graffitis von Fans beschmiert. »Mach endlich die Tür auf, du Fotze«, las ich. »Mir reicht's, hier im nassen Laub rumzustehen. Mir wird langsam kalt!« Ich war wohl nicht der Erste. Ich stieß die Tür vollends auf und ging rein. Als ich zwischen ramponierten Möbeln und leeren Red-Stripe-Bierdosen durch die Räume schlich, klopfte mein Herz lauter als Jah Wobbles Bassbeat. Ich suchte den Ort nach etwas ab, das ich stehlen könnte, nach einer heiligen Reliquie. Plötzlich hörte ich von oben Geräusche. Ich geriet in Panik, und während ich Hals über Kopf aus der Wohnung flüchtete, riss ich noch schnell ein Poster von der Wand. Es war ein Werbeplakat für mein Lieblingslied, »Death Disco« von Public Image.

Quentin Crisp machte ich damals nicht ausfindig – zum Glück für ihn. Vielleicht war er zu diesem Zeitpunkt schon nach Amerika gezogen. »Sie hassen mich in England, sie hassen mich wirklich. Sie halten einen auf der Straße an, schlagen einen und spucken einen an«, erzählte er mir einige Jahre später, als ich ihn schließlich in New York traf. Wir nahmen ein Abendessen in seinem Stammrestaurant ein. Er war auf die Sekunde pünktlich und nannte mich »Herr Sebastian«. Ich revanchierte mich für das Kompliment, indem ich meinen rosafarbenen Kammgarnanzug trug und die Rechnung übernahm.

Jeden seiner Sätze hätte ich an seiner statt beenden können – hatte ich doch alle seine Bücher gelesen. Professionelle Höflichkeit ließ das nicht zu. Gegen Ende des Abends fiel es selbst ihm auf. »Wenn Sie das schon einmal gehört haben, Herr Sebastian, dann unterbrechen Sie mich bitte *nicht*, denn ich selbst würde es gerne nochmals hören«, sagte er. Ich wünschte, er wäre noch am Leben. Es würde ihm nicht schwerfallen, jede Menge seiner eigenen Sentenzen in diesem Buch zu finden.

Nach dem Abendessen spazierten wir Arm in Arm durch die Lower East Side. Vor dem Eckladen, an dem wir angehalten hatten, um ein paar Flaschen Guinness zu kaufen, hatte sich gerade der Ortsverband der Hell's Angels versammelt. In Reih und Glied schimmerten ihre verchromten Harleys in der Nacht. Herr Crisp beugte sein Haupt, um zu zeigen, dass er ihre Überlegenheit respektierte, wie er sich auszudrücken pflegte. Das hätte er aber gar nicht tun müssen. In Amerika lieben sie die Verlierer, die sich als Gewinner herausstellen, ebenso sehr, wie das bei uns für den umgekehrten Fall gilt. Wir hatten es hier mit himmlischen Engeln zu tun. Sie pfiffen uns anerkennend nach und zollten uns Applaus.

Nach London zurückgekehrt, landete ich gleich wieder bei den Drogen. Das Opium in Paris war der erste Biss in den giftigen Apfel gewesen. Von da an besaßen alle Drogen das verführerische Fluidum der Illegalität. Aber ich mochte kein Marihuana – kein Wunder, war ich doch ein wenig zu verkrampft, um ein Astronaut im eigenen Weltinnenraum zu sein. LSD mochte ich auch nicht – genauso wenig überraschend. Es war für mich schon schwierig genug, mit dem klarzukommen, was ich wirklich sah und fühlte. Ich machte mich also auf den Weg in die Vororte der Sucht. Man schrieb das Jahr 1982 v. C. (vor Crack). Ich war zwanzig. Und ich war bereit, dort zu starten, wo andere haltmachten.

Aus Opium konnte man zehnmal stärkeres Morphin gewinnen ... und daraus wiederum Heroin synthetisieren, das dann noch einmal stärker war als jenes. Genau das musste ich mir beschaffen. Little Ben, ein Junkiefreund, der in meinem Leben eine bedeutsame Nebenrolle spielen sollte, erledigte die Besorgung. Ich entsinne mich der Erregung, der Beklemmung und der Gier. Ich war in der Gegenwart des Königs der Könige – beim Zepter Satans, das den Geruch schwefeligen Brauns verströmte.

Ich dachte, ich würde sofort abhängig sein, nachdem ich davon geschnupft hatte. Stattdessen wurde mir nur schlecht. Ich wusste damals noch nicht, dass die Enttäuschung darüber schnell verschwindet, wenn die Droge wieder hochkommt – gemeinsam mit dem Mageninhalt. Ich lag also im Bett und kuschelte mich an Little Ben. Ich war nicht über die Maßen beeindruckt. Hatte ich eine erhabene Einsicht erwartet, so war ich stattdessen einfach nur glücklich und starrte meine große Zehe an.

Ich begann regelmäßig Speed zu nehmen. Amphetaminkristalle waren die Droge der Armen aus dem Norden. Das passte genau zu dem, was ich sein wollte. Nebenbei wichste ich auch gern. Das ergänzte sich prächtig. Den ganzen Tag konnte ich mich im Bad einschließen. Ich konnte mir den ganzen Tag einen runterholen, und ich tat das auch – bis die Kuh (Ev) nach Hause kam. Sie war natürlich gar nicht begeistert. Während ich auf Marihuana (besonders gemeinsam mit Poppers konsumiert) einen Steifen von der Größe eines kleinen Säugetiers kriegte, ähnelte er auf Speed eher einer gesalzenen Schnecke.

Eines Abends ging ich ins besetzte Haus in der Warren Street – wo auch Boy George und Marilyn abhingen. Es war eine Zwei-Sterne-Unterkunft, und man konnte die beiden durch das Dach hindurch beobachten. Ich war dort gemeinsam mit Ben Bream, Sohn des klassischen Gitarristen Julian, den ich von der Schule her kannte. Wir hatten den ganzen Tag getrunken und gingen zu den Drogen über, um im Meer des Alkohols Anker zu werfen. Nach einem Joint holten wir das Koks raus. Ich nahm die fetteste Linie (der Teufel kriegt immer das meiste). Und dann gab es einen Nachschlag Heroin. Aber selbst danach fand ich es nicht angemessen, mir Dinge in die Nase zu ziehen. Für eine Person meines Format schien mir das unwürdig zu sein. Doch obwohl Little Ben die ganze Zeit Einwegspritzen in der Wohnung herumliegen ließ, war ich doch viel zu zimperlich – und noch viel zu respektabel –, um diese auch zu benutzen.

»Sollen wir rausgehen und uns vernichten?«, schlug ich fröhlich vor.

Die Worte blieben in der Luft hängen, wie sie es eben tun, wenn man drauf ist. Ich steckte das Speed in meine Brieftasche und das Haschisch in meine Unterhosen (die ich damals kurioser Weise noch trug). Wir zogen ab – ich in meinem neuen Anzug, der genauso bösartig geschnitten war wie mein Haar; Ben sah aus wie ein Hexendoktor, ganz in Schwarz, behängt mit Rosenkränzen, Schädeln und Edelsteinen. Wir hatten alles: natürlichen Stil, unnatürliche Drogen und übernatürliche Schneider.

Freitagnacht gleicht das West End einer umgekippten Mülltonne. Wir wühlten uns durch das Durcheinander von Menschen. Als wir uns dann aber an einen echten Müllcontainer in der Oxford Street ranmachten, stürzten sich die Bullen auf uns.

Bevor wir das kapierten, stand ich schon an einer Wand und wurde gefilzt. Das Speed wurde schnell gefunden, und ebenso schnell wurde ich verhaftet. Ben wollte seinen Heroinvorrat runterschlucken, aber der Polizeibeamte warf ihn zu Boden und prügelte immer wieder mit dem Gummiknüppel auf ihn ein. Ich sehe Ben noch vor mir, wie er zusammengerollt wie ein Fötus am Boden liegt und sein Blut die Arme des Polizisten besprenkelt. Seltsam, dachte ich, dass so was ausgerechnet in der Oxford Street passiert.

Ich wurde wegen Drogenbesitzes belangt und Ben wegen Widerstands gegen die Staatsgewalt – obwohl es seine Nase war, die man gebrochen hatte. »Wenn du unschuldig bist, wie kommt es dann, dass du blutest?«, argumentierten sie. Ben stand in Handschellen, Blut und Flüche spuckend, vor dem diensthabenden Wachtmeister, der ihm seine Rechte vorlas. Die roten Blutstropfen sahen auf dem weißen Papier der Anklageschrift aus wie Siegellack.

Ich hingegen hatte meine guten Umgangsformen so perfektioniert, dass man sie von Grobheiten nicht mehr unterscheiden konnte. Meine Höflichkeit war zugleich mein Schild und Schwert. Ich gehörte nicht zu der Klasse derer, die man foltern durfte, wie das Graham Green einmal genannt hatte. Außerdem darf ein Dandy niemandem erlauben, seine makellos polierte Rüstung zu durchlöchern.

Wir wurden einer Leibesvisitation unterzogen. Die Wahrheit mag nackt herumlaufen, Lügen aber sollten angezogen bleiben. Und ich hatte ihnen nichts über meinen Vorrat in der Unterhose gesagt. Ich war in einer verzwickten Lage. Sollte ich gestehen? Ich torkelte vorwärts in Richtung Entscheidung. Während ich aus meinen Unterhosen schlüpfte, verfingen sich die acht Gramm Haschisch in der Innenseite des Stoffs. Ich offerierte dem Beamten die Unterhose mit einem gefälligen Lächeln. Es war keineswegs erstaunlich, dass er nicht besonders erpicht darauf war, sie in die Hand zu nehmen. Also hielt ich sie selber fest, als man meine Arschbacken auseinanderzog – und als alles vorbei war, zog ich sie einfach wieder an.

Die Zelle war zweieinhalb mal dreieinhalb Meter groß, ohne Fenster, aber mit einem Klo und einem Bett. Ich saß gekrümmt auf Letzterem, entflammt vor Zorn. Die Aschenreste würden viele Wochen später immer noch glühen. Ben war ein friedfertiger Vegetarier, der keinem Huhn etwas zuleide tun konnte – es sei denn aus Gründen der Selbstverteidigung. Ich war wütend – nicht so sehr wegen der ausgeübten Gewalt, sondern wegen ihrer Mutwilligkeit. Wegen des beleidigenden Verhaltens einer Gruppe Professioneller, die sich in jedem Falle neutral verhalten sollten, die aber genau die Wut provozierten, die sie dann genussvoll bestrafen konnten.

Ich war so zornig, dass ich nicht mal das Zellenklo benutzte, obwohl ich musste. Die Bullen sollten nach ihrem Lohn in den Exkrementen der Welt wühlen, meine jedoch sollten sie nicht kriegen. Meine Scheiße war mehr wert als die Sterne auf ihren Schulterklappen.

Sauer ließ ich mich auf den Boden sinken. Da fiel mir plötzlich wieder das Dope ein. Was für ein Triumph! Sie hatten zwar das Gramm Kristalle – aber was soll's? Mehr Hasch, weniger Speed. Ich nahm das Viertel raus und kaute es. Nach fünfzehn Minuten war ich total stoned, und mein Kreislauf gluckste vor Vergnügen. Immer noch verspürte ich den Drang, mich zu erleichtern. Doch ich hatte keine Lust, meinen Ausfluss ihren Abflussrohren zu überantworten. Jawohl, dachte ich! Zertrümmert die Spülkästen! Zertrümmert die Spülkästen! Wir sind frei geboren, doch der Mensch zieht selbst an seinen Ketten! Zertrümmert die Spülkästen! Ich fiel zu Boden und kicherte, wie man eben kichert, wenn man sich eine viertel Unze Haschisch in einer Arrestzelle einverleibt hat.

Am nächsten Morgen kicherte ich immer noch. Schade, dass ich gehen musste. Man gewöhnt sich an Dinge, ob man sie mag oder nicht. Klar – der Service war lausig, aber ich hatte mich in dieser Absteige wohlgefühlt.

Ich schrieb Jimmy Boyle über meine Erfahrungen: Seite über Seite wetterndes Gefasel über die Menschen und darüber, warum die Polizei offensichtlich nicht dazu da war, die Ordnung aufrechtzuerhalten, sondern Chaos zu stiften.

Wenn es kein Verbrechen gäbe, lägen sie wahrscheinlich auf ihren Knien und bettelten darum, ereiferte ich mich. Das war doch alles, was sie hatten. Ich war aufgeregt. Zuletzt hatte mir das System doch noch Unrecht angedeihen lassen – oder wenn schon nicht Unrecht, dann wenigstens ein bisschen Demütigung. Was konnte ich mehr verlangen? Hier war mein Beweis – und der stammte nicht aus dem *Guardian*. Er war aus erster Hand! Er war authentisch! Die Schweine hatten mich letztlich doch drangekriegt! Das Einzige, was ich dabei übersah, war, dass sie nicht wirklich im Unrecht waren. Ben kam aus der Zelle und widmete sein Leben dem unorganisierten Verbrechen, brachte dann einen um die Ecke und fuhr wieder ein.

Jimmy Boyle, der immer noch seine lebenslange Haftstrafe absaß, antwortete auf meinen Brief. Mein gesellschaftliches Jungfernhäutchen sei gerissen, teilte er mir mit. Ich würde nie mehr derselbe sein. Er warnte mich vor den Übeln der Drogen – was ich ignoriert – und schickte mir ein Buch – das ich vergötterte.

Es war ein philosophischer Kommentar mit dem Titel *Die Überwindung der Todesfurcht*, geschrieben von Ernest Becker, der 1974 dafür den Pulitzer-Preis gewonnen hatte. Kein Buch hat jemals zuvor oder danach einen solchen Eindruck auf mich gemacht. Die Grundannahme – die den Werken vieler verschiedener Denker entnommen war – lautete, dass der Mensch das einzige Wesen auf diesem Planeten ist, das seine ganze Existenz kauernd im Schatten des Todes verbringen muss. Die Sterblichkeit sucht selbst die sonnigsten Stunden heim. Unsere Todesfurcht ist die treibende Kraft hinter allem, was wir tun. Jedes Bestreben, jede Errungenschaft, jede Zerstreuung ist nichts anderes als eine Methode, sie abzuwehren, zu versuchen, unser unausweichliches Ende zu verdrängen.

Prominenz, Narzissmus, Charisma, Kunst, Religion, Neurose – all diese tröstlichen Requisiten – sind nichts weiter als kulturelle Formeln, mit denen wir uns vor unserem Schicksal verstecken. Jede Hoffnung, die Dinge, die wir vollbringen, könnten eine bleibende Bedeutung stiften, ist bloß Verschleierungstaktik. Hinter ihr lauert der Tod.

Becker sagt, der Mensch sei halb symbolisch, halb tierisch. Sein symbolisches Selbst kann ein gottgleicher Schöpfer sein. Sein tierisches ist aber bloß Fraß für die Maden. Aus diesem Grunde konstruieren wir einen Charakter, in dem wir uns vor der Sterblichkeit verstecken, und bemerken dabei nicht, dass dieser Panzer, anstatt uns zu befreien, zu unserem Gefängnis wird. Es wurde einzig und allein deshalb errichtet, weil wir versuchen, unsere »tierische« Hälfte zu verleugnen. Wenn wir aber anfangen, uns genau diesen Sachverhalt einzugestehen, wenn wir also zugeben, dass wir einfach verworfene und scheißende Kreaturen sind, dann können wir auch anfangen, unsere Misere zu überschreiten.

Wie macht man das? Indem man begreift, dass die gesamte Geschichte menschlicher Errungenschaften nur der Abstand ist, den wir zwischen uns und unserer Scheiße hergestellt haben.

Ich war von dem Buch so ergriffen, dass ich glaubte, darauf reagieren zu müssen. Ich musste etwas Konstruktives leisten. Ich setzte mich also in meine Wohnung, zog mich nackt aus und lauschte Beethovens neunte Symphonie. Nach ein paar Stunden schiss ich einen kleinen Haufen auf den Boden, hob ihn auf und ließ ihn dann durch meine Finger gleiten. Wie ein Gärtner, der die Bodenbeschaffenheit prüft. Er war schleimig wie nasser Lehm.

Es würde funktionieren. Ich benutzte meine Scheiße, um mir das Wort MENSCH auf die Brust und das Wort SCHWEIN an die Wand zu schmieren. Dann beschmierte ich den Rest meines Körpers mit Kot. Beethoven flutete durch den Raum. Grübelnd saß ich da. Sex, entschied ich, zu einem meiner Lieblingsthemen zurückkehrend, ist interessant, aber nicht so wichtig wie die Ausscheidung. Der Mensch kann achtzig Jahre ohne zu ficken auskommen, doch er stirbt nach einigen Wochen, wenn er nicht scheißt. Meine philosophische Einsicht bescherte mir eine Erektion. Ich musste mir einen runterholen, um diesem gebieterischen Drang nachzukommen. Gott weiß, wie ich aussah, von oben bis unten mit meinem eigenem Kot beschmiert und wichsend. Aber das ist das Schöne an der Masturbation – man muss sich dafür nicht extra hübsch machen.

Was jetzt? Ich steckte einen Finger in den Mund und lutschte daran, während ich mit meiner anderen Hand mein Fleisch anfasste und die Fingernägel hineingrub, um dem Würgereflex entgegenzuwirken. Es hatte die klebrige, trockene Konsistenz von Erdnussbutter. Ich schluckte. *Fait accompli*.

Innerlich verneigte ich mich. Ich hatte die äußerste Überschreitung gewagt. Ich krähte wie ein Hahn auf seinem Misthaufen.

Drei Tage lang blieb ich so: lag am Boden, aß und schlief inmitten meiner eigenen Exkremente. »Der Scheißhaufen ist der Feind der Menschheit«, kratzte ich in die Wand. Wenn der Geruch etwas zu streng wurde – es war Hochsommer –, öffnete ich die Tür zum Hof. Ich war ein wenig besorgt wegen der Nachbarn. Und ein wenig beunruhigt, dass die Hauseigentümer (Chelsea Estates) eine ihrer unangekündigten Wohnungsbesichtigungen veranstalten könnten. Ich hätte mir aber keine Sorgen zu machen brauchen. Selbst die Fliegen blieben weg.

Ich denke, mein größtes Kapital liegt in der Fähigkeit, mich selbst zu erniedrigen. Immer noch fällt es mir schwer, diese Erinnerung preiszugeben. Bis zum heutigen Tag ist es mir unmöglich, Toilettenpapier einzukaufen (meine Reinmachefrau muss es besorgen). Ich sympathisiere mit dem Stamm der Chagga, für die die höchste Stufe der Mode offenbar mit dem eng sitzenden Analstöpsel erreicht ist. Sie zeigen ihre soziale Überlegenheit dadurch, dass sie vorgeben, nicht defäkieren zu müssen.

Ich bin zutiefst erstaunt über den schieren Un-Sinn der Schöpfung. Ich meine: Wozu das erhabene Rätsel eines Gesichts formen? Warum diese strahlende Erscheinung aus dem Nichts, aus der Leere, hervorzaubern und sie wie die Sonne zur Mittagszeit scheinen lassen? Warum solch ein Wunder tun und neue Wunder in dieses einpflanzen? Warum solch tiefe Schönheit in Augen betten, die so prachtvoll wie Glas sind? Und dann all das mit einem Arschloch kombinieren, das scheißt? Wie konntest Du das tun, Herr im Himmel? Wie konntest Du mir das antun?

Klar – ich weiß, es könnte schlimmer sein. Auch auf dem höchsten Thron der Welt sitzt der Mensch immer noch auf seinem Arsch. Auf einem etwas tiefer stehenden müssen die Frauen hocken. Die Ätherischsten, die Schönsten, die Göttlichsten unter uns kauern sich jeden Tag wie die Affen hin und kacken. Doch für die Byrons unter uns ist das gewiss ein Schicksal, das weit schrecklicher ist als der Tod.

Ich machte mich daran, Kunstwerke zu schaffen. Natürlich wurde ich wie jeder sich selbst respektierende junge Künstler von der Aussicht auf den Tod heimgesucht. Mit den Lippen seines eigenen lebendigen Körpers muss man ihn berühren, verkündete ich. In Wahrheit fand ich nur Geschmack an Derivaten. Ich war ein Friedhof toter Ideen. Bislang hatte ich noch keinen jungen Künstler getroffen, der nicht davon überzeugt war, seine Arbeit handle vom Tod. Solange man das nicht auf Ehre und Gewissen versichert hat, reicht dir im Laden keiner die Farben rüber.

Dein Tod ist zweifellos ein ständiger Begleiter. Das verstand ich aber nicht und entschied mich, loszugehen und nach ihm zu suchen.

Erster Halt: Meditation. Nun gut – das war besser als rumzuhocken und gar nichts zu tun. Selbstverständlich war ich spirituell – ich war so geistlos, dass ich beinahe schon leibhaftiger Zen war. Aber transzendentale Meditation? Stattdessen fing ich mit Karate an. Dafür musste man aber unpassenderweise Energie aufbringen. Das schnippte mir die Eiswürfel aus meinem Drink – und außerdem war es nicht wirklich gefährlich.

Schließlich landete ich beim Fallschirmspringen. Das schien mir so passend zu sein wie alles andere, wenn man versucht, grundlos sein Leben zu riskieren. Und ich war mehr als bereit, für eine Idee zu sterben, sofern sie undeutlich genug war. Aber zuerst musste ich ausgebildet werden. In einem kleinen Club in einem Motel in der Tottenham Court Road verbrachte ich einige Stunden damit, von Kaffeehaustischen zu hüpfen. Offensichtlich sollte mich das auf meinen freien Fall aus sechshundert Metern Höhe vorbereiten.

Für den großen Tag kleidete ich mich in Schwarz – in Kriegsneurosen und Doc-Martens-Stiefel. Ich wollte wie jemand aussehen, der hinter den feindlichen Linien abspringt. Ich wollte aussehen wie ein Agent des Special Air Service. Ich habe mich immer nach Krieg gesehnt, nach der wärmenden Sicherheit hirnlosen Gehorsams, nach der liebreizenden Glorie gesellschaftlich gestatteter Zerstörung.

Ich ging auf die Toilette, um mich für meinen Sprung fertig zu machen. Zuerst nahm ich ein paar Amphetamine. Dann bewunderte ich mich im Spiegel.

»Maul halten! Reicht mir die Kohle rüber!«, sagte ich.

Als das Flugzeug abhob, fuhren die Drogen ein – und mein Todeswunsch suchte das Weite. Aber jetzt war es zu spät. Die Maschine war mit 160 Kilometern pro Stunde unterwegs, ich mit 320. Ebenso meine Zunge. Ich plapperte frenetisch vor mich hin. Aber ich konnte mich nicht mehr rausreden. Plötzlich war ich dran mit Springen.

Ich konnte nichts außer Wolken erkennen. Das ganze zweistündige Training auf den Kaffeehaustischen – behalte Ruhe, spring, breite Arme und Beine aus, Kopf zurück, zieh die Reißleine – ging über Bord, als ich durch die Tür ging. Kreischend und brüllend, mit Armen und Beinen wedelnd, die Luft anschreiend, stürzte ich Purzelbäume schlagend durch den leeren Raum und fummelte verzweifelt nach der Reißleine. Wissenschaftler haben nachgewiesen, dass das schnellste Tier der Welt die Kuh ist – wenn man sie aus einem Helikopter wirft. Bei Höchstgeschwindigkeit erreicht sie 36,5 Meter pro Sekunde. Ich kann das nur bestätigen. Ich befand mich im freien Fall. Scheiße, dachte ich. Ein verdammt langer Weg!

Ich wurde zurückgerissen, als der Schirm sich öffnete.

Nachdem die erste Erregung darüber, gerettet zu sein, abgeklungen war, war es nur noch halb so aufregend – ich trieb wie der Same einer Pusteblume Richtung Erdoberfläche. Es ist das Risiko, das die guten Zeiten im Leben von den langweiligen unterscheidet.

Als ich auf dem Boden aufschlug, spürte ich, wie mein Bein wie ein junges, gefälltes Bäumchen brach. Ich lag niedergeworfen da und hörte die Sirene des Rettungswagens durch die Nebel meines Speedrausches. Ich gab meine beste Vorstellung als Verwundeter. Innerlich jedoch musste ich lächeln. Zu guter Letzt war mir doch noch etwas zugestoßen.

Jung zu sterben kann für einen Künstler im hohen Alter sehr nützlich sein. Mein kleines Experiment war deshalb kein überragender Erfolg. Es hätte aber schlimmer kommen können. Mein Cousin, der in der Armee gedient hatte, absolvierte den gleichen Sprung und brach sich den Hals. Außerdem genoss ich es, Invalide zu sein. Ein Beruf, bei dem man nicht dafür kritisiert werden kann, absolut gar nichts zu tun. Und das verlieh mir das Gefühl der Nähe zu Vater, der ein Krüppel und ein Säufer war. Doch ich konnte mir nicht helfen, er verdiente Schlimmeres.

Als ich das Krankenhaus verließ und auf Krücken nach Hause humpelte, hatte Ev den Pussy Room (das Zuhause von Genesis P-Orridge und Psychick TV) besucht, und ihre Nippel und ihre Nase waren nun gepierct. Das schien die Uniform für ihren neuen Job in einem Sohoer Stripclub zu sein. Ich befürwortete das nicht. »Igitt, was könntest du sonst noch tun, um dich noch unattraktiver zu machen, als du es ohnehin schon bist? Deinen Kopf abschneiden lassen?«

Ich mochte diese Psychick-TV-Typen nicht. Es war nicht bloß dieses »Tu, was Crowley will, soll sein das ganze Gesetz«, worin offenbar ihre ganze Philosophie bestand. Vor meinem Sprung hatten wir gemeinsam eine Kirche durchstöbert, und ich hatte das begehrteste Stück der Beute ergattert. Jetzt behaupteten sie, es sei einer ihrer Zaubersprüche gewesen, der zu meinem Beinbruch geführt habe. Sie waren es, die mich bestraft hatten. Na klar. Süß von ihnen, dass sie bei ihren Gebeten an mich gedacht hatten.

Sie schienen sich auch öfters an Ev zu erinnern. Einer von ihnen stand auf sie. Er stahl ihr Kleider, schnitt sich ein paar seiner Schamhaare ab und wichste über das Ganze. Diese magische Handlung war offensichtlich eine Methode, sie rumzukriegen. Das schien mir ein bisschen zu aufwendig. »Hey! Willst du mit mir ins Bett gehen?«, hätte möglicherweise auch genügt.

Das Problem war, dass die Möglichkeit, sie zu ficken, für mich nicht mehr bestand. Schwindet der Abstand, nimmt die Anziehungskraft ab. Unser Sexleben war beendet. Es war im Nest verfault.

Selbstverständlich sollte man vor jemandem auf der Hut sein, der verspricht, dass seine Liebe länger dauern wird als ein Wochenende. Ich wollte Zeit für mich allein. Ich war viel zu sehr Ästhet, als dass ich Sex wirklich genossen hätte. Wie kann man mit seinen Ausscheidungsorganen Sex haben? Es war ziemlich unartig von Gott, die Schokoladenmaschine mitten auf dem Spielplatz zu platzieren. Nicht, dass ich mich als schlechten Liebhaber angesehen hätte. Was ich an Größe vermissen ließ, machte ich an Geschwindigkeit wieder wett.

Ich gab bekannt, dass ich den Sex aufgeben wolle, weil das etwas sei, was Tiere machten. Ev war erschüttert. Als wir uns kennengelernt hatten, war ich alles andere als eine Jungfrau gewesen. Und sie alles andere als eine Nymphomanin. Doch sie troff immer noch vor Lust – und das stieß mich noch mehr ab. Sex ist auch nicht mehr das, was er einmal war, seit die Frauen angefangen haben, Spaß daran zu haben.

Natürlich verstand ich überhaupt nichts. Sex ist nur die Sublimierung der Drogenabhängigkeit.

Drogenabhängige suchen nach künstlicher Erleichterung. Aber das kann nie vollständig gelingen. Und deshalb sind sie, von einer alles umfassenden Angst geplagt, sadistisch, mystisch, eitel – und/oder homosexuell.

Ich kann mich noch an das erste Mal erinnern, als ich *richtigen* Sex hatte – ich habe noch die Quittung. Seit ich meinen achtzehnten Geburtstag in jenem Bordell in Paris verbracht hatte, fühlte ich mich von Huren angezogen, ohne wirklich zu wissen, warum. Weil ich aber viel zu unbeholfen war, um in dieser Angelegenheit etwas zu unternehmen, verliebte ich mich umso mehr in das Bild, das ich mir von ihnen machte. Ich verliebe mich immer in alles, was schwach, ruiniert, betrübt, verwaist und zerbrochen ist. Möglicherweise erinnert es mich an meine Familie. Und ich erkannte in diesem sexuellen Trödel eine Art Gegenstück zur künstlerischen Gesetzlosigkeit. Künstler und Huren waren von Natur aus Abweichler. Sie nahmen an den gesellschaftlichen Ritualen nicht teil, hielten sich an keinen Kanon und respektierten kein Tabu. Ich glaubte, beide seien für die höchsten und die tiefsten Schichten der Gesellschaft bereit – würden aber keiner angehören.

Selbstverständlich war es einfach, diese Halbwelt zu idealisieren, von einem Leben auf der Straße zu träumen, das nobel und pittoresk war – ich musste schließlich nicht dort leben. Doch eine solche Nebensächlichkeit konnte mich natürlich nicht davon abhalten. Alles in allem war ich eben ein Mitglied der britischen Mittelklasse.

Sex scheint für das Proletariat, vor allem aus Gründen der Herkunft, so köstlich dreckig zu sein, dass keinerlei künstliche

Degeneration vonnöten ist. Dagegen ist derjenige von hoher Geburt dazu verdammt, sich für immer zwischen besudelten Laken zu wälzen, auf der Suche nach der kostbaren Verderbtheit, ohne die er Gefahr laufen würde, sich in der Eleganz zu verlieren – oder schlimmer noch: in der Spiritualität.

Am Abend meines ersten bezahlten Zusammentreffens mit einem Callgirl dachte ich aber bei Weitem nicht so philosophisch. »Ich bin ein menschliches Wesen«, schrieb ich in mein Tagebuch. Das war irgendwie beruhigend. Auf alle Fälle verlieh es mir den Mut, die Nummer von der Rückseite des Pornomagazins anzurufen. »Es gibt ein rotes Licht an der Außenseite meiner Kellertür«, sagte ich ihr. Vielleicht wollte ich, dass sie sich wie zu Hause fühlt.

Kaum war sie die feuchten Stufen heruntergestakst, als sich auch schon eine dürre Hand aus ihrem Kamelhaarmantel hervorreckte und nach Bezahlung im Voraus verlangte. Dann entkleidete sie sich und setzte sich auf den Rand des Bettes, die schmalen Schultern vornübergeneigt, die Hände zwischen die Schenkel gepresst. Ihre nackten Füße waren nach innen gedreht. Sie sah aus, als wolle sie für Edvard Munchs *Pubertät* posieren. Die Hässlichkeit liegt im Auge des Betrachters. Ich sah in ihr Gesicht, auf die Linie von Knubbeln, die ihren schmalen Rücken hinunterlief, und auf ihre eingefallenen Lenden. Ich dachte an das Grab, das sie sich zwischen ihren Beinen geschaufelt hatte.

Ich zog mich aus. Dann raffte ich die abgelegten Stücke meiner Persönlichkeit zusammen wie ein Polizist, der einen Nudisten aufs Revier bringt. Ich verhaftete alle Gedanken und Gefühle – außer der Lust. Wenn der Drang nicht sofort Erfüllung erfahren würde, dann könnte er vielleicht zu etwas weniger Wertvollem verkommen. Mitleid, zum Beispiel.

Sie sah lebendig aus. Ihre Haut war lauwarm. Manchmal blinzelte sie. Aber ihr Körper war steif und ihr Blick vollkommen leer. Mit jedem Stoß, den ich machte, drang ich nur etwas tiefer in die verlassene Höhle ein. Ich hörte auf das dumpfe Klatschen von Fleisch an Fleisch und auf die großen Schluckgeräusche der Leere, die diese unterbrachen. Und ich fühlte überhaupt nichts – außer einer plötzlichen, unermesslichen, geisttötenden Langeweile. Ich stieg ab, stand auf, zog mich an und sagte Adieu. Es hatte mich zehn Pfund gekostet. Ich kann mich daran erinnern, wie ich dachte, dass ich sie für fünfzig hätte erwürgen können.

Wochenlang drehte ich in meiner Erinnerung diese Erfahrung hin und her wie eine Münze. Begehren und Ekel, Begehren und Ekel. Ich hatte meine eigene innere Grenze überschritten. Ich fühlte das harte Zucken der Aufregung, das heiße Aufflammen der Erregung ... und dann gerann alles zur Realität. Meine Haare standen zu Berge, als ich an ihr kaltes, cremiges Fleisch dachte, an ihre Zähne, die wie tote Knochen gewesen waren, an ihre hängenden Titten, die an Hundeohren erinnerten. Ich verkehrte meine Schuld in harsche Verachtung – eine Verachtung, die meine empörte Empfindlichkeit zudeckte. Ich sehnte mich nach Rückzug. Plötzlich wollte ich ein menschliches Herz, Wärme und Verletzlichkeit. Wahres Gefühl. Sex.

Ich war ermutigt, denn ich hatte schließlich dafür bezahlt. Ich konnte nicht erkennen, was daran falsch sein sollte. Natürlich behaupten alle Männer gern, dass sie niemals dafür zu bezahlen brauchen. Würden sie nie tun! Aber was beweisen sie schon damit? Dass Geld für sie heiliger ist als Sex?

Geld *und* Sex wurden für mich letztlich heiliger als meine Freundin. Ev und ich gingen nun hinaus in die Welt, nach dem unser Leben bislang in immer engeren Bahnen verlaufen war. Wir strebten nach einer offenen Beziehung.

Ich stand kurz vor meinem einundzwanzigsten Geburtstag und wollte dieses Ereignis auf signifikante Weise begehen – was natürlich nicht bedeutete, eine Party zu schmeißen. Man sagt, dass Small Talk die Hölle ist. Da finde ich doch viel lieber meine eigene – besten Dank! Und das tat ich auch.

Der Zug wand sich in die Station aus Schindeln und Beton. Stille überall. Ein paar vereinzelte Bäume standen vereinsamt auf den leeren Feldern. Graue Pfade mäanderten in die Einsamkeit. Ich hatte mich entschlossen, meinen einundzwanzigsten Geburtstag allein in einer Gaskammer von Auschwitz zu verbringen.

Ich verbrachte den Tag damit herumzuspazieren. Ich war nicht gerade glücklich. Angesichts von etwas so Ungeheuerlichem, begann ich mich merklich hilflos zu fühlen. Was konnte ich bedeutungsloser Künstler dem schon hinzufügen? Die Kunst zeigt uns, dass Menschen zuweilen in der Lage sind, wie ein Engel zu reden. Wenn sie sich aber wie die Teufel benehmen, was kann man da erwidern? Nicht einmal die jüdischen Häftlinge konnten uns sagen, was hier wirklich passiert war. Wer vermag das zu verstehen? Es ist, als möchte man einem Baum erklären, wie es ist, ein Stein zu sein.

Die einsamen und ebenen Felder erstreckten sich bis zum äußersten Horizont und alles war still. Diese Landstriche, die Zeugen dieser Gräuel geworden waren, lagen friedlich da wie die Nacht. Ich ging die Wege zwischen den Baracken entlang, durch die Ruinen der Krematorien. Später fand ich die Weiher, in die man die Asche der ermordeten Häftlinge geschüttet hatte. Alles lag begraben in einem Meer stummen Sonnenlichts. Es blieb dem Schilf überlassen, ihre Geschichten zu flüstern.

Kunst scheint so viel mit Geschrei zu tun zu haben. Für die, die laut sind und Krawall schlagen, klingt die Welt laut und ist voller Krawall. Ich wusste das. Ich schrieb ja aus voller Kehle. Aber hier war ich gezwungen, still zu sein, nichts zu sagen, nichts bloßzustellen, nichts herzustellen. Der Genozid ist ein guter Ersatz für die Konversation.

Am Abend legte ich mich an einer Lichtung zwischen den Bäumen außerhalb der Lagermauern hin. Ich lag inmitten einer Stille, in der man die sich ächzend um ihre Achse drehende Welt und das Sausen fallender Sterne hören kann. Ich starrte hinauf in die Nacht: üppig und unermesslich.

Am nächsten Tag erwachte ich hungrig, nur um festzustellen, dass ich mich in Polen befand. Ich bin mir sicher, dass sich dieses Land in letzter Zeit Dank der Einführung moderner Annehmlichkeiten – wie zum Beispiel Nahrungsmitteln – gut entwickelt hat. Aber als ich in Polen war, hatte es geschlossen.

Ich wollte ein Geburtstagsmittagessen. Es dauerte eine Weile, bis ich ein Café fand, das ein Gericht anbot – Bouletten. Ich beschwerte mich nicht. Ich finde eine große Auswahl verwirrend. Wie soll man sich zwischen hundertzweiunddreißig Kekssorten oder zwischen zwölf verschiedenen Mayonnaisen entscheiden und dabei die geistige Gesundheit bewahren? Auf der Rückreise nach Warschau saß ich im Zug einer alten polnischen Frau gegenüber, die ihr Mittagessen verzehrte – eine kleine Schnitte trockenes Brot. Zärtlich pickte sie jeden Krümel auf, der ihr in den Schoß fiel und schob ihn sich in den Mund.

Ich war einundzwanzig. Ein wenig älter, ein wenig verwirrter. Was hatte ich gemacht? Meine Karriere war, so wie es aussah, ein Vorwärtsstürmen – nach unten. Ich wollte zurück in die Zivilisation. Der Krach in meinem Kopf begann schon Fremde zu stören.

Als ich in London ankam, erwartete mich ein Brief von Jimmy Boyle, in dem stand, dass er in diesem Winter entlassen würde. Ich stürzte sofort in die Hochschule und fertigte eine Skulptur für ihn an. Das Geheimnis der Kreativität besteht darin, dass man seine Quellen zu verschleiern weiß. Ich raubte ihm einfach seine Erfahrungen. Ich kopierte eines seiner Werke und bereitete mich in aller Eile darauf vor, es ihm zurückzugeben.

Soweit es allerdings mich betraf, war nun ich der Häftling. Saint Martins hielt mich gefangen – obwohl mich auch die Aussicht auf Bewährung in der weiten Welt der Möglichkeiten, des Zufalls und der freien Wahl versteinern ließ.

Wenn ich mich in einer Situation befinde, in der es einen

Schleudersitz gibt, dann werde ich immer den Auslöser drücken – wenn auch nur, um zu sehen, was als Nächstes passieren wird. Aber ausnahmsweise musste ich mal gar nichts tun. Dem Schatzmeister der Hochschule war gedämmert, dass ich seit zwei Semestern an der Schule war und keiner dafür bezahlt hatte. Ich wurde in die Direktion bestellt.

Ich hatte bis dahin noch nie einen der Lehrer getroffen – ganz zu schweigen vom Direktor. Ich vermutete, er wäre eine dünne, bebrillte Kreatur aus einem Schauerroman, die hysterisch um den Ruf der Schule besorgt ist. Ich behielt absolut Recht. Da hockte er, verbarrikadiert hinter einem großen schwarzen Schreibtisch, und sah extrem wichtig drein. »Herr Horsley«, sagte er. »Raus! Sofort!«

Die Hochschule unternahm jede Anstrengung, um sicherzugehen, dass seine Anweisungen auch befolgt wurden. Eine Fotografie von mir – glücklicherweise eine schmeichelhafte – wurde vergrößert und wie ein Fahndungsplakat am Haupteingang angebracht. Diesem Mann dürfe unter keinen Umständen gestattet werden, das Gelände zu betreten, donnerte es. Das heiterte mich auf. Es war nett und öffentlich. Ich war ein Pin-up an der Charing Cross Road.

Ich hatte schon immer die Neigung gehabt, entweder ein Gesetzloser oder ein Künstler zu sein. Jetzt war ich beides. Sie waren ein und dasselbe. Man hatte mich mit einem Bußgeld belegt und mir eine bedingte Strafe wegen Drogenbesitzes aufgebrummt; sie hatten die Eintreibung einer Rechnung wegen eines gebrochenen Beines betrieben ... und jetzt das. Polizeiakten/Krankenhausberichte/Schulverbote – ich liebte all das. Sie waren mein einziger Anspruch auf Unsterblichkeit.

Außerdem ist Kunstunterricht ein Irrtum. Sich das Hirn mit irgendwelchen Fakten über etwas anderes als sich selbst zuzuballern ist Zeitverschwendung. Der einzige Rat, den eine Kunsthochschule den Möchtegernmalern geben kann ist: »Heirate reich!« Ich hatte das schon hinter mir: Ich war mit mir selbst verheiratet. Ich nahm Abschied. Ich schulterte eine Rute mit einem roten Bündel, in das ich meine Kosmetiksachen (und die Malfarben aus der Schule) gepackt hatte, und wanderte los zu Jimmy Boyle.

Schließlich kam der Tag seiner Entlassung. Er war jetzt achtunddreißig. Seit dem Alter von zwölf Jahren hatte er immer wieder in Heimen und Gefängnissen eingesessen – und zumeist in den rauesten und härtesten des Landes. In all der Zeit hatte er nur zwölf Monate und zwei Wochen in Freiheit verbracht. Er war nie länger draußen gewesen als neunzig aufeinanderfolgende Tage.

Evlynn und ich kamen an, um ihn in der Morgendämmerung am Tor abzuholen. Es war November – meine bevorzugte Jahreszeit. Die Morgen waren schneidig und bleich. Ich hatte mich dem Anlass entsprechend gekleidet – als Nazi. Wehrmachtsmantel, Armeehosen und Springerstiefel. Mein Haar war am Kopf kurz rasiert – nur nicht in der Mitte, wo ein Irokese stachlig strahlte wie die schwarze Sonne, die am Horizont meines Schädels untergeht. Wie einen Gewehrkolben hielt ich in meiner Armbeuge eine Magnumflasche Dom Perignon Vintage fest, Jahrgang 1970. Ich sah tadellos furchterregend aus.

Das Fallgitter war unten, als wir eintrafen. Die Anlage jedoch verbreitete die Atmosphäre eines Fußballstadions. Reihen von Flutlichtstrahlern tauchten die Szenerie in ein unheimliches Glühen. Die Medien dieser Welt hatten sich entlang der Zufahrt aufgebaut. Das war öffentliche Unterhaltung. »Aha – wollt wohl Boyle treffen, Leute, was?«, hatte der Taxifahrer geknurrt, als wir ihn aufforderten, uns zum Saughton-Gefängnis zu bringen. »Die verschissene Fotze braucht ein bisschen Nazibehandlung. Isn bisschen verweichlicht geworden.«

Jimmy erwähnt in seinem Buch *The Pain of Confinement* nicht, dass wir da waren. »Ich wurde ans Tor gebracht, wo ich auf Sarah wartete«, schreibt er. Und seine Frau hatte für meine Possen nichts übrig. Als ich Jimmy rauskommen sah, ließ ich den Korken aus meiner »Hoppla-hier-komm-ich«-DP-Pulle knallen. Sie hastete ängstlich herbei. »Tu das weg. Bitte. Tu das weg. Es sind Leute da, die sind arbeitslos und am Verhungern.« Na gut, vielleicht war ich ein wenig zu keck. Aber Sarah verfügte über eine so herbe Persönlichkeit, dass in ihrem frostigen Klima die Orchidee meines Stils nicht erblühen konnte. Ihr Ehemann hatte sein ganzes Leben im Gefängnis verbracht, und wenn irgendjemand das Recht auf eine kleine Festivität hatte, dann war er es.

Zurück in ihrer Wohnung, erzählten uns Jimmy und Sarah bei einem »Freiheitsfrühstück« (ohne Zweifel gibt es auch Nelson-Mandela-Abendessen) von ihren Plänen, in Edinburgh ein Zentrum mit dem Namen »Gateway Exchange« zu gründen. Es sollte so eine Art Kneipe »Zur letzten Chance« werden. »Für Leute, die gerade aus dem Gefängnis entlassen wurden, von Drogen wegwollen, und für diejenigen mit psychischen Problemen«, hieß es offiziell. Inoffiziell: Mörder, Junkies und nachweislich Bekloppte.

Ein Zentrum für die Ganovenwelt der Kunst. Nichts würde sich ändern. »Der Künstler teilt mit dem Kriminellen und dem Neurotiker eine unberechenbare und pervertierte Unschuld«, schrieb Herr Capote. Jimmy war durch seine Erfahrungen in der Spezialabteilung von Barlinnie konvertiert. Er hatte schlussendlich das Schlachtermesser weggelegt und es gegen den Farbspachtel eingetauscht. Dieses Prinzip könnte verallgemeinert werden, dachte er.

Ich war von seinem Projekt begeistert. Aber meine Hauptmotivation war Ev. Als ich vom Saint Martins geflogen war, hatte man sie doch noch in Chelsea aufgenommen. Nachdem es so lange gedauert hatte, dorthin zu kommen, würde sie das nicht mehr aufgeben – zu meinem Verdruss (obwohl ich sie gar nicht mehr wollte) nicht einmal für mich.

Ich machte mich auf den Weg nach Edinburgh. Mein Herz schlug höher. Ich war gerade aus der Kunsthochschule ge-

worfen worden. Ich schwenkte meine offensichtliche Verachtung der Autorität wie eine Fahne. Aber das maskierte nur
meine große Leidenschaft für sie – ich wollte von ungezügelter Gewalt regiert werden. Jimmy war mein Mann. Mit einem
herzzerreißenden Schrei voller Todesqual und Ekstase warf
ich mich ihm zu Füßen, um errettet zu werden.

DAS SCHLIMMSTE IST
SCHON PASSIERT

EDINBURGH IST DIE TROSTLOSESTE STADT der Welt. Sie besteht aus Stufen und Hügeln; und am Fuße dieser Hügel und Stufen nistet die Armut. Ich bin stolz auf mein Vorurteil. Diese Stadt ist das Epizentrum universeller Dummheit. Reihenweise Häuser in der Farbe atomarer Asche. So pittoresk sie aus der Ferne auch aussehen mögen, so karg wirken sie aus der Nähe. Der Unterschied zwischen Edinburgh und einem Friedhof könnte geringer nicht sein.

Selbstverständlich glaubt die Stadt, sie würde vor Genie stinken. Aber in Wahrheit stinkt sie nach Hopfen. Sie hat nur insoweit mit Kultur zu tun, als dass sich nichts ereignet. Elf Monate im Jahr produziert sie nichts anderes als Erbrochenes. Aber dann, im August, schwappt eine Woge der Frivolität über sie – das Edinburgh Festival. Die Unterhaltung fängt morgens um halb elf an und macht an jeder Straßenecke halt – ein bisschen wie Kotze eben. Dass man sich fürs Schauspiel entschieden hat, ist verständlich. Die Bühnen sind überfüllt mit allem, was zu langweilig ist, als dass man es im Fernsehen zeigen könnte. Doch warum sollte man in Edinburgh ins Theater gehen? Theater bedeutet im Grunde nichts anderes, als des Nächtens herumzuschreien. Und das passiert in dieser Stadt ohnehin die ganze Zeit.

Ich habe alle Straßen dieser Welt beschritten, gekleidet wie ein kompletter Idiot. Aber angefangen von Trench Town bis hin zur Bronx gibt es nichts furchterregenderes als die Lothian Road in Edinburgh in einer Samstagnacht. In anderen gewalttätigen Ländern wird man ausgeraubt, weil es anständige Bürger auf dein Geld abgesehen haben. In der

Hauptstadt Schottlands wirst du aus reiner Gehässigkeit verprügelt. In Edinburgh macht der Neid niemals Urlaub. Er beißt und kneift in dein Gesicht wie der bitterkalte Nordwind.

Und so verharrt die Stadt in endlosem Missmut. Am meisten regen sich seine Bewohner darüber auf, dass wir uns in England in keiner Weise für sie interessieren, wohingegen sie an nichts anderes denken können als an uns. Sie sind besessen, springen wütend herum und schwadronieren vom Kolonialismus, hören nicht auf, ihre endlosen giftigen kleinen Attacken zu reiten wie die Mücke gegen den Rücken eines Nashorns. »He!, du scheiß hirnloser Wichser!« und »Spast!« waren die ersten Worte, die man an mich richtete. Grazie ist etwas Exotisches in Schottland, und als man mich aus England importierte, wurde mir sofort klar, dass ich in diesem Land schwerlich wachsen und gedeihen würde. Weder der saure Boden noch das frostige Klima waren für mich gemacht – ebenso wenig der altertümliche örtliche Brauch, bildschöne Gentlemen aus Humberside zu Tode zu trampeln.

Ich kam dort in einem schwarzen Kleinbus an, der groß genug war, um darin zu schlafen. Er wurde für die nächsten drei Monate meine Zufluchtstätte und mein Zuhause. Ich fühlte mich frei, war aufgeregt und glücklich über alles – mit Ausnahme des schottischen Wetters. Edinburgh ist Sibirien nicht ganz unähnlich. Die tägliche Wettervorhersage wird nur deshalb verlautbart, um den Kältegrad anzugeben: Entweder ist es so kalt, dass die gesamte Nordsee zufriert, oder nur so kalt, dass deine Eiskreme schockgefrostet bleibt. Selbst wenn ich zwei Paar in der Arktis getestete Handschuhe übereinander trug, blieben meine Fingerspitzen eisig. Und auch unter meiner Polarmütze blieb mein Schädel kalt wie eine Kanonenkugel – und was noch viel schlimmer war: Meine Frisur war ruiniert. Aber noch viel schlimmer als all das war die Tatsache, dass ich anfing Thermounterwäsche zu tragen. Es war so kalt, dass ich sogar mit dem Gedanken spielte zu heiraten.

Unglücklicherweise kam Evlynn auf dieselbe Idee. Sie stattete mir einen Versöhnungsbesuch ab und teilte mir mit, dass sie unter einer Bedingung zu mir zurückkehren würde: wenn wir uns vermählten. Sie hatte diesen Plan auf der Reise hierher gefasst. Sie wollte eine große Hochzeit in der Kirche, mit Segen, Brautjungfern, Blumenbuketts, Tand, Ballons und einem Bankett. Alles, was ich wollte, war, die Beine unter die Arme zu nehmen. »Du benimmst dich wie ein blödes großes Kind«, versuchte sie mich zu überzeugen. Frauen gebrauchen immer dann das Wort »unreif«, wenn man sie nicht heiraten will. Das war mir egal. Eis bildete sich an den Hängen des Mt. Sebastian.

Ich hätte mir eher einen rot glühenden Nagel durch den Sack getrieben oder meinen eigenen Fuß abgefressen, als zu heiraten. Ich hatte keinerlei Verlangen danach, ein Leben bürgerlicher Häuslichkeit zu führen. Ev blieb einen Monat lang während ihrer Kunsthochschulferien, und wir verbrachten die Zeit damit, die Wände des Ladenlokals von Gateway rot und schwarz anzumalen und miteinander zu streiten. Je mehr sie darauf bestand, desto mehr widerstand ich.

Eine Frau, die einen Ehemann sucht, ist das mitleidloseste Raubtier, das es gibt. Da bei mir nichts zu holen war, fing sie an, Jimmy und Sarah zu bearbeiten. Dieses kleine Wölkchen schwoll über unseren Köpfen langsam, aber sicher zu einer ausgewachsenen Gewitterwolke an. Sarah stellte sich auf meine Seite. »Ihr seid viel zu jung, um zu heiraten. Macht das bloß nicht. Ihr werdet es beide bereuen«, sagte sie mir immer wieder.

Ev wendete daher ihre Aufmerksamkeit Jimmy zu. Das war schlau. Sie wusste ganz genau, dass ich einen Gesetzlosen den gesetzlichen Schwiegereltern vorzog. Wenn sie ihn überzeugen konnte, würde das Eis in den höher gelegenen Regionen vielleicht schmelzen und in Bewegung kommen.

Die beiden begannen, jede Menge Zeit mit gemeinsamen Mittag- und Abendessen zu verbringen. Briefe wurden gewechselt. Eines Abends, als Sarah nicht da war, blieb Ev in Jimmys Haus, um strategische Fragen zu erörtern.

Jimmy fing plötzlich an, sich zuvorkommend zu verhalten – was ein wenig seltsam war. Bestimmte Segmente der Gesellschaft sind per Konvention davon ausgenommen, sich guter Manieren befleißigen zu müssen – Gangster zum Beispiel. Ich hätte besorgt sein sollen. Jimmy wusste ganz genau, dass es den Reiz erhöhte, jemanden mit Blei vollzupumpen, wenn man ihn zuvor höflich behandelte. Er begann mich jeden Tag zum Mittagessen auszuführen. Ein typischer Wortwechsel ging so:

ER: Heirat se.
ICH: Ich will nicht.
ER: Na komm. Mach's!
ICH: Ich will nicht.
ER: Aber sie kapiert's nich!
ICH: Welchen Teil von Nein versteht sie nicht?

Wenn es einmal warm wird, dann schmilzt der Schnee, und die Hundescheiße kommt zum Vorschein. Ich wurde einem stereofonen Angriff unterzogen. Wenn ich mit Ev redete, war es offensichtlich, dass sie mit Jimmy gesprochen hatte, und wenn ich mit Jimmy sprach, war klar, dass er mit Evlynn geredet hatte. Mir war es gleichgültig. Ich hatte mir meine Meinung gebildet – in jeder Hinsicht. Gegen Ende ihrer Ferien fuhren wir runter ans Meer. Ich war in einer seltsamen Verfassung; mein Herz pochte heftig. Nichts auf dieser Welt hebt die Stimmung mehr, als feststellen zu dürfen, dass man schlussendlich doch nicht zu heiraten braucht. Ev saß verdrießlich auf dem Beifahrersitz. Von Zeit zu Zeit tauschten wir Nichtigkeiten aus, und wenn sie gerade unglücklich aussah, starrte ich runter auf das Gaspedal und hoffte, es würde wie eine angemessene Pause wirken. Nach einer Weile war das einzige vernehmbare Geräusch das Rauschen des Meeres. Es wühlte die Kieselsteine auf und spuckte sie zurück an den Strand. Ich starrte hinaus auf den endlosen Horizont. Hier gab es Freiraum. »Wir müssen in Kontakt bleiben«, erklärte ich Ev. Das ist britisches Englisch und bedeutet Adieu.

Plötzlich kam ein schwarzer Kleinbus um die Ecke gebraust, Bremsen quietschten, es stank nach verbranntem Gummi. Die Möwen flatterten explosionsartig auf. Die Touristen gingen in Deckung. Die Tür wurde aufgerissen. Jimmy Boyle.

»Ich wollt' bloß noch sagen«, hustete er in unser Autofenster rein, »das is' der traurigste Augenblick deines Lebens, du Windei.« Sein Ratschlag fiel mir wie Kotze in den Schoß, fix und fertig, mit dicken, unverdaulichen Brocken von Flüchen. »Du machst 'nen Scheißfehler. Guck dir die Fotze hier an!« Sein Finger stieß in meine Richtung. »Der isn nutzloser Bastard. Vielleicht isser ja ein witziger Kerl, vielleicht hatter Klasse. Auch wenner smart aussieht, isser doch nur 'n nutzloser Hund!«

Dann stampfte er zu Evs Seite des Wagens. »Kapierste, Puppe? Hör nich auf den wirren Arsch. Krieg's auf die Reihe!«

Ausgezeichnet. Ich hatte eine heroische Entscheidung getroffen und wurde durch »unvorhersehbare äußere Gewalt« daran gehindert, sie auch durchzusetzen. Ich kapitulierte. Ich war von der Lawine begraben worden.

»Seid doch nicht blöd«, tönte Boyle an der Tafel der Siegesfeier. »Freut euch drüber, was ich für euch tu'. Ihr passt doch zusammen wie die Faust aufs Auge.« Wenn Schottisch die beste Sprache war, um Schweine zu verkaufen, dann hatte ich jetzt den Besitzer gewechselt. Wir waren im teuersten Restaurant Edinburghs, und ich musste die Zeche nicht zahlen. Das hätte mich misstrauisch stimmen müssen. Man muss auf der Hut sein, wenn man alles kriegt, was man will.

Säue macht man fett, indem man ihnen alles vorwirft, was sie wollen – um sie dann zu schlachten.

Wo Ev gescheitert war, war Jimmy erfolgreich gewesen. Es war einfach, einzusehen, warum. Er war der Mittelpunkt meines Lebens geworden. Aus meiner Faszination war so etwas wie eine Liebesbeziehung geworden. Wenn ich mit ihm zusammen war, beobachtete ich jede seiner Bewegungen, verschlang jedes Wort, das er sagte. Ich war auf jede seiner Freundschaften eifersüchtig. Ich war immer an seiner Seite, und wenn ich nicht bei ihm war, fühlte ich mich unsicher. Ich übernahm seine Interessen und Gewohnheiten. Ich überschätzte alle seine Eigenschaften und dachte von ihm wie von einem Gott. Ich hatte schreckliche Angst davor, etwas anderes zu tun als das, was er wollte, denn dann könnte er mich verstoßen, und ich wäre verloren.

Der Hochzeitstermin wurde für den Sommer festgelegt. Wir entschieden uns, unsere Familien nicht einzuladen. Von allen Bekannten meiner Frau mochte ich mich am meisten. Jimmy, Sarah, Ev und ich fuhren auf die Insel Iona. Dieser Felsen an der Westküste ist angeblich die Grabstätte von Macbeth und ein heiliger Platz des frühen Christentums. Nicht, dass wir von all dem etwas gesehen hätten, als sich unser kleines Fährschiff gegen den Wind stemmte. Im Westen Schottlands kann der Frühling unmerklich in den Herbst übergehen. Der Wetterbericht ist nichts weiter als eine Schelllackplatte aus den Zwanzigern, die hängen geblieben ist: »Nieselregen, Nieselregen, Nieselregen.«

Es gab nur zwei Unterkünfte auf der Insel, und die waren – wenig überraschend – frei. Frei hatte auch das Personal. Wie wir rasch herausfanden, bezog sich Vierundzwanzig-Stunden-Roomservice auf die Zeit, die es dauerte, um ein Clubsandwich in einem offenen Boot vom Festland zur Insel zu schaffen.

Der Tag der Hochzeit dämmerte übel herauf. Ich ging für einen Strandspaziergang raus. Der Ozean erstreckte sich öde vor mir, schwarz, so weit das Auge reichte, flach unter dem Flug der Möwen. Was zum Henker tat ich hier? Ein kleiner Sonnenstrahl, der durch einen Riss in den Wolken wie ein Tropfen Eiter aus einem Wundverband heraussickerte, half auch nicht, meine Verzweiflung zu vertreiben. Ich war einundzwanzig, und mein Leben war zu Ende. Ich spielte mit dem Gedanken, ins Wasser zu gehen. Ich spielte mit dem Gedanken abzuhauen. Ich sah Ev vor mir, wie sie an mir vorübertrieb – ertrunken.

Ich drehte mich um und trottete zum Hotel zurück. Die Furcht vor der Einsamkeit ist stärker als die Angst vor der Bindung. Deshalb heiratet man. Aber ich litt offensichtlich an den größten Übeln beider Welten. Ich fühlte mich eingesperrt und verlassen – beides zugleich.

Langsam und still machte ich mich fertig. Ich kleidete mich ganz in Weiß. Gleich einem Glas Milch. Innen drin aber war ich kohlrabenschwarz. Als ich durch den Gottesacker auf die Kapelle zuschritt, war ich so hoffnungsfroh wie einer der Grabsteine.

Der Priester wartete vor der Kirche wie ein Schwarzhändler von Eintrittskarten vor den Toren des Himmels, der seine Ware für das Vierfache ihres Wertes verkauft. Ich schüttelte seine Hand. Sein Händedruck war weich und schwächlich. Ich schritt den Mittelgang entlang. Meine Absätze klickten auf dem Steinboden wie das Ticken einer Pendeluhr bei einer Totenwache. Am Ende des Ganges wartete Sarah. Es gab ein paar cremefarbene Blumen, und eine Melodie von Verdi tönte aus den winzigen Boxen eines Kassettenrekorders, der in der Ecke stand. Die fein in Gold gearbeiteten Ringe in meiner Tasche waren Kopien der Eheringe von Sarah und Jimmy. Das Ganze war Evs Idee gewesen, und ich hatte mich ihr angeschlossen. Man kann nur dem zustimmen, was einen nicht wirklich interessiert.

Ev kam zu spät. Das ist immer ein Fehler. Ich verbrachte die Zeit, die sie mich vor dem Altar warten ließ, damit, mir

alle ihre Fehler aufzuzählen. Ich hätte noch eine Stunde fort-
fahren können. Aber sie tauchte auf, ehe ich ein Ende fand –
im Arm von Jimmy. Sie näherten sich langsam durch den
Mittelgang, und als es nicht mehr weiterging, überreichte
Jimmy sie mir. Ich versuchte ein dankbares Gesicht zu machen – doch ich war der Bräutigam der Resignation. Ich
schaute zu Jimmy, der lächelte. Er hatte auch allen Grund
dazu. Gerade hatte er mich einer lebenslangen Haftstrafe
überantwortet – allerdings in Ermangelung des Vergnügens
meinerseits, vorher einen Mord begangen zu haben.

»Wir haben uns heute hier eingefunden, um dem freu-
digen Ereignis ...« Als der Priester zu psalmodieren begann,
driftete ich ab. Ich begann hysterisch zu fantasieren. *Zur Hölle! Was für ein Theater. Man geht in die Kirche, wenn man heiratet oder
beigesetzt wird. Zusammengeschnürt oder eingesackt. Das eine verspricht
Glück, beim anderen ist es garantiert.* Ich blickte auf das riesige
Kruzifix am Altar. *Nun ja. Ich nehme an, es könnte schlimmer sein.
Verheiratet und religiös. Wie abscheulich! Qual in dieser Welt und Pein
in der nächsten.*

Als ich auf Ev hinabblickte, wie sie da vor mir stand und
ihr kleines Blumensträußchen an sich presste, fühlte ich herzzerreißendes Mitleid, das mich wünschen ließ, sie würde sich
in Luft auflösen. Für *mich* war sie hier. Alles, was sie wollte,
war es, *meine* Frau zu werden. Wie abgrundtief jämmerlich!

»Willst du ... Frau ... diesen ... *Sebastian* ... nehmen ...
und kannst *du* ... SEBASTIAN ... das ertragen? *WIE IST'S,
KANNST DU?*« Ein harter Rippenstoß von links brachte
mich zurück in die Wirklichkeit. Ich war immer noch hier.
Sie war immer noch da. »Äh, wie lautete die Frage?« Ev starrte aus ihren großen Käferaugen zu mir hoch. Ich blickte
erstaunt zurück. Frauen: manchmal ermordet, oftmals verlassen, zu Recht verachtet.

Schlussendlich trugen wir uns ins Heiratsregister ein und
gingen. Ich blieb ein wenig hinter den anderen zurück. Blickte über die Felder und auf Ev, die begann, sich ihren Weg

durch diese zu bahnen – und ich dachte an ungezündete und bislang nicht entdeckte Tretminen. Auch Sarah blieb zurück und wartete auf mich. »Du bist jetzt verheiratet, Sebastian«, sagte sie. »Du musst an der Seite deiner Frau gehen.«

In der Tat – der erste Teil unserer Hochzeit war erbärmlich. Aber erst auf dem Weg zurück von der Zeremonie begann alles richtig schiefzulaufen. Wir nahmen unser Mittagessen in einem der Hotels ein, und wie das eben so ist, dehnte sich das Mittagessen bis zum Abendessen aus. Ich hatte eine Kiste Champagner mitgebracht und betrank mich derart, dass es ein schwarzes Loch in meiner Erinnerung gibt. Ich kann mich nur daran erinnern, dass es mir schien, als sei *alles* in diese Leere gestolpert – alles war schwarz, auch die Hochzeitstorte. Sogar unsere Zähne wurden trübsinnig. Was nur ein weiterer Grund war, nicht zu lächeln.

Nach dem Abendessen zog ich mich nackt aus, rannte durch das Hotel und riss die Feuerlöscher von der Wand, wie man das so zu tun pflegt. Ich suchte nach Jimmy, und als ich ihn nicht finden konnte, kehrte ich ins Brautzimmer zurück. Nach zehn Minuten klopfte es an der Tür. Es war Jimmy in seinem Nachthemd. Er kam rein und setzte sich auf das Bidet.

»Um Himmels willen. Wasn los, du Missgeburt? Willste, dass wir rausgeschmissen werden? So kannste dich nich aufführn in 'nem Familienhotel.«

»Tut mir leid«, sagte ich.

»Die hamm kein Bock auf dein Mist«, sagte er.

Jimmy stand auf, und sein Gesicht verzog sich, während er losprustete. Er hatte ins Bidet geschissen. Hinter ihm lag ein großer, schimmernder Haufen Scheiße.

»Würd dich doch auch stören, oder?«, sagte er und verließ das Zimmer.

Schließlich waren Ev und ich allein. Wir dachten zuerst daran, unsere Ehe zu vollziehen – einigten uns dann aber doch auf einen Faustkampf. Zuerst schlug sie mir ins Gesicht. Mit einem Schlag war ich nüchtern und sah mich um. Ein Gentleman schlägt niemals seine Frau, wenn Damen anwesend sind, hatte ich einmal gelesen. Ich verpasste ihr ein blaues Auge. Und ich wollte ihr noch mehr antun. Man kann sicher sein, dass es sich um Liebe handelt, wenn man davon träumt, seiner Frau die Kehle durchzuschneiden.

»Ich wollte niemals heiraten«, geiferte ich und stürmte aus dem Hotel. Meine Ehe endet am Hochzeitstag, dachte ich. Ich ging und ging und ging, kochend vor Wut, unmoralisch in meinen Tiraden, schlachtete ich jede heilige Kuh und übergoss alles und jedes mit meiner Verachtung – nur nicht mich selbst. Was für ein Zirkus! Immerhin hatte ich am frühen Morgen geheiratet. So hatte ich wenigstens keinen ganzen Tag verschwendet. Schließlich fand ich etwas, das einem netten weichen Bett ähnelte und wo ich schlafen konnte. Ich legte mich hin und schloss die Augen.

Der Morgen dämmerte, grau wie der Katzenjammer. Ich wurde von Sarah geweckt, die ziemlich perplex aussah. Kein Wunder. Ich lag, alle viere von mir gestreckt, am Strand. Mein ganzer Körper war mit Sand bedeckt. Sogar mein Mund war voller Kies.

»Ich kann Ev und Jimmy nicht finden. Hast du sie gesehen?«, fragte sie.

»Mmmmmmmaaaaaarrrrrghhhhh«, antwortete ich.

Das waren die letzten beiden, die ich sehen wollte. Ich hatte die Nase gestrichen voll von ihnen. Zu heiraten war die einzige Möglichkeit gewesen, meine Verachtung für sie zum Ausdruck zu bringen. Unterdessen hatte Jimmy die Nacht mit Evlynn zugebracht, um sie zum Hierbleiben zu überreden.

Leider tat sie das nicht. Zurück in Edinburgh kauften wir ein kleines Landhaus in der Nähe vom Gateway und zogen dort ein. Ich war nicht glücklich. Ich hätte es sogar vorgezogen, mit einer lecken Gasleitung zu leben. Da war aber nichts zu machen. Ich wankte in mein Eheleben wie ein Ochse in den Schlachthof. Ev trug ihren Ring am Finger. Ich trug meinen durch die Nase.

Was mich bei der Stange hielt, war Gateway und, wichtiger noch, Jimmy. Evlynn und ich wurden Co-Direktoren des Projekts, neben ihm und Sarah. Jimmy hatte in den Medien verlauten lassen, dass er sich für eine Änderung der Institutionen einsetzen wolle, von denen er glaube, sie hätten ihn entmenscht. »Behandelt man Menschen wie Menschen, dann werden sie sich auch wie Menschen verhalten«, sagte er. Innerhalb nur eines Monats quoll Gateway über vor Mördern, Junkies, Verrückten und sexuellen Abweichlern – ich war also gut getarnt. Wir alle neigen dazu, Nettigkeit und Toleranz zu idealisieren, und wundern uns dann darüber, dass uns die Verlierer und Bekloppten die Tür einrennen.

Jimmy entschied, dass es demokratisch zugehen sollte. Wir würden den Zirkus aus dem Affenkäfig heraus leiten. Bei den wöchentlichen Treffen saßen wir alle im Kreis, und jeder hatte das Wort. Es war das einzig mögliche System. Kommunismus war zu fade. Faschismus war zu aufregend. Demokratie war am leichtesten verdaulich. Mit dem Nachteil, dass dieses System die bedauerliche Tendenz in sich birgt, die Leute glauben zu machen, jeder Mensch sei gleich geschaffen worden. Man brauchte nur seinen Blick durch den Raum schweifen lassen – nicht zuletzt auf den umherstolzierenden Jimmy –, um zu erkennen, dass dem mitnichten so war.

Da Gateway auf dem Modell der Spezialabteilung des Barlinnie-Gefängnisses basierte, stand Kreativität im Mittelpunkt des Programms. Gateway verfügte über eine Galerie und ein Theater, eine Dunkelkammer, zwei Arbeitsräume für Malerei und Videoproduktion und einen Probenraum für Bands. Offensichtlich war uns entgangen, dass man für jemanden, der über kein Talent verfügt, auch keine Karriere basteln kann. Das schien uns aber nur zu noch mehr hysterischer Freigiebigkeit anzutreiben. Materialien zum Malen und für die Bildhauerei, aus dem Nachlass meiner Zeit an der Saint-Martins-Kunsthochschule, wurden zur Verfügung gestellt. Zu meiner Freude machte mich das ziemlich populär. Kriminelle kommen vortrefflich mit Künstlern klar. Sie erkennen in uns sofort die Brüder im Geiste des Diebstahls.

Eines Tages tauchten The Clash auf. Nette Mittelklassejungs, die selbstverständlich ihre Stunden in Arhetorik genommen hatten – *verstehste, was ich mein?* Sie zogen unsere T-Shirts an und gaben sogar zwei Konzerte. Eins war ein improvisiertes Akustikset vor Gateway. Strummer hing kopfüber wie eine Fledermaus am Eingangstor des Zentrums und sang sich die Seele aus dem Leib. Der unmöglich gut aussehende Paul Simonon stand an seiner Seite und schrammelte auf der Gitarre. Der Verkehr verlangsamte sich. Als der Song zu Ende war, kam er ganz zum Erliegen.

Herr Strummer war von Jimmy genauso entzückt wie ich. Ich vermute, dass das mit seiner Herkunft zu tun hatte. Strummer war der Sohn eines Diplomaten und nicht der eines Bankräubers. Er posierte für das Titelblatt von *Sounds* Arm in Arm mit Jimmy. Und dann präsentierte er sich auf einer Doppelseite des *New Musical Express* mit dem Gateway-Logo, das ich entworfen hatte. Bevor er ging, nahm er Jimmy zur Seite. »Wir werden eine großzügige Spende für Gateway und die Kids machen«, teilte er ihm vertraulich mit. Aber man kann ein Buch getrost nach seinem Cover beurteilen. Er schickte keinen müden Penny.

Wir glaubten ohnehin nicht an Almosen. Wir waren Antiestablishment. Wohltätigkeit war nutzlos. Die Armen hatten ganz recht, wenn sie sie gering schätzten. Es war besser zu stehlen, als sich abspeisen zu lassen. Nur wer undankbar, zornig und rebellisch war, besaß für uns wahre Persönlichkeit. Wir dachten genau wie The Clash: besser, eine Bank zu überfallen, als in einer zu arbeiten.

Nicht dass wir es nötig gehabt hätten, eine Bank zu überfallen. Wir hätten selber eine eröffnen können. Das Projekt wurde unabhängig finanziert (Geld vom Staat hätte selbstverständlich unsere Autonomie in Frage gestellt). Wir lehnten sogar Geld vom Arts Council ab (schließlich wollten wir nicht unter der Flagge der Seriosität segeln). Jeder dort, einschließlich der vier Direktoren, arbeitete für lau, außer Jimmy, der sich für seinen eigenen Ruhm versklavte – und ich, der ich sein Leibeigener war.

Aber wir waren nicht ganz so rebellisch oder großherzig, wie wir uns das gern vormachten. Man denkt an nichts anderes als an Geld, wenn man keins hat. Und man kann nur an etwas anderes denken, wenn man welches hat. Und das taten wir. Wir hatten Bares – von Sarahs Familie.

Sarah war die Tochter des Filmzensors John Trevelyan. Ich hatte als Heranwachsender seinen Namen in der Kammer des Vergessens aufflimmern sehen. Er war derjenige, der *Clockwork Orange* durch die Zensur ließ und hatte ein Buch mit dem Titel *What The Censor Saw* verfasst. Ich hatte diesen Band aus der Bibliothek von Saint Martins gestohlen und ihn auffällig auf dem Tisch liegen lassen, um Sarah zu beeindrucken. Das wahre Geld der Familie stammte aber aus Versicherungen. Ich weiß nicht, wie hoch ihre Anteile an der Provincial waren, aber ich nahm an, wenn sie verkaufen würde, dann wäre auch die ganze Provincial weg. Sie war eine Art Glückskind, das einen sofort wünschen ließ, mit unterzeichneten Adoptionspapieren an ihre Tür zu klopfen.

Jimmy hatte sie nicht des Geldes wegen geheiratet. Er war schlau genug gewesen, sich in eine Millionärin zu verlieben, ehe er sie heiratete. Romantik ohne Finanzen wäre nicht das Richtige für ihn gewesen. Ich jedoch kam nicht besonders gut mit Sarah klar. Sie war von einer bedrohlichen Ernsthaftigkeit. Und wir tolerierten einander nur wegen Jimmy. Sie nahm Brot und Wein nur in der Geschmacksrichtung Schuld zu sich. Und überhaupt: Warum müssen sich Leute, die sich um die Probleme der Welt kümmern, immer anziehen, als wären sie gerade aus einem Straßengraben gekrochen, wo sie doch versuchen, anderen herauszuhelfen? Sie lächelte selten. Wenn sie es doch tat, dann glich das dem Flackern einer Neonröhre. Unterschiedliche Auffassungen über Humor strapazieren die Zuneigung. Sie war so unglaublich ernsthaft. Sich mit ihr zu unterhalten war so zäh, wie in Schwimmflossen durch Zuckersirup zu waten.

Aber durch ihre und Jimmys Verbindungen stellten wir jede Menge Geld auf. Jimmy nahm an der Terry-Wogan-Radioshow teil. Er überredete Billy Connolly, ein Konzert zu geben. Sean Connery und John Paul Getty lieferten Beiträge. Die Reichen und Berühmten zahlten für die Nutzlosen – Steuerfreibeträge für die Hoffnungslosen. Nicht dass *die Kids* was davon bemerkt hätten. Scheinbar lieben Wohltäter diejenigen, denen sie ihre Wohltaten angedeihen lassen, mehr, als es umgekehrt der Fall ist.

Es ist seltsam: Kunst mit politischer oder soziologischer Bedeutung interessiert mich nicht mehr. Nur Zweitrangige glauben, dass sie eine Botschaft zu vermitteln haben. Und ich verstehe nun, gerade wenn ich mich über Sarah mokiere, dass auch ich am Stockholm-Syndrom litt. Dem Vorurteil, dass die »Arbeiterklasse dort ist, wo es ans Eingemachte geht«, war ich zuerst beim Punk begegnet. Als wäre man weniger authentisch als die ungebildeten Barbaren des Intellekts, wenn man eine Universität besucht hat oder der Mittelklasse entstammt.

Ich war ein wenig zu dämlich, um zu begreifen, dass kluge Menschen genauso ehrlich sein können wie dumme. Es hatte mir noch nicht gedämmert, dass Herr Dylan aus der Mittelschicht kam und kein Landstreicher war, und dass Iggy Pop Golf spielte. Und die Tatsache, dass Menschen arm sind oder diskriminiert werden, bedeutet nicht notwendigerweise, dass sie auch über Eigenschaften wie Gerechtigkeitssinn, Edelmut, Nächstenliebe oder Mitgefühl verfügen. Die engstirnigen Grabenkämpfe und Eitelkeiten in Gateway lieferten den Beweis, dass die menschliche Natur, ganz gleich, wie viel Revolution im Spiel ist, immer dieselbe bleibt. In gewissem Ausmaß hielten wir sogar die Gefängniskultur aufrecht.

Ich stürzte mich in die Arbeit Gateways und begann, Inhaftierten zu schreiben und sie zu besuchen. Mein erster Ausflug brachte mich nach Peterhead, einem Gefängnis für Langzeithäftlinge in Schottland. Da es weit im Norden lag, war es wie eine Fahrt ans Ende der Welt. Ich wanderte durch den öden Innenhof. Ich konnte den Frost in der Luft riechen. Er kribbelte mir in der Nase. Ein Schließer ging vor mir, seine Schlüssel klimperten inmitten der blanken Steinwände.

In einer Zelle, die nicht größer als eine Telefonzelle war, traf ich einen Mann, den man bei einem Fluchtversuch von einer Mauer heruntergeholt hatte, indem man ihm Steine an den Kopf warf. Sie hatten ihn so übel zugerichtet, dass er jetzt ein Krüppel war. Sarah hatte Anwälte angeheuert, die ihm bei seinem Fall helfen sollten. Als man ihn schließlich entließ, kam er nach Gateway, um mitzuarbeiten. Ich hatte gehofft, er würde wie Sundance Kid aufkreuzen und aus allen Rohren für unsere ehrenwerte Sache feuern – aber soweit ich mich erinnere, war alles, was er jemals tat, in einer Ecke zu sitzen und Dope zu rauchen.

Einige unserer anderen »Fälle« waren berühmter. Als ich den H-Flügel in Durham besuchte, saß ich Judy Ward gegenüber, der verurteilten Bombenlegerin der IRA, die auf der M62 einen Truppentransporter in die Luft gejagt haben soll (das Urteil wurde später zurückgenommen). Ich war noch nie einem Terroristen begegnet. Das waren eher die verschlossenen Typen. Ich war überrascht, auf jemanden zu treffen, der auch für anderes als nur für eine Handgranate Verständnis hatte. Wie die eigenen Ziele durch das In-die-Luft-Sprengen von Leuten, die nichts mit der eigenen Unterdrückung zu tun haben, befördert werden konnten, blieb mir völlig rätselhaft. Nicht dass ich mich besonders darum gekümmert oder sie überhaupt danach gefragt hätte. Errettungsfantasien haben ebenso viel mit Lob und Lohn für den Retter zu tun wie mit einem altruistischen Anliegen gegenüber dem zu Rettenden. Ich fraß mich an diesen Leuten voll wie die Aaskrähe am Gehenkten. Ich verfasste Sendschreiben an die Kray-Zwillinge, Frankie Fraser und – wie toll ist das denn! – an Myra Hindley.

Besser noch: Es hatte sich herausgestellt, dass sie gemeinsam mit Brady *noch viel mehr* Kinder umgebracht hatte als bislang angenommen. Es war so, als hätte sich Raskolnikow als Serienmörder erwiesen. Sarah hatte dem Paar über Jahre hinweg geraten auszupacken. Brady hatte jeden ignoriert – doch zuletzt hatte er doch den Anstand gehabt, verrückt zu werden. Wäre er ein wahrer Gentleman gewesen, hätte er sich aufgehängt. Hindley andererseits hungerte nach Freiheit und hatte daher Informationen zurückgehalten. Sie war eine bösartige Folterknechtin. Aber alle meine Briefe begannen trotzdem mit: »Liebe Myra.« (Geschätzter Tschinggis … Mein allerliebster Vorsitzender Mao.)

Verständlicherweise lagen meine Sympathien mehr bei den Tätern als bei den Opfern. Sie waren um einiges glamouröser. Außerdem hatte mir Jimmy erklärt: »Zwei brauchste fürn Mord, das sag' ich dir. Es gibt geborne Opfer, geborn, dass man ihnen die Kehle durchschneidet.«

In Wahrheit verstand ich überhaupt nicht, was ich tat. Zu dieser Zeit vertrat ich die Ansicht, dass jeder, der für die Todesstrafe war, an die Wand gestellt werden sollte. Jetzt bin ich für härtere Todesstrafen. Es gibt nun einmal bestimmte Verbrechen, die zu grausam, zu sadistisch, zu hinterhältig sind, als dass man sie vergeben könnte. Wichtiger noch: Es war nicht an uns zu verzeihen. Das war die Angelegenheit von Lesley Ann Downeys Mutter. Jimmy und Sarah verhöhnten Frau Ann West jedes Mal, wenn sie im Fernsehen auf Touren gebracht wurde, dort in Wut und Tränen ausbrach und schwor, sie würde die Hindley eigenhändig töten, wenn sie aus dem Gefängnis käme. »Sie ist in der Vergangenheit stecken geblieben«, meinte Sarah. Es schien ihnen nicht in den Sinn zu kommen, dass man, wenn man einen Mörder begnadigt, auch denjenigen begnadigen muss, der einen Mörder ermordet.

Wofür ich eintrat, hatte tatsächlich gar nichts mit diesen Leuten zu tun: Altruismus ist die Kunst, selbstlose Dinge aus selbstsüchtigen Motiven zu tun. Ich erfand Banner und wickelte mich in sie ein; ich hungerte nach Parolen, die mein Leben mit Sinn ausstaffieren konnten. Gerade weil ich nicht verstand, womit ich es zu tun hatte, zappelte ich zwischen Empörung und einer beinahe einfältigen Auffassung von Gerechtigkeit. Ich bepflanzte meinen Misthaufen mit blumigen Theorien, wie andere ihre Außentoiletten mit Geißblatt begrünen.

Zweifellos vergrößert sich der Idealismus direkt proportional zum Abstand vom eigentlichen Problem. Dafür hasste man mich in Gateway – und nicht nur, weil ich ein Trottel war oder so unübertrefflich mittelklassig. Woher auch immer sie kommen mögen – Gutmenschen sind immer von der giftigen Sorte. Ein Exhäftling, Boyles Bruder, knallte mich einmal gegen die Wand, als ich höflich zu erwähnen wagte, dass es keine so ausgezeichnete Idee für die Gruppenmoral sei, ein Messer mit einer fünfzehn Zentimeter langen Klinge bei sich zu tragen.

»Willste krepieren, Arschgesicht?«

»Äh – nein danke.«

»Bist 'n netter Kerl, Alter. Aber ein bisschen bescheuert. Geh mir bloß aus dem Blick, oder ich schlitz' dich auf«, grunzte er.

Ich vertrete die Meinung, dass ich mit Leuten, die ich vor Ungerechtigkeiten bewahren will, nicht einer Meinung sein muss. In Wahrheit aber war das alles ein bisschen zu viel für mich. Ich konnte kaum verstehen, was sie überhaupt sagten. Diese Typen konnten sich nicht ausdrücken, ohne ihre Genitalien in die Konversation einzubringen. Hätte man die Worte »Ficken« und »Fotze« aus ihrem Vokabular entfernt, wären sie für den Rest ihres Lebens stumm geblieben. Wenn ich mir dann schließlich übersetzt hatte, was sie sagten, stellte ich fest, dass ich das, was sie damit meinten, nicht besonders mochte. Das ist nun mal das Problem mit dem Kampf für die Verteidigung der menschlichen Freiheit – man verbringt so viel Zeit seines Lebens mit der Verteidigung von Schwachköpfen und Bastarden.

Ich stand an diesem Ort unter dem Schutz von Jimmy. Pervers genug, sah man in mir in Gateway wenn schon nicht den Führer, so doch wenigstens den Ersten Offizier. Die Leute dort waren gefordert, ihre Identität an jemandem zu bilden, der selbst kaum eine besaß. Jimmy führte Gateway genauso, wie er es in der Spezialabteilung getan hatte: Demokratie hieß, dass jeder damit übereinstimmte, was der Führer wollte, und Gemeinschaftsgeist hieß, dass alle taten, was der Führer sagte. Der Führer war selbstverständlich Jimmy. Gern hätte er die Tatsache, dass die Sonne jeden Tag aufs Neue aufging, als seinen persönlichen Erfolg ausgegeben. Und wahrscheinlich hätte er das auch tun können. Wenn er nur einige Wochen weg war, brach in Gateway alles zusammen.

Ich war sein Knecht. Boyle war eine imponierende Persönlichkeit, ausgestattet mit einer Selbstsicherheit, die ihm seine gewalttätige Seite verlieh und andere dazu zwang, sich zu ducken. Wenn er Befehle erteilte, wurde ganz einfach gehorcht. Er nahm den Platz eines fehlenden Elternteils ein. Er wusste genau, wie man jemanden das Fürchten lehrt und wie man zart zu jemandem ist. Eine Methode der Überzeugung, deren Effizienz seit Tausenden von Jahren hindurch in der Eltern-Kind-Beziehung bewiesen ist.

Was ich an Jimmy liebte, war, dass er es mir erlaubte, verbotene Impulse, geheime Wünsche und Fantasien zu artikulieren. Er verführte mich, weil er die Konflikte, die ich hatte, nicht kannte. Als Führer löschte er meine Angst aus und erlaubte mir, mich allmächtig zu fühlen.

Viel später kam mir langsam zu Bewusstsein, dass ich auf meinem Lebensweg immer und immer wieder dieselbe Person in tausend verschiedenen Masken traf. Vater. Ich projizierte mein eigenes Vaterbild auf Jimmy, gab mich selbst auf und kehrte zu meiner früheren Passivität zurück. Ich trug in mir die Hörigkeit, die ich brauchte, um weiterleben zu können, verzehrte mich nach meiner eigenen Abhängigkeit. Als Sklave liebte ich meine Fesseln.

Wenn ich an meine willfährige Faszination denke, dann ekelt es mich vor mir selbst und vor der Unterwürfigkeit, mit der ich voller Furchtsamkeit und Befriedigung zu Boyle aufgesehen habe. Schaut nur, wie ich errötete, wie sich meine Hände sehnsuchtsvoll und zitternd reckten, wie sich meine Blicke senkten und sich zur Seite wandten, wie willig ich alles hinunterwürgte, bereit für die tränenreiche und dankbare Unterwerfung. Wie selbstgefällig ich lächelte, nah meinem Herrn, wie aufgeblasen ich schritt. Ich entsinne mich, wie gefährlich es sein konnte, ihm gerade ins Gesicht zu sehen, und wie herrlich es war, sich in der Glut seiner Macht zu aalen.

Damals jedoch war ich glücklich. Es ist gefährlich, Menschen zu befreien, die Sklaven sein wollen. Ich wollte an die Möglichkeit glauben, im Reich meines Lieblingsfilms zu leben – in Sergio Leones *Es war einmal in Amerika*.

Ich war berauscht vom romantischen Leben, das ich Jimmy und mich führen sah. Ich war Noodles, und er war Max, und die wahre Zuneigung war unser, bewiesen und gestählt im Feuer. Byron sagte, Freundschaft sei »Liebe ohne Flügel«, aber er sprach von Mann und Frau. Soweit es uns betraf, hatten nur Männer die Schwingen der Liebe, und kein anderer, ganz besonders nicht unsere Frauen, konnten zu unseren Feuern emporflattern.

Ich verabscheute mein Eheleben. Weder genoss ich den Sex mit meiner Frau, noch wollte ich überhaupt welchen mit ihr. Ich konnte mich nicht in Gefangenschaft paaren. Häuslichkeit vernichtet das Begehren. Ich fühlte mich zutiefst schuldig, dass ich Ev geheiratet hatte, ohne dies zu wollen. Ich grollte darüber, den Zwang zur Stubenreinheit mit meinem Gemüt konfrontieren zu müssen. Man kann einen Dandy verführen, verlocken oder entzücken. Aber man kann ihn genauso wenig in einen Käfig sperren wie einen Schmetterling, ohne dabei seine Schönheit zu zerstören. Ich hasste allzu menschliche Störungen – zum Beispiel meine Frau –, die sich zwischen mich und meinen Spiegel drängten.

Eines Abends erwischte sie mich dabei, wie ich in die Küchenspüle wichste.

»Hast wohl 'n Scheißproblem, Vollkoffer. Was passtn nich an mir?«

Natürlich war das eine delikate Situation. Ich versuchte es mit sanftem Zureden.

»Liebling, von Zeit zu Zeit bist du eine ganz nette Ersatzbefriedigung. Aber das Sprichwort kennst du ja: Der Spatz in der Hand ist besser als zwei Muschis auf dem Dach.«

»Ich geb' 'nen Scheiß drauf, waste da laberst, du verblödeter Bastard. Und wenn wir schon dabei sind – steck den Schwanz wieder in die Hose.«

Wir verstanden uns einfach nicht. Masturbation ist nicht nur ein Ausdruck der Selbstliebe, es ist auch der selbstverständliche Spielplatz derjenigen, die um die Kluft zwischen Fantasie und Wirklichkeit wissen. Genau dieselbe Kluft spielte eine Rolle, wenn ich an meinen Beischlaf mit Ev dachte. Es ist viel leichter, für eine Frau zu sterben, als mit ihr zusammenzuleben.

Wir behandeln niemanden so schlecht wie die Person, die wir vorgeben zu lieben. Meine Aufmerksamkeit galt Jimmy. Er war der Führer, und der Führer führt den Initiationsritus durch.

Dieser fand in Irland statt, also an einem passenden Ort: ein Land voller Genies, die aber alle absolut kein Talent besitzen. Und genau da kamen wir ins Spiel. Unsere Ausstellung hieß: *Neuanfänge. Jimmy Boyle und Mitglieder des Gateway-Zentrums.*

Jimmy und ich kamen früh morgens in Belfast an. Es war ein feuchter und windiger Tag. Der Himmel hatte die Farbe eines Schlachtschiffs, und die Stadt sah aus wie ein Kriegsgebiet. Die Gebäudefassaden – Polizeikommissariate, Fernsehstudios, sogar das Arbeitsamt –, alles war gepanzert, genauso wie der Himmel und das Meer und die Gesichter der Menschen. Die Fenster waren Schießscharten oder verrammelt. Alle Türen fest verschlossen. Ganze Häuser wurden in Käfigen gehalten, wie schlaftrunkene Zootiere, die die Vorübergehenden durch die Gitterstäbe hindurch finster anstarrten.

Unsere Ankunft wurde, wie jede andere aus Großbritannien, als eine Geste der Unterstützung aufgefasst – als hoffnungsfrohe Nachricht sogar. Die Veranstalter der Ausstellung wetteiferten miteinander, uns zuvorkommend zu behandeln. Wir gaben eine Pressekonferenz, bei der wir alle an einem langen Tisch saßen – Jimmy saß selbstverständlich in der Mitte und beantwortete neunundneunzig Prozent der Fragen. Ich glaube, alles, was ich sagte, war mein Name. Und nicht einmal dessen war ich mir sicher. Ich war schrecklich nervös, sodass mein übergeschlagenes Bein vor- und zurückwippte und mein Fuß schließlich ein Loch in die Papierbespannung des Podiums stieß.

Am Nachmittag, nachdem wir aufgebaut hatten, ging Jimmy los, um den berüchtigten Terroristen Gusty Spence* zu treffen. Er war der Gründer und erste Kommandant der Ulster Volunteer Force, wurde 1966 für die ersten Morde an Katholiken in der Frühzeit der *Troubles* verurteilt und hatte achtzehn Jahre im Gefängnis verbracht.

Später trafen wir uns zum Abendessen. Der Tisch war reserviert, wir waren es nicht. Draußen hatte die Nacht ihren

---

*Gusty Spence hat heute der Gewalt entsagt und ist Politiker.

schwarzen Umhang über die Stadt geworfen. Drinnen tranken wir Cordon Rouge, den Champagner von Max und Noodles. Benommen hoben wir unsere Gläser.

»Gott hat den Alkohol nur gemacht, um brillante Abweichler wie uns daran zu hindern, die Welt zu regieren«, krähte ich.

»Deine Sprüche sind verdammt tiefgründig«, sagte Jimmy.

Der Abend glühte anständig vor. Wir kippten den Champagner runter, als ob es noch unzählige Morgen geben würde, vergaßen uns und taten Dinge, an die sich jeder andere erinnern würde.

Als wir uns durch die befestigten Gebäude und Straßensperren und Soldaten mit Maschinenpistolen zum Hotel zurückschlängelten, waren wir glücklich. Hätte irgendwer in dieser Nacht eine Benzinbombe nach uns geworfen, dann hätten wir sie ausgetrunken.

Unsere Hotelzimmer lagen nebeneinander. Ich war so betrunken, dass ich weder meine Tür finden konnte noch die Türklinke oder meine eigenen Hände oder das bisschen Hirn, dass mir klarmachen würde, wie man eine solche Klinke bedient. Doch ich hatte einen Plan.

Ich zog mich nackt aus. Und jetzt? Aha. Ein Balkon. Raus aus dem Fenster und drauf. Die Aussicht war schwindelerregend – aber nur für Zaungäste, nicht für mich. Und jetzt? Ich erspähte einen weiteren Balkon etwa eineinhalb Meter entfernt. Ich tat einen Sprung, dass die Eier nur so schaukelten.

»He da!«, grölte jemand. Ich schaute nach unten und sah einen Soldaten, der mit seiner Pistole herumfuchtelte und mir bedeutete, sofort da runterzukommen. Hier schwante mir das erste Mal, dass ich vielleicht einen kleinen Fehler gemacht hatte. Ich meine, wer wünschte nicht, es wert zu sein, ermordet zu werden? Ich aber war nach Nordirland gekommen, um zum Zug zu kommen – nicht um erschossen zu werden. Doch auf halbem Weg gibt es kein Zurück mehr. Ich hüpfte rüber auf Jimmys Balkon und trommelte an seine Fensterscheibe.

Ich schätze, ich fühlte mich so originell wie die Elfe aus Emily Brontës *Sturmhöhe*. »Heilige Scheiße, Mann. Kann man kein bisschen Ruhe haben in dem Scheißpuff hier?«, sagte Jimmy, als er sich aus dem Bett beförderte und dem Lärm entgegenwankte. »Wer issn da draußen?«

Ich betrachtete meinen kräftig gewachsenen Körper in der Reflexion der Scheibe mit einigem Wohlgefallen. »Da draußen ist das klassische Griechentum«, sagte ich. »Lass mich rein.«

Er tat mir den Gefallen und stand nun jäh vor mir, stramm, kompakt, mit hungrigem Blick – und einer riesigen Erektion. Wir umarmten einander. Unsere Zusammenkunft hoch über Belfast, von einem Soldaten beobachtet, schien zu etwas Außergewöhnlichem erhoben, kompliziert und lächerlich heroisch.

Traurigerweise war ich am nächsten Morgen nicht mehr so vergnügt. Boyle hatte mich die ganze Nacht durchgefickt, und ich konnte meinen Stuhlgang nicht zurückhalten. Es schien, als hätte ich mich einer Kolostomie ohne Narkose unterzogen. Ich legte mich geschlagen wieder hin – und furzte. Eine fischige Soße Sperma gluckste aus meinem Hinterteil.

Wir frühstückten im Bett und legten uns dann wieder nebeneinander, kichernd wie zwei Schuljungen. Die Welt stand Kopf. Natürlich lag der Lüster in der Wanne und die Decke war voll mit Rasierschaum. Wir brachen die Minibar auf, um uns für den bevorstehenden Tag zu stärken. Ich schaute zu Jimmy rüber, der plötzlich ein kleines bisschen ... nun ja ... posthum aussah. »Und wie war übrigens Gusty Spence?«, fragte ich der Konversation halber. »Halt lieber die Klappe«, antwortete Jimmy. »Er liegt unterm Bett.«

Die Ausstellung umfasste Arbeiten von zehn Mitgliedern des Gateway-Zentrums. Um das Scheitern zu vollenden, war es notwendig, einen Plan zu haben. Jimmy hatte ein Manifest verfasst. Kunst muss soziales Gewissen haben. Sie muss den Wandel vorantreiben etc. etc. Ich hatte das alles schon vorher gehört – ich selbst hatte es geschrieben (oder besser gesagt, ich hatte mit Jimmy und Ev zusammengesessen und vorgegeben, beim Schreiben zu helfen). Es war hoffnungslos. Hat man erst einmal etwas geschaffen, dann kann man nicht im Nachhinein ein Theoriegerüst darüber stülpen. Entweder es funktioniert oder eben nicht. Und es hat natürlich nicht funktioniert.

Die Schau zog weiter nach Dublin. Wie mir schien, war das Schlimmste an unserer Wohltätigkeit, dass jene Leben, die wir die Leute zu retten baten, es überhaupt nicht wert waren, gerettet zu werden. Und ihre Arbeiten hätte man bedenkenlos verschrotten sollen. Klar – auch ich gab immer wieder die Phrasen der Gateway-Politik zum Besten. Aber ich glich eher einem dieser Gammler, die ihr ganzes Hab und Gut in einem verrosteten Einkaufswagen vor sich herschieben. In meinem Gepäck fand sich weder Wahrheit noch Glaube, nur ein Haufen Vorurteile. Alles, was ich wusste, war, dass ich mit Jimmy zusammen sein wollte. Ich konnte die Welt nicht verändern. Ich konnte nicht mal eine Sicherung wechseln.

Wir trudelten mit unserer Schau ein bisschen herum – nach Island usw. Aber ich war von diesen Reisen nicht besonders angetan. Es war nur rückblickend betrachtet glamourös – oder zumindest annähernd erträglich. Wir waren keine Entdeckungsreisenden, die zurück nach Hause kamen mit einem Papagei im Käfig und fantastischen Erzählungen aus fremdartigen Gefilden – wir brachten nicht einmal etwas aus dem Duty-Free-Shop mit nach Hause, weil wir alles schon im Flieger leer soffen. Wir kreuzten nicht durch die Welt, um zu sehen, sondern um gesehen zu werden. Jimmys fragwürdige Berühmtheit nahm zu. Beinahe grenzte sie schon an Popularität. Mein Name sollte nicht erst in einer weit entfernten Zeit oder in einem weit entfernten Land auf der Erde niedergehen. Deshalb hatte ich meinen Wagen an seinen Stern gekuppelt.

Was auch immer Jimmy Boyle tat, war in Schottland eine Schlagzeile wert. Wenn ich morgens aus dem Haus ging, lauerten Reporter hinter der Hecke. (Ziemlich ärgerlich, dass sie es wagten, nicht wegen mir hier zu sein.) »Mörder Boyle«, »Der brutalste Mann Schottlands«, »Massenmörder Boyle hat mich gekreuzigt« brüllten die roten Schlagzeilen. Von der Boulevardpresse war es ungezogen, mit solchen Ausrufen der Missbilligung an ihre stillose Leserschaft zu appellieren. Das brachte eine Haltung zum Ausdruck, die an Perversion grenzte. Journalisten brauchen den Skandal wie Polizisten das Verbrechen. Ihr Verhalten festigte nur das Band zwischen mir und Jimmy.

Eines Abends, nach einem trunkenen Abendessen mit einem Freund weiblichen Geschlechts (selbstverständlich würde ich ihren Namen verraten, wenn ich mich an ihn erinnern könnte), verschwand er mit ihr ins Schlafzimmer und ließ mich für eine halbe Stunde allein zurück. Währenddessen starrte ich an die Wand und lauschte den Smith – die ich hasste. Ich ahnte nicht einmal, dass die beiden Sex haben könnten. Ich nahm an, sie würden über globale Probleme sprechen oder etwas in der Art … was Leute eben so tun. Schließlich kam er zurück und setzte sich neben mich. »Würd' mir gern Ev rannehmen«, sagte er beiläufig. Für mich war das ein verblüffender Fehlschluss. »Würdse gerne ma so richtig in Arsch fickn!«

Darauf war ich nicht vorbereitet. Ich hatte keine Lust, dass sich irgendjemand in meine Beziehung mit Jimmy mischte. Aber stand es in meiner Macht, das zu verhindern? Jimmy hatte mir vom ersten Tag an klargemacht: »Ich bin der Dominante, kapiert? Ich kanns nich ausstehen, wenn *mir* irgendeine Fotze den Schwanz reinsteckt!« Für mich ging das in Ordnung.

Eines Abends nach einem netten Essen, bestehend aus

Hackbraten und Eis, saßen wir kuschelig beim Feuer, als Ev ganz plötzlich »Verfickt!« zwitscherte. Ich vermutete, dass ihr etwas auf dem Herzen lag. Und das tat es auch. Jimmy hatte es ihr gesteckt. Sie wollte einen Dreier.

»Vielleicht ist's das, waste willst«, schlug sie vor. War es nicht. Ich hatte mich für die Sklaverei entschieden, weil es sich sicher anfühlte und bedeutungsvoll noch dazu. Doch jetzt kam mir die Bedeutung abhanden.

Was unterscheidet unsere kleine menschliche Gesellschaft von einem Bauernhof? Die *ménage à trois*. Ich erinnere mich an das Aneinanderklatschen, die rauen tierischen Grunzlaute, an das Saugen und Schlürfen und Lecken. Ich entsinne mich des unverzeihlichen Flappens von Fleisch, der linkischen Verrenkungen der plumpen Glieder. Ich erinnere mich daran, wie ich dalag, meine Arme starr von mir gestreckt, gleich einem Signalmast. Ich erinnere mich, wie ich nur an eins dachte: Hoffentlich ist es bald vorbei!

»Lass Ev aus dem Spiel«, sagte ich am nächsten Tag zu Jimmy, indem ich ein bisschen Mut zusammennahm. »Ich will nicht, dass das noch einmal passiert.« Ich machte einen Spaziergang um Arthur's Seat herum und setzte mich auf einen Felsen, von dem aus ich die ganze Stadt überblicken konnte. Ich war unglücklich. Als ich Evlynn geheiratet hatte, war ich gewiss keine Jungfrau mehr gewesen. Als jetzt aber meine sexuellen Regungen so richtig in Gang kamen, wollte ich sie nicht mit im Boot haben.

»Willste drüber reden?«, sagte Jimmy. »Vielleicht bistn Scheißestecher, ein Rosettenlecker, Alter?« Ich verfügte über keine Mittel, um seine Attacken abzuwehren, und es war nur eine Frage von Wochen, bis Jimmy und ich mit einem anderen Mädchen aus Gateway namens Suzi im Bett landeten. Es wurde ein Szenario, das sich so oft wiederholte wie eine Musicalaufführung – hier wie da werden die Nebenrollen von Zeit zu Zeit anders besetzt. Bald hatten wir praktisch jeden in Gateway flachgelegt.

Es hatte eine Weile gedauert, aber schließlich hatte ich die Freuden des Sex entdeckt. Natürlich hatte ich sie auch schon vorher gefunden – im Buch mit dem gleichlautenden Titel im Bücherregal meiner Eltern – und mich sogar schon damals eifrig hineinvertieft, in Aufregung versetzt von all der Akrobatik – und den Titten natürlich (obwohl ich mir dabei immer gewünscht habe, dass der bärtige Perverse sich von der Bildfläche verzieht). Aber jetzt war es nicht länger Theorie. Jetzt ging es um die Praxis. Ich stieß in eine ganze Menge von Fremden. Ich wollte nicht, dass mein Genuss durch Romanzen behelligt wurde. Ich wollte reines Sich-Versenken, frei von allem Wirrwarr der Persönlichkeit. Ich schnappte mir so viel, wie mein Nervenkostüm aushalten konnte. Meine Situation hatte sich augenscheinlich geändert. Sogar meine Einstellung zur Ehe hatte sich verändert. Ich trauerte nicht mehr darüber, dass ich mich an eine einzige Frau gekettet hatte. Ich war wütend darüber, dass ich es zugelassen hatte, von all den anderen abgeschnitten zu sein.

Das betraf die Frauen. Bei den Männern war die Sache etwas komplizierter.

Jimmy, Ev und ich gingen eines Abends in eines dieser schrecklichen Restaurants, wo es mehr Kellner als Gerichte gibt und diese unruhig herumscharwenzeln, vor Schleimerei triefen und bei jeder sich bietenden Gelegenheit die Brösel vom Tischtuch entfernen. Das passierte Jimmy öfters, der wie ein Pferd aß, das den ganzen Tag Bierfässer gezogen hatte und nun von einem kleinen Straßenjungen eine trockene Semmel angeboten bekam.

Nachdem wir zwei Flaschen Champagner getrunken hatten, stand er plötzlich auf. »Auf geht's. Ich will nach Hause.« Nach Hause hieß in *mein* Haus. Als wir ankamen, versorgte sich Jimmy mit ein paar weiteren Drinks aus dem Kühlschrank und sank aufs Sofa. Wie gewöhnlich war es unmöglich, ein Gespräch zu führen, da Jimmy die ganze Zeit redete, bis der Monolog schließlich eine Wendung nahm und ein nervtötendes Projekt in Gateway zum Thema hatte. Plötzlich gab es da ein Schriftstück, das er ganz dringend aus dem Büro brauchte. »Hol mir das Scheißpapier, Sebastian«, schlug er freundlich vor.

Kleinlaut trottete ich los. Es dauerte eine ganze Weile, bis ich das, was er wollte, gefunden hatte. Im Alkoholnebel aber freute ich mich, dass ich es überhaupt gefunden hatte. Ich machte mich auf den Rückweg, presste die Papiere an mich, verlor ein paar, als ich nach den Schlüsseln fummelte, und hob sie mühsam wieder auf, während ich versuchte, die Tür aufzuschließen. Ich ging die Treppe hoch.

Zuerst hörte ich die Geräusche. Ein klebriges Saugen. Das vertrauliche Gemurmel – ihre Geheimsprache. Ich ging den Flur entlang. Ich nehme an, dass ich schon resigniert hatte. Jimmy bahnte sich seinen Weg in Evlynn rein – und das in meiner Küche.

Ich stand einfach da und starrte. Seine speckigen Trainingshosen hingen ihm um die Knöchel. Sein kleiner weißer Hintern wackelte. Ich konnte ihre Fußsohlen sehen. Sie waren dreckig und gelb. Gespreizt zwischen Teekessel und Toaster. Würde ist das Einzige, was man nicht in Alkohol konservieren kann.

Ich sagte keinen Ton. Ich war von dieser Offenbarung erschüttert – zwei Menschen, von denen ich bislang angenommen hatte, sie seien bloß Spiegelungen meiner eigenen Existenz, waren gerade dabei, eine ganz heftige Beziehung miteinander zu unterhalten. Ich war das erste Mal dazu gezwungen anzuerkennen, dass auch andere Menschen existierten – oder vielleicht schlimmer noch: dass ich für andere nicht existierte. Stumm ging ich den Flur zurück und machte mich fertig, um ins Bett zu gehen. Verwirrung ist immer die ehrlichste Antwort.

1985 passierte schließlich das Unvermeidbare. Ich hatte Herrn Warhols Autobiografie gelesen. »Manchmal lassen sich Menschen von denselben Problem über Jahre hinweg das Leben vermiesen, anstatt einfach zu sagen: Was soll's?«, bemerkte er.

»Meine Mutter hat mich nie geliebt.« Was soll's?

»Mein Mann will mich nicht vögeln.« Was soll's?

»Ich bin erfolgreich, aber ich bin immer noch allein.« Was soll's.

Als Ev mir eines Tages mit steinerner Miene gegenübertrat, versuchte ich diese vortreffliche kleine Weisheit zur Anwendung zu bringen.

»Ich bin schwanger«, sagte sie.

»Was soll's?«

Drei Wochen nachdem sie mir die Ohrfeige verpasst hatte, hätte ich das Pfeifen in meinen Ohren noch hören können, wäre es nicht schon viel eher von ihrem ewigen Gekeife übertönt worden.

Natürlich holte ich sie nach der Abtreibung pflichtschuldig aus dem Krankenhaus ab. Ich kam zur vorgesehenen Zeit dort an, wo sie in einem Bett lag, das vollgesogen war mit ihrem eigenen Selbstmitleid. Ich verstand, weil sie es mich wissen ließ, dass dies eine todernste Zeit war, schmerzlich und schlaflos. Menschen, die unglücklich sind oder schlecht schlafen, sind immer auch stolz darauf. (Der Unterschied hätte nicht größer sein können, als sechs Monate später meine Schwester Ash, die sich im selben Krankenhaus demselben Eingriff unterzogen hatte, mich, der ich ihr Blumen mitgebracht hatte, bereits in der Eingangshalle empfing, gekleidet, als wollte sie in die Oper und nicht, als käme sie aus dem Operationssaal. »Alles klar mit dem Tisch fürs Abendessen?«, fragte sie.)

Ich war nicht sehr verständnisvoll, was Ev anging. »Ich hab 'ne Abtreibung gehabt«, war alles, was ich die nächste Zeit zu hören bekam.

Alles, was Ev gewollt hatte, war mein Herz gewesen. Nachdem es damit vorbei war, hatte ich ihr so viel mehr zu geben. Beim sexuellen Verkehr gibt es einen Augenblick, den die meisten Menschen vielleicht niemals erfahren: Dem Orgasmus folgt eine Pause traurigen, jedoch transzendenten Friedens. Er entströmt jeder Pore in einer Woge von Dankbarkeit. Eines Abends gab ich mich – mit Suzi – dieser Erfahrung hin, als Ev den Raum betrat. Dass wir nackt auf dem Teppich lagen, war gewiss ungehörig – dass es Jimmys und Sarahs Bettvorleger war, bloß ein Detail.

»Was machtn ihr hier, ihr verdammten Nutten?«, brüllte Ev. Ich wusste, dass sie nicht besonders helle war. *Würde sie mir mehr glauben als dem, was ihre Augen sahen?* Ich probierte es mit »Wir staubsaugen!«

Sie schluckte das nicht. Sie starrte Suzi an. »Miststück! Ich hau dir eine rein ...«

Ev war ganz erregt darüber, dass sie mich *in flagranti* erwischt hatte. Sie dachte, sie wäre ganz besonders gerissen. In Wirklichkeit war sie bloß misstrauisch. Sie hatte einen Zweitschlüssel für Jimmys und Sarahs Wohnung und kümmerte sich vorgeblich um ihre Post. Man sollte niemals etwas als Scharfsinn bezeichnen, das nichts anderes ist als bloße Arglist.

Ev begann meine Post zu lesen, meine Telefongespräche zu belauschen und mich sogar zu verfolgen. Wäre ihre Spionagetätigkeit jedoch wirklich professionell gewesen, dann hätte sie schon im Voraus gewusst, dass jetzt Suzi mit einem Aufenthalt in der Abtreibungsklinik dran war. Genauso wie bei Ev hatten Jimmy und ich keine Ahnung, wer der Vater war. Nicht, dass mich das irgendwie interessiert hätte – ich war ein Befürworter der Abtreibung. Da ich ihr selbst so nahe gekommen war, konnte ich sie nur empfehlen.

Zu dieser Zeit hätte ich allerdings beinahe alles empfohlen – sogar mich selbst. Ich war permanent betrunken. Aber ich blieb in meinem Selbstzerstörungswillen diszipliniert. Wie Vater arbeitete ich bis sechs, um mich dann mit Schnaps vollaufen zu lassen. Ich dachte, ich würde trinken, weil ich unglücklich sei. Es kam mir nicht in den Sinn, dass ich unglücklich war, weil ich trank.

Niemand in Gateway schien das mitzubekommen. Ich denke, wir waren alle so von uns selbst besessen, dass niemand die Zeit hatte, viel über den anderen nachzudenken. Jimmy war damit beschäftigt, blitzartige Überfälle auf die Geschlechtsorgane von jedem durchzuführen, der in Gateway abhing. Ich gab vor, dass ich erst einmal seine Affäre mit Ev überwinden müsse. »Nie sah man größre Liebe als die des Mannes, der seine Frau seinem Freund zu Füßen legt«, und so Zeug eben. Und Evlynn versank in den Abwasserkanälen ihrer eigenen Unsicherheit. Heute schäme ich mich, sagen zu müssen, dass ich das nicht einmal bemerkte. Aber das war nun einmal das Problem mit Gateway. Wir alle setzten die persönlichen Ansprüche ziemlich tief an – und scheiterten dann daran, sie überhaupt zu erreichen.

Eines Abends gab es eine Werbeveranstaltung für Gateway im Embassy Club in London. Es war eine große Sache. Pete Townsend und Richard Branson hatten sie auf die Beine gestellt. Sie wollten Jimmy treffen und uns Geld für die *Kids* geben.

Schon damals hasste ich diese Wohltätigkeitspartyluder – all diese reichen Hohlköpfe, die sich ihr Ansehen mit billigen Spenden erkaufen wollen. Ich hasste ihr Gerangel um Positionen, ihre Sehnsucht, in der ersten Reihe zu stehen, ihre herablassenden Blicke, ihr geheucheltes Interesse an der »guten Sache«. Zudem schrieben wir das Jahr 1986. »Feed the World« war gerade über die Bühne gegangen. Es war offenkundig absurd. Aids, Krebs, Hunger, Atomkrieg, Umweltverschmutzung und das Ende der Welt sind als Probleme ebenso wenig lösbar wie das Problem, wischfeste Wimperntusche zu finden. Das Verschwinden meines Haarsprays ist mir wichtiger als das Verschwinden der Ozonschicht. Wenn ich dazu gezwungen war, im Fernsehen all die herumwackelnden Kinder aus Biafra anzusehen, dachte ich nichts anderes als: Kein Wunder, dass sie alle verhungern – das Essen dort ist ungenießbar. Es berührte mich nicht. Hätte das ganze

»Fuck the World« geheißen, hätte ich einen Fünfer springen lassen.

Ich sah mich im Embassy um, kochend vor Verachtung. Der Umstand, dass BBC das Ganze auch noch aufzeichnen wollte, irritierte mich besonders. Kraft meiner Autorität ging ich rüber zum Equipment, griff mir ein paar Kameras und ging zur Vordertür raus. Ich warf sie in einen Mülleimer in der Oxford Street. Am nächsten Tag las ich im *Observer* einen Artikel über die Soiree, in dem erwähnt wurde, dass BBC die Veranstaltung nicht aufzeichnen konnte, weil man ihnen die Kameras gestohlen hatte. Ich war hocherfreut. Das Verbrechen ist ebenso menschlich wie die Wohltätigkeit. Warum sollte man eine schlechte Sache unterstützen, wenn man auch eine gute verhindern konnte?

Bei einer anderen Gelegenheit wurde uns der Auftrag erteilt, eine öffentliche Skulptur für das Stadtzentrum von Hull zu gestalten. Man kann sich natürlich fragen, wer um Himmels willen uns mit so was beauftragte. Niemand anders als Großvater.

Großvater war ein wenig eitel. Er konnte keine Straße entlang spazieren, ohne dass diese im Nachhinein auch nach ihm benannt werden sollte. Er hatte schon zwei Bücher veröffentlicht: *Poems at 70* und *Findings at 80*. (Ich hatte eine Trilogie vorgeschlagen. *Bullshit at 90* würde den logischen Abschluss bilden.) Aber – Spaß beiseite – es verwunderte keineswegs, dass man ihn druckte. Er zahlte gut. Nun hatte er, angesichts des herannahenden Todes, entschieden, ein Monument seiner Vergänglichkeit errichten zu lassen. Ein »Alec Horsley Room« im Wooster College in Oxford war offenbar nicht genug. Ich meine: Wer will schon etwas so weltlich Funktionales, etwas so banal Praktisches wie einen Ort, an dem man sich nur setzen kann? Er war auf Beeindruckenderes, Tiefgründigeres und Dauerhafteres aus. Wie wäre es mit einer Parkbank? Nein. Meine Familie hatte nie Geschmack besessen. Er entschied sich für eine Skulptur. Eine Skulptur von Jimmy.

Zehntausend Pfund war das erste Gebot. Jimmy und Ev fuhren nach Hull zu einem Treffen im Haus meiner Großeltern – wo sie im selben Raum schliefen. Nicht, dass das meine Großeltern gestört hätte. Goldene Hochzeit bedeutete für meine Familie, dass man sich gerade zum fünfzehnten Mal verheiratet hat.

Vater nannte drei Frauen sein Eigen.

Mutter. Verrückt geboren. So geblieben.

Stiefmutter I. Hatte eine langjährige Anstellung beim Wahnsinn, bis sie diese Partnerschaft auf ein stabileres Fundament stellte und sich selbst in die Anstalt einwies.

Stiefmutter II. Hatte keinen Verstand, den sie verlieren konnte. Ein Gesicht, das vom Denken ungetrübt war. Sie hatte einmal einen Schlaganfall, doch niemand war es aufgefallen. Vater, der mit zwei Irren verheiratet gewesen war, hatte schließlich seine eigene Mutter geheiratet. Die beiden Damen hatten eine Menge gemeinsam. Die eine war ein Schwachkopf, die andere spielte Golf.

Er war mit Stiefmutter II zusammen, als ich und Jimmy zum zweiten Treffen wegen der Skulptur runterfuhren. Diesmal entschied ich mich dafür, dass es besser sei, bei Vater zu übernachten. Ich hatte ihn seit sechs Jahren, seit dem Streit um Mutters Unterhaltszahlungen, nicht mehr gesehen. Er war in der Lage, seine Kinder zu ignorieren und sie genau damit völlig in Beschlag zu nehmen. Für mich jedoch schien er etwas Besonderes bereitzuhalten – vollkommene Gleichgültigkeit, die er, besser als jeder andere auf der Welt, mühelos an den Tag legen konnte. Er war nicht einmal wütend auf mich. Ich schätze, ich hätte ihn anrufen können. Aber wozu? Warum sollte ich hinter einem bleichen Imitat des Nichts her sein? Ich ziehe das Echte vor.

Jetzt aber wollte ich Rache, ein weiteres Mal. Von all den Reisepässen, die das Leben ausstellt – Geld, Weisheit, Schönheit, Ruhm –, war Familie Horsley nur an Letzterem interessiert. Es war das einzige Land, für das sie Visa benötigten. Dabei spielte es keine Rolle, ob jemand faszinierend war. Sie mussten nur berühmt sein. Dann waren sie faszinierend, weil sie berühmt waren. Jetzt aber besaß ich die entscheidende Trophäe. Jimmy Boyle. Ich legte ihn auf Vaters Türschwelle ab wie eine Katze ihre Beute.

Jimmy und ich begannen zum Frühstück mit dem Trinken, nachdem wir die Schränke geöffnet hatten, um bessere Flaschen zu finden als jene, die die Regale beschämten. Wir entkorkten eine Magnumflasche Dom Perignon 1975 und einen ganz besonders feinen Bordeaux, die Vater niemals zu schätzen gewusst hätte. Die beste Rache ist das gute Leben.

Als Vater und Stiefmutter II sich zum Mittagessen zu uns gesellten, hatten wir nicht bloß Feuer gefangen, sondern flackerten wie Fackeln in der Nacht – oder wirkten vielleicht auch nur wie abgebrannte Schwuchteln. Ich schielte über mein Glas zu Vater rüber. Sauhund. Er war nur an Jimmy interessiert und widmete ihm seine ganze Aufmerksamkeit. Sauhund, dachte ich abermals. Schau ihn dir an. Der Schnaps war ihm in keiner Weise eingefahren. Er saß einfach da in seinem Rollstuhl: ein lebender Toter, auch wenn er – technisch gesprochen – immer noch auf diesem Planeten wandelte. Das Herz schlug – kaum vernehmlich. »Also, wie ist Sean Connery eigentlich so drauf?«, hörte ich ihn fragen. Sauhund. Ich wusste, dass er ein Groupie war, warum aber hatte er nicht den Anstand, sich dieser Tatsache zu schämen?

Jimmy fühlte sich wohl. Für ihn wurde jede Konversation unmöglich, sobald andere das Wort ergriffen. »Ich muss sagen ...« und »Ich muss schon sagen ...«. Sobald er einmal einen Satz fallen gelassen hatte, sah man den Bastard nicht wieder. Eine Berühmtheit zu sein, ist deshalb so angenehm, weil die Leute selbst dann, wenn man sie zu Tode langweilt, immer noch glauben, es wäre ihre eigene Schuld.

Boyle war ein großer Schmeichler – er konnte jemandem etwas ins Gesicht sagen, was er hinter dessen Rücken auszusprechen sich nicht getraut hätte. Und er war wahllos – was einen zum Wahnsinn trieb. Ich hasse Unterwürfigkeit, solange sie nicht mir gilt. Seine Techniken waren vorhersagbar. Sobald die Schleimtanks geleert waren, fing er an, einem eins reinzuwürgen. Er hatte sich schon an Mutter rangemacht, indem er sie gegen die Wand gepresst und eine »dreckige Hure« genannt hatte. Jetzt war die fette flatulierende Stiefmutter II dran. »Ich würd' den Scheißarsch an jedem Tag der Woche knallen«, erläuterte er mir. »Ich mein', guck dir mal den Arsch an. Da kannst ein Vier-Gänge-Menü draus machen!« Er tappte ihr in die Küche hinterher. Nach zehn Minuten zog ich los, um ihn zu suchen. Er lungerte bei der Toilette rum. »Mann, hab' ich 'nen Steifen. Hab' schon versucht, mir selber einen zu polieren. Scheiß drauf – ich steck' ihn jetzt dir rein«, bot er mir erklärend an.

Als ich am nächsten Morgen erwachte, schien die Sonne, die Vögel sangen in den Bäumen und ein mehrfacher Mörder fickte mich in Vaters Bett in den Arsch. Symbolisch hatte ich Vatermord begangen, über den wahren war ich mir noch nicht im Klaren.

Zurück in Edinburgh fingen wir an, die Skulptur zu machen – unser Desaster in Gips. Wir kauften ein neues Haus unweit von Gateway, das früher einmal eine Wäscherei gewesen war, und nannten es das *Waschhaus*. Mit meinen finanziellen Mitteln ging es rasant bergab, und ich war vor die Wahl gestellt – Arbeiten gehen oder Mittagsfernsehen. Schlussendlich halfen mir Jimmy und Sarah aus der Patsche. Sie überschrieben Anlagefonds des Unternehmens auf mich, was im gemeinsamen wirtschaftlichen Interesse lag. Das Hauptgebäude mit dem Rauchfang war ein Heizungskeller, und wir verwandelten ihn in eine Gießerei. Die Skulptur war eine gewaltige Vergrößerung derjenigen, die Jimmy in der Spezialabteilung hergestellt hatte – eine kauernde Figur, vornübergebeugt und von Gitterstäben durchschnitten. Sie sollte deutlich machen, dass wir alle in unserem Innern ge-

176

fangen sind. Man würde sich so was nicht in den Vorgarten stellen – selbst wenn man Gartenzwerge mochte.

Als wir begannen, einen Bronzeabguss herzustellen, gab es in Hull eine Kampagne, die verhindern sollte, dass die Skulptur dort aufgestellt wurde. Eine lokale Bürgerbewegung wandte sich an die Presse und forderte, dass eine solche »nationale Schande« nicht in ihrer Stadt gezeigt werden dürfe. Sie überreichten ihre Petition mit Tausenden Unterschriften dem Bürgermeister. Ihre Beschwerde wandte sich nicht gegen die Skulptur an sich (sonst hätte selbst ich sie unterzeichnet), sondern dagegen, dass ein verurteilter Mörder auf diese Weise geehrt wurde. Sie trauerten der Todesstrafe nach, der Jimmy schließlich nur um einige Monate entgangen war. Ich glaubte ebenso wenig an die Todesstrafe (zumindest nicht mehr, seitdem nicht länger öffentlich exekutiert wird) wie an unsere öffentliche Skulptur. Ganz gewiss gibt es kein stärkeres Band als einen gemeinsamen Feind, und als all die braven Bürger sich erhoben und ankündigten, die Statue zu zertrümmern, sollte sie aufgestellt werden, beschloss Jimmy, aus dieser Situation seinen Profit herauszuschlagen.

Jimmy schrieb Großvater und verlangte weitere zehntausend Pfund, weil die Skulptur nun zweimal so stabil sein müsse, um der »Belagerung« standhalten zu können. Wir investierten das Geld in einen roten Rolls-Royce.

Das Kennzeichen lautet MOE 22P. Man kann die Welt nicht in Brand stecken, wenn man nicht durch und durch ein Lügner ist. Jimmy war ein Profi. Selbst wenn er sich dabei ertappte, die Wahrheit zu sagen, würde er weiter lügen, nur um in Übung zu bleiben. Er hatte seine Netze ausgelegt, um einen Musikproduzenten aus Los Angeles namens Moe Spence zu treffen (deshalb das Nummernschild MOE 22Pence). Das Produkt seiner Einbildung war offensichtlich so beeindruckt von unserem Vorhaben, dass er darauf bestand, Jimmy einen Vorschuss für eine zweite Skulptur in L.A. zu zahlen.

»Ich bin grade knapp bei Kasse«, sagte Moe. »Da. Nimm mein Auto. Es steht draußen.« Er gab Jimmy die Wagenschlüssel.

»Ich bin kein Autohändler, mein Freund«, behauptete Jimmy gesagt zu haben. »Wennst du dich jetzt nicht gleich auf dein Fahrrad schwingst, du alte Fotze, schlag ich dir die Fresse ein.«

Und dann ging er raus.

»Na, simma Autohändler oder nich?«, behauptete er gesagt zu haben.

Diese Geschichte wurde so oft erzählt, dass ich begann, sie zu glauben. Ich glaube sie immer noch. Begehe eine Sünde zweimal hintereinander, dann wird sie nicht mehr wie ein Verbrechen aussehen.

In der Nacht vor der Enthüllung gingen Jimmy und ich zum Abendessen aus und betranken uns. Bei Austern und Champagner schmiedeten wir einen Plan, der mir zu diesem Zeitpunkt halbwegs vernünftig erschien.

Es muss ein gutes Stück nach Mitternacht gewesen sein, als wir uns mit hämmernden Herzen und mit Hämmern in den Händen an unsere Skulptur heranschlichen, die mit Segeltuch verhüllte Statue, die ihrer Enthüllung am nächsten Tag harrte. Ich nahm das Tuch runter und sah mich um. Alles schien friedlich. Ein Liebespärchen lief Arm in Arm vorbei und lachte irgendwo in einer Seitenstraße. Sie zogen aber bald weiter. Das Heulen einer Polizeisirene tönte aus der Ferne. In einem Hinterhof kläffte ein Kettenhund. Auf der anderen Seite des Platzes wurde das Licht in einem Schlafzimmer gelöscht.

Ich atmete tief durch und schlug so hart wie möglich auf den blanken Kopf der Skulptur – auf eine beliebige Stelle, an der sie nicht weiter verunstaltet werden konnte. Wir waren dabei, sie zu zerstören und dann den ehrenhaften Bürgern Hulls die Schuld dafür in die Schuhe zu schieben. Damit würden wir es ihnen heimzahlen. Sie hatten die Absicht gehabt, sie zu zerstören. Und wir würden ihnen zeigen, wie man das richtig machte.

Womit wir nicht gerechnet hatten, war der Krach, den zwei Tonnen gegossener Bronze unter einem harten Eisenkeil verursachten. Die Skulptur war hohl. Sie dröhnte wie Big Ben.

Innerhalb von Sekunden rauschte die Polizei von allen Seiten heran. Es schien, als ob die Skulptur nach all den öffentlich gemachten Drohungen eine eigene Polizeibewachung erhalten hätte. Ich stand da, benebelt vom Alkohol. Das Wichtigste bei jeder dadaistischen Unternehmung ist, dass jemand dabei ist, der es für die Nachwelt aufzeichnet.

»Scheiße. Lass uns abhauen!«, schrie Jimmy.

Es war zu spät.

»Allo, allo, allo.«

»Das is unsere Statue«, lallte ich. »Wir nehmen bloß 'n paar letzte Veränderungen vor.«

Sie guckten verständlicherweise ein wenig skeptisch.

Wir wurden auf die Polizeiwache gebracht. Plötzlich war alles ziemlich ernst. Jimmy war ein Lebenslänglicher, dessen Bewährung beim geringsten Verstoß aufgehoben werden konnte. Wir ließen unseren Charme spielen – wenn man sich der Moralität der Welt nicht fügen kann, dann muss man tun, was immer man kann, um liebenswürdig zu sein. Letzten Endes kapierte die Polizei, dass wir im Recht waren und bloß ziemlich nervig. Sie ließen uns gehen.

Die Enthüllung am nächsten Tag verlief ohne Zwischenfälle. Der Dramatiker Alan Plater hielt eine Ansprache. Noch so eine Größe: ein Arschkriecher, der es zu einer Person öffentlichen Interesses gebracht hatte. Da es aber um linke Anliegen ging, fand sich ein außerordentlich hoher Anteil an feixenden Bürokraten, tyrannischen Sozialarbeitern, großmäuligen Psychiatern und selbstverliebten Gewerkschaftlern im Publikum. Herr Plater war der Ansicht, diese Skulptur sei »vom Volk fürs Volk«.

»Vom Volk fürs Volk« – was für ein Witz. Die Einwohner von Hull wollten diese Statue nicht einmal. Großvater war es völlig egal. Sozialismus heißt, dem Volk das zu geben, wovon Sozialisten glauben, es wäre gut fürs Volk. Und inwiefern hatte das mit der Skulptur zu tun? Da das Außergewöhnliche das erste Opfer der Gleichheit ist, hält der Sozialismus die Standarte der Zweitklassigkeit hoch.

Für alle Einwohner von Hull, die der Ansicht waren, dass ihre edle Stadt mehr als nötig besudelt wurde: Möge sie oder er hier lesen, dass ich es bereue. Möge es Trost spenden zu wissen, dass ich damit meinen eigenen Großvater bestahl. Und dass ich mich dabei mit ihm verkrachte. Ich hatte eine Träne in sein Auge gezaubert und einen Batzen in meine Brieftasche. Genau genommen handelte es sich um eine erfolgreiche ausbeuterische Beziehung für beide Parteien.

Großvaters Gegenwart war wie Jimmys Vergangenheit ans Licht gezerrt worden. Eitelkeit hat genauso kurze Beine wie Mord. Er wollte eine Bronzeschild an der Statue, in das eingraviert sein sollte: »*The Survivor* von Jimmy Boyle. Im Auftrag von Alec Horsley«. Wir hatten auf »*The Survivor* von Gateway Exchange« bestanden.

Großvater schickte einen gepfefferten Brief. Wenn er seinen Namen nicht mit einer Berühmtheit in Verbindung bringen konnte, dann hatte er sein Geld zum Fenster hinausgeworfen. Jimmy schoss zurück. Natürlich war ich auf seiner Seite. Ich wusste ganz genau, dass Großvater das Geld von der Firma abgezweigt und nicht aus der eigenen Tasche bezahlt hatte. Mit seiner Rechtschaffenheit war es nicht weit her, wenn sie nicht mit seiner Eitelkeit Hand in Hand ging. Und überhaupt: Seit wann kümmert sich ein Geschäftsmann um Ethik, Wahrheit oder Moral?

Nach nur einem oder zwei weiteren Briefen gab Großvater nach. Ich war überrascht. Er war schließlich ein Mann, der sich selbst gern mit Gott verwechselte. Aus sozialistischer Überzeugung? Die war weit eher nationalsozialistisch;

seine natürliche Gangart war der Stechschritt. Aber ich beschwerte mich nicht. Und wir hatten das Geld. Wenn das Gold anrollt, verzieht sich die Schuld.

Ein Jahr später war ich wieder einmal in Hull. Ich sah mir die Statue an. Sie hatten das Schild ausgewechselt. Jetzt stand da: »Alec Horsley und Jimmy Boyle«.

Letzten Endes wusste Großvater wenigstens, was er wollte. Ich hingegen war konfus. Und Jimmy nutzte das aus. Eines Nachts fickte er Evlynn in einem Hotelbett, während ich betrunken daneben am Boden lag. An einem anderen Abend, bei einem Benefizkonzert, das Elton John für uns in Edinburgh gab, beobachtete ich, wie er sie auf den Lokus zerrte. Fünfzehn Minuten später kamen sie durch zwei verschiedene Eingänge wieder zurück. Ich konnte in ihren Gesichtern das falsche Lächeln sehen, die geheuchelte Überraschung, sich gerade jetzt über den Weg zu laufen. Dachten sie vielleicht, ich sei ein Volltrottel? Natürlich dachten sie das. Und ich war auch einer. Ich hatte ihn nur einmal im Leben darum ersucht, etwas zu tun. Und das war nur, etwas *nicht* zu tun.

Es dauert ziemlich lange, bis ein Mensch, der auf seinen Glauben vertraut, sich mit der Idee anfreundet, dass ihm Gott trotz allem nicht helfen wird. Für einen Atheisten ist die Offenbarung auch nicht erfreulicher: Es gibt keinen starken, dunklen Helden. Unter seinem Panzer war Jimmy sterblich. Wo ich gedacht hatte, Stärke zu finden, stieß ich auf Gewalt; wo ich auf Radikalität gehofft hatte, förderte ich bloß Gehässigkeit zu Tage; und als ich glaubte, einen Felsen gefunden zu haben, auf den ich mich stützen konnte, stellte sich heraus, dass es nur das Geröll einer Moräne war. Sogar von einem Mann, dessen Körper von Einschusslöchern durchsiebt war, wurde ich in einen Streit verwickelt, wer wen am meisten liebt. Jimmy hatte ein Problem. Er hatte inzwischen zwar bemerkt, dass er fälschlicherweise in einen weichen Kern gebissen hatte, konnte dieses gute Stück jetzt aber nicht einfach wieder zurück in die Bonbonniere packen.

Die Stimmen begannen an einem Wintermorgen zu mir zu sprechen. Ich war gerade von einer desaströsen Urlaubsreise mit Ev auf Jamaika zurückgekehrt. Wir hatten uns dort wieder voneinander getrennt, und ich kam später zurück als sie. Sie hatte die Nacht vor meiner Ankunft mit Jimmy verbracht. Nach ein paar Tagen allein in London flog ich nach Edinburgh. Jimmy erwartete mich am Flughafen.

»Wie läuft's, alter Hund?«, sagte er. »Hauste einfach ab nach London! Warum haste nicht angerufen?«

Ich sah weg. Ich starrte auf die ausdruckslosen, herausgefrästen Gesichter, die mich umgaben.

(Klick. Dröhnen. Tiefe Stimme der Verdammnis.) Er wird dich töten. Sieh ihn nicht an. Er kann alles sehen. ALLES.

»Du hast mich nicht angerufen«, gelang es mir zu sagen.

»Ach, was laberste! Wusste nicht, wo du warst. Aber scheiß drauf. Ist super, dich zu sehen, alter Hund!«

Schlechte Träume, Fotze. Du bist gegen die Todesstrafe. Verdammt richtig, mein Junge. Mörder sollten in aller Stille von Mördern hingerichtet werden.

Jimmy bemerkte im Auto mein Unbehagen. »Wassn los? Wie fühlste dich? Willste drüber redn?«

Hör nicht zu, Junge. Es gibt keine Antworten, weil es keine Fragen gibt.

Ich sah durch das Autofenster auf die Landschaft.

»Es sollte überhaupt keine Strafe für Mord mehr geben, da auch die Natur nicht verhindert, dass eine Kreatur die andere auslöscht. Die Natur hat keine Prinzipien. Sie macht keine Unterschiede zwischen Gut und Böse.«

»Wovon redst du denn? Bist im Wolkenkuckucksheim, was? Bist ja ganz schön von der Rolle.«

Er hatte recht. Es war der Schutzraum meiner Konfusion, den ich geistige Gesundheit nannte. Den Rest der Fahrt schwiegen wir. Aus den Augenwinkeln beobachtete ich, wie Jimmy mich genau beobachtete.

Ein paar Tage später zog ich mich aus Gateway zurück.

Was würde ich jetzt tun? Ich ging ins Bett. Ich wusste nicht, was mit mir los war. Lungerte ich bloß herum und probierte unterschiedliche Krankheiten aus? Spielte sich das alles nur in meinem Kopf ab? Das Jahr zuvor war ich überzeugt gewesen, mit Aids infiziert zu sein. Zu dieser Zeit starben eine ganze Menge Menschen in Gateway an dieser neuen Krankheit. Sie war einer der ernst zu nehmenderen Nebeneffekte intravenösen Drogenkonsums. Wie auch immer – sobald ich versuchte aufzustehen und etwas zu machen, fingen die Stimmen in meinem Kopf wieder an. *Du musst Jimmy töten, wenn du leben willst. Du musst dich töten, wenn du leben willst. Etwas muss sterben!* Ich entsinne mich, dass ich damals dachte: Warum sind die Stimmen nie nett?

Eines Tages stand ich dann auf und fuhr mit meinem schwarzen Kleinbus los. Ich fuhr an das äußerste Ende Schottlands, fand eine Stelle, die ich für Wildnis hielt, und legte mich hinten ins Auto, um zu sterben.

Ich habe gelesen, dass Hunde manchmal Selbstmord begehen, indem sie sich einfach weigern zu trinken oder zu fressen. Sie tun das üblicherweise, wenn sie aus ihrem Heim verstoßen werden, aber auch aus Leid, schlechtem Gewissen oder aus purer Langeweile. Der Selbstmord bei Tieren wird oftmals als ein Zeichen für Intelligenz gewertet. Aber ich war nicht einmal dazu in der Lage.

Jemand hämmerte an die Seitenwand des Fahrzeugs. Ich schaute auf die Uhr. Dreiundzwanzig Minuten waren vergangen. »Verpiss dich von hier. Das issn Privatgrundstück. Los, los – ab geht's, oder ich ruf die Bullen!«

Es war ein Bauer, und er hatte recht. So würde das nicht funktionieren. Ich war vielleicht verrückt, doch ich hatte auch helle Momente, solange ich nur dämlich war. Ich fuhr los.

Ich kam an einen Steinbruch. Nervös äugte ich über die Klippe. Weit unten befand sich ein Teich. Ich hatte keinen blassen Schimmer, wie tief er war. Es waren Felsblöcke zu erkennen, die in der Mitte aus dem Wasser ragten. Ich zögerte einen Augenblick. Scheiß drauf, dachte ich. Und ich sprang. Der Wind zerrte an meinem Mantel, als ich hinabstürzte. Ich fühlte, wie alles, woran ich mich erinnern konnte, von mir weggerissen wurde. Ich glaube, dass ich geschrien habe. Ich hörte eine Stimme, die in Tausende kleine Fragmente zersplittert war und in der Luft zerstob. Ich fühlte, wie die Panik der Leere einschoss – den schieren, todschweren Fall meines Körpers. Mein Geist strömte aus.

Ich traf auf dem Wasser auf. Und es ging weiter. Ich sank tiefer. Ins Bodenlose. Ich brauchte ein paar Sekunden, um zu begreifen, dass ich immer noch am Leben war, und noch ein paar mehr, um mit abscheulicher Klarheit zu verstehen, dass ich am Leben bleiben wollte.

Wie ein angreifender Hai brach ich Wellen peitschend an die Oberfläche durch. Ich hatte meine Schuhe beim Aufprall verloren, aber mein nasser Mantel zog mich hinunter; er hing an mir und behinderte meine Bewegungen wie Seegras. Jeder Schwimmstoß war ein Kampf. Ich manövrierte mich mit meinen Armen vorwärts durch das steinige Wasser, klammerte mich mit gespreizten Fingern daran, griff nach dem guten alten Leben. Grausam versuchte es zu entschlüpfen. Es wollte mich immer noch gehen lassen. Meine Beine folgten mir schlaff, wie die eines Krüppels.

Schließlich erreichte ich das Ufer. Ich wuchtete mich aus dem Wasser. Selbstmord hätte womöglich zu meinem heroischen Format gepasst, meine edle Abkunft bestätigt. Aber das hier? Ich sah an meinem beschmutzen Körper herunter, an meinem langen schwarzen Mantel, der jetzt kalkweiß beschmiert war. In der Regel ist es so, dass Menschen, die sich selbst verachten, sich in ihrer Selbstverachtung gefallen. Ich nicht. Nachdem ich gesprungen war, fühlte ich mich noch mehr wie ein Blindgänger als zuvor.

Als ich nach Hause zurückkam, schlugen Sarah und Ev mir vor, einen Seelenklempner aufzusuchen. Sie schickten mich also zu einem Treffen mit einem von diesen Leuten, die zum ersten Ansprechpartner werden, nachdem man begonnen hat, mit sich selber zu sprechen. Heutzutage ist es so, dass man für verrückt gehalten wird, wenn man keinen Psychiater hat. Jeder geht zu seinem Therapeuten, ist selber Therapeut oder ist ein Therapeut, der regelmäßig einen Therapeuten aufsucht. Aber damals war das noch anders, und ich fühlte mich unbehaglich.

Ich führte den Präventivschlag.

ICH: Ich weiß, dass ich einen Haufen Geld für das hier zahle, aber im Grunde kann ich Psychoanalytiker und die Art, wie sie sich in unser Innenleben reindrängeln, nicht ausstehen.

SEELENKLEMPNERIN: Sie sind aus freien Stücken hierhergekommen, Herr Horsley. Darf ich Sie, für den Fall, dass Sie diesen Umstand vergessen haben sollten, daran erinnern, dass Sie sich vor nicht allzu langer Zeit von einer Klippe gestürzt haben?

(Pause)

Ein Punkt für sie.

ICH: Ja. Aber selbst dabei bin ich gescheitert, nicht wahr? Ich wollte immer schon Selbstmord begehen, aber die Wahrheit ist – ich schaffe es nicht. Ich schaffe gar nichts.

SEELENKLEMPNERIN: Und warum sind Sie gescheitert? Wenn Sie wirklich hätten tot sein wollen, dann wären Sie jetzt tot.

ICH: Was mich bis jetzt vom Selbstmord abgehalten hat, war keine Feigheit. Ich konnte einfach diese Sinnlosigkeit nicht ertragen: dass ich, der sonst nichts zu Wege gebracht hat, ausgerechnet das tun wollte. Wenn ich in der Lage wäre, mich selbst zu töten, dann gäbe es keinen Grund mehr, es auch zu tun.

SEELENKLEMPNERIN: Haben Sie schon mal mit jemandem über diese Gefühle gesprochen?

ICH: Ich hatte keine Gefühle, und ich will auch keine. Ich will kein Mann sein, ich will ein Mannequin sein.

SEELENKLEMPNERIN: Sie sind also über das Leben verbittert?

ICH: Wer nicht? Das Leben ist nur eine Zuckung der Brutalität oder des Leids.

Ich war wieder dabei, den Hoch-Horsley zu besteigen. Ich wärmte mich an einem wohlbekannten Thema.

ICH: Das Leben ist eine Krankheit in drei Stadien. Geburt. Langeweile. Tod. Jetzt gerade bin ich in der Phase der Langeweile.

(Stille. Ein trockenes Hüsteln.)

SEELENKLEMPNERIN: Sie erwähnten Ihre Eltern?

Jetzt war ich dran mit Schweigen.

SEELENKLEMPNERIN: Ihr Vater ist ein verkrüppelter Alkoholiker. Ihre Mutter ist eine Alkoholikerin, die bereits vier Selbstmordversuche unternommen hat. Ihre Großmutter hat Selbstmord begangen, nachdem sie ihr halbes Leben in einer Heilanstalt verbracht hat. Meinen Sie, dass sie davon möglicherweise beeinflusst wurden?

(Mehr Stille.)

ICH: Es ist ja wie bei einer wirklich einfachen Spielshow, wo die richtige Antwort auf jede Frage lautet: »Wegen meiner Mutter«, »Wegen meines Vaters«. Nur weil ich das Spiel mit links gewinnen kann, bedeutet das noch lange nicht, dass ich das Spiel billige. Nicht jedes Problem in unserem

Leben hat notwendigerweise damit zu tun, dass wir von unseren Eltern nicht geliebt wurden. Ja, es ist wahr: Mutter und Vater waren desinteressiert, lieblos und besinnungslos. Aber hat mich das unglücklich gemacht? Ich denke nicht. Es ist so schrecklich gewöhnlich, von seinen Eltern geliebt zu werden.

SEELENKLEMPNERIN: Warum legen Sie so ein feindseliges Verhalten gegen die Therapie an den Tag, Herr Horsley?

Ich zuckte mit den Schultern. Was ist bloß so besonders an einer Person, die eine Couch besitzt und sich dafür bezahlen lässt, dass man auf eben dieser liegt und lügt?, fragte ich mich. In der Tat dachte ich, dass es die Therapie selbst sei, die die meisten unserer Probleme schafft. Sie zwingt uns, sich ihrer zu erinnern. Anstatt aber unseren Seelenklempner die Schuld dafür zu geben, fangen wir an, unseren Eltern Vorwürfe zu machen, alles auf sie abzuwälzen, um sie in ein Depot für unsere Macken zu verwandeln. Und ist das richtig? Ich meine: Wenn jemand auf dieser Welt eine absolut wasserdichte Anklage gegen Mami und Papi vorbringen kann, dann bin ich es. Die kaufe ich mir aber nicht einmal selber ab. »Machen Sie sich keine Sorgen um mich«, versicherte ich schließlich der Therapeutin. »Mein Leben ist den Aufwand nicht wert, es mir zu nehmen. Ich werde keinen Selbstmord verüben. Ich kann nicht. Ich bin zu unglücklich.«

Sie sah selbst ein bisschen unglücklich drein.

»Im Leben kann es darum gehen, Schönheit in einfachen und gewöhnlichen Dingen zu entdecken«, ermunterte sie mich.

Nach einem Jahr war sie sich dessen nicht mehr so sicher.

»Vielleicht ist das Leben ja nichts für jeden«, sagte sie.

Ich lebte trotzdem weiter. Es schien die einzige Möglichkeit zu sein, meine Abneigung gegen das Überleben zum Ausdruck zu bringen. Aber ich war nicht glücklich, und meine

Probleme hatten eine ganze Menge mit meiner Ehe zu tun. Aus ihrer Hoffnungslosigkeit heraus ließ sich leicht begreifen, dass gerade sie das Ding war.

Was war schiefgelaufen? Wir hatten geheiratet – das war schiefgelaufen. Niemals verachten wir jemanden mehr als in dem Augenblick, in dem wir erkennen, dass er alles ist, was wir haben.

Nichtsdestotrotz hatten wir eine weitere Machtprobe.

»Ich halte es nicht mehr aus. Ich halte es nicht aus, in diesem Papierkorb menschlicher Gefühle zu leben. Ich fühle mich entmannt/verdummt/domestiziert/infantilisiert/neutralisiert.« (Der Streit drehte sich regelmäßig um dieselben Punkte.) Ich wolle nichts anderes, insistierte ich wie eine billige Greta Garbo, als allein sein.

»Fang bloooß nich an. Das is mein Haus. Ich zieh hier nich aus!«

Ev war ein höchst territoriales Wesen. Soweit ich wusste, hatte sie sogar in die Ecken der Einrichtung uriniert, um ihr Terrain abzustecken.

»Ich bin der Meinung, wir sollten uns scheiden lassen.«

»Ey – was? Was willste, Dummkopf?«

»Was ist daran dumm? Sich von einer Frau, die man nicht liebt, scheiden zu lassen, ist genauso blöd, wie sie zu heiraten, weil man sie liebt.«

»Wie scheiße bistn du drauf?«

Für ein paar Monate hatten wir eine Pattsituation. Wir trafen uns nie bei Tageslicht und niemals nüchtern. Sie hätschelte ihre Wut so liebevoll wie ein Baby. Ich hingegen zog meinen Groll groß. Natürlich hatte ich recht. Ich war der König der Löwen. Sie die schnappende Hyäne. Ich war ein Erzengel. Sie bloß eine Motte in meinen Flügeln.

Ich hatte die Wahl: Sie zu ermorden oder sie in die Wüste zu schicken. Es würde eng werden. Im Zeitalter der Romantik machte die Jugend den Tod zur modischen Angelegenheit. Während einer Epidemie in Frankreich im Jahr 1830 praktizierten sie ihn wie den elegantesten Sport. Als man einen jungen Mann anklagte, seine schwangere Geliebte in die Seine gestoßen zu haben, verteidigte sich dieser mit den Worten: »Wir leben im Zeitalter des Selbstmords! Diese Frau hat sich selber den Tod gegeben!« Man muss zugeben: Das hat Stil.

Meine Frau war gut versichert und mehr als lästig – eine gefährliche Mischung, besonders für eine Ehefrau. Schließlich aber entschieden wir uns doch, uns scheiden zu lassen. Man sagt, man hat zwei gute Tage in einer Ehe. Den Tag, an dem man seine Frau über die Schwelle ins Bett trägt, und den, an dem man sie begräbt. Ich war nicht einmal imstande, das rauszuholen.

Das Problem ist, dass eine Ehe zwar nicht für die Ewigkeit bestimmt sein muss, Unterhaltszahlungen aber schon. Jung, begabt und kinderlos machte sie sich daran, mich zu schröpfen. Nach schottischem Recht stand ihr die Hälfte meines Vermögens zu. Boyle vermittelte bei dem Geschäft, und sie bekam ein bisschen weniger. (Vielleicht liebte er doch mich am meisten.)

»Brauchst nicht glauben, dass ich mein Anteil nich krieg!«, wetterte sie zurück. »Ich bin so viel wert wie er.«

Das war wohl nicht die beste Strategie. Glamour ist wichtiger als Gleichheit. Und ganz davon abgesehen: Wie können wir den Kampf der Frauen um Gleichberechtigung ernst nehmen, wenn sie immer noch auf Unterhaltszahlungen beharren? Solange sie nicht lernen, darauf zu verzichten, werden wir immer wieder denselben ermüdenden Tanz durchmachen müssen: zwei Schritte vorwärts, zwei Schritte zurück – Ehe, Verbitterung, Unterhaltszahlung.

Ich trennte mich von fünfzigtausend Pfund. Ich war sehr bestürzt. Nicht wegen des Geldes. Ich war traurig, dass ich nun ein geschiedener Mann war – ich wollte Witwer sein.

Meine Ehe war die unglücklichste Zeit meines Lebens gewesen. Wäre ich blind und Ev taub gewesen, dann – wer weiß? – hätten wir es vielleicht geschafft. Aber selbst in diesem Fall bezweifle ich das eher. Unschuld ist eine filigrane Blume. Man braucht sie nur zu berühren, und sie bricht. Ich verband Evlynn mit diesem Verlust. Deshalb hasste ich sie. Aber die Menschen verabscheuen immer diejenigen, denen sie selbst Unrecht getan haben.

Ich werde oft gefragt, ob ich an ein Leben nach dem Tod glaube. Ich glaube nicht an das Leben vor dem Tod. Aus bitterer Erfahrung aber kann ich bestimmt sagen, dass es kein Leben nach der Ehe gibt. Ein Leben in bürgerlicher Häuslichkeit wird dich langsam, aber sicher töten. Selbstverständlich nur dann, wenn man nicht die wahre Liebe findet – in diesem Fall stirbt man aber auf der Stelle durch die Wucht des Einschlags. Es ist hoffnungslos. Dass sich Mann und Frau nicht verstehen, liegt daran, dass sie unterschiedlichen Geschlechtern angehören. Während jede Frau tief im Herzen eine Mutter ist, ist jeder Mann tief im Herzen ein Liebhaber.

1987, nach fünf langen, scheußlichen, monotonen und todlangweiligen Jahren, zog Ev schließlich zurück nach London und ging wieder an die Chelsea-Kunsthochschule. Ich wickelte meinen Ehering in Toilettenpapier und spülte ihn das Klo runter. Vielleicht ist er immer noch da, stecken geblieben im U-Rohr des Abflusses – ein Symbol all dessen, was wir miteinander geteilt hatten.

Ich war fünfundzwanzig Jahre alt. Ich war frei. Was tun? Zurück in ein Leben in Luxus. Vorwärts zu dandyesker Schicklichkeit. Hinein in die schönste aller möglichen Welten. Wenn der verlobte Mann ein Esel und der verheiratete ein Lemming ist, dann ist der Junggeselle ein Pfau: eine Angelegenheit der Schönheit und ein Juwel für die Ewigkeit. Alles für einen …! Und der eine war ich.

ERFOLG IST KEINE SPONTANE SELBSTENTZÜNDUNG ... ICH STECKE MICH SELBST IN BRAND

FINDET JEMAND SCHLIESSLICH einen Seelenverwandten, dann sprudelt es nur so vor Glückseligkeit. Solche Leute sind gar nicht mehr zu halten, wenn sie erst einmal anfangen, von ihrer neu erlangten Hochstimmung zu berichten: Wie sehr sich ihre Wahrnehmung der Welt verändert habe; wie unmöglich es ihnen sei, nicht ständig munter durch die Welt zu springen; wie sehr sich ihre Gefühle vertieft hätten; wie zufrieden sie doch seien. Mir ging es ganz genauso – als mir klar wurde, dass ich nie wieder mit irgendjemandem zusammen leben musste.

Es gab nun, nachdem ich mich von Ev getrennt hatte, nur noch ein Problem. Ich lebte über meine Verhältnisse, sodass der Eindruck entstand, auch mein Vermögen würde jetzt getrennt von mir leben. Es ging jeden Abend feiern, trank hervorragenden Wein und zechte fröhlich, während ich wie ein träger Tagedieb herumlag. Die Vorstellung, man könne ohne Geld glücklich sein, entspringt ausschließlich geistigem Snobismus. Nun, da ich, der immer über genug Bargeld verfügt hatte, zeitweise ohne auskommen musste, wurde mir schnell klar, dass es zu meinem wichtigsten Anliegen geworden war.

Ich peilte die Lage und erkannte, dass es verschiedene Wege gab, meine Situation zu verbessern. Am ehrenhaftesten wäre es wohl zu plündern, zu rauben und zu betrügen. Das aber hatte auch schon bei der Gateway-Bande nicht geklappt – unterprivilegiert und mittellos geboren, hatten sie sich von gar nichts bis zum Zustand äußerster Armut hochgekämpft. Die einzige andere Option schien die in der Außenwelt übliche zu sein. Sie war bevölkert von Wesen, die so primitiv waren, dass sie nicht wussten, wie man anders an Geld rankommen sollte als durch Arbeit. Doch das würde es auch nicht bringen. Ein Gentleman ist jemand, der sich – wie sehr er auch am Hungertuch nagen mag – stets aus Prinzip weigern wird, etwas Nützliches zu tun.

Man braucht eine ganze Menge Geld, um sich in ein Untier zu verwandeln. Meinen Nachforschungen zufolge schien die Börse der richtige Platz für mich zu sein. Ein Gentleman kann in dieser Branche mehr Geld mit geringerem Aufwand machen als in jedem anderen Beruf. Ich hatte den Zauber dieses Marktes schon zu sehen bekommen. Die Anteile, die ich von Northern Foods übernommen hatte, lagen in den späten Sechziger Jahren bei zwanzig Pence. In den Achtziger Jahren waren sie auf drei Pfund geklettert. Man braucht sich bloß vorzustellen, man hätte hunderttausend Pfund investiert!

Ich sehnte mich danach, erfolgreich zu sein, wollte aber auch mit der Kunst weitermachen. Als Freibeuter des Marktes würde ich so viel wie möglich wagen, um all das verwirklichen zu können, was ich als Künstler wollte. Ich blieb meinen gesetzlosen Instinkten treu. Ich würde der Welt einen Arschtritt verpassen. Ich würde mich ihren eitlen gesellschaftlichen Ritualen nicht fügen, ihre nervtötenden Regeln nicht einhalten und keine Lippenbekenntnisse für ihre Tabus ablegen. Ich würde es so angehen, als ob nichts eine Rolle spielte – außer mir selbst.

Als ich nach London ging, nahm ich an einem achtwöchigen Börsenkurs teil, um etwas zu lernen. Ich denke nicht, dass ich viel über Geld wusste. Klar hatte ich eine Bank. Aber ich habe dort nicht viel mitgekriegt. Was kann man schon von Bankkassierern lernen? Und warum spricht man überhaupt von finanziellem Interesse? Mich hat das jedenfalls nicht interessiert. Es war grenzenlos langweilig.

Jeder erhielt von unserem Lehrer sein eigenes Spielportfolio. Zu meinem Entzücken, war ich damit erfolgreicher als die anderen (sprich: ich hatte mehr Glück). Selbstverständlich stieg mir das sofort zu Kopf. Ich war jetzt bereit, Ernst zu machen. Ich zog sofort los und kaufte mir den neuesten professionellen Monitor, um mich in das Börsengeschehen einzuschalten – live. Unzählige Zeilen von Zahlen flimmerten an mir vorbei und zwinkerten mir zu. Das war ganz schön kompliziert für einen Legastheniker. Aber ich hatte das Wesentliche begriffen: Blau bedeutete aufwärts, Rot bedeutete abwärts. Ich versicherte mich der Dienste eines Discount-Brokers *execution-only*, das heißt, eines Börsenmaklers, der nur Befehle ausführt. Ich war bereit zu handeln. Ich steckte mir ein Schildchen an meinen Monitor, auf dem geschrieben stand: »Möge das Glück des Spielers sich zur Glorie des Kriegers gesellen« – und platzierte meinen ersten Wetteinsatz.

Man schrieb das Jahr 1988. Die Börse war zusammengebrochen. Der Himmel war schwarz von Exmillionären, die sich aus den Fenstern stürzten. Eine Grundregel des Markts lautet: Kaufe, wenn alle verkaufen; halte, bis alle zu kaufen beginnen. Oder, wie es Herr Rothschild ausgedrückt hat: *Kaufe, wenn das Blut durch die Straßen fließt, verkaufe, wenn die Posaunen erklingen.* Ich kaufte Aktien im Wert von zehntausend Pfund. Zwei Wochen später verkaufte ich sie um zwölftausendfünfhundert Pfund – also mit einem Gewinn von fünfundzwanzig Prozent –, einfach so. Ich hatte angebissen.

Aber es kam noch viel besser. Jemand bot uns für das *Waschhaus* hundertfünfzigtausend Pfund, eine Immobilie, die wir einige Jahre zuvor für fünfzigtausend Pfund erworben hatten. Selbst nachdem ich Jimmy und Sarah ausbezahlt hatte, hatte ich noch einen guten Schnitt gemacht. Es waren die späten Achtziger Jahre. Meine neue Karriere fühlte sich gut an.

Jimmy und ich hatten uns versöhnt, ohne dass wir uns ausgesprochen hätten. Mein Nervenzusammenbruch war von ihm völlig ignoriert worden. Aber das scheint bei Diktatoren eben so zu sein. »Niemals klagen, niemals erklären«, wie es Herr Pol Pot einmal ausgedrückt hat. Ich hingegen hatte mich für die Ansicht entschieden, dass, wenn sich zwei Männer streiten, derjenige, der sich zuerst ergibt, die noblere Gesinnung an den Tag legt. Oder vielmehr war es das, was ich rückblickend entschied, entschieden zu haben. Damals hatte ich einfach kapituliert. Ich wollte den Zusammenstoß zweier Persönlichkeiten nicht zu einer Katastrophe ausarten lassen. Es war besser, die Probleme zu überspielen und anzunehmen, dass sich daraus neue Möglichkeiten ergeben würden. Jimmy und ich taten uns also geschäftlich zusammen.

Wir gründeten die *Champagne Scotland Ltd.* Sehr limitiert, versteht sich. Wir hatten keine Ahnung von Champagner und Wein, Geschäft, Buchhaltung – oder von irgendetwas anderem, was diese Sache betraf. Als Paar waren wir ein perfektes Beispiel für die Gleichung Null plus Null gleich Null.

Was das Trinken anging, waren wir hingegen große Autoritäten. Komischerweise mochte ich das Zeug eigentlich gar nicht. Champagner schmeckt wie ein Apfel, den man mit einem Eisenmesser geschält hat. Ich konnte ihn von Essig nur aufgrund des Etiketts unterscheiden. Aber ich schnitt gern auf. Mein ganzes Leben würde ein Bacchanal sein.

Für unseren Lagereinkauf begaben wir uns nach Frankreich. Der Rolls fuhr sanft, freudig und dankbar an – wie eine gut in den Hintern gekniffene Witwe –, und wir rauschten aus Schottland ab und machten dabei so viel Lärm wie ein Goldfisch in seinem Glas. In unseren brandneuen Anzügen fuhren wir nach Épernay – als wären wir ein Pärchen arbeitsloser Schauspieler auf Urlaub.

Theoretisch fuhren wir natürlich los, um zu verkosten und auszuwählen – praktisch hieß das: um zu posieren und uns zu besaufen. Eine Grundregel des Weinverkostens besteht darin zu erklären, dass das Bouquet besser sei als der Geschmack oder umgekehrt. Ich konnte kaum den Unter-

schied zwischen einem Piat d'Or und einem Pétrus angeben –
bevorzugte aber den Letzteren, weil es ja so wichtig ist, seine
Verachtung für teure Dinge zur Schau zu stellen. Nebenbei
bemerkt: Wenn man niemandem auf die Nerven gehen
kann, gibt es auch wenig Grund zu trinken.

Wir machten bei einem Restaurant nach dem anderen
halt.

ICH: Mein Gott – können wir diesmal nicht einfach den roten Hauswein nehmen?

JIMMY: He – die Weinkarte, Garston.

ICH: *(schwach im Handgelenk, angesichts des gebundenen Folianten)*
Müssen wir uns wirklich jedes Mal, wenn wir ausgehen,
davon überzeugen, dass wir keine Ahnung haben, was wir
eigentlich tun?

JIMMY: Ach, halt's Maul. Was ich sag, is, dass sich eh keiner
auskennt, aber ich will mich auskennen. Nur um sozusagen
den kreativen Vorgang zu verstehn, Alter, den kreativen
Vorgang …

ICH: Warum bestellst du keinen Trigonometrietest auf Latei-
nisch zum Essen?

JIMMY: Alo, mein Freund! Eine Butelle vom besten Pedro
zweiundachzich sivubläh … Danke.

*(Die Angelegenheit wurde durch die Tatsache nicht erleichtert, dass we-
der Jimmy noch ich Französisch sprachen. Ich unternahm absolut keine
Anstrengung in dieser Richtung. Jimmy sprach fließend Schottisch mit
französischem Akzent.)*

SOMMELIER: Verzeihung, Monsieur?

ICH: Tja, das war ein Erfolg.

JIMMY: Ich bin ein Wortschmied, mein Lieber. Ein Wortschmied.

ICH: Sonnenklar!

*(Der Sommelier verneigt sich ehrerbietig am Tisch, und eine Flüssigkeit
wunderschön anzusehenden Purpurs schäumt in angenehmem Kontrast
zur weißen Leinentischdecke.)*

JIMMY: *(der ein gefährlich zerbrechlich wirkendes Glas mit seiner dick-
fingrigen Pranke packt)* Muss schon sagen. Ich hasse die
Scheißschotten. Ich scheiß auf die Engländer. Ich bin 'n
Europäer. Ich bin 'n Scheißeuropäer. Ich liebe diesen Ort,
Alter! Bonschur.

Wir tourten durch all die großen Häuser: Veuve Cliquot,
Moët & Chandon, Bollinger und Pol Roger. Inmitten der ge-
diegenen Ausstattung wurden wir an die Wand gespielt; wir
wirkten wie ein kitschiges Hochzeitsbillet mit aufgedruckten
Silberglocken auf einem Kaminsims eines Marquis des An-
cien Regime. Und der Anschein trügt niemals. Wir stahlen
Flaschen, klauten Nippes und sackten das Besteck ein, während Jimmy vor sich hin faselte. Er machte mich krank. Ich
toleriere so einiges. Sexuelle Abweichung, Drogenabhängigkeit, Leute, die andere umbringen; aber ich toleriere keinen,
der die englische Sprache vergewaltigt und mich dabei zu
Tode langweilt.

Zu guter Letzt scheiterte das Champagnergeschäft, wie
vorherzusehen war. Wir hatten es anfänglich bloß aufge-
zogen, um unsere Trinkgewohnheiten zu finanzieren. Womit
wir aber nicht gerechnet hatten, war, dass wir ein so senti-
mentales Verhältnis zu unserem Vorratslager entwickeln
würden. Wir konnten den Gedanken nicht ertragen, dass andere unser heiliges Elixier schlürfen würden. Wir trennten
uns widerwillig von einer Kiste hier und dort, aber schon
lange, bevor wir aufgaben, hatten wir uns in unserem eigenen Weinkeller aufs Altenteil begeben – eine Garage neben
Gateway, die wir »Cave« nannten (Jimmy glaubte vermutlich, das klänge Französisch). Die Decke war so niedrig, dass
ich mich kopfüber wie ein spanischer Kampfstier hinein-

drängen musste (Jimmy hingegen konnte auf Zehenspitzen stehen und erreichte sie immer noch nicht). Wir verbrachten dort zahlreiche Abende und tranken pflichtbewusst unser Geschäft leer.

Nebenan im Gateway trafen sich nach wie vor ernsthafte Bürger zu ihren Sitzungen, diskutierten Anliegen, teilten echte Gefühle miteinander und setzten sich einfühlsam mit ihren Problemen auseinander. Aber ich hatte herausgefunden, dass auch ein Dasein als Champagnersozialist das Ding sein konnte. Ich verstand die marxistische Umverteilung der Güter so, dass der ganze Mangel zu gleichen Teilen auf die örtlichen Bauern verteilt wurde. Aber ich war auch ein Anhänger der Trickle-Down-Theorie: Füttert man mich mit ausreichenden Mengen Kaviar, dann wird einiges davon auch den Abfluss hinunter zur Bruderschaft der Ratten sickern.

Zwischenzeitlich hielt ich auf den Aktienmärkten mit dem Dow-Jones mehr als nur Schritt. Ich verdiente in einer Woche mehr als die emsige Hand eines Hafenarbeiters in einem ganzen Leben. Ich entschloss mich, all das auf meine Schultern zu laden. Mein Tagesablauf verlief so geordnet, dass das Leben eines Trappistenmönches im Vergleich dazu einer Orgie glich. Ich stand mit den ersten Sonnenstrahlen auf. Ich las die *Financial Times*. Bereitete eine Leinwand vor. Machte meine Wetten, sobald der Markt öffnete. Dann malte ich drei Stunden. Nach dem Mittagessen (niemals mit Alkohol) las ich am Nachmittag.

Für jemanden, der so chaotisch und unausgeglichen war wie ich, war es eine absolute Notwendigkeit, strenger Routine zu folgen. Wenn ich mich gehen ließ, würde nichts weitergehen. Es vergingen ganze Tage, ohne dass ich mit jemandem sprach. Doch ich fühlte mich nie allein – oder gab es einfach nicht zu. Und es hatte auch etwas Befreiendes, nicht zu reden.

Ich zog das Spielen vor. Als ich zwischen meiner Staffelei und meinem Aktienkursmonitor hin und her wanderte, begann ich zu verstehen, dass Geldmachen weit mehr eine Kunst ist denn eine Wissenschaft. Meine zwei Hauptvergangenheiten hatten eine ganze Menge gemeinsam.

Wie Geld ist ein Gemälde *an sich* wertlos. Aber ich wurde vom Verlangen getrieben, etwas aus nichts zu machen – und die Aussicht, dass für mich am Ende wiederum nichts aus diesem Etwas herausspringen würde, machte das Ganze nur noch aufregender. Das Leben ist bloß ein Spiel – und jeder verliert. Warum also nicht weiterspielen, ohne sich um das Leben zu sorgen? Warum nicht die Probe wagen und herausfinden, ob die Götter entschieden hatten, mich zu begünstigen?

Der Verkauf meiner Bilder hätte nicht einmal einen Zwerg für einen Tag mit Pfannkuchen versorgt – wenigstens keinen gesunden Zwerg. Das machte mir Sorgen. Hatten nicht auch Kline und Pollock und De Kooning zwanzig Jahre lang gehungert, ehe sie erfolgreich wurden? Ich war nicht darauf vorbereitet, das in Kauf zu nehmen. Ich musste meine Einsätze streuen. Deshalb die Spielerei.

Ich fuhr die Kohle nur so ein. Ich hatte keine Ahnung, was ich damit anstellen sollte. Geld ist immer viel aufregender als alles, was man damit kaufen kann. Nun schien mich die Welt zu übervorteilen. Sie entzog mir die Mittel zu wachsen, indem sie mir alles gab, was ich jemals wollte. Ich musste etwas unternehmen. Eine der Mitford-Schwestern, so hatte ich einmal gelesen, hatte »Fluchtgeld« gebunkert, also Geld beiseitegelegt, für den Fall, dass sie ihren Mann verlassen sollte. Ich war mehr an »Lass-mich-allein«-Geld interessiert.

Zum ersten Mal in meinem Leben befasste ich mich ernsthaft mit dem Problem des Shoppings. Früher war ich immer gerne die Bond Street hinunterspaziert. Ich wurde gerne an Dinge erinnert, die ich nicht wollte. Die Geschäfte erschienen mir wie Wohlfahrtseinrichtungen (und die hasse ich, wie man weiß). Sie halfen den Superreichen (und den Vulgären), sich ihres Geldes zu entledigen. Sie verkauften eigentlich keine Gegenstände – Schächtelchen für Manschettenknöpfe aus Echsenleder, goldgefasste Drei-gewinnt-Spiele –, sie vertrieben viel exklusivere Waren: Sehnsucht, Selbstgefälligkeit, ewiges Leben.

Die Ausgaben nehmen mit der Höhe des Einkommens zu. Ein Geschäft könnte, so überlegte ich, als Waffenkammer für ein bisschen Konsumententerrorismus dienen – der im neiderfüllten Schottland so wirkungsvoll ist.

Erster Halt: ein neues Auto. Jimmy und ich hatten schon zweimal einen Rolls in Zahlung gegeben – gleich nachdem die Aschenbecher voll waren. Selbstverständlich scheuten wir keine Ausgaben. Und ich handelte niemals um den Preis. Das wäre einer Person meines Formats nicht angemessen gewesen. Wir hätten Geld sparen können, wenn wir, anstatt uns die teuren personalisierten Nummernschilder zuzulegen, einfach unsere Namen geändert hätten. (Hallo, ist vielleicht Herr LT06WZY anwesend?) Taten wir aber nicht. Stattdessen taten wir etwas völlig Lächerliches.

Das Rolls-Royce Corniche Cabrio sah zum Anbeißen aus. Die polierten Seiten glühten in einem köstlichen, feuchten Rosa. Ich liebkoste die lang geschwungenen Kurven der Radkästen wie sinnliche Hüften. Die weichen weißen Sitze verströmten den Geruch von Moschus und Leder. Ich ließ meine Fingerspitzen über das Profil des roten Schaltknüppels gleiten, ich strich mit meiner Handfläche über das rot gebeizte Armaturenbrett. Meine Füße sanken deliziös in den Teppich ein, und meine Zehen wanden sich darin. Ich lehnte mich zurück und ließ das Mädchen losgleiten. Vor mir, durch die Windschutzscheibe hindurch, konnte ich sehen, wie der Geist der Ekstase ihre Röcke hochwirbelte, eine vergoldete Galionsfigur, die aufreizend ihren Hintern gehoben hatte, ihr Kinn nach oben gereckt, als sie den Blick nach vorn richtete. Während ich ihr folgte, fixierte ich sie mit meinen Augen – wie das Korn durch die Kimme.

Es gibt keinen Besseren als mich, wenn es darum geht

Geld auszugeben und das auch zu zeigen. Ich hatte gerade hunderttausend Pfund rausgeblasen. Ich fühlte mich wie ein Lottomillionär – und sah wahrscheinlich auch wie einer aus. Aber das hier war viel mehr als nur ein Fahrzeug, es war ein »Leckt mich!« ins Gesicht der Schotten. Protzerei ist der passende Köder, angelt man nach Schmähungen.

Das Auto war ein ausgezeichneter Blitzableiter für lokale Ressentiments. Es wurde zerkratzt, bespuckt und beschimpft. Einmal wurden alle vier Felgen (aus maßgefertigtem Chrom) gestohlen. Jede von ihnen hatte so viel gekostet wie eine Sozialwohnung. Dann wieder wurde eine Schubkarre durch seine Windschutzscheibe geworfen (seltsam, womit diese zwergenhaften Schotten so alles herumwerfen). Im Sommer, wenn das Verdeck offen war, begann der Raketenbeschuss: Bierdosen, alte Schuhe, Chipstüten, Flaschen, Münzen, Schlüssel. Einmal landete ein Fischmenü direkt neben mir. Ich starrte unbeeindruckt weiter geradeaus. Es roch auch nicht schlimmer als eines der Mädchen, das erst kürzlich dort gesessen hatte (gleichwohl war es besser angezogen). Zudem bewahren Menschen mit Charisma, wenn sie angegriffen werden, immer Fassung, als ob nichts auf der Welt sie kümmere.

Meine Lieblingsunterhaltung bestand darin, an Bürgersteigen zu halten und nach dem Weg zu fragen. Die herabgleitenden Fenster machten einen imperialen Eindruck.

»Entschuldigen Sie, mein Herr, aber könnten Sie mir sagen, wie ich nach …«

»Verpiss dich, du verblödete englische Fotze!«

»Oh, vielen Dank auch, guter Mann!«

Um noch eins draufzulegen, stellte ich einen Chauffeur an. Ich brauchte ohnehin Personal. Es handelte sich schließlich nicht um ein Auto, sondern um ein Heim auf Rädern.

Ich hatte nur auf eine Chance gewartet, um mir zu beweisen, dass Geld mich nicht glücklich machte. Je mehr Geld man akkumuliert, desto weniger interessant wird man. Tief in meinem Innern wusste ich, dass Gott seine Verachtung für das Geld durch die Auswahl derjenigen zum Ausdruck brachte, die es verdienen. Das berührte mich. Ich hatte zwar erfolgreich am Aktienmarkt gespielt, verfügte aber immer noch über mündelsichere Unsicherheiten.

Eitelkeit bedeutet, dass die beiden Extreme Unsicherheit und Arroganz zusammentreffen. Gerade diejenigen, die sehr selbstbewusst sind, verfügen über eine geringe Selbstachtung. Keiner, der wirklich Selbstbewusstsein hat, hätte sich so schrill verhalten, wie ich es tat. Was war es bloß, was ich im Geheimen fürchtete? War es so, dass alles, was ich zu besitzen schien, nur Illusion war – war ich der Triumph des Stils über die Substanz? Ich wusste genau, dass ich, wie alle Trickbetrüger, am besten mit Berufen zurechtkam, die mehr Persönlichkeit als Talent verlangten. Auf gewisse Weise war ich das Produkt meiner Zeit. In einer Welt, in der wir uns gleichzeitig als Ware und als ihr Verkäufer betrachten, beruht unser Selbstwertgefühl auf Bedingungen, die sich unserer Kontrolle entziehen. Sind wir »erfolgreich«, sind wir nützlich; sind wir es nicht, sind wir wertlos.

Ich war »erfolgreich«, fühlte mich aber wertlos. Alles, was in meine Hände fiel – wie wenig Arbeit ich auch aufwenden musste, um es zu bekommen –, zerfiel zu nichts und verlor jeden Wert. Ich kann mich noch gut erinnern, wie der neue Rolls geliefert wurde. Ich sah ihn in meiner Garage an und dachte: Na und? Was jetzt? Der Besitz hatte ihn all seines Werts beraubt.

Gewiss hatte ich nicht viele Freunde. Meine Beziehung zu Jimmy war so voller Geheimnisse und Lügen, dass sie völlig festgefahren war. Aus all dem Misstrauen, das ich Ev gegenüber hegte, hätte ich eine Kathedrale errichten können. Das große Finale stand noch aus, und das war das Problem. Man kann zwar jederzeit wieder einen tollen Streit anzetteln, der wird aber immer dort hohl bleiben, wo man ihn bereits zugekleistert hat.

Ich grollte, dass *er* die Aufmerksamkeit für die Arbeit bekam, die *ich* getan hatte. Wut stieg in mir hoch, wenn sich Leute an ihn und nicht an mich wandten. Einmal holten wir mit dem Rolls-Royce einen Häftling ab. Als der Pressefotograf auftauchte, wurde ich behandelt, als sei ich Luft. Man sagte mir nur, ich solle im Auto sitzen bleiben, während sie an den Wagen gelehnt für die Titelblätter posierten. Ich senkte meinen Kopf auf das Lenkrad und bedeckte mein Gesicht. Ich hasste es, ihren Fahrer spielen zu müssen. Aber sie bekamen das gar nicht mit. Ich fuhr schweigend nach Hause, in meinem Hirn schwelte es. Es ist keineswegs verwunderlich, zuweilen seinen besten Freund zu hassen.

Ich begann, weniger Zeit mit ihm und dafür mehr Zeit in meiner neu eingerichteten Wohnung zu verbringen und die Wand anzustarren. Ich hatte eine Menge Geld dafür ausgegeben. Wenn man sich absolut verloren fühlt, ist das Beste, was man tun kann, sich so einzurichten, als sei man zu Hause.

Ich hatte genug Geld, um mich vor Alltäglichkeiten zu bewahren, aber ich hatte nicht genug, um mir einen Weg aus der Langeweile zu erkaufen. Ich arbeitete die ganze Woche über ganz bewusst und trank mich dann an den Wochenenden bewusstlos. Das lief schnell aus dem Ruder. Wenn ich allein war, trank ich aus denselben Gründen wie jeder andere einsame Trinker: um mich selbst loszuwerden, um mich selbst wegzuschicken. Abends saß ich da und lauschte der Musik mit wehmütigem Herzen, sehnte mich nach etwas, das mich retten würde. *Oh Flasche, mein einziger Freund, warum leerst du dich von ganz allein?* Meine Einsamkeit dröhnte wie ein Nebelhorn über den Ozean der Menschlichkeit. Es schien, als würde es andere davor warnen, mir zu nahe zu kommen.

Man braucht keinen Mut, um sich falsche Handlungen einzugestehen. Man braucht ihn für die lächerlichen. Davon überzeugt, dass es mein Nachbar gewesen war, der die

Schubkarre in meinen Rolls geschmissen und die Felgen gestohlen hatte, beschloss ich, seinen MG in Brand zu setzen. Eines Abends kam er nach Hause und fand seinen heiß geliebten Imp ausgebrannt vor. Nur die vier Felgen waren übrig geblieben. Ich hatte sie abgenommen, bevor ich das Auto mit Benzin übergossen hatte. Ich hatte sie poliert und wieder angebracht, nachdem das Chassis geschmolzen war, damit er auch wusste, dass ich wusste – und da glänzten sie wie Medaillen meines Sieges! Bis heute weiß ich nicht, ob dieser Angriff berechtigt war, aber möge mein Nachbar zu seinem Trost hier lesen, dass es mich glücklich gemacht hat.

Dann fing ich mit Ladendiebstahl an. Stehlen war etwas, das mich seit meiner Kindheit begleitete, und je reicher ich war, desto interessanter wurde es. Meine gesamte Existenz beruhte auf der irrationalen Angst, man könnte mich mit einem guten Bürger verwechseln. Nun aber hatte ich mir alle bürgerlichen Werte, die ich so verachtete, zu eigen gemacht: Karriere, Opportunismus, Selbstgefälligkeit und Speichelleckerei. Das musste zum Thema gemacht werden. Und mir war egal wie. Moral? Das kann ich mir nicht leisten, meine Liebe!

Selbstverständlich verlangte meine Rebellion nichts weniger als intellektuelle Disziplin. Mein Geist formte sich in einem nietzscheanischen Akt des Willens. Ein Mann ist nicht ehrlicher, weil er niemals die Möglichkeit zu stehlen hatte, schlussfolgerte ich. Ich würde von Fragen der Herkunft und des Hintergrunds absehen – mich aber trotzdem aufs hohe Ross setzen. So stellte ich mir das wenigstens vor. Moralische Empörung erlaubt es der Dummheit, unter dem Deckmantel der Rechtschaffenheit aufzutreten.

Anarchische Ereignisse fordern oftmals unnachgiebiges gesellschaftliches Verhalten. Ich stand früh auf und legte einen Nadelstreifanzug aus der Savile Row an, meine dicksten und glänzendsten Manschettenknöpfe und setzte meinen Hut auf. Mit einem Regenschirm über dem einen Arm ließ ich mich in meinen Rolls gleiten und fuhr los zum Iceland-Supermarkt. Es bedarf eben eines gerüttelten Maßes an Finesse, um impertinent zu sein.

Ich rollte die Easter Road hinunter – durch einen der ärmlichsten Bezirke der Stadt. Nachdem ich aus dem Auto gestiegen war – und nicht vergaß, es pompös mit einem dieser Funkautoschlüssel abzuschließen –, stöckelte ich weiter und kickte mit meiner makellos polierten Lederschuhspitze anmutig eine leere Tennent's-Bierdose aus meinem Weg. Meine eisenbesetzten Absätze klickten befriedigend auf dem Pflaster. Mein Spiegelbild in der automatischen Tür des Supermarktes sah blendend aus.

Ich setzte meinen Weg fort, bummelte an den Verkaufsregalen entlang und füllte meinen Beutel mit den teuersten Waren, die ich ausfindig machen konnte – was in der arktischen Landschaft eines Iceland-Supermarkts nicht gerade viel war. Dann marschierte ich einfach mit hoch erhobener Nase raus.

Traurigerweise schien ich zum Abgreifer nicht begabt zu sein. Ich wurde sofort entdeckt (wie hätten sie die Zeichen auch übersehen können), auf die Straße hinaus verfolgt und zur Vernehmung zurückgebracht. Ich wurde in ein Büro geführt und setzte mich, während der Marktleiter mit der Polizei telefonierte. Sie kamen an: drei Stück, ausgerüstet mit Funkgeräten, Schlagstöcken und Handschellen. Ich nahm einen tiefen Atemzug, richtet mich zu ganzer Größe auf und dröhnte: »WISSEN SIE EIGENTLICH, WER ICH BIN?«

»Ein Ladendieb?«, erkundigte sich der Marktleiter.

Draußen sahen die Polizisten und die Ladenmitarbeiter den Rolls. Ich belauschte einen von ihnen, wie er flüsterte: »Da kannste nichts machen. An 'nem Samstag in der Easter Road mit so 'nem Schlitten! Dem is nich mehr zu helfen. Sieht man gleich.« Irgendwie hatte er recht. Was ist ein Kleptomane schon anderes als einer, der sich nicht zu helfen weiß, obwohl er sich selbst bedient? Wie auch immer – zuletzt hatte ich Glück, und von einer Anklage wurde abgesehen.

Aber mir war immer noch langweilig. Deshalb fing ich an, nach einer anderen Unterhaltung Ausschau zu halten. Eines Morgens entdeckte ich sie an der Börse. Optionsscheine. Optionsscheine sind das Crack der Stadt. Im Grunde sind das Langzeitanlageformen, die nach dem Schmetterlingseffekt funktionieren: Eine Minute Bewegung im Börsenkurs der Stammaktien hat kolossale Folgen für die Optionsscheine. Rauf oder runter selbstverständlich. Nicht selten verfallen Optionsscheine und sind wertlos.

Ich entschied deshalb, es noch etwas weiter zu treiben. Von der Bank lieh ich mir Geld, um Optionsscheine zu kaufen. Das war natürlich nicht falsch, denn der Flügelschlag des Schmetterlings ist schließlich die Grundlage der Chaostheorie. Um aber gerissen genug zu sein, all das Geld aufzutreiben, musste man erst mal so blöd sein, das überhaupt zu wollen.

1990 kaufte ich Optionsscheine börsennotierter Unternehmen im Wert von hundertfünfundzwanzigtausend Pfund zum Stückpreis von dreißig Pence. Sie hatten eine Laufzeit von fünf Jahren. *Früh und tapfer kaufen oder gar nicht.* Sie brachen sofort auf zwanzig Pence pro Stück ein. Wie betäubt starrte ich auf den Monitor. Ich hatte einundvierzigtausend Pfund in nur einer Woche verloren.

Ich würde niemals einer Bank trauen, die jemandem wie mir Geld leiht. Trotzdem ging ich zurück, um mehr zu holen. Meine Geschäftsanteile hatte ich schon als Schuldensicherheit eingesetzt. Jetzt spielte ich mit meinem eigenen Haus. Das brachte mir ein Darlehen von zweihunderttausend Pfund. Ich würde nun im Rahmen meiner finanziellen Möglichkeiten leben – selbst wenn ich mir dafür Geld leihen musste.

Ich verdoppelte meinen Einsatz und investierte weitere hundertfünfundzwanzigtausend Pfund in Optionsscheine zu zwanzig Pence. Damit sollte alles erledigt sein. *Kaufe, wenn das Blut durch die Straßen fließt.* Und es floss. Es war mein Blut.

Ich hatte eine Million Optionsscheine. Jedes Mal, wenn sie um einen Penny stiegen, machte ich zehntausend Pfund. Jedes Mal, wenn sie um einen Penny fielen, verlor ich zehntausend Pfund. Sogar ich konnte mit solchen Zahlen umgehen. Ich saß wie hypnotisiert vor dem Monitor – wochenlang. Die Differenz zwischen Etwas und Nichts beträgt nichts.

Letztlich benötigte mein Lebensstil meine Anwesenheit nicht mehr. Das war möglicherweise gar nicht so schlecht. Schottische Winter sind unverbesserlich. Sie enden im August und fangen im September an. Manchmal gibt es einen Lichtblick während des Tages. Wie miserabel man sich auch fühlen mag, zuweilen platzt die Heiterkeit grob herein. Aber abends scheint sich alles wieder zu verschlimmern.

Was wäre, wenn ich mein volles Potenzial entfalten würde? Der Gedanke war erschreckend. Was konnte ich machen? »Du musst dein Leben riskieren, um am Leben zu bleiben, Sebastian«, sagte ich zu meinem einzigen Freund – dem Spiegel.

Die Elenden kehren ausnahmslos ins vertraute Refugium zurück – zu den tröstlichen Gewohnheiten der Kindheit. So auch ich. Ich hatte einige Zeit versucht, Haie zu malen, und mich dabei verzweifelt bemüht, ein wenig von ihrer schwer fassbaren stromlinienförmigen Kraft einzufangen. Leinwand nach Leinwand wurde angeschafft, signiert und anschließend sofort zerstört. Es war frustrierend. Da gab es ein Thema, das mich heimsuchte – etwas, an dem ich meine Gefühle festmachen konnte –, und dennoch konnte ich es nicht malen. Ich zog meinen Schluss. Ich musste diese Kreatur treffen. Persönlich.

Es gab da nur ein winziges Problem. Ich konnte kaum schwimmen, von tauchen ganz zu schweigen. Ich war ein Feind des Meeres. Und der Grund, warum ich das Meer hasste, waren die Haie. Genau genommen hatte ich mich niemals hineingewagt. Nachdem ich *Der weiße Hai* gesehen hatte (vielleicht zehn Mal), war ich ziemlich sicher, dass ich nie wieder mein Badezimmer betreten würde, nicht zu reden vom Ozean. Mut ist aber nicht die Abwesenheit von Furcht. Sie ist ihre Überwindung.

Ich kontaktierte Rodney Fox, einen Australier, der ein berüchtigter und führender Experte für weiße Haie war. Als Chefberater für den Film *Der weiße Hai* war er einer der wenigen Menschen, die einen Angriff überlebt hatten. Er war beim Harpunenfischen, als ein Hai, der vom Todeskampf seines Fangs angelockt wurde, aus dem Nichts hervorstieß. Er sah ihn nicht kommen.

Die Zähne schnitten durch ihn hindurch wie durch Butter. Er wurde im Maul des Hais nach unten gezogen. Hilflos, doch mit der kalten, beinahe klinischen Distanziertheit, die sich in der höchsten Panik einstellt wie ein kreischender Oberton, prügelte er gegen die Schnauze des Hais und stach nach dessen Augen. Das Tier ließ los, kreiste ein wenig und kam wieder herangeglitten.

Wie Fox berichtete, war die Aufmerksamkeit des Hais aber genau in diesem letzten Moment durch seine Signalboje abgelenkt. Der Hai schoss an die Oberfläche, schnappte sie sich und riss sie mit sich in die Tiefe. Hilflos wurde Fox an dem Seil, das die Boje mit seinem Gürtel verband, hinterhergezogen. Was für ein unglaubliches Pech! Dem Kiefer eines großen weißen Hais zu entkommen und dann zu ertrinken.

Es war wie ein Wunder. Die stahlverstärkte Leine riss – oder der Gürtelkarabiner brach. Ich denke nicht, dass er sich daran erinnert – oder dass ihn das auch nur irgendwie interessierte. Entscheidend war, dass er an die Oberfläche trieb und jemand – wahrscheinlich einer seiner Mitfischer – ihn fand und zurück ans Ufer brachte.

Der Krankenhausbericht liest sich grauenvoll. Sein Brustkorb war beinahe vollständig zerfetzt. Zähne hatten sich durch Muskeln geschlagen und waren auf Knochen gestoßen. Die Chirurgen beschrieben, wie die Zähne des Hais das Herz von Fox wie eine Palisade umzäunt hatten. Praktisch mittendurch gebissen, zusammengehalten nur durch den Taucheranzug. Am schlimmsten waren aber die seelischen Narben. Fox sagte, er würde niemals die riesige konische Schnauze vergessen, die im purpurroten Nebel seines eigenen Blutes in die Dunkelheit geragt hatte.

Anfänglich war Fox rachedurstig. Die ersten Jahre jagte er die großen weißen Haie in den Ozeanen. Er kannte seinen Feind nun, besser vielleicht als jedes andere lebende Wesen. Und indem er begann, ihn zu verstehen, änderte er sich. Die Angst verwandelte sich in Ehrfurcht, Hass in Respekt. Als ich ihn traf, war er schon einer der führenden Aktivisten, die sich für den Schutz dieser Spezies einsetzten. Jahre nach dem Haiangriff, und nachdem er mit Tausenden Stichen wieder zusammengeflickt worden war, hatte er sein Leben dem Studium eines Tieres gewidmet, das seines beinahe beendet hätte.

»Du musst dich erst zum Taucher ausbilden lassen, Kumpel«, sagte er zu mir, als ich ihn fragte, ob ich bei einer seiner Expeditionen dabei sein könnte. Das war leichter gesagt als getan. Ich begann in einem Swimmingpool in Leith. Da ich aber nicht erkennen konnte, wie mich das auf ein Treffen mit dem fünf Meter langen und zwei Tonnen schweren, auf der Welt am meisten gefürchteten Raubtier vorbereiten sollte, stieg ich ins Flugzeug und machte mich auf zu einem Crashkurs in Thailand. Zum ersten Mal war ich im Meer, und es war keine angenehme Erfahrung. Tauchen ist das Armageddon des Dandys. Es ist unbequem, unangenehm und unkleidsam. An einem Taucheranzug lässt sich absolut nichts finden, was in Stilfragen die Bezeichnung »schön« verdienen würde.

»Ich hasse Tauchen«, sagte ich zu meinem fetten thailändischen Tauchlehrer. »Ich bin nicht sportlich. Und weil wir gerade dabei sind: Mich interessiert das alles in keinster Weise – alles, was ich will, ist, den großen weißen Hai treffen.«

Er glaubte mir nicht. Als beim schriftlichen Teil der Prüfung die Frage »Was tun Sie, wenn Sie beim Tauchen einen Hai sehen?« gestellt wurde, antwortete ich: »Die Augen schließen?« Ich bestand. Allerdings nehme ich nicht an, dass sie in Thailand Englisch besonders gut verstehen.

Im düsteren Monat Januar, wenn die Engländer sich zu ertränken oder aufzuhängen belieben, machte ich mich ins sonnige Australien auf. In der Regel kann ich Tourismus nicht ausstehen. Ich bin ein Bürger mit Selbstachtung. Ich besitze keine Bermudashorts.

Die Touristenwerbung erzählt immer nur die halbe Wahrheit. »Komm nach Australien. Wo der Sommer den Winter verbringt.« Dabei wird unterschlagen: »Und wo die Hölle den Sommer verbringt.« Hier wiederum gibt es den Wetterbericht nur, um zu unterscheiden, ob die Hitze dein Haus zum Schmelzen bringen wird oder nur das Eis in deiner Hand. Das ließ nichts Gutes ahnen. Meine Persönlichkeit neigt dazu, in der Hitze zu verdunsten. Schlimmer noch: Mein Erscheinungsbild wird zu ständiger Nichteleganz verdammt.

In meinem heroischen Versuch, die Sonne zu bekriegen, bediente ich mich der Garderobe. Ich hatte einen feinen Kammgarnanzug in einem mehr als reizenden Rosaton mitgebracht. Man weiß nur, wann es genug ist, wenn man weiß, was zu viel ist – meiner Meinung nach komplettierte ein rosafarbener, mit Spitze versehener Sonnenschirm diesen Look. Das war nicht ganz so lächerlich, wie man vielleicht denken mag. Immerhin begab ich mich auf See. Und da ich wie eine Frau gekleidet war, würde ich zumindest als Erster das Rettungsboot besteigen.

Ich machte mich auf nach Adelaide, wo ich die Mannschaft treffen sollte. Bei einer Expedition wie dieser muss man seine Gefährten sorgfältig auswählen: Vielleicht ist man gezwungen, sie zu verspeisen. Sie alle waren Meeresbiologen und erfahrene Taucher. Ich nehme an, sie dachten, ich wäre auf dem Schiff so nützlich wie ein Fahrrad. Und das war ich auch.

Wir setzten die Segel. Unser Ziel war die windgepeitschte Weite des großen Südpolarmeeres. Für die alten Seefahrer war dies einer der gefährlichsten Orte der Welt gewesen. Wenn die Kälte die Schiffbrüchigen in diesen gewalttätigen Gewässern nicht für sich reklamierte, würden es gewiss die Haie übernehmen, dessen war man sich sicher. Nichts wurde mehr gefürchtet und verabscheut als diese Teufel aus der Tiefe. Matthew Flinders, der erste Europäer, der in diesen Gewässern kreuzte, verlor acht Männer, die spurlos verschwunden blieben, nachdem ihr Boot gekentert war. Die Namen, die die Seeleute hinterlassen haben, klingen wie eine Litanei dieser Trauerspiele: Sarg Bai, Bucht der Erinnerung, Kap der Katastrophe, und der Ort, an den wir wollten, trug den beruhigenden Namen Riff der Gefahr.

Ich nehme an, ein Schiff ist in der englischen Sprache immer weiblichen Geschlechts, weil es dick gestrichen ist, schwergewichtig und nach Fisch stinkt. Die *Nenad* – ein achtzehneinhalb Tonnen schwerer, zum Thunfischfang bestimmter Schleimkübel – war da keine Ausnahme. »Es ist keine Frage der Größe des Schiffes, es ist eine Frage der Höhe der Wellen«, versicherte uns Rodney. Die Haikäfige, die an Deck festgezurrt waren und mittels Winden ins Wasser gehievt werden konnten, hatte er entwickelt. Sie bestanden aus Aluminiumstangen und waren ungefähr eineinhalb Meter breit und zwei Meter hoch. Aber sie sahen auf alarmierende Weise zerbrechlich aus. Und der Beobachtungsschlitz, durch den man eine Kamera nach außen richten konnte, schien groß genug für einen Hai, um seine Schnauze reinzustecken.

»Aber nicht groß genug, um sie aufzureißen«, lachte Fox. »Ich habe noch niemanden verloren.« Nichtsdestotrotz wurden die Kameraleute angewiesen zu filmen – was auch immer kommen möge.

Wir warteten eine Woche, arbeiteten in Schichten, Tag

und Nacht, und schwenkten glitschige Köder – zerhackte Eingeweide in einer Blutsuppe – an der Wasseroberfläche hin und her, um die Haie anzulocken. Als wir über das grenzenlose Wasser starrten, war meine größte Furcht, dass sie nicht kommen würden. Der große Weiße ist berüchtigt dafür, scheu zu sein.

Wir vertrieben uns die Zeit damit, Hummerfangkörbe fürs Abendessen auszuwerfen und diskutierten die Taktik, für den Fall, dass die Haie kämen. Es gab Gewehre an Bord, was lustig war, denn wir lernten alle schießen, auch wenn es nicht viel gab, auf das man hätte zielen können. Nur Blechdosen und vorbeiziehende Delfine. Die Mannschaft sprach vom großen Weißen mit Ehrfurcht und Verehrung.

Nur wenig ist über Haie bekannt: Wo sie sich aufhalten, wann sie sich paaren, wie sie sich fortpflanzen. Niemand weiß, wie lange sie leben oder wie viele es überhaupt noch gibt. Als Überlebender von mehr als vierhundert Millionen Jahren Evolution entzog sich der große weiße Hai allen Anstrengungen des Menschen (oder ignorierte sie), ihn unter Kontrolle zu bringen oder ihn wenigstens zu verstehen. Eingesperrt in ein Aquarium stirbt er zumeist sofort. Er muss immer in Bewegung bleiben, um Wasser durch seine Kiemen strömen zu lassen. Der Hai schläft niemals. Er schwimmt nur, frisst und reproduziert sich bei Gelegenheit. Er hat keine anderen Hobbys. Von Natur aus ist er ein einzelgängerisches Tier. Ein Tier von solch zerstörerischer Grausamkeit, dass er seine eigenen Geschwister im Mutterleib auffrisst. Und gleichzeitig ist er so sensibel, dass er einen Herzschlag über viele Meilen hinweg vernehmen kann.

Manche Forscher nehmen an, dass der große weiße Hai eines jener Geschöpfe ist, über die man niemals richtig Bescheid wissen wird. Trotzdem durchfuhr mich immer, wenn ich diese schwarze Rückenflosse aus Mythos und Albtraum die Wellen teilen sah, ein Schock der Selbsterkenntnis.

Als ich das erste Mal ins Wasser hinabgesenkt wurde, kauerte ich mich am Boden des Käfigs zusammen. Mein Atem dröhnte in meinen Ohren. Als ein Hai geräuschlos aus der Dunkelheit hervorglitt, bemerkte ich zuallererst seinen immensen Körperumfang. Ich wusste aus der Theorie, dass ein Hai lang war, doch ich hatte nicht erwartet, dass er auch so breit wie das Boot sein würde. Seine Größe schien mir irgendwie unpassend.

Das böse Grinsen seines Mauls strömte schnittig an mir vorbei; die unheilvollen Augen; die Kiemen, wie tiefe Schnitte in der Haut; und die blasse Schwarte seiner Flanke, auf der sich die silbernen Muster des Lichts kräuselten. Und dann, mit einem einzigen Schlag seiner Schwanzflosse, verschwand er wieder in der Dunkelheit der Jahrhunderte, aus der er gekommen war.

Von diesem Zeitpunkt an blieben die Haie für Wochen bei uns und umkreisten das Boot. Bei Tag prügelten und droschen sie sich beim Heck des Schiffes und peitschten das Wasser zu blutigem Schaum. Sie kämpften um Brocken von Pferdefleisch. Sie stießen aus der Tiefe hervor, durchbrachen die Oberfläche der See und verschlangen ganze Lenden mit nur einem einzigen Biss. Nachts sah ich die schwarzen Schatten unter der Meeresoberfläche hin und her gleiten, ertappt von den Lichtern an Deck. Es war eine demütigende Erfahrung. Wie beim achtlose Wellenschlag des Ozeans oder dem Kometenflug am nächtlichen Himmel sah man sich hier einer Macht gegenüber, die sich in keiner Weise um unsere Wünsche scherte.

Zuweilen schlugen sie unten gegen die Käfige, um an die Taucher heranzukommen. Diese Kreaturen sind so stark, dass sie ein kleines Boot in Kleinholz verwandeln können. Dennoch griff ich einmal aus dem Käfig heraus und berührte einen. Rodney hatte uns angewiesen, vorsichtig zu sein. Ihre Haut ist so rau, dass man sich an ihr schneiden kann, warnte er uns. Ich hatte dicke Handschuhe angezogen und wartete in einer Ecke, sah zu, wie er mehrere Male am Käfig vorbeiglitt, während ich herauszufinden versuchte, in welchem Winkel ich mich ihm am besten nähern konnte. Als seine Flanke an der Sichtöffnung vorbeizog, stieß ich vor und griff nach seiner Brustflosse. Die Haut war so hart wie ein Autoreifen und mit Narben übersät. Ich schaffte es nur, die Flosse für einige Sekunden festzuhalten. Aber das war beglückend genug. Ich hatte ein lebendes Fossil berührt. Ich hatte etwas angefasst, das älter war als die gesamte Geschichte der Menschheit.

Der nächste Morgen verlief nicht so reibungslos. Ich war mit einem der anderen Taucher unten und drei Haie umkreisten uns. Ihre Vorgehensweise war zögernd – beinahe sanft. Sie hielten Distanz zueinander, schienen aber in perfekter Harmonie zusammenzuarbeiten, umkreisten und umrundeten uns dicht unter der Wasseroberfläche und versuchten herauszufinden, auf welchem Wege sie uns am besten verspeisen konnten. Selbst wenn man einigermaßen geschützt auf der Lauer liegt, ist die Anwesenheit eines großen Weißen absolut überwältigend.

Ganz plötzlich schlug die Stimmung um. Einer von ihnen tauchte unter uns ab, schoss dann wieder an die Oberfläche und krachte in die Rückseite des Bootes. Ein anderer wendete und biss in eine der Halteleinen des Käfigs. Das fünf Zentimeter dicke Seil riss wie ein Baumwollfaden. Der Käfig drehte sich und kippte. Wie eine in die Ecke geschleuderte Stoffpuppe blickte ich zu meinem Kollegen hinüber. Hinter der Taucherbrille hatten sich seine Augen vor Grauen geweitet.

Durch das trübe Wasser konnte ich die Felsen eines Riffs erkennen. Das Boot trieb offensichtlich darauf zu und zog uns in unserer gekippten Falle mit sich. Die Strömung riss uns nach unten und die Haie umkreisten uns. Gerade noch hatten sie friedlich und stromlinienförmig gewirkt, jetzt aber waren ihre Rücken gekrümmt, jeder Muskel war gespannt. Ihre Schwanzflossen schlugen scharf hin und her.

Die *Nenad* erwachte zum Leben. Ich hörte das Röhren der Motoren, als sie angeworfen wurden. Die Schiffsschrauben wühlten das Wasser zu weißem Schaum auf. Der Käfig wurde so heftig nach vorn gerissen, dass wir in eine andere Ecke stürzten. Unsere Sauerstoffflaschen klirrten gegen das Aluminiumgestänge. Das Wasser flutete uns entgegen, zerrte an unseren Taucherbrillen und riss uns die Atmungsgeräte aus dem Mund. Die Käfigtür öffnete sich, als wir dagegenprallten.

Wo waren die Haie? Ich mühte mich, sie in der Dunkelheit auszumachen. Ich versuchte, meinen Kopf nach links und rechts zu werfen. Ich suchte und suchte. Und dann war da plötzlich einer, kam direkt auf mich zu, teilte das Wasser mit seinen geschmeidigen Bewegungen. Ich starrte in Augen, zurückgerollt, gespenstisch weiß. Sah das teuflisch verschlagene Grinsen, das Maul mit dem ausgestülpten Zahnfleisch und den Zähnen, das aussah wie eine Kettensäge nach einem Unfall, verschmiert mit Blut und Fleischfetzen. Mein Gott. Oh mein Gott. Ich fiel zurück in die tiefstliegende Ecke des Käfigs.

Als am Boot schließlich die Maschinen abgestellt wurden, waren die Haie nicht mehr da. Eine unheimliche Ruhe durchzog das Meer. Ich drehte mich immer wieder in alle Richtungen. Wo waren sie? Alles war still.

Rodney lehnte sich über die Reling. »Hab' dich fast verloren, Kumpel!«, meinte er.

In der letzten Nacht ging ich in der Abenddämmerung nochmals allein hinunter. Ich wollte mich verabschieden. Ich war zehn Minuten unten, als plötzlich ein gewaltiger bleicher Schatten hinter meinen Schultern vorüberzog. Ich war überwältigt von einem Gefühl der Ehrfurcht vor der Majestät dieses Tieres. Es war ein tiefer Respekt. Das war nicht das mörderische Monster aus den Filmen. Dieses Tier war eines der Wunder dieser Welt.

Mir war ganz schwindelig vom Wunsch, die Luke des Käfigs zu öffnen, ins Weite hinauszuschwimmen und mich in diesem heiligen Abgrund zu verlieren. Wegzutreiben und den Schmerz zu beenden. Es war eine unheimliche, verlockende Empfindung. Sie sang wie eine Sirene. Der Mensch ist das einzige Tier, das sich willentlich der schwarzen Tiefe überantworten kann, selbst wenn er versteht, dass dies das Vergessen bedeutet.

Erst als die Ölfässer mit dem stinkenden Köder leer waren, verließ die *Nenad* das Riff der Gefahr. Die Haie verschwanden, woher auch immer sie gekommen waren.

Ich war nicht daran interessiert, mir irgendetwas anderes anzusehen. Die anderen tauchten weiter, doch ich blieb an Bord. Was hätte ich am Great Barrier Riff gewollt? Es war das Vulgärste, was ich jemals gesehen hatte: eine Kollision von fürchterlich lauten Farben. Es war das billigste und geschmackloseste Stück Abfall, das es auf dieser Welt gibt. In der Tat erinnerte es mich – nun ja – an mich.

Ohne mich zu fragen, kam die Sonne wieder raus. Ich setzte mich mit meinem Sonnenschirm an Deck und beobachte von dort aus das Boot der Taucher, das über das grüne Wasser kroch wie ein langbeiniges Insekt über ein Blatt. Der Ozean war wie immer ein Rätsel. Warum donnerte er so vor sich hin und machte all den Lärm? Was in aller Welt wollte er?

Was wollte ich? Wenn man viel reist, dann ist das eine Art Selbstauslöschung. Meine Passage war genau das Gegenteil gewesen. Ich hatte dem Überleben mitten ins Gesicht geblickt. Nun wollte ich wieder reisen – aber nicht um irgendwo anzukommen. Ich wollte nur los. Ich hatte meine Entscheidung getroffen. Ich würde Edinburgh verlassen ... eines Tages.

Es war ein Entschluss, der wie immer pünktlich zum Abendessen gefasst wurde. Am 8. November 1991, um genau sechs Uhr abends, begann ich, mich fertig zu machen. Ich zupfte meine Augenbrauen zu zwei ordentlichen Büscheln und tuschte meine Wimpern, bis sie so dick waren wie die Bürsten von Kaminfegern. Ein bisschen Lippenstift ... und dann takelte ich mich auf wie ein Paradeschiff. Ein roter dreiteiliger Samtanzug, so schreiend, dass mir die Leute, hätte ich in ihm an einer Straßenecke gestanden, Briefe in den Mund gesteckt hätten, weil sie mich mit einem Briefkasten verwechselt hätten. Was auf alle Fälle besser war, als mir Worte in den Mund zu legen, wie ich wohl annehmen darf. Ich stand stolz vor dem Spiegel, reflektierend. Männer, die einmal begriffen haben, wie schön sie sind, betört ihr eigener Anblick viel mehr, als das bei Frauen jemals der Fall sein könnte.

Ich traf Schwester in einem edlen neuen Restaurant mit Namen Waterloo Place. Ash lebte damals in Edinburgh und besuchte einen Astrologiekurs. (Habe ich genug von ihr berichtet? – Ja!) Ich erblickte auf der anderen Seite des Raumes eine Frau mit einem Gesicht von so herausragender Schönheit, wie man es gelegentlich auf der Straße zu sehen bekommt, aber niemals unter den eigenen Freunden. Es war in seiner klassischen Eleganz perfekt – ein ägyptisches Gesicht, übertragen ins Englische. Und wie das Gold der Pharaonen umgab auch sie eine kostbare Aura. Die Haut so blass, dass man sie sicherheitshalber nur dem Nebel aussetzen sollte, und ein Hauch von Zerbrechlichkeit – die ich schänden wollte. Neben ihr saß ein schwarzer Mann.

Ich rief den Sommelier herbei und schickte ihn mit einer Nachricht und einer Flasche (Dom Perignon 1982) an ihren Tisch.

»Das ist von dem Herrn in rotem Samt«, teilte er ihnen mit.

»Ich nehme an, dass ist wohl eher für dich als für mich«, sagte ihre Begleitung.

»Der Herr lässt mitteilen, sie seien die schönste Frau, die er je gesehen hat«, bestätigte der Sommelier.

Nachdem sie ihr Abendessen beendet hatten, kam das seltsame Paar zu uns herüber, um sich zu uns zu gesellen. Ich

hatte Schwierigkeiten zu sitzen, ganz zu schweigen aufzustehen, nichtsdestotrotz hielt ich mich steif aufrecht. *Recht so.*
Dachte ich, durch den Alkoholnebel in meinem Hirn hindurch. *Taktik. Isolieren. Angreifen.*

»Herr, eh, Pilkington«, hub ich auf diese joviale und über-
zivilisierte Art und Weise an, die man gebraucht, wenn man
sich an Burschen wendet, die nicht ganz dieselbe Hautfarbe
haben wie man selbst. »Entspannen Sie sich, und erzählen Sie
mir die Geschichte ihres Lebens in Echtzeit.« Ich hoffte, ihm
eine dieser endlosen Antworten zu entlocken, die es mir gestatten würde, mich im Stillen in die Konversation der beiden Mädchen einzuschleichen. Glücklicherweise gehörte er
zu denen, die wörtlich nehmen, was ich sage. Manchmal frage ich mich, ob er immer noch dort sitzt und nicht mitbekommen hat, dass alle anderen schon aufgestanden sind
und den Tisch vor fünfzehn Jahren verlassen haben.

»Ich hatte immer eine Neigung zur Jurisprudenz. Mein
Großvater hatte die Firma achtzehnhundertachtund …«

Während ich ihm entschlossen ins Gesicht starrte, spitzte
ich die Ohren zur Seite. Ich trieb hilflos zwischen den Trümmern verschiedener Gespräche.

»Selbstverständlich ist Prousts Literatur von exquisiter
Schönheit … Ein ziemlich harter Fall … Bibliothekare lieben
Bücher aller Art … Er konnte gemäß diesem Gesetz nicht
haftbar gemacht werden …«

»Was schon oft gedacht wurde, aber niemals so wunderbar ausgedrückt wurde … Der Mond im Skorpion … Stu-
diere, um meinen Doktor zu machen … Wechselseitige Verfügung zu unterzeichnen … Sebastian ist Löwe, und Löwen
sind große Leseratten, wie Sie wissen. Nicht wahr, Sebastian?
Sebastian? SEBASTIAN?«

Ich verstand den Hinweis. »Tatsächlich glaube ich nicht an
Astrologie, da ich ein Löwe bin, und Löwen glauben niemals
an Astrologie. Aber Sie müssen wissen, dass ich nur zwei
Bücher in meinem Leben gelesen habe: Das eine war *Tim und*

Struppi, und das andere war nicht *Tim und Struppi.* Letzteres habe ich noch nicht zu Ende ausgemalt.«

Konversation ist wie Sport. Du kriegst den Ball, spielst dich ein bisschen auf und passt dann weiter. Als ich den Ball bekam, rannte ich vom Feld. Ich gab vor, die schöne Rachel zu ignorieren, und schwelgte in den larmoyanten Aphorismen, die meinen glänzenden Lippen entstiegen.

»Filme sind viel besser als das wirkliche Leben, weil sie kürzer sind.«

»Madam, ich wäre der Erste, der Ihnen sagt, wie brillant ich bin. Sie werden die Zweite sein.«

»Theater ist viel besser als das wirkliche Leben, das keine Handlung hat und so schlecht gespielt ist.«

Schließlich hielt sie es nicht länger aus.

RACHEL: Sebastian, Sie sind betrunken.

ICH: Und Sie, Rachel? Sie sind bildschön. Morgen früh allerdings werde ich immer noch betrunken sein – und Sie werden immer noch schön sein.

Ich lehnte mich zurück, um meine verbale Gewandtheit zu bewundern, als Schwester plötzlich in die Unterhaltung fuhr wie ein Marktwagen voller Melonen. »Sebastian – hör mir zu! Ich bin die erste Frau, die du jemals geliebt hast!«

Ach du liebes Bisschen. Jetzt geriet die Situation vollends außer Kontrolle. Ich sah mich am Tisch um. Ich verdächtigte den schwarzen Mann, Rachels Freund zu sein – jemand, bei dem sie hängen geblieben war. Rachel war von einer Persönlichkeit, die sich mit dem Wort *Stern* umschreiben lässt – ein fernes, immerwährendes, blendendes Zeichen, das in mir Ergebenheit und Bewunderung hervorrief, die nur ein Narr an seine Geliebte verschwendet hätte – oder gar an ein Familienmitglied. Die leiseste Berührung von Ash würde ausreichen, ein Pferd zu betäuben – und jetzt dachte Rachel, dass ich meiner Schwester nicht widerstehen konnte.

Als sie aufstanden, um zu gehen, versuchte ich verzweifelt, die Situation zu retten. Ich schaffte es, eine Telefonnummer zu bekommen – unglücklicherweise war es nicht die ihre.

Den nächsten Monat widmete ich mich ausschließlich meiner Suche. Alles, was ich wusste, war, dass sie Rachel hieß und an der Edinburgher Universität eine Doktorarbeit schrieb. Ich rief sofort dort an.

»Guten Morgen! Ich suche nach einem Mädchen mit dem Namen Rachel.«

»Ich bin mir sicher, dass es einige Mädchen dieses Namens an unserer Universität gibt.«

»Ja. Ich denke, da liegen sie nicht falsch. Aber dieses ist extrem hübsch. Alle anderen Rachels sehen im Vergleich zu ihr wie Hunde aus. Was beileibe keine Beleidigung für deren Mütter darstellen soll.«

Auf mysteriöse Weise war mit einem Mal die Verbindung unterbrochen. Verdammte schottische Telekom!

Ein paar Wochen später erspähte Schwester Rachel auf der Straße und berichtete postwendend davon.

»Sie trug irgendwelche alten Sachen und sah überhaupt nicht glamourös aus.«

»Mach dir darüber keine Gedanken, meine Liebe. Man braucht neun Schneider, um aus einem Mann einen Mann zu machen – und nur einen Mann, um aus einer Frau eine Frau zu machen. Mich.«

Ich fuhr Tag und Nacht durch Edinburgh, suchte Plätze und Straßen, Gassen und Sackgassen ab und ließ meine Blicke sehnsuchtsvoll über die endlosen Horizonte streifen. Es war hoffnungslos. Es blieb nur noch eine Möglichkeit – ihr Typ.

»Ich persönlich fände es unanständig, Ihnen ihre Telefonnummer zu geben«, sagte er.

Aber nun hatte ich wenigstens ihren Nachnamen. Ich schickte einen Brief an die Universität, der folgendermaßen begann: »Für den unwahrscheinlichen Fall, dass Sie immer noch nicht wissen, wer ich bin, gestatten Sie mir, mich vorzustellen ...« Ich schwafelte dann weiter und erklärte, dass ich sie bis dato nicht gefunden hätte, weil ich in der Zwischenzeit meinem Schneider in Hongkong einen Besuch abgestattet hätte.

Jeden Tag stand ich am Treppenabsatz und blickte auf die Fußmatte hinab. Rechnungen. Rechnungen. Rechnungen. Eines Tages aber lag er dort. Sie würde ein Abendessen einem Mittagessen vorziehen, »eine Gewohnheit, die gar nicht so ungewöhnlich ist, wie es vielleicht erscheinen mag«, erklärte sie etwas schwülstig. »Nach einer Verabredung zum Mittagessen schaffe ich es nur selten wieder zurück an meinen Schreibtisch.«

Großartig, dachte ich. Sie ist bereit. Abendessen. Afterhour bei mir. Definitiv drohte Sex.

Noch in derselben Woche hatten wir uns in meinem Rolls platziert, sogen unsere Lungen voll mit dem unvergleichlichen Geruch der neuen Karosserie und der neuen Lederpolsterung der Sitze. »Ist das nicht wunderbar?«, fragte ich sie auf dem Rücksitz, wo wir an Krug-Champagner aus der Bordbar nippten. *Könnte das klappen?* Später fand ich heraus, dass Rachel angenommen hatte, ich hätte den Wagen gemietet.

Auch beim Abendessen blieb sie frech. Ich bin ein außerordentlich eitler Bastard. Mit mir hat man dann ein erfolgreiches erstes Rendezvous, wenn man einen Spiegel um den Hals hängen hat und den Mund hält. Rachel sah vorzüglich aus und redete in einem fort.

»Weißt du, dass ich, als ich dich das erste Mal traf, dachte, du wärst ein kompletter Trottel?« Selten ist's, sehr selten, dass eine Frau etwas annähernd Witziges sagt und man davon ein wenig erregt wird, fast so wie von den paar Worten, die ein Papagei plappert.

»Äh, danke. Und jetzt? Bist du jetzt sicher, dass ich einer bin?«

»Nein, eigentlich mag ich dich.«

»Oh, ausgezeichnet! Wann immer du mich im Verlauf des Abends küssen willst – lass es mich einfach wissen, ich würde mich sehr freuen, wenn ich das für dich arrangieren könnte. Du brauchst nur meinen Namen zu erwähnen.«

Unsere Rückfahrt nach Hause war beinahe königlich. Ich ertappte mich dabei, wie ich auf diese elliptische, leicht nach unten gekrümmte, beinahe nicht imitierbare Weise, die die Königin auszeichnet, aus meinem hunderttausend Pfund teuren roten Rolls-Royce Corniche Cabrio (mit Chauffeur) ihrem Haus in Holyrood zuwinkte, als wir daran vorüberglitten. Wir erreichten sicher Horsley Towers ... Aber Sie erwarten nicht zu erfahren, was dann passierte, oder? Überflüssig zu sagen, dass ich, um den Eindruck zu vermeiden, ein bloßer Flirt zu sein, schnell die Waffen strecke.

Wenn ein überzeugter Junggeselle sich verliebt, dann tut er dies aus vollem Herzen, weit über das Maß des gewöhnlichen Mannes hinaus. Während ich so Tag für Nacht in meinem Studio saß, wurde mir langsam klar, dass Liebe und künstlerisches Streben sich gegenseitig ausschließen. Was ich an Frauen hasste, war diese Nähe, diese Inbesitznahme meiner innersten Räume, das langsame Abwürgen meiner Kunst – oh, und natürlich auch die Frau an sich. Der Künstler für den Rest seines Lebens als Lohnsklave an das Ritual der Kopulation gekettet!

Mit Rachel war es anders. Sie besaß zuallererst eine poetische Seele, was heutzutage ja zu einer Art Peinlichkeit verkommen ist. Sie hatte einige gute Instinkte ihrer katholischen Vorfahren geerbt und es durch Eifer und harte Arbeit nicht geschafft, sich diese auszutreiben. Einer ihrer Onkel war das Oberhaupt der Jesuiten in Großbritannien, was für einen Atheisten verdammt überflüssig war; aber ihre anderen Onkel waren berühmte Portweinfabrikanten, was für einen Alkoholiker verdammt fantastisch war.

Sie wollte Schriftstellerin werden. Ihre Vorstellung war im Grunde die der Romantiker – das Streben nach einem transzendenten Ideal –, und Gott hatte ihr die große Gnade erwiesen, sich dieses Ideal zu erhalten: Sie sah aus wie das Idol eines romantischen Mythos. Wenigstens für mich. Sie strebte nach »etwas, das immerfort sein wird« (irgendein Zitat von Coleridge, das sie mit konstanter Regelmäßigkeit in jede Konversation einfließen ließ), was sich für ihren Roman unglücklicherweise als zutreffend herausstellte.

Eine essenzielle Zutat zur Schönheit ist unantastbarer Adel. Rachel besaß diese seltene Qualität. Etwas, das eine Frau hat, die sich das Gesicht wäscht und nachher immer noch aussieht wie zuvor. Nach der Derbheit von Jimmy erschien Rachels Vornehmheit wie eine Befreiung.

Natürlich war meine Liebe nicht vollständig altruistisch. Wir alle suchen ein Objekt, das ein wahrhaftes Idealbild von uns selbst widerspiegelt. Wenn man sich völlig entkleidet hat und nichts anderes als Perfektion sieht, dann gibt es eben nicht mehr viel zu verbessern. Es ist ein wenig so, wie wenn man in den Spiegel blickt. (Das gilt natürlich für mich, nicht für Sie.) Ich war wirklich in sie verliebt, aber vor allem liebte ich ein Bild, das ich von ihr erschaffen hatte. Ich musste an einem Schrein beten, und eben diese übertriebene Achtung ihr gegenüber machte eine gewöhnliche Beziehung unmöglich. Ich verherrliche alle meine Frauen. Hülle sie in Symbole und Ideale. Es ist Teil dieser Illusion, sie dazu zu benutzen, meine Existenz auszustatten und sie tragbar zu machen. Für mich ist Fantasie eine angemessene Entgegnung auf die Abscheulichkeiten des Lebens.

Frischverliebte sollten sich eine Zeit der Abgeschiedenheit gönnen – sagen wir, etwa sechs Monate –, um die anderen Menschen um sie herum nicht zu langweilen. Wir gehorchten dieser Regel und lagen unsere Zeit im Bett ab.

Meine himmlische Stimmung hing nicht allein mit Rachel zusammen – ein kolossales Vermögen ist in der Tat das beste Rezept, um glücklich zu sein. Ich hatte eine Million Optionsscheine zum Durchschnittskurs von fünfundzwanzig Pence gekauft. Über das Jahr waren sie auf mehr als ein Pfund gestiegen. Vorher war ich ein halber Millionär. Ich hatte das Auftreten, doch mir fehlte die Million. Jetzt war ich ein Papiermillionär. Ich war reicher, als es sich die größte Habsucht hätte träumen lassen.

Es ist ein seltsames Gefühl, all das zu bekommen, was man immer wollte und wonach man sich immer gesehnt hat. Das ist fast so schockierend wie die Wirkung eines starken Abführmittels. Ich war ein junger Mann und plötzlich in die Situation versetzt, tun und lassen zu können, was ich wollte – jemand, der über eine Million Pfund verfügt, ist genauso gut situiert wie jemand, der wirklich reich ist. Ich hatte eigentlich nicht den Eindruck, dass ich mir dieses Geld verdient hatte, es fühlte sich eher nach Betrug an. Natürlich erzählte ich das vielen meiner Freunde – und selbstverständlich noch mehr Feinden –, und manche von ihnen reagierten besser als andere. Ich meine: Was soll man zu einem sagen, der so reich ist? Ich persönlich würde es mit »Schatz!« probieren. Manche nahmen mich zur Seite und belehrten mich darüber, dass Liebe wichtiger als Geld sei. Aber das wusste ich bereits. Geld ist nicht das Wichtigste auf Erden, es ist die Liebe. Was für ein Glück, dass ich Geld liebte.

Meinen dreißigsten Geburtstag verbrachte ich mit Rachel in der Champagne. Wir saßen auf der Terrasse des Hotels Royal Champagne und blickten über die Weingärten von Épernay. Das Flirren der Sonne, Rachels Haar, der Geist der Ekstase über dem Rolls, Krug Clos du Mesnil in unseren Gläsern. Alles schien kostbar wie Gold – hatte aber doppelt so viel gekostet. Ich war glücklich. Es gab nur noch eins, was zu tun war – Boyle mit einer Lanze zu durchbohren.

Als ich an Stärke gewonnen hatte, wurde Jimmy zum Dreh- und Angelpunkt des Problems meiner Freiheit, war ich doch so zwanghaft abhängig von ihm gewesen. Er hatte mir die erste Pforte in die Unterwelt geöffnet. Mit ihm hatte ich mich über der Idee erregt, eine moderne Version der Beziehung von Rimbaud und Verlaine zu führen: gewalttätig, leidenschaftlich und kreativ. Bis zu einem gewissen Grad hatte ich damit Erfolg gehabt, meine Identität jedoch war zu Trümmern geschlagen worden. Ich hatte meine Überzeugungen geliehen, und jetzt war es an der Zeit, meine Schulden zu begleichen. Nachdem ich Rachel getroffen hatte, war ich dafür gerüstet.

Ich hatte auch noch einige Dinge zu erledigen. Nach unserer Scheidung hatten Ev und ich begonnen, uns ehrlich miteinander zu unterhalten. Es war während eines Abendessens in London, als sie die Bombe platzen ließ. Ich hatte sie eben gefragt, wann ihre Beziehung mit Boyle begonnen hatte.

»Is vielleicht besser, wennste das nich weißt.«

»Wie meinst du das?«

»Wie ich's gesagt hab' – besser du weißt es nich.«

»Ich will's aber wissen.«

Es entstand eine lange Pause, in der Ev auf ihren Teller starrte und in ihrem Essen herumstocherte.

»Ich war schon mit Jimmy zusammen, eh' wir geheiratet ham.«

Mir klappte die Kinnlade runter, und mit ihr kippten tausend fürchterliche Ideen aus. Groschen fielen. Glocken läuteten. Lichter gingen an. Warnsirenen heulten. Die Abendessen, Mittagessen, die Briefe vor der Ehe, die Hochzeitsnacht, als sie beide verschwanden, das Elton-John-Konzert – *verfluchte Hölle!* Trotz des Verhaltens, das ich *nach* meiner Hochzeit an den Tag gelegt hatte, war ich fassungslos. Man wird ja wohl nicht erwarten, dass ich mich auf die Gefühlslagen beschränke, auf die ich ein Anrecht habe, oder? Was mich am meisten empörte, war die Tatsache, dass ich sie niemals geheiratet hätte, wenn ich das gewusst hätte. Ich war ein banger Naivling von einundzwanzig Jahren gewesen. Ich war das Opfer einer Verschwörung geworden. Meine Wut wurde kaum dadurch gemildert, dass ich als Resultat von all dem auch noch fünfzigtausendPfund ärmer war. Was war ich bloß für ein Idiot gewesen. Dauernd sagt man uns, dass die Männer ihre Rolle in der Gesellschaft eingebüßt haben. Keineswegs – tatsächlich sind es die Frauen, die in der heutigen Zeit überflüssig geworden sind. Früher waren sie Mittel, um zu Eigentum zu gelangen – heute sind sie nichts weiter als ein Ärgernis. Ein diebisches Ärgernis noch dazu.

Einer, der die Frau eines Mannes vor, während und nach dessen Heirat gevögelt hat und der Trauzeuge dieses Mannes war, kann schwerlich erwarten, am Tisch eben dieses Mannes zu sitzen, ohne dass dieser Umstand irgendwann einmal Erwähnung findet. Monate hatte ich meinen Entschluss, Edinburgh zu verlassen, aufgeschoben. Jimmy war eine tyrannische und gefährliche Persönlichkeit, der gegenüber nur eine passiv masochistische Haltung möglich war, der man seinen eigenen Willen überantworten musste. Ich hatte Angst.

Die entscheidende Kraftprobe fand schließlich in London statt. Ich war hingefahren, um Rachel zu treffen und mir die neue Wohnung anzusehen, die wir gefunden hatten. Ich bereitete alles ganz genau vor. Ich würde die Stadt noch in dieser Nacht mit dem Nachtflug nach New York verlassen und traf Jimmy im Oak Room des Le Meridien Hotels in Piccadilly. Mein Reisekoffer Marke Papworth war schon gepackt, und ich hatte ihn im Foyer untergestellt. Ich betrat das Restaurant, gekleidet in brünierte Seide. In dieser Nacht würde mein Anzug meine Rüstung sein.

Wir umarmten uns wie üblich und setzten uns zum letzten Abendmahl.

»Wie geht's dir denn, alter Bastard?«, sagte er.

Er bestellte sofort den teuersten Wein von der Karte.

»Im Augenblick trinke ich nicht, Jimmy. Ich habe den Schleier der Abstinenz gewählt.«

»Was is los? Geht's noch? Nix trinken? Meine Fresse! Du Langweiler.«

Ich studierte sein Gesicht, da ich wusste, dass ich es zum

letzten Mal sehen würde. Ich habe Jimmy über zehn Jahre gekannt. Als ich ihn traf, war er zäh, kantig und kontrolliert
gewesen. Jetzt war er schwabbelig, fleischig und frei. Seine
Züge glichen denen des erkaltenden Roastbeefs und der
Klöße, die ich auf meinem Teller zurücklassen würde.

Ich hörte seinem Gequatsche zum letzten Mal zu. Zehn
Jahre lang hatte er beinahe ununterbrochen geredet, und so
gut wie nichts Wesentliches war dabei herausgekommen. Ich
nickte und lächelte – wenn man nicht über ihn sprach, hörte
er nicht zu.

Ich wurde nervös. Ich versuchte mich innerlich vorzubereiten. Ich entschuldigte mich und ging auf die Toilette.
Als ich zurückkehrte, fühlte ich mich wie Al Pacino in *Der
Pate* – allerdings ohne Revolver. Ich näherte mich langsam
dem Tisch und atmete tief durch. Ein scharfes Messer schnei-
det am tiefsten und tut am wenigsten weh – etwas, womit
mein Tischgenosse mehr als genug Erfahrung hatte.

»Jimmy, es gibt da etwas, das ich mit dir besprechen
möchte.«

»Jo ...?«

»Ich habe Ev in den letzten Monaten häufig getroffen.«

Er hörte auf zu kauen.

»Und ...«

»Nun ja ... sie hat mir gesagt, dass ihr schon zusammen
geschlafen habt, bevor wir geheiratet haben.«

Jimmys Beitrag zur Unterhaltung kam dem ewigen Leben,
soweit wir es im Diesseits erfahren können, am nächsten.
Zum ersten Mal, seit ich ihn kannte, herrschte Schweigen.

»Ich versteh' nich ... Ich versteh' überhaupt nich, was du
da redest, Sebastian ...«

»Du verstehst sehr wohl. Ev hat mir alles erzählt.«

»Ich sag' dir, da kannste drauf scheißen, was Ev erzählt. Ev
is ne verlogene Schlampe. Alles nur ein Haufn Scheiße. Is
doch nich normal. Es war nich so.«

Wenn es zwei sich widersprechende Varianten einer Ge-

226

schichte gibt, dann ist es am besten, derjenigen zu trauen, in der die Betroffenen sich von ihrer schlimmsten Seite zeigen. Ich sah ihm geradewegs in die Augen. Es ist schwer vorstellbar, dass ein Mann die Wahrheit sagt, wenn man weiß, dass man selbst lügen würde, wäre man an seiner Stelle. Und ich kannte Jimmy gut. Für ihn war lügen das Gleiche wie sprechen.

Ich stand auf, schob meinen Stuhl zurück und warf die Serviette auf die Reste meines Essens.

»Ich *weiß*, dass Ev die Wahrheit sagt«, stellte ich fest.

Und ich ging raus. Und ich ging weiter. Es fühlte sich nicht so an, als ob ich irgendwo hingehen würde, doch ich ging weiter. Ich ging am Ritz vorbei, winkte ein Taxi heran und fuhr nach Heathrow, zu meinem Flieger. Ich sah ihn nie wieder.

Ich war mit meiner guten Seite ziemlich zufrieden. Zuletzt hatte ich sie verteidigt, und, wenn ich so sagen darf, ich habe es, im Gegensatz zu Boyle, mit schneidiger Würde getan. Ein wahrer Freund ersticht dich immer von vorn.

Ich schlummerte friedlich in zehntausend Meter Höhe, nachdem ich mein Abstinenzgelöbnis gebrochen hatte und mir eine Flasche Champagner, gefolgt von einem feinen Bordeaux, zu meinem Plastikabendessen einverleibt hatte. Beruhigt durch die zunehmende Entfernung, blieb ich unbeeindruckt von der Tatsache, dass es in meinem Plan einen winzigen Fehler gab. Ich war immer ziemlich gut darin gewesen, Jungfrauen in Not im Stich zu lassen. Einmal hatte sich meine Schwester in Paris mit einem Araber angelegt, der mitten auf der Straße handgreiflich wurde. Nun ja, Rennen ist ein unnatürlicher Akt – es sei denn, man flieht vor seinen Feinden oder hat es eilig, auf die Toilette zu kommen (weil man gerade eine gewaltige Bestellung bei seinem Dealer aufgegeben hat, der versprochen hat, in »zehn Minuten« vorbeizuschauen).

Jimmy bombardierte meine neue Wohnung die ganze Nacht mit Drohanrufen. Rachel war dort.

Rachel hatte Jimmy nie gemocht. Sie hatte es versucht. Sie hatte sein Buch mit all der wilden Verehrung gelesen, zu der eine junge Frau fähig ist, die an die Erlösung glaubt. Er müsse etwas sein, das einem lebendigen Heiligen nahekommt, hatte sie gedacht. Wie sie mir im Nachhinein gestand, war sie bitterlich enttäuscht, einen plumpen kleinen Kümmerling zu treffen, der um sich herum einen Haufen Leute aus der Mittelschicht versammelt hatte, die genauso zu beeindrucken waren wie sie selbst, und die er nötigte, allem beizupflichten, was er von sich gab. Rachel sagte mir später: »Die Vorstellung von der Bekehrung des Paulus war immer schon ein Gaunerstück. Paulus hatte sich keineswegs radikal verändert, er wechselte einfach die Seiten und belästigte nicht länger die Christen, sondern die Nichtchristen. Jimmy Boyle tyrannisiert nicht länger die Leute aus Gorbals, sondern die Leute aus den schicken Vororten.«

Sie hatte recht. Jimmy wollte keine Freunde. Er wollte Jünger. Und er hatte sich nicht geändert – seine Manipulationen waren jetzt einfach durch Handschuhe gepolsterte Gewalt. Ungeachtet dessen, dass er mir sagte, Rachel hätte ein Gesicht, das aussehe, »als hätt' einer drauf gesessen«, machte er sie an, als er sie kennenlernte.

»Ich würd' dich gerne in den Arsch ficken, du geile rothaarige Sau.«

»Wie schade, dass Sie niemals das Vergnügen haben werden«, antwortet Rachel sorglos.

»Du bist verdammt lächerlich«, fauchte er.

Jimmy und ich konnten beide sehr rüde sein, der Unterschied war aber, dass ich mich darum bemühte, während er nicht anders konnte. Er musste die Frauen abschleppen, weil er nicht anders mit ihnen klarkam. Und er wollte immer alles, was ich besaß. Und alles, was er hatte, war besser, als alles, was ich hatte. Wenn wir beide die gleiche CD hatten, dann war seine immer irgendwie besser als meine.

Die neue Wohnung in London war beinahe völlig leer. Es

gab kein Bett und nur ein einziges Möbelstück – einen kleinen Stuhl, den Rachel in die Ecke gerückt hatte, in der das Telefon angeschlossen war. Ihre Rettungsleine zur Außenwelt.

Jede Stunde läutete das Telefon.

»Geh ran, verfluchte Scheiße. Du wirst es bereuen, Sebastian.«

Das mag vielleicht an einem sonnigen Maienmorgen nicht so schrecklich sein, aber nachts, wenn man aus dem Schlaf gerissen wird und jeder Schatten ein Werwolf ist, jede knarrende Diele ein Dieb, dann spielten auch Rachels Fantasien verrückt. Sie wusste schon, dass Jimmy ein verurteilter Mörder mit lebenslangen Bewährungsauflagen war und daher wohl nicht selbst vorbeikommen würde. Aber genau das beunruhigte sie noch mehr, da sie annahm, er könnte jemand anderen vorbeischicken, der, wenn er mich nicht finden konnte, eben mit ihr vorliebnehmen würde.

Sie dachte daran, die Polizei zu rufen, hatte aber zu große Angst, dass sie Jimmy damit in echte Schwierigkeiten bringen könnte. Die ganze Nacht lang saß sie zusammengekauert in ihrem T-Shirt und ihrem Höschen auf dem kleinen Stuhl, den Finger bereit, sofort 999 zu wählen, wenn der erste Tritt gegen die Tür zu hören sein würde.

Mit jeder Stunde wurde er lauter und wütender. Um drei Uhr früh war er so laut, dass er gar kein Telefon mehr nötig gehabt hätte. Ich war schon zur Hälfte über dem Atlantik und hatte soeben mit der Concorde die Schallmauer durchbrochen – aber immer noch konnte ich ihn hören.

Um sechs Uhr früh hörten die Anrufe schließlich auf. Rachel war eingeschlafen. Sie erwachte frierend, mit steifem Nacken und in einem T-Shirt, das buchstäblich nass vor Schweiß war.

Unterdessen hatte ich mich im Badezimmer der Ersten Klasse erfrischt, pfiff eine Operettenmelodie vor mich hin und schlüpfte mit meinem frisch gepuderten Hintern in meine Seidenunterwäsche, um dann über die Rollbahn des JFK zu schlendern.

Nachdem Rachel mir die Geschichte erzählte hatte, fürchtete ich für einige Monate um mich selbst. Ich hatte guten Grund dazu. Kratz an der Haut eines Geliebten, und du wirst den Feind entdecken. In der Vergangenheit hatte Jimmy Gefallen daran gefunden, Menschen sehr wehzutun. Doch er hat mich nicht getötet – was enttäuschend war. Für unser Verhältnis wäre es letzten Endes die Probe aufs Exempel gewesen; geliebt zu werden ist kein Ersatz dafür, getötet zu werden. Dann hätte er tatsächlich sein Leben für mich riskiert.

Als ich nach Schottland zurückkehrte, schaltete ich meinen Bildschirm an und stellte fest, dass ich fünfzigtausend Pfund reicher war. Geld zu machen ist ja schön und gut – es ist aber sinnlos, wenn man das Geld nicht dazu benutzt, die Macht zu missbrauchen, die es einem verschafft. Man hatte mich schon der Geschmacklosigkeit bezichtigt. Was soll's? So bin ich nun mal – und ich hatte mich entschieden, Geld zu investieren, um andere vor den Kopf zu stoßen. Der vulgäre Charakter ist immer der vornehmste, denn ist nicht gerade das Begehren, ehrbar zu sein, auch das vulgärste? Und nebenbei bemerkt: Wer wäre nicht lieber vulgär, anstatt zu Tränen gelangweilt?

Ich gab eine Party im Speisesaal des George Hotel. »Au revoir et allez-vous faire enculer.« (Adieu, und fickt euch selbst.) Billy Mackenzie sang »Breakfast« für mich, und Jimmy Boyle bekam das – zum Glück – nicht zu hören. Ich fuhr in einem zweihundertfünfzigtausend Pfund teuren Stretch-Rolls-Royce vor, nahm ein Gramm Speed zu mir und machte mich bereit für den echten Hass. Hängt der Wert eines Mannes von der Anzahl und der Qualität seiner Feinde ab und die Bedeutung eines Kunstwerks davon, wie schlecht von ihm gesprochen wird, dann war ich ohne Zweifel wertvoll und wichtig. Hunderte kamen. Tranken meinen Champagner. Plünderten später mein Zuhause. Schrieben überall »Wichser« an die Wände. Diese letzte Tat beeindruckte mich aber. Jeder Schotte, der lesen und schreiben kann, ist ein Edelmann.

Meine Hassbeziehung zur verabscheuungswürdigen, grünen, schlüpfrigen Stadt Edinburgh war endlich vorbei. Für eine gewisse Zeit war es perfekt gewesen. Ich hatte eine gesellschaftliche Bühne gehabt, von der herab ich meine Persönlichkeit offen zeigen konnte, meine Unabhängigkeit, meine notorische Empörung gegen eine Gesellschaft, die mich als einen glitzernden und irritierenden Schmuckstein betrachtete. Aber sogar ich war am Ende meiner Unverschämtheit angekommen. Ich konnte einfach nicht mehr. Ich habe zehn Jahre versucht, die Schotten zu lieben, aber verzweifelt aufgegeben. Der edelste Ausblick, den ein Schotte jemals haben wird, ist die Aussicht auf die Straße, die ihn nach England bringt. Zum Zeitpunkt, als das Geklimper meiner Party verklungen war, keine Küsschen mehr zu vergeben und die Drogen alle waren, war ich genau auf dieser Straße unterwegs.

MEIN CAMP

MAYFAIR HATTE IMMER einen guten Schneider; es glitzert, als würde es gleich auf einen Ball gehen, während der Rest Londons zu Hause bleiben und den Ofen putzen muss. Ich bete den Luxus an. Mein Verlangen nach einem Château ist größer als das eines armen Bauern nach einem Laib Brot. Doch ich bete auch den Dreck an und wate in der Sünde. Da es für Satan schwierig war, die Welt ganz alleine auf Abwege zu führen, hat er Priester und Dirnen an verschiedenen Orten eingesetzt. Und es gibt nur einen Ort auf der ganzen Welt, wo man sie gemeinsam antreffen kann: Shepherd Market. Das Rotlichtviertel des etablierten London.

Dort bezog ich mein Quartier im Haus Nummer 15A, dem durch einen glücklichen Zufall meine Initialen in die steinerne Außenfassade gemeißelt worden war – ein Dandy sollte ausschließlich in Häusern leben, die sein Monogramm tragen. Ausnahmsweise mietete ich eine Wohnung. Nach zehn schrecklichen Jahren in Edinburgh hatte ich meine Lektion gelernt. Man darf keine Hoffnung an den Besitz von Grund- und Boden verschwenden. Und der Schlüssel zum Glücklichsein: Vermeide alles im Leben, was dich festnageln könnte. Grundbesitz, Eigentum, Heirat, Kinder. Den Rolls hatte ich schon vorher an Jimmy verkauft und den ganzen teuren Plunder aus meinem Haus in Edinburgh weggeworfen. Als ich nach London zog, erweckte ich den Eindruck, man habe mich bis aufs Hemd ausgeraubt. Man weiß, mit wem man es zu tun hat, wenn man darauf achtet, was jemand wegwirft. Ich wollte, dass alles, was sich in meiner Wohnung befand, genauso unnötig, schön und leer war wie ihr Mieter.

Ich verdunkelte die drei Studiofenster, die zur Straße hin lagen. Andere Maler veranstalten ein großes Tamtam wegen Fenstern auf der Nordseite und wegen des Morgenlichts, ich aber hatte herausgefunden, dass man durch ein Fenster mit geschlossenen Läden mehr sehen kann als durch ein offenes. Kunst war für mich immer eine Möglichkeit, das Leben zu vergessen, nicht, es nachzubilden. Ich wollte die Nacht malen. Und da mein Blick auf die Dinge verdüstert war, malte ich auch düster.

In meinem neuen Zuhause war ich glücklich. Ich lebte in der Nähe meiner Bank, was sich gut traf, da ich mich gern in der Nähe meines Geldes aufhielt. Die ganze Gegend war verlaust mit Bars und Bordellen. Es hätte mir klar sein müssen, dass ich mich auf dem Pfad zur Hölle befand. In nur ein paar Jahren schon sollte ich einsam in meiner luxuriösen Wohnung sitzen und mich fragen, wohin denn mit einem Mal mein gleißendes Leben verschwunden und woher mein neues katastrophales Leben gekommen war. Hatte irgendein Schmetterling im dunkelsten Afrika mit den Flügeln geschlagen, um den Totalzusammenbruch von Sebastian in Mayfair herbeizuführen?

Aber bis dahin blieb noch etwas Zeit. Als ich in London ankam, war ich 32 zweiunddreißig Jahre alt. Gerade im richtigen Alter, um zu beweisen, dass ich genauso gut war, wie ich es nie gewesen war.

Ich kündigte mich selbst als Dandy mit rundum erneuerter Lebenskraft an. Dandytum ist für meine Persönlichkeit etwas ebenso Natürliches wie das Blütenblatt für die Blume. Künstlichkeit war zu meiner Wirklichkeit geworden. Meine Fassade war mein Wesen.

Als ich die lächerlichen Affektiertheiten der Jugend ablegte, schaffte ich damit Platz für die monströsen Posen des mittleren Lebensabschnitts. Selbstverständlich klagte jeder darüber, ich würde »mich aufspielen«. Und natürlich hatten sie recht … Und mit dem gleichen Recht ignorierte ich sie.

Kein Dandy sollte jemals derartige Kritik fürchten. Wie könnte man denn ohne ein wenig Vulgarität zum Kunstwerk werden? Man braucht sich nur die drei herausragendsten Künstler dieses Jahrhunderts ansehen: Herrn Dalí, Herrn Warhol und Herrn Bacon. Ihre Persönlichkeiten berührten die Einbildungskraft der Menschen weit mehr als ihre Arbeiten. Bilder sind nur Gegenstände, aber Künstler sind Individuen. Die Leute haben ihre Werke gekauft, um auf irgendeine fadenscheinige Weise Zeit mit deren Schöpfern zu verbringen – sie wollten einen Bruchteil des schamlos exotischen Lebens erhaschen.

Ich wollte mich selbst hinausposaunen und nahm deshalb jede Menge Anleihen an der Garderobe der Regency. Diese historische Epoche hatte mich immer schon interessiert. Es war eine Ära, die zwischen extremer Eleganz und abgestumpfter Brutalität schwankte, ein Zeitalter des Exzesses und des Exotismus, in dem die regierende Klasse mitten im glühend heißen Indianersommer Feuer legte, alle Schranken niederriss und nur so schäumte, bevor der trostlose Winter der Demokratie hereinbrach. Wüstlinge, Dirnen, Spieler, Mörder, Säufer und Künstler. Hier gab es noch die »Nach-mir-die-Sintflut«-Individualität. Die Gentlemen ließen sich die Schnürsenkel bügeln, während halb nackte Kinder die Kamine säuberten. Wilberforce verurteilte den Sklavenhandel, während Beau Brummell die nicht korrekt geknüpfte Krawatte verurteilte.

Herr Brummell war der originellste und am meisten gefeierte Dandy seiner Zeit, doch mein Held ist er nicht. Er war so kultiviert, dass ich ihn überhaupt nicht als Dandy betrachte. Ich interessiere mich mehr für Stil als für Erziehung. Schließlich geht es darum, sich so zu kleiden, dass man selbst bei einem Konzert von Liberace auffällt.

Wenn es um Kleidung geht, bedarf es eines starken Mannes, will man extrovertiert erscheinen. Ein wahrer Dandy muss vollständig davon überzeugt sein, recht zu haben; was

der Rest der Welt denkt, spielt keine Rolle. »Um gut angezogen zu sein, darf man nicht auffallen«, erklärt uns Herr
Brummell. Und Herr Brummell sagte das nur, weil er zimperlich und im Grunde nichts anderes als ein Konformist
war. Wahres Dandytum ist rebellisch. Der echte Dandy will,
dass die Menschen ihn anstarren, dass sie von ihm schockiert
sind und sich sogar ein wenig fürchten vor der Subversion,
für die seine Kleidung steht.

Und dennoch ist das Dandytum sozial, menschlich und
intellektuell. Es ist kein Satz Kleidungsstücke, die von alleine herumlaufen. Kleidung ist nur ein Aspekt und kann sogar der unbedeutendste Teil der Persönlichkeit eines Dandys
sein. Dandytum ist kein verschnörkeltes Image. Es ist eine
Art und Weise, sich bis auf sein wahres Selbst zu entkleiden.
Stil kann man nur nach dem Inhalt bewerten, und Inhalt lässt
sich nur auf dem Wege des Stils erreichen.

Ein Dandy zu sein ist eher ein Zustand als eine Berufung.
Das Dandytum ist eine Abwehr des Leids und eine Feier des
Lebens. Es ist keine Mode, es ist kein Reichtum, es ist nicht
Schönheit, es kann nicht gelehrt werden. Es ist ein Schild, ein
Schwert und eine Krone – alle hervorgezogen aus der Klei-
derkiste vom Dachboden der Einbildungskraft. Dandytum
ist die Lüge, die die Wahrheit ans Licht bringt, und die Wahr-
heit ist, dass wir sind, was wir vorgeben zu sein.

Wenn ein Snob jemand ist, der dem trivialen Umstand
der Abstammung moralischen Wert beimisst, dann war
Brummell auf grauenhafte Weise versnobt. Das war der Stolz
einer Person, die sich ihrer Position nicht sicher war. Ein
Dandy zu sein bedeutet, nur das Erhabene zu erstreben.

Und wo blieb bei ihm der Esprit? Sein berühmtester Ausspruch bezog sich auf den Prinzregenten und bezeichnete
diesen mit den Worten »Big Ben«. Sollte die geistige Wen-
digkeit es uns erlauben, sich ungestraft flegelhaft zu benehmen, dann disqualifiziert ihn dieses Beispiel wohl eher.

Nicht in seinem Leben, sondern beim Sterben zeigte er

seinen wahren Charakter. Herr Brummell verbrachte seine letzten Tage in Armut, in Elend und in Frankreich. Schwierig zu entscheiden, welcher dieser drei Zustände der verabscheuungswürdigste ist.

Ich war bewegt. Seine Posiererei war von Herzen gekommen! Ein künstliches Herz, aber dennoch ein Herz. Ein Haufen Widersprüche bewies wohl, dass er unter Stress verletzlich war. Seines Selbstbildes entkleidet, war er nichts. Die Persönlichkeit, die er so mühevoll aufgerichtet hatte, zerbrach in Stücke. Geifernd beendete er sein Leben nirgendwo anders als im Irrenhaus. Herr Brummell hatte es nicht nötig, Selbstmord zu begehen, schwärmte ich. Man kann auch an gebrochenem Herzen sterben. Künstliche Herzen sind die zerbrechlichsten – und deshalb auch am einfachsten zu brechen.

Und dann fand ich heraus, dass er Syphilis hatte. Selbst sein Wahnsinn war künstlich.

Wie auch immer: Jeder Rebell zerbröckelt inmitten seiner eigenen Ruinen. Für mich aber war das damals viel zu weit weg, um es auch begreifen zu können. Ich hatte eher unmittelbare Anliegen: Während in Edinburgh ein rosafarbener Anzug die Macht hatte, selbst den freundlichsten Lümmel so zu erzürnen, dass er mir sein Fischgericht hinterherwarf, so wurde ein solches Auftreten in London allgemein akzeptiert. Ich stand an den Straßenecken rum und erregte in keiner Weise Aufsehen.

So ging das nicht. Ein Mann, der kein Talent hat, muss einen Schneider haben. Ich wählte aus der exklusivsten Liste: Herr Khan, von Huntsman's Gnaden (ein befremdliches Kompliment – ich mache ihn ganz persönlich für das narzissenfarbigen Kammgarn und den Cocktailgarnelen-farbigen Anzug verantwortlich. Könnte ich mein Geld zurückbekommen, dann würde ich es dafür investieren, ihn wegen Rufmord vor Gericht zu zerren); Herr Powell, der Schieber aus Soho; Herr Pearse, der Soho-Snob und … ach … Herr Eddie, der Mann für billige Freizeitkleidung.

Mit der Einkaufsliste im Kopf (und einem Loch in meinem Portemonnaie) begab ich mich auf meine Tour.

Anzüge: neunundsechzig (man muss für alle Gelegenheiten vorbereitet sein).

Stoffe: Ich wollte Schnitte und Fasson (einreihig, zweireihig, glockig oder glockenbusig geschnitten, gerade geschnittenes Jacket, taillierte Anzugjacke, Zwangsjacke) für jedes Tuch probieren (mit Ausnahme von Cordsamt selbstverständlich). Wolle, Seide, Kaschmir, Filz; Rauleder, Gabardine, Streichgarn, Tweed, Samt, Mohair, Moleskin, Pussypelz, Häschenflausch, Haifischhaut, Kamelhaar, Schwanendaunen, Seersucker, Cocksucker etc. etc.

Gut. Nun zu den Farben und Mustern: breiter Nadelstreif, dünner Nadelstreif, Hahnentritt, Schottenmuster, Prince of Wales, Prince of Darkness, kariert, quergestreift, gepunktet, mit Knallknöpfen, oder was?

Schwarz: Jetschwarz, Tintenschwarz, Ebenholzschwarz und Drogenhändlerschwarz.

Weiß: Nur in Samt mit Perlmuttschimmer.

Blau: Himmelblau, Kobaltblau, Pfauenschwanzblau.

Grün: Ich gehe nicht in die Natur.

Purpur: Imperial, Amethyst und Malve mit lila Stickereien.

Orange: Ich kann mich nicht erinnern – selbst ich habe das niemals getragen.

Gelb: Schlüsselblume, Krokus, Narzisse und Sonnenblume.

Rot: Scharlach, Kardinal, Karmesin, Zinnober, Blutrot, Sündhaftrot, Rote-Zahlen-Rot, Hellrot, großes mächtiges Scheiß-Gefahrrot-Rot.

Rosa: Pastellrosa, Blütenrosa, Muschelrosa, Knallrosa, noch knalligeres Rosa, Flamingorosa, Lachsrosa, Cocktailgarnelenrosa, Büchsenfleischrosa, Gesund-und-munter-Rosa.

Und das war – selbst inmitten eines Aufruhrs von ausgelegten schimmernden Satininnenfuttern, aus denen es zu wählen galt – erst der Anfang.

Da gab es noch Mäntel – mit ihren Zuschnitten und Außen- und Innennähten, mit ihren Schwüngen und Krägen. (Ein Kamelhaarmantel erfüllte teilweise meine Anforderungen, obwohl mir auch das Wolfsfell, kombiniert mit dem dicht gewebten Persianerstoff – aus der Wolle abgetriebener astrachanischer Babylämmer –, ein angemessen flaues Gefühl bescherte.) Dann gab es da natürlich noch die Krawatten – selbstverständlich handgefertigt und immer erfreulich teuer; egal, ob ich sie um meinen Arm geknotet trug oder um meinen Hals. Es gab auch Schals. Am liebsten hatte ich Kaninchen, aber eigentlich lege ich jeden Pelz gern an. Ein Tier sollte wohlschmeckend sein und gut sitzen. Dann gab es Socken, und die waren erhältlich in einer unverschämten Vielzahl von Farben und aus unendlich vielen Materialen hergestellt, damit sie dem jeweiligen Klima angepasst werden konnten, in dem sie getragen wurden. Und natürlich waren sie alle mit Monogrammen versehen – nur für den Fall, dass ich vergaß, wer ich war. Selbstverständlich gab es auch noch Schuhe. Ohne langes Hin und Her entschloss ich mich für Lobbs, bekannt dafür, das beste Schuhwerk der Welt herzustellen. Jeder, der jemand ist – oder auch nur stinkreich –, lässt sich dort seine Schuhe machen. Wie witzlos und langweilig! Ich gab ein Paar Plateauschuhe im Stil von Paul Stanley in Auftrag. Als ich in meinen kräftigen, kniehohen, schwarzen kalbsledernen Kreationen mit ihren Zwanzig-Zentimeter-Absätzen durch den Laden schwankte und stolzierte, maß ich zwei Meter und zwanzig Zentimeter. Ich war es durchaus wert, dass man mich bestieg. Solche Höhen verleihen das unechte Fluidum des Adels. Aber – oh Gott – warum nur solch eine seltene Zurückhaltung? Ich hatte nur ein einziges Paar bestellt – das mich vier Riesen gekostet hatte.

Handschuhe. Es war an der Zeit für den echten Schneiderterrorismus. Hoch an der Zeit, die Handgranaten zu werfen. Frauen denken immer, dass es die Schuhe sind, die ein Outfit richtig komplettieren. Ich kümmere mich jedoch nicht um weibischen Kram, außer es geht um Handschuhe. Und es sind die Frauenhandschuhe, die ich am meisten mag: das weichste Ziegenleder mit Pelzbesatz und Seidennähten, Knöpfe an den Handgelenken oder kleine, flaumige Quasten rundherum, gebürstetes seehundgraues Rauleder und molton-schwarzer Samt, geschmeidiges Leder im Farbton Cerise – perfekt zum Kirschenpflücken. Das Abstreifen eines Handschuhs kann eine wahre Dame erbeben lassen.

Auch das Anlegen eines Hemdes lässt mich erzittern. Ich habe mich ihrer Gestaltung gewidmet. Reiseziel: Turnbull & Asser, Hemdenmacher für Hemdenjäger: Liberace, Skirt Bogarde, Sir John Gielgud und ich – selbstverständlich nicht in der Reihenfolge ihrer Wichtigkeit, wie ich eilig hinzufügen möchte. Auf den Pergamentseiten der heiligen Folianten von Turnbull & Asser habe ich mein großes Vermächtnis hinterlassen: das Horsley-Hemd. Vierknöpfiger Ärmelaufschlag. Dreizehn Zentimeter Manschettenumschlag. Kragenstellung: dreizehn Zentimeter (weit genug, um fliegen zu können). Doch die Knöpfe werden es sein, an die man sich erinnern wird – überzogene Knöpfe, um genau zu sein. Es gibt nichts Unmanierlicheres als einen nackten Knopf. Ich bin der einzige männliche Kunde, der jemals auf Hemdverschlüssen mit Überzug bestanden hat. Das ist unverzichtbar. Obgleich ein Hemd natürlich auch genug Platz für Verzichtbares bietet. Zum Beispiel für handgravierte silberne Miedereinlagen. »Sinnlos, so etwas herzustellen«, beschwerte sich ein Schwachkopf, was mir sofort bestätigte, dass genau das Sinn machte. Französische Doppelmanschetten sind auch eine Möglichkeit – aber es ist zwingend notwendig, dass einige mit echten Diamanten geschmückt sind. Ein wenig Extrazierde hat noch keinem geschadet – was uns zu den Schirmchen bringt. Die strassbesetzten sind billig und schon um zweihundert Pfund zu haben. Die maßgefertigten kommen etwas teurer, was aber gerechtfertigt ist, wenn man in Betracht zieht, dass man auf diesem Wege Ebenholzstiele, sterlingsilberne Ringbeschläge und handgetriebene Schaft-spitzen erhält. Diese Schirme sind dann so teuer, dass man es sich nicht leisten kann, sie nass werden zu lassen – was erst recht dafür spricht, in ein paar Sonnenschirme zu investieren. Wenn sie mit rotem Flaum besetzt sind, sehen sie zusammengerollt so charmant aus.

Hüte sind die krönende Glorie des Dandys. Beau Brummell und Byron gingen zu Locks. So auch ich – für vier Filzhüte in vier verschiedenen Farben: Pelzfilz, Antilopenvelours mit edlem Ripshutband und Schleife (mit Federbesatz), Satinfutter und mit rötlichgrauem Innenband aus Leder. Es gibt nur wenige Dinge, die lächerlicher aussehen als ein Hut auf dem Kopf eines Mannes, dem Hüte nicht stehen. Doch nichts ist lächerlicher als ein elfenbeinweißer Filzhut auf dem Kopf eines Mannes, der nicht zu Hüten passt. Deshalb trug ich einen solchen. Ich bin grundsätzlich der Ansicht, dass man den Hut aufbehalten sollte, wenn man eine Dame grüßt – und ihn andernfalls gar nicht erst aufzusetzen braucht.

Aber was würde geschehen, wenn ich eine Glatze bekäme? Haarausfall liegt bei mir in der Familie. Ich war hysterisch besorgt. Nur Verlierer verlieren ihr Haar. Arthur Rimbaud, Oscar Wilde, Lord Byron, Tim, Marc Bolan, Johnny Rotten, Quentin Crisp, Francis Bacon – sie alle hatten volles Haar. Man nenne mir nur eine große Persönlichkeit, die unter Haarausfall litt. »Oho! ... Shakespeare.« Wie man sieht – es ist nicht möglich.

Haarausfall ist genetisch bedingt – mütterlicherseits. Mein Fall war nicht unstrittig. Mutter hatte ihren Vater zwar niemals getroffen, aber ihr Bruder hatte volles Haar, selbst nach der Chemotherapie. Gewiss – er starb, aber zumindest starb er als großer Mann.

Vater und Großvater hingegen waren beide kahl. Das war außerordentlich peinlich. Ich würde weit lieber Vaters spastische Zustände erben als seine Kopfbehaarung. Vermutlich hat es mit zu vielen männlichen Hormonen zu tun (wie man weiß, sind die Eunuchen kahl rasiert). Ich wünschte, ich hätte das früher gewusst. Mutter dachte, sie würde mir einen Gefallen tun, indem sie mich nicht beschneiden ließ. Besser wäre es gewesen, wenn sie meine Hoden hätte entfernen lassen. Ich würde mein Haar behalten – und niemals Kinder kriegen.

So einfach würde ich es meiner Kopfhaut nicht machen. Ich beschloss, mein Haar zu behalten. Durch die schiere Macht meiner Persönlichkeit. Nur als letzten Ausweg würde ich auf eine todsichere Kur zurückgreifen. Sie wurde von einem französischen Arzt erfunden. Sein Name war Monsieur Guillotine.

Mein Aussehen war beinahe perfekt. Um meine Blässe zu verstecken und meine Verachtung für die öffentliche Meinung zu zeigen, nahm ich Zuflucht bei Kosmetika. Es bedarf schon eines echten Mannes, um Make-up zu tragen. Ich trug es als Offenbarung, nicht, um etwas zu verbergen. Mein Gesicht war ganz einfach ein Dokument, ein bedrucktes Flugblatt in den Händen der erstaunten Umstehenden, der Beweis, dass das, was ich gesehen hatte, von Interesse war.

Es war vollbracht. Ich war ein exquisites kleines Monstrum, das sich selbst im Spiegel der eigenen Schöpfung bewunderte. Alles an mir war nun vorgetäuscht. Sogar mein Haar, das falsch aussah, war echt. Wenn ich nicht schon existiert hätte, wäre es unwahrscheinlich gewesen, dass irgendjemand den Nerv gehabt hätte, mich zu erfinden. Selbst ich, der ich mich erfunden hatte, hatte da meine Zweifel.

Zu Hause blieb ich in meinem selbstbezüglichen Universum und schloss mich in meinem hermetischen, hermaphroditischen Narzissmus ein. Ich lebte in meinem Boudoir zwischen den unzähligen Stangen, an denen die Anzüge hingen, alle geschützt durch durchsichtige Plastiküberzüge. Wenn ich des Morgens erwachte, dachte ich immer, ich wäre gestorben und in einer chemischen Reinigung wiederauferstanden. Das wäre allerdings in der Tat der Himmel gewesen, denn ich besaß keine Waschmaschine – sogar meine Socken mussten chemisch gereinigt werden.

Ich hatte hunderttausend Pfund für meine Garderobe ausgegeben. Ich musste einfach Unmengen von Geld so schnell verprassen, wie ich es nicht verdient hatte, um den Qualen zu entkommen, damit irgendetwas Sinnvolles tun zu müssen. Als ich einmal eines speziell angefertigten Huntsman-&-Sons-Anzugs überdrüssig wurde, verwendete ich ihn einfach als Overall, wenn ich malte. Es ist nun einmal von besonderer Wichtigkeit, seine Missachtung für Dinge zu zeigen, die eine Menge Geld kosten.

Von Savile Row zu B&Q. Natürlich scheitert das Dandytum. Wie kann sich Originalität so wiederholen, dass daraus eine Bewegung entsteht? Wie kann die rechte parfümierte Hand die Fahne der Freiheit hochhalten, wenn die linke, unbehandschuhte Flosse sie freiwillig aus der Hand legt? Wie kann man einzigartig sein, aber dennoch zur Bande gehören? Es gibt zwei allgemeingültige Wahrheiten über das menschliche Wesen. Erstens: Wir sind alle gleich. Zweitens: Alle sagen, sie wären anders als die anderen. Letzteres ist natürlich eine Folge aus Ersterem. Und der Dandy ist nichts anderes als der größte, beste und schönste Betrug überhaupt. Seine Doktrin ist lachhafter Dünkel, eine entzückende Illusion.

Dandys schneiden in der Geschichte ziemlich gut ab. Sie ziehen ihren Stolz aus dem Versuch, der Welt etwas hinzuzufügen, das einmalig ist. Meine Kleidung war aber auch ein Schutzwall, um die Nichtigkeit zu verbergen. Selbstverständlich ist das ewige Nichts ganz in Ordnung, solange man dafür richtig angezogen ist.

Und deshalb zog ich in Shepherd Market Tag für Tag meine besten Hosen an, um hinauszutreten und für Freiheit und Wahrheit zu fechten. Man muss immer schön aussehen, mit erhobenem Haupt in die Kameras lächeln, auch wenn es nur eine Überwachungskamera ist – oder ein Satellit. Im Gegensatz zu Herrn Orwell war ich stolz darauf, beobachtet zu werden. Ich warf mich in mein Lächeln, und mein Lächeln schmiss die Show. Meine Art zu gehen war – falls es jemand vergessen haben sollte – ein entschlossenes Schreiten, stramm vor Autorität; und ich schritt im makellosen Glanz meiner Selbstbewunderung einher, mitten hindurch durch die von Ehrfurcht ergriffene und schwanzwedelnde Bevölkerung Londons.

Ich war auch dann glücklich, wenn man sich über mich lustig machte. Verhöhnt zu werden, war Teil des Plans. Ich war darauf aus, auf eine Art und Weise zu reden und zu handeln, die man verspotten konnte. Ich wollte der Welt klarmachen, dass ich wusste, worüber sie lachte. Es war die einzige Möglichkeit, Spaß auf meine eigenen Kosten zu haben.

Das, was man nicht zur Gänze verbergen kann, muss freiwillig zu Markte getragen werden. Ich mietete die Bar im Claridge's Hotel, um so laut wie möglich meine Ankunft in der Stadt bekannt zu geben. Ich hatte ein Geschäft zu erledigen. SEBASTIAN IST GEKOMMEN, UM LONDON ZU RETTEN ließ ich in Goldlettern auf die Einladungskarten drucken.

Die Reichen, die Berühmten und die Nutzlosen kreuzten auf. Hundert Leute standen lächelnd herum, unterhielten sich miteinander und grinsten wie dämliche Vögel. Ein Streichquartett spielte. Die Speisekarte hatte mehr Litzen und Abzeichen als ein Gardegeneral. Ich sah mich im Raum um. Es war komplett absurd zu beobachten, wie sie einander wie Preisschilder begutachteten und sich zu entscheiden versuchten, ob sie sich beim jeweils anderen einkaufen wollten oder nicht.

Was zur Hölle machte ich da? Unerlöst rumzustehen ist heutzutage kein einfaches Geschäft. Ich war ein Mitglied der Dandy-Aristokratie. Aber ich war nur mittelklassig – und ohne Aussicht auf Erfolg. Mein Status konnte nur durch Betrug, durch schiere Nervenstärke, mittels uneinnehmbarer Selbstsicherheit aufrechterhalten werden. Ich stand es tapfer durch, aber ich fühlte mich seltsam unzugehörig. Ich hatte zehntausend Pfund ausgegeben, aber das Ereignis war so stumpfsinnig, dass ich mich, wäre ich nicht selbst anwesend gewesen, wohl zu Tode gelangweilt hätte. Alles, was ich wollte, war ein kuscheliges Beisammensein mit sechzehntausend der piekfeinsten Rüben des Landes. Aber es war ein heilloses Durcheinander. Ich überdachte die Lage. Und das kam dabei heraus:

Ich fand heraus, dass ich nicht über die Bestrebungen eines Herrn Brummell verfügte. Er war bloß ein gewöhnlicher Dandy – und kratzt man an der Oberfläche eines gewöhnlichen Dandys, dann wird man immer einen gesellschaftlichen Aufsteiger finden. Meine Rolle als Poseur war selbst schon Pose. Ich zog sie an wie ein Gärtner seine Handschuhe, um meine gesellschaftliche Scholle zu jäten. Nicht, dass das jemand aufgefallen wäre. Sie saßen es aus. Wie die Schweine fraßen sie aus meinem Trog. Ich dachte daran, meinen Tod vorzutäuschen, entschied mich dann aber dagegen. Könige sollten davon Abstand nehmen zu sterben und stattdessen einfach verschwinden. Aber konnte ich irgendwo hingehen, wenn ich nirgendwo war? Ich stand da und grinste den ganzen Abend wie ein Bescheuerter – dann schlich ich mich nach Hause und nahm ein Gramm Kristalle.

Nachdem ich die letzten zehn Jahre nur ein Alkoholiker gewesen war, hatte ich in Sachen Drogen dringenden Nachholbedarf. Während meiner Zeit in Schottland war ich gezwungen gewesen, hochnäsig zu sein, anstatt mir was durch die Nase zu ziehen – wie immer wegen Jimmy. Als typischer Glasgower Alkoholiker würde er »das Scheisszeuchs nie anfassen«. Jetzt war ich frei. Ich ergab mich wieder der Versuchung.

Eines Abends war ich auf einer Party mit meinem alten Freund Ben Bream und Schwester Ash, die mich ihrem neuen Freund (Giles) und ihrer neuen Droge (Ecstasy) vorstellte. Vorsichtig gab sie mir eine halbe Pille. Es ist einfach erbärmlich, nur die Hälfte von irgendetwas zu nehmen. Ich versenkte auch den Rest. Als die erste Welle einschlug, wurde ich von dem Bedürfnis übermannt, irgendjemanden zu küssen. Irgendjemanden. Ich schnappte mir Ben.

Gleich darauf begann ich aber, Giles unter die Lupe zu nehmen. Er sah nicht aus seinem Gesicht heraus, sondern in sich hinein, wie Hamlet, aber ohne dessen Zweifel. Alles schien für ihn in Ordnung zu sein. Die Stimmung. Der Raum. Die Welt. Liebe tropfte aus meinen Augen.

Ecstasy hat, im Unterschied zur allgemeinen Meinung, keine aphrodisische Wirkung. Es ist eher eine sinnliche als eine sexuelle Droge. Und das Schlimmste daran ist, dass es ein idiotisches Mitgefühl auslöst – man fühlt sich zu den nutzlosesten Menschen hingezogen. Man kann sich selbst davon überzeugen, dass man seine Familie liebt oder dass man die Hand seiner Freundin in der Öffentlichkeit halten möchte. Noch schlimmer ist, dass man sich gezwungen fühlt zu tanzen. Das ist gefährlich. Mit mir zu tanzen gleicht dem Versuch, einen Liegestuhl aufzubauen.

Ich hatte sofort angebissen. Sex war für mich immer die schlechte Nachricht gewesen, dass wir nicht über übernatürliche Kräfte verfügen. Gerade in dem Augenblick, wo wir uns selbst am meisten transzendieren wollen, stoßen wir an die Haut des anderen. Mit Ecstasy stieß ich auf ein Mittel, das in der Lage war, meinen sexuellen Nihilismus zu heilen. Mit dieser Droge konnte ich den Drang befriedigen, mich zu vereinigen. Ich konnte meine gebieterische Isolation aufbrechen.

Außerdem war ich des Alkohols überdrüssig. Es spielte keine Rolle, wie viel die Drogen kosteten – jeder Preis war in Ordnung, wenn es mich dazu brachte, mit dem Trinken aufzuhören. Das war der eigentliche Fluch. Was für eine Erleichterung würde es sein, morgens aufzuwachen und sich daran zu erinnern, wie man nach Hause gekommen ist und was man die Nacht zuvor geredet hat.

Offenbar beeinträchtigt auch Ecstasy das Gedächtnis. Ich

hingegen kann mich sehr genau an 1995 erinnern. Es war das Jahr, in dem ich fünfhundert von den kleinen Scheißern schluckte. Rachel hatte mir eine silberne Pillendose gekauft, in deren Deckel eine verrucht aussehende Lilie graviert war. Es passten genau zwanzig Pillen hinein. Die passende Ration – für einen Tag. Abends hatten Rachel und ich unseren Tisch im Ritz, wohin wir unsere Freunde einluden. Nach dem Abendessen wurde das Döschen rumgereicht, und es wurde ein Ritual daraus – wie das Kippen eines Ports nach dem Essen, mit dem einzigen Unterschied, dass die Damen nicht den Raum verließen, um die Männer ihren Gesprächen zu überlassen, sondern einfach umkippten. Niemals blieb auch nur eine Pille in dem Döschen zurück.

Es dauerte jedoch nicht lange, und wir wurden ungeduldig und nahmen unsere Pillen schon vor dem Essen. Wir saßen dann da und starrten unser Essen den ganzen Abend lang an. Rachel wirkte wie einer dieser Wackeldackel auf der Hutablage eines Ford Cortina. Oder wie ein gerade geschlüpftes Küken – man brauchte sie nur irgendwo abzusetzen, dann saß sie dort still, kümmerte sich um sich selbst und gab von Zeit zu Teit einen geistlosen Pieps von sich. Schließlich schob sie während eines Energieausbruchs eine Karotte über den Teller. Dann sank sie erschöpft in ihren Stuhl zurück, niedergedrückt von katholischem Schuldgefühl.

SIE: Liebling, es ist so schrecklich. Was für eine Verschwendung.
ICH: Du hast völlig recht, Liebes. Auf der ganzen Welt gibt es Menschen, die nach Drinks und Drogen hungern und dürsten.

An manchen Morgen schluckte ich aus purer Langeweile eine zum Frühstück. Das schien ein einfacher Weg zu sein, sich die alltäglichen Pflichten zu verschönern. Ich glitt in meinen kleinen Asialaden um die Ecke und fühlte mich ach so mildtätig, dass ich sogar für die Waren bezahlte. Um acht Uhr morgens informierte ich dann die Dame aus der chemischen Reinigung darüber, dass ich sie liebte.

Ich begann mich nach anderen Frauen umzusehen. Die Zeit der Flitterwochen mit Rachel war vorbei. Tatsächlich war sie schon seit Monaten vorbei. Es gab Schwierigkeiten. Erstens brachte Rachel immer alles durcheinander. In der Küche war sie eine Hure und im Bett eine Köchin. Ihre Vorstellung vom Kochen lief darauf hinaus, dass sie mir mein Abendessen in die Hand drückte – ein Paket tiefgefrorener Suppe. »Beeil dich, Liebling, und iss deine Suppe, ehe sie auftaut«, beliebte sie zu sagen. Und beim Sex? Rachel gehörte zu der Sorte Frauen, die Nekrophilie als etwas sehr Lebendiges erscheinen lassen.

Es war nicht wirklich ihre Schuld. War ich das Opfer einer kaputten Familie, so war sie das Opfer einer intakten. Ihre Mutter pflegte ihre saubere Wäsche immer in aller Öffentlichkeit zu waschen. Sie war von einer strafenden Selbstlosigkeit. Ihr Vater war etwas unberechenbarer, aber nicht viel. Unter Abendgestaltung verstand Rachels Familie ein Tanzkränzchen zugunsten der britischen Hungerhilfe.

Ich war der erste Geliebte, den Rachel mit nach Hause gebracht hat. »Rachel besitzt zwei Dinge: ihre Jungfräulichkeit und ihren Glauben. Beide hat ihr Sebastian genommen«, stellte ihre Mutter hilfreich fest. Das war nicht ganz richtig. Rachel war insofern guten Glaubens, als dass die Kirche, die sie nicht besuchte, eine katholische war. Was ihre Jungfräulichkeit – ein Niemandsland – anging, begann sie den Katholizismus erst zu entdecken. Ihre Familie glaubte an Gott, an einen Gott, der ihre Körper geformt hatte – und dennoch dachten sie, sie könnten nichts mit diesem Körper anfangen, da er schmutzig war. Selbstverständlich schoben sie die Schuld nicht auf den Hersteller. Und ebenso wenig verstanden sie den impliziten Atheismus, der in der Annahme liegt, von Gott gegebene Teile seien dreckig.

Rachel kämpfte jahrelang mit dem Glauben. Schließlich gab sie auf und beschloss stattdessen zu glauben, sie sei fett. Oh Herr im Himmel, nichts Schönes kann sein an einem Schmerbauch! Aber glaubt mir, sie hatte gar keinen. Es war egal. Rachel wurde selbst zu einer Diät, die darauf wartete, dass sie anschlug. »Meine Haut passt mir nicht mehr«, sagte sie.

Noch Schlimmeres sollte folgen. Wenn eine Frau sagt, sie wolle sich aufmachen und Arbeit suchen, um sich selbst zu finden, dann kann man davon ausgehen, dass sie ein hoffnungsloser Fall in puncto Bügeln ist. Rachel besaß kein Bügeleisen. Sie lebte in einem völlig kahlen Raum – ein bisschen wie eine dieser genetischen Anomalien, die manche Leute sich in der Mansarde halten und von Zeit zu Zeit mit Kohl füttern. Nicht, dass sie keinen Kohl gemocht hätte. Sie hätte einen Eintopf daraus gemacht und versucht, eine Woche davon zu leben. Eine ihrer Diäten ging genau so. Die Kohlsuppendiät. Ihre Kleider, ihr Haar, ihre Wohnung – alles stank nach Kohl. Sogar die Bücher, die sich vom Fußboden bis unter die Decke stapelten, rochen nach dieser dicken Brühe, die jede Erektion abtötete.

Ich verbot ihr, meine Wohnung zu betreten, und deshalb zog sie los und nahm einen Job bei einer überregionalen Zeitung an. Das interessierte mich an sich nicht. Es war schon lange her, dass ich damit aufgehört hatte, Magazine oder Zeitungen zu lesen – ich befürchtete, das könnte möglicherweise zu noch mühsameren Dingen führen, wie zum Beispiel zu Büchern. Was mich aber interessierte, war der Grund, warum sie sich eine Stelle suchte. Wenn eine Frau zu einer akademischen Ausbildung neigt, dann kann man sicher sein, dass mit ihren Genitalien etwas nicht in Ordnung ist.

Und so war es auch. In unserem ersten gemeinsamen Jahr hatten wir keinen Sex gehabt. Wir ließen maßschneidern. Jetzt kam alles von der Stange. Das Vorspiel ging schnell und bestand größtenteils aus den Worten: »Bist du wach?« Ich versuchte mich geistig auf die Arbeit zu konzentrieren. Ich blickte verliebt in die Spiegel neben ihrem Bett – bis ich dann so viel Krach machte, wenn ich kam, dass sie davon aufwachte.

Rachel trieb das Maßhalten ins Extrem. Sogar die Ecstasypillen wirkten nicht. Nick Cave ist der einzige Mann, den ich kenne, der welche schluckte und dann jemanden schlug. Rachel ist die einzige Frau, die ich kenne, die welche schluckte und sich daraufhin total in sich selbst zurückzog. Sie knallte die Pforten ihrer Psyche zu und saß einfach da. Es kümmerte sie nicht im Geringsten, wie laut ich anpochte. Und wie ein Klinken putzender Vertreter lernte ich schnell, mir die Mühe zu ersparen, und gab es einfach auf.

Frauen reagieren üblicherweise auf meine gekonnten Liebkosungen – vom Scheitel bis zur kleinen Zehe. Sie lieben meinen raffinierten Cocktail aus Esprit, Intelligenz und – nun gut – Chemikalien. Ich begann die ganze Routine der Verführung zu vermissen. Verführung ist, nach den Drogen, das Wichtigste in meinem Leben. Verführen! Das Wort allein ist schon wunderbar – es schimmert in tiefem Purpurrot. Doch Rachel konnte nicht erweckt werden. »Komm mich doch mal besuchen«, bot sie zuweilen, in einem ihrer generöseren Momente, an. »Danke, mein Schatz, ich war gerade da.«

Es gibt nur ein Problem mit den vielgestaltigen Routinen des Trinkens und des Drogengebrauchs: Sie wirken sich fatal auf die vielgestaltigen Routinen des Schreibens und des Malens aus. Ich pflegte zu glauben, ich sei ein Maler, der eine Menge trinkt. Aber langsam begann mir zu dämmern, dass ich ein Trinker war, der ein wenig malte. Ich trank, um zu vergessen – dass ich das Trinken aufgegeben hatte.

Ganz offensichtlich hatte ich den romantischen Mythos gemeinsam mit meinen Ecstasypillen geschluckt. Ich hatte beschlossen, dass Drogen und Kunst zusammenhingen. Nehmen nicht die größten Dichter und Komponisten Drogen, um ihre Kreativität zu steigern? Kann man denen trauen, die zu vorsichtig sind – wenn sie schreiben oder trinken oder Drogen nehmen? Klar, dass so ein lahmer alter Goethe nicht so eine Größe sein konnte wie Keats. Carlyle konnte doch Rimbaud nicht das Wasser reichen, oder Wordsworth Coleridge. *Denen, die da brannten.* Tranken sie, weil sie ein wenig von diesem Feuer löschen wollten? Weit besser als vor sich hin zu köcheln wie eine alte Pfanne, die Plattitüden am Herd aufwärmt. Weit besser, hell zu entflammen – und dann zu explodieren.

Oder nicht? Alles, was über Drogen geredet wird, mag ein romantischer Mythos sein, aber es ist auch schlichtweg Unfug. Keine Ahnung, wer dafür verantwortlich ist – ich vielleicht. Selbstverständlich hängen Drogen und Kreativität zusammen, aber nicht so, wie ich mir das vorstellte. Nur weil man Drogen nimmt, ist man noch lange kein Künstler. Man kann auf Drogen genauso wenig besser schreiben, als man im betrunkenen Zustand besser Auto fahren kann. Eine Weile geht es gut, dann fährt man in eine Hecke. Aber diejenige Persönlichkeit, die schöpferisch tätig ist, neigt auch dazu, sensibel zu sein. Das Entscheidende, um ein Künstler zu sein, ist, eine Menge zu fühlen, sich vorzustellen und zu denken – in erster Linie über sich selbst. Und das ist paradoxerweise der Grund, warum derjenige, der sich zur Kunst hingezogen fühlt, sich auch zu Drogen hingezogen fühlt. Die Drogen schützen einen vor der endlosen und erschöpfenden Selbstprüfung. Es ist so ermüdend, die ganze Zeit nur über sich selbst nachzudenken. Das Entscheidende am Heroinkonsum ist, zu vergessen, dass einem gerade die Beine abgenommen werden, nach dem Autounfall, den man hatte, als man betrunken am Steuer saß. Unglücklicherweise (für Sie, nicht immer auch für jeden anderen!) vergisst man dabei auch alles, was einen anfänglich zum Künstler gemacht hat.

Als ich eines Tages meine neuesten Arbeiten auf der Staffelei betrachtete, stellte ich fest, dass ich kein Maler mit einem Drogenproblem mehr war. Ich war ein Drogensüchtiger mit einem Malproblem.

Kurz zuvor hatte es ein paar amüsante Todesfälle in der Familie gegeben. Ich machte sie zu meinem Thema. Großvater war im Alter von zweiundneunzig Jahren schließlich doch noch gestorben. Nur die Guten sterben jung. Er hatte bis zum Schluss dem Tod getrotzt. Als man ihn fragte, welchen Umständen er sein langes Leben verdanke, hat er geantwortet: »In erster Linie dem Pech.« In seinem Alter konnte er niemanden mehr aufregen, außer einen Archäologen. Er sah aus wie eine Mumie, die aus dem British Museum entflohen war. Aber er jagte immer noch jungen Mädchen hinterher. In meiner letzten Erinnerung an ihn grapscht er aus seinem Rollstuhl heraus listig nach Evlynns Hintern. Bis zuletzt war er der Einzige, der nicht wusste, dass er tot war. Schließlich gaben die Ärzte ihm freigiebig eine Überdosis, und der Mann, der Zeit seines Lebens solchen Krach geschlagen hatte, lag still wie die Nacht.

Großmutter folgte ihm noch im selben Jahr. Und Stiefvater machte es ihr nach. Es roch ein wenig nach Schlachthaus. Ich nehme an, Ehemänner sterben früher als ihre Frauen, weil sie das so wollen. Doch auch Mutter stand es gut: Als er starb, färbte sich ihr Haar über Nacht golden vor Trauer. Sie hatte absolut genug von ihm. Einige Jahre bevor er das Zeitliche segnete, verließ er sie und unternahm Reisen zur Rajneesh-Gemeinschaft in Oregon. Mutter kam damit zurecht, so lange, bis er zurückkehrte. Sie war berechtigterweise seinen Motiven gegenüber misstrauisch. Wenn man jemanden liebt, lässt man ihn gehen. Kommt er zurück, ist er wahrscheinlich pleite.

Den Tod selbst kann man ebenso wenig ansehen, wie man direkt in die Sonne schauen kann. Meine Chance war gekommen. Ich beobachtete, wie er starb.

Ich kam in der Nacht vorher an. Mutter lebte jetzt in Bath, und bei Stiefvater hatte man Leberkrebs diagnostiziert. (Nicht Leberzirrhose! Es muss Geld ausgegeben werden, um an Leberzirrhose zu sterben.) Es war seltsam – im Gegensatz zu Mutter oder Vater hatte er nicht geraucht, getrunken oder Drogen genommen. Er hatte jeden Tag seine Yogaübungen gemacht. Er sah ziemlich blöd aus, wie er so dalag in seinem Bett und an nichts starb.

Sein körperlicher Verfall war schockierend. Mutter hatte mich gewarnt. Nach der Diagnose hatte er innerhalb von Wochen abgebaut. Aufgeregt bereitete ich mich auf das Schlimmste vor. Er lag im Bett. Seine Haut war schwefelgelb. (Kein Wunder. Er trank kübelweise Karottensaft in einer verrückten Anwandlung von ganzheitlicher Selbstmedikation.) Seine Wangen waren eingefallen. Sein Bart hing wie getrocknetes Farnkraut um seinen Mund.

»Hallo, Sebastian«, flüsterte er. »Danke, dass du gekommen bist.«

Jahrelang hatte ich ihn kaum gesehen. Ich hatte ihn voller Wut angebrüllt, als mir Schwester schließlich erzählte, dass er versucht hatte, sie zu verführen, als sie erst siebzehn Jahre alt war. Und dann war ich verstummt – der beste Ausdruck von Verachtung. Ich hatte ihm nie vergeben, mich damals nicht zum Sex-Pistols-Konzert gefahren zu haben.

Aber hier war er nun. Im Spiel von Leben und Tod sind wir alle gleich. Ich beobachtete ihn, wie er zur Toilette humpelte, um zum letzten Mal für nichts und wieder nichts zu pissen. Ich hoffte, er würde etwas sagen oder tun, das dem Anlass entsprach. (Ich weiß genau, dass ich das tun werde. Ich habe da schon etwas vorbereitet.) Ich wollte wenigstens eine letzte Einsicht. Wie fühlte es sich an zu sterben? »Alles, was wir tun können, ist, liebend zusammenzubleiben«, sagte er.

Am nächsten Morgen rief mich Mutter ins Zimmer. Er hatte schon das Bewusstsein verloren und war wie ein Müllsack zur Seite gesunken. Die letzten Tropfen Karottensaft sabberten über sein Gesicht. Mutter umklammerte ihn wie einen vertrockneten Blumenstrauß. Ich hörte das Todesrasseln in seiner Kehle, das dem Leben signalisierte wegzubleiben. Mutter stieß einen langen Seufzer des Schmerzes aus. Es war vorbei.

»Weißt du, Sebastian, ich vermisse ihn überhaupt nicht«, verkündete Mutter ganz plötzlich einige Wochen nach der Beisetzung. Ich stimmte dem weitgehend zu. Man wäre mit ihm nicht warm geworden, nicht einmal dann, wenn man neben ihm im Krematorium gelegen hätte. »Ich habe ihn einäschern lassen, weißt du?«, sagte Mutter. »Ich wollte nicht, dass er eins mit der Erde wird. Ich bin mir nicht sicher, ob ich gewollt hätte, dass er in einer Blume weiterlebt. Er hätte das gewollt – ich aber nicht. Kannst du dir das vorstellen? Dann hätte sich so eine Art schreckliches Leichentuch über all die hübschen gelben Krokusse gebreitet.«

Sie nahm seine Asche mit nach Hause, und dort stand sie dann etwa ein Jahr lang in einer Büchse auf dem Kaffeetisch. Zweifellos hätte er es lieber gesehen, wäre seine Asche im Ganges oder so verstreut worden. Mutter dachte aber nicht daran. Stattdessen schüttete sie die Asche eines Morgens versehentlich über ihren Haferbrei. Sie hat ihn aufgegessen – mit knusprigem braunem Zucker.

Auf der Toilette hat sie sich dann hysterisch im Spiegel zugekichert, wie sie mir erzählte. »Das wird ihm eine Lehre sein«, hat sie zu sich gesagt.

Natürlich hätte ich angesichts der Todesszene gern meine Staffelei aufgestellt, aber das wäre dann selbst für meinen Geschmack etwas zu vampirhaft gewesen. Dennoch ließ mir das Ereignis keine Ruhe. Ich hatte gesehen, wie ein Mann ausgelöscht wurde. Nach einem Leben in Schmerzen und Verzweiflung war das die finale und brutale Erniedrigung. Genau das war es, was ich einfangen wollte, als ich in mein Studio zurückkehrte.

Aber die Malerei ist ein Medium, das einem nichts nachsieht, und ich war einfach nicht gut genug. Zudem brach ich meine eigenen Regeln. Ich habe narrative Malerei immer verachtet: die Leinwand, die eine Geschichte erzählt oder, schlimmer noch, den Versuch unternimmt, zu moralisieren. Malerei soll wie Dichtung sein. Sie sollte eine Atmosphäre schaffen und Raum für die Vorstellungskraft lassen. Doch meine riesigen Gemälde erzählten nicht nur eine Geschichte, sie bettelten auch um Sympathie. Ich hasse Kunst, die Gefühle gestalten will. Aber der eigentliche Fehler lag bei mir. Ich hatte nicht genug Talent. Meine Fähigkeiten glichen den Flügeln des Vogels Strauß. Ich konnte rennen, mit den Flügeln schlagen wie verrückt, jedoch niemals abheben.

Der Tod einiger meiner Verwandten war einzig und allein für mich von Interesse. Ich hätte es lieber für mich behalten sollen. Tat ich aber nicht. Ich ging mit meinen Arbeiten bei unzähligen Galerien hausieren. Zweifellos dachten sie alle, dass die Sache stank – aber niemand interessierte sich überhaupt so weit dafür, dass er das auch gesagt hätte.

Ich versuchte der Ablehnung nicht zu gestatten, mich von meiner Bestimmung abzubringen. Eher lehrte mich die dauernde Zurückweisung, dass es mir zwar möglich war, etwas sehr zu wollen, ich aber auch fähig war, mich sofort unendlich darüber zu erheben, sobald sich herausstellte, dass es mich nicht wollte. Zudem verfügte ich über die Mittel, die mich vor weiterreichenden Folgen des Scheiterns schützten. Aber trotzdem wusste ich, dass ich mich nach Ruhm verzehrte. Warum auch nicht? Es war Mitte der Neunziger. Erfolg zählte nur, wenn er auch zu Lebzeiten bejubelt wurde. Jede Karriere ließ sich auf eine nüchterne Formel reduzieren: Bist du berühmt oder nicht? Es spielte keine Rolle, ob Missionar oder Mörder. Solange man prominent war, war man auch erfolgreich. Ich nicht. Was zum Teufel sollte ich dagegen tun? Rausgehen und die große Nummer in der Dritten Welt werden? Oder zurück nach Hull gehen? Scheitern fällt in den Vororten noch weit weniger auf.

Ich brauchte einen neuen Stoff, der die Lücke zwischen dem Jetzt und dem Grab füllte.

Sex. Eine gute Antwort. Gibt es einen besseren Weg, der Langeweile zu entkommen? Wer gibt schon einen Deut aufs Ideal?

Meine Affäre mit Rachel hatte den wohlbekannten Verlauf genommen. Fieber. Langeweile. In der Falle. Der glücklichste Augenblick jeder Affäre kommt, nachdem man erkannt hat, wie man seinem Geliebten gefällig sein kann, und bevor die wahnwitzigen Persönlichkeiten wie schroffe Felsen zwischen den zurückweichenden Wellen von Lust und Neugier auftauchen. Rachel hatte genau dies getan. Und jetzt war der schroffe Felsen ein Eisberg. Doch die kalten Polarregionen sind nichts, verglichen mit dem Frost englischer Schlafzimmer.

Rachel, die es mir früher immer so schön besorgt hatte, bereitete mir nur noch Kopfschmerzen. In Portugal kam es zum Höhepunkt – oder eher nicht. Als ich mit meiner Morgenerektion erwachte, fragte ich Rachel höflich, ob sie nicht aufspringen wolle.

»Liebling, ich möchte das nicht mehr machen. Ich möchte wirklich nicht.«

»Du solltest mal deinen Puls fühlen, Liebling! Vielleicht bist du tot?«

Rachel lächelte mir zu, sah aber zum Fenster hinaus. Ihr Lächeln und ihr Gesicht waren niemals gemeinsam am selben Ort.

»Die Wahrheit ist, dass ich Sex mit dir nicht mehr mag. Seitdem wir uns getroffen haben, habe ich alles nur gespielt.«

»Heißt das, du hattest nie einen Orgasmus?«

»Doch, mein Schatz. Ich hatte Orgasmen. Aber du warst nie dabei.«

Ganz plötzlich täuschte ich eine erneute Erektion vor.

»Warum?«

Sie zuckte mit den Achseln, etwas zu gleichgültig für meinen Geschmack. »Keine Ahnung. Um dich glücklich zu machen? Um den Job zu kriegen?«

Es stellte sich jedoch heraus, dass noch mehr dahintersteckte.

Wenn ich größenwahnsinnig war, dann hatte Rachel Minderwertigkeitskomplexe. Sie, die sich niemals wissentlich zu teuer verkauft hatte, schwelgte in übertriebener Art und Weise in ihrer eigenen Bedeutungslosigkeit. Und jetzt hatte sie entschieden – ohne mich vorher zu konsultieren –, dass sie fett war ... zu fett, als dass sie ihr Fleisch irgendjemanden zeigen konnte ... kurz: zu fett zum Ficken.

Als ich sie kennenlernte, hatte ich sie mit Verehrung zugeschüttet. Sie muss sich gefühlt haben, als hätte man die Tür eines Hochofens direkt vor ihrem Gesicht geöffnet. Aber sie begann sich daran zu gewöhnen, fürchtete vielleicht, dass es enden könnte. Deshalb hörte sie nicht auf, die Hitze zu erproben. Es war eine Art Abwehr. In etwa so, wie den ersten Schlag zu tun – selbst wenn der ins eigene Gesicht geht. »Ich bin zu fett«, würde sie sagen. Und auf meine Pawlow'sche Antwort warten. »Nein, bist du nicht. Du bist schön.« Wenn ich das sagte, widersprach sie mir sofort. Antwortete ich nicht, war sie noch mehr davon überzeugt, dass sie abstoßend sei. Es war eine No-Win-Situation. Sie fraß sich an meinen Rückversicherungen voll. Ihre anspruchsvollen Unsicherheiten konnten niemals befriedigt werden.

Damals hatte ich also gelernt, dass Frauen Orgasmen simulieren können. Auf zur nächsten Lektion. Männer können ganze Beziehungen simulieren. Es war nun an der Zeit, dass meine eigene Persönlichkeit wie ein Felsen auftauchte – wie ein Punkrock. Ich hatte es satt. Von allen sexuellen Perversionen ist die Monogamie die abartigste. Wenn einer behauptet, er würde nach einigen Jahren immer noch den Sex mit demselben Partner genießen, dann ist er entweder ein Lügner oder auf irgendetwas drauf. Liebe ist nur der Wahn, eine Frau würde sich von anderen unterscheiden. Mein Erwachen war aber schlimmer als das. Sobald ich glaubte, jemanden zu lieben, fühlte ich mich sofort gefangen – und

Arme, die sich zärtlich um einen legen, sind die stärksten Ketten.

Als Dandy hatte ich gelernt, Federn zu lassen und meine Krone aufzusetzen. Aber Rachel war nicht dafür geschaffen, die Rose in meinem Knopfloch zu sein. Als ich versucht hatte, meinen Knopf in ihr Loch zu stecken, hatte ich mich an ihren Dornen blutiggestochen. Außerdem war ich ohnehin nicht auf der Suche nach Rosen, sondern nach einer Menschenfleisch fressenden Pflanze. Ich wollte jemanden, der mit mir loswütete, der die Welt mit mir eroberte – oder wenigstens die Halbwelt. Rachel war keine Frau für solch ein Spiel. Stimmt, ich mag Frauen, die Tiefe besitzen – tiefe Ausschnitte.

Der Bruch war endgültig. Ich hatte mich in mich selbst verliebt. Eine Geliebte zu haben würde nun bedeuten, untreu zu sein. Schlimmer noch – wenn ich monogam blieb, dann würde ich nur eine Frau glücklich machen, alle anderen aber unglücklich. Welches Recht hatte ich, mich so zu verhalten?

Nichts davon war Rachels Schuld. Welche Frau würde ich jetzt wählen? Die Schwierigkeit mit dem Dandytum besteht darin, dass es überhaupt keinen Platz für Frauen lässt. Außerdem kann einem das ganze lächerliche Fortpflanzungsgeschäft den Anzug zerknittern.

Jeder, der närrisch genug war, bis hierher zu lesen, versteht wohl, worin mein Problem bestand. Sex hat so schrecklich viel mit dem Körper zu tun. Mit einem Körper, der sterblich ist und verrotten wird. Die Natur setzt sich selbst endlos fort, indem sie kriechenden kurzlebigen Kreaturen erlaubt, sich fortzupflanzen. Und damit will ich nichts zu tun haben. Ich kann nicht einfach ein Glied in der Kette des Seienden sein, verzichtbar und durch jedes andere austauschbar. Ich bin kein lebendiges Stück Fleisch. Und ich werde kein Unzucht treibender Kadaver sein. Außerdem finde ich es empörend, dass wir dazu bestimmt sind, den

Liebesakt mit unseren Ausscheidungsorganen vollziehen zu müssen.

Was nun?

Bisher hatte ich geglaubt, die beste Art mit meinem Körper umzugehen, sei, ihn zu negieren. Mein ganzes Leben lang hatte ich mich in magische Anmut gehüllt, um über meine erdgebundene Form hinauszugehen. Und selbstverständlich war ich gescheitert. Ich war zu einem Pavian in samtener Schale geworden.

Die andere Methode, die ich zur Anwendung gebracht hatte, war Geld. Geld bedeutete Macht über andere, frei sein von Verpflichtungen, eine Erhebung über den eigenen Kot – und obendrein erlaubte es, sich wie ein absoluter Vollidiot aufzuführen.

Nun ergab alles plötzlich einen Sinn. Wenn x eine konventionelle Beziehung und gleich der totalen Profanität ist und y für haufenweise Geld steht und gleich der rapide zunehmenden Individualität ist, dann folgt daraus, dass die Gleichung x plus y plus eine Dandy-Knalltüte nur dann zu einer schlüssigen Lösung hochgerechnet werden kann, wenn man auch noch die Variable des arbeitslosen Sexbesessenen (der noch nie gut in Mathematik war) in die Gleichung einführt.

Huren.

Ein Gentleman sollte immer einer Beschäftigung nachgehen.

Ich war bereit für meine Reise, die mich durch die verschlungenen und überfüllten Straßen von Soho und Mayfair führen sollte, bereit, mich durch den heruntergekommenen Körper der Stadt zu schlängeln. Ich fing in einem Bordell an, dass zwei Häuser von meinem entfernt war. Wird nicht erwartet, dass man zu Anfang mit dem Mädchen von nebenan ausgeht? Ich war nervös – und betrunken.

Ich navigierte die wackeligen Treppen des kleinen, alten Hauses hoch.

»Hallo«, log ich.

Sie starrte zurück und schenkte mir das dämliche Lächeln eines Lottogewinners. Der ganze Raum jedoch wirkte feindselig. Das Bett hatte weder Laken noch Überzüge, und die nackte Matratze sah aus wie das Opfer einer Vergewaltigung. Die Kammer glich einem Leichenschauhaus, in dem man die Liebe aufgebahrt hatte.

Es war mir egal. Ich fühlte mich, als sei ich gekommen, um ein Verbrechen zu begehen, und ich wollte, dass sie mich rettete. Mich rettete wie ein Alibi.

Ich begab mich zum Bett und betrachtete ihre Brüste. Sie kicherte und zog mir meine Hosen aus, um dann angesichts der Aussichten professionell zu gurren. »Schön drauf aufpassen, meine Liebe. Er genießt internationale Reputation«, hätte ich gern gesagt.

Ihr Loch war warm und nass wie das Maul einer Kuh. Ich fickte sie bis zum Herzstillstand, aber obwohl ich einen Harten hatte, wusste ich, dass ich nicht kommen würde. Ein Vorgeschmack auf den erfahrenen, versoffenen Hurenstecher, der ich werden sollte.

Als es mir zur Gewohnheit wurde, besuchte ich die Bordelle tagsüber, wenn ich nüchtern war. Ich wollte die unmittelbare Empfindung von Sex ohne Langweilerei. In einem Bordell kann man physische Nähe ohne Zugabe von Persönlichkeit kaufen. Es war ein künstliches Paradies. Ich benutzte Geld, das unpersönlichste Instrument der Intimität, um den persönlichsten Akt der Intimität zu erwerben. Lust über Liebe, Empfindung über Sicherheit – und dabei in die Arme einer Frau zu sinken, ohne ihr in die Hände zu fallen.

Alle meine Hemmungen (nun ja, eigentlich nur die eine Hemmung – die Kosten) waren wie weggeblasen. Kopfüber stürzte ich mich in die Hurerei. Es dauerte nicht lange, und ich besuchte vier Damen die Woche. Ich wurde zum Connaisseur. Ich ließ mir das Bouquet auf der Zunge zergehen, nippte an den Verlockungen und ließ die Genüsse in meinem Mund perlen. Ich goutierte die hervorragenden Jahrgänge. Ich wusste aber auch, wo man den *vin ordinaire* herbekam. Ich besuchte Bordelle, Saunas, Privatwohnungen, die ich im Internet entdeckte, und zuweilen bestellte ich mir Mädchen in meine Wohnung – geliefert wie Pizza. Über die Jahre hinweg habe ich mit jeder Nationalität in jeder Stellung in jedem Land geschlafen. Von erstklassigen Callgirls um tausend Pfund für einmal Poppen bis zu den Köstlichkeiten aus der Fleischtheke Sohos für fünfzehn Pfund für einmal Knallen. Ich habe wahrscheinlich mit mehr als tausend Prostituierten geschlafen, im Wert von hunderttausend Pfund. Ich wünschte, ich könnte etwas mehr beschämt darüber sein.

Meine Liebe zur Prostitution war viel mehr als bloße sexuelle Entladung. Zuerst einmal muss ich feststellen, dass ich Huren und alles, was mit ihnen zusammenhängt, liebe. Sie sind die ehrlichsten und offensten Menschen auf Gottes Erde. Es war aber auch die Idee der Prostitution an sich, die mich erregte. Als »Lust, Bitterkeit, Nullpunkt menschlicher Beziehung, muskulärer Rausch und das Klingeln von Goldstücken« hat sie einmal jemand beschrieben. Ich starrte in den Abgrund – und mir war herrlich schwindelig.

Als ich mit Rachel zusammen war, hatte ich gedacht, es sei nicht wichtig, mit jemandem zusammen zu sein, mit dem man Sex haben wollte, sondern mit jemandem, mit dem man geistig harmonierte. Nun entschied ich mit demselben Starrsinn, dass dies Unsinn sei. Das Problem war, schlussfolgerte ich, das normaler Sex mit dem Küssen beginnt, und man sich dann sehr schnell in die Lage versetzt sieht, reden zu müssen. Und sobald man jemanden gut kennt, ist das Letzte, was man will, ihn zu vögeln. Jawohl – dass man mit jemandem Sex haben wollte, war das wirklich Entscheidende.

Natürlich erzählte ich Rachel nichts von meinem aufkeimenden Hobby. Ich bin auf meine Ehrlichkeit stolz (was Sie, verehrter Leser, wohl unglücklicherweise schon bemerkt haben dürften). Aber zwei Sorten von Menschen belügt man –

seinen Partner und die Polizei. Jedem anderen sagt man die Wahrheit. Auch wenn Rachel und ich kein Liebespaar mehr waren, hatte sich unsere Beziehung nicht verändert. Und obwohl ich mich selbstverständlich ein wenig ärgerte, dass sie sich meinetwegen nicht getötet und stattdessen selbstsüchtig die Entscheidung getroffen hatte, weiter zu existieren, kamen wir gut miteinander aus.

Ich genoss den Betrug. Ein geheimes Leben ist beglückend. Rachel wohnte immer noch bei mir in Shepherd Market. Ich schlich mich davon und flüchtete in die Arme einer Hure. Nach einer halben Stunde kam ich zurück und gab vor, ich hätte einen kleinen Spaziergang gemacht. Natürlich dachte ich, mein Benehmen sei ehrenhaft. Das Einzige, was ich verachte, ist der herzlose One-Night-Stand, bei dem man den Frauen alle möglichen Lügen erzählt, nur um sie ins Bett zu bekommen.

Eines Abends brachte ich eine Hure mit nach Hause. Ich fickte sie auf dem Sofa, während Rachel nebenan schlief. Ich entsinne mich des kribbeligen Gefühls, während ich voll bekleidet vögelte und bei jedem Knarren oder Stöhnen daran denken musste, dass die Hure von Rachel und Rachel von der Hure entdeckt würde. Ich war ganz Herr der Lage. Ich gebe gern und nehme ungern; mir ist die Macht des Gastgebers lieber als die Verpflichtung des Gastes.

Als ich fertig war, gab ich der Hure fünfzig Pfund und ließ sie raus. Dann zog ich mich aus und stieg nackt zu Rachel ins Bett. Ich schmiegte mich an ihren warmen Körper und legte meinen Arm um sie. Es war seltsam. Der Betrug bescherte mir immer ein Gefühl von Liebe.

Und übrigens steht Verderbtheit für einen scheppernd guten Lebensstil. Sieht die Gesellschaft die »schmutzigen« Prostituierten als verkommen an, so war es für mich gerade der Dreck, der das Ganze schmackhaft machte. Es war spannend, ihn zu berühren. Ich liebte das bröckelige Make-up, das abgestandene Aroma, den herben Geruch der Haut. Ich liebte es, kaputte und buckelige Treppen zu schäbigen, zwielichtigen Zimmern hochzusteigen. Ich fühlte mich wie ein Blinder, der sich seinen Weg durch samtene Dunkelheit ertastete.

Beuten Männer Frauen aus? Ich glaube nicht, dass sich Prostituierte notwendigerweise frustriert und ausgebeutet fühlen. Die Intellektuellen aus der Mittelklasse, die es sich um die Esstische herum bequem gemacht haben, erzählen mir jedoch immer, dass es so sei. Sie würden, sofern sie sich die Mühe machten, auf eigene Faust etwas darüber herauszufinden, wahrscheinlich feststellen, dass die Prostituierte und ihr Klient (wie der Dealer und der Abhängige) die erfolgreichste ausbeuterische Beziehung unterhalten, die es gibt.

Und die reinste. Frei von anderweitigen Motiven. Es ist kein schmutziges Machtspiel. Der Mann nimmt nicht, und die Frau gibt nicht. Keiner versucht, einen Ehemann zu betrügen oder eine Ehefrau zu erniedrigen. Keiner muss irgendetwas beweisen oder etwas aus dem anderen herausholen. Der Fick mit einer Hure ist der reine Fick schlechthin.

Doch immer noch wollte ich zwei Frauen haben: eine, um das Fleisch zu füttern, und eine, um Poesie zu rezitieren. Eine, mit der man sich im Unflat suhlen konnte, und eine, die Staub wischte, sauber machte und kochte.

Ich setzte meine Suche nach der wahren Hure fort. Ich durchforstete die Bordelle. Da die Lust nur der Zeitraum ist, der verstreicht, wenn man sich eine vollbusige Schönheit vorstellt und sich dann einer flachbrüstigen Nutte gegenüber sieht, war ich oft gezwungen, die Beine in die Hand zu nehmen – und einmal flog mir sogar ein Stiefel eines der verschmähten Mädchen hinterher. Aber ich mochte und verdiente Bestrafung. Und ich mochte das Leben. Morgens arbeitete ich. Nachmittags pflegte ich mich zu verlieben. Und dann, eines Tages, verliebte ich mich tatsächlich.

Ich traf Claudia per Zufall. Und einzig und allein der Zufall vermag uns wirklich anzurühren. Ein Ereignis ist umso wesentlicher, je größer der Zufall ist, der es eintreten lässt. Ich ging eines Morgens bei der U-Bahnstation Knightsbridge an ihr vorbei und war von ihrer überirdischen Schönheit so in den Bann geschlagen, dass ich ihr tatsächlich folgte. Das war mir neu. Und wenn es keine sexuelle Obsession war, dann war es eben Liebe.

Liebe lässt die Welt so hausbacken aussehen. An ihr jedoch war nichts hausbacken. Ihre Beschaffenheit war von edelster Güte. Die Gesichter englischer Frauen sehen meist aus, als hätte es an Material gefehlt. Sie haben dünne Lippen, papierne Augenlider, eckige Backenknochen und welke Herzen. Claudia war üppig. Sie sah mediterran aus. Ihre Lippen bildeten einen vollen Schmollmund. Ihre Nüstern waren geweitet. Ihre Augen schwarz und groß wie Untertassen, ihre Augenlider dick wie Pastete.

Wenn wir uns der Idee der Schönheit zuwenden, dann sind wir, ohne es zu bemerken, mit den dunkelsten Gedanken dieser Welt beschäftigt. Sie jedoch loderte wie eine Flamme auf, um meine Dunkelheit zu erleuchten, und ich war Ikarus, verbrannt von meiner Liebe für das Schöne.

Sie ging nach Soho, dann die Berwick Street runter, und ich folgte ihr die ganze Strecke. Nein. Nein, unmöglich. Sie konnte doch keine ...! Sie bog ab und betrat ein Bordell. Ich konnte es nicht glauben. Ich konnte Raquel Welch für fünfundzwanzig Pfund vögeln. Das war eine Marktanomalie, die selbst Herrn Keynes in Staunen versetzt hätte.

In einem maßgeschneiderten Anzug machte ich mich auf, den Geschäften des Pläsiers nachzugehen. Ich klopfte an die Tür des Bordells. »Bin beschäftigt, komm in einer halben Stunde wieder«, war die Antwort. Nach einer halben Stunde kam ich wieder. »Beschäftigt, komm in einer halben Stunde wieder.« Um sechs Uhr abends hatte ich dann doch noch mein Treffen mit Claudia.

Ich betrat ihr Boudoir und legte mich auf ihrem Bett zurecht. Sie tänzelte in Seidenunterwäsche vor mir herum.

»Fühl dich wie zu Hause«, schnurrte sie. »Zieh dich aus.«
»Fühl dich selber wie zu Hause«, erwiderte ich. »Zieh dich an. Ich möchte mit dir ausgehen. Dieses schöne bleiche Gesicht ist dein Schicksal.«

Zwanzig Minuten und zweihundertfünfzig Pfund später spazierten wir Arm in Arm zum Ritz. Ich erinnere mich, dass ich zum ersten Mal in meinem Leben wahrhaft glücklich war, als ich die Tür für sie öffnete. Die Güte dieses Abends und all der ähnlichen Abende, die niemals kommen sollten, sind seit damals in all ihrem Glanz in mein Herz gesenkt; jede Erinnerung jagt die nächste, vermischt sich mit der folgenden zu einer nie endenden träumerischen Jagd nach dem verlorenen Gefühl.

Wir wurden inmitten von Pracht und Glanz zu unserem Tisch geleitet. In der gesamten Natur gibt es nichts, was sich mit einem lachhaften Rokokopalast vergleichen ließe. Für mich ist dies die einzige tolerierbare Form des Theaters: inmitten eines solch üppigen Dekors zu sitzen, umschwirrt von Dienern, die wahnsinniges Aufheben um einen machen, auf einem plüschigen, rosafarbenen Teppich, der einem die Sohlen liebkost. In den ersten zehn Minuten sprachen wir kaum ein Wort. Was bedeutet es schon zu reden, solange man das Schweigen verfeinern kann?

Ich betrachtete Claudias Hände, dann ihr Gesicht. Etwa zweiundzwanzig, schätzte ich. Ich mag jüngere Frauen. Ihre Geschichten sind kürzer. Aber vor allem war sie exquisit. Die Schönheit ist keine Frau, sondern hat vielmehr mit der Vorstellung des Mannes von einer Frau zu tun – die bevorzugterweise einer anderen Rasse oder Klasse entstammt als der eigenen, um dem Ganzen etwas mehr Pfiff zu verleihen. Mein erster Eindruck war richtig gewesen. Sie war Italienerin.

Das ist an sich schon lasterhaft. Italienerinnen sind bezaubernd schön. So wie die hässlichen Japaner Tag und Nacht wie die Verrückten arbeiten, um nicht miteinander vögeln zu müssen, arbeiten die reizenden Italiener keine Minute länger als nötig, um die verbleibende Zeit der körperlichen Liebe widmen zu können. Claudia hatte das perfektioniert. Ich war auf das wollüstigste, sinnlichste und trägste Exemplar einer wollüstigen, sinnlichen und trägen Rasse gestoßen, die – veredelt von einer berauschenden Prise Puritanismus – einen Weg gefunden hatte, Arbeit und Leben eins werden zu lassen. Für ihren Job blieb sie im Bett. Mein Vergnügen war ihr Geschäft. Und das war den Preis wert.

Frauen fragen mich immer: »Warum dafür zahlen?«

»Wie sonst könnte jemand, der jung, reich und gut aussehend ist, in dieser Stadt zu Sex kommen?«, pflege ich zu antworten.

»Aber es sind Prostituierte«, sagen sie dann mit pedantisch gespitzten Lippen.

»Sind wir das nicht alle, meine Liebe?«

Ich schaute über den Tisch zu ihr hin. Claudia lächelte ein wenig scheu, schüttelte ihre glänzend schwarze Mähne, und der Duft ihres delikaten Parfums stieg mir in die Nase.

Ich hatte an genau demselben Tisch des Ritz gesessen und auf die unverhohlene Gier einer moralisierenden kleinen Dame in einem dekolletierten Kleid gestarrt, die von mir erwartet hatte, für ihr Essen zu zahlen und dann noch das Taxi nach Hause zu finanzieren. Ist nicht auch sie eine Hure – aber ein Hure, die sich weigert, die Ware auch zu liefern? Sie sieht auf die Prostituierte herab. Es sei doch schrecklich, wenn man sich für seinen Lebensunterhalt ausziehen müsse, meinte sie. Aber auch sie hat einen Beruf – sie ist Journalistin oder Rechtsanwältin oder Fernsehansagerin oder sonst was. Ihr Job jedoch entkleidet sie all dessen, was sie hat – inklusive ihres Geheimnisses.

»Aber es ist doch so fürchterlich, eine Prostituierte sein zu müssen«, quäkte sie.

Aber du bist doch selbst eine, wunderte ich mich. Sind es nicht so viele Mädchen in London? Mit dem Unterschied allerdings, dass eine gute bis ehrliche Hure die Versprechen hält, die ein nettes Mädchen gar nicht erst machen würde; diese Lockangebote akzeptieren zuerst die Vertragsbedingungen, die sie daraufhin brechen. Die »gierige Nutte« hingegen gibt jedes Pfund Fleisch, wie es ausgehandelt war. Das sogenannte »gute Mädchen« haut mit der Ware ab. Wie ich herausgefunden habe, liegt der Hauptunterschied zwischen Sex für Geld und Gratissex darin, dass Sex für Geld üblicherweise viel weniger kostet.

Ich ziehe es vor, bar zu zahlen.

Über den Tisch hinweg griff ich nach Claudias Hand. Ziemlich aufregend. Ihre langen, grazilen Finger beantworteten schwach den Druck meiner Hand.

»Claudia, mein Liebling«, sagte ich, »die schlechtesten Dinge im Leben sind gratis.« Sie kicherte behaglich und ergriff ihre Gabel, um eine Spargelstange aufzuspießen.

Hingerissen beobachtete ich, wie die Butter ihre Lippen benetzte. Im Verbotenen liegt eine Verlockung, die es so schmerzlich anziehend macht. Ich meine, man wird wohl nicht annehmen, dass Adam hungrig war, als er den Apfel nahm. Er nahm ihn nur, weil es verboten war – und weil er ihm von einem Mädchen angeboten wurde.

Es war Dezember, und nach dem Abendessen spazierten wir Arm in Arm zu meiner Wohnung. Ich hoffte auf ein Weihnachtsgeschenk: sie, von Kopf bis Fuß von mir eingewickelt. Ich beugte mich zu ihr, um sie zu küssen. Sie drehte ihr Gesicht brüsk weg. Keine Hure küsst (genauso wenig wie Ehefrauen).

»Ich hätte lieber zwei Schwänze gleichzeitig im Arsch als einen Kuss«, erläuterte sie elegant. »Ich schätze es nicht, wenn es zu persönlich wird.«

Üblicherweise ist ein Kuss ein Antrag, der im Dachgeschoss gemacht und im Keller ausgeführt wird. Bei Huren ist der Keller immer zu mieten, doch das Dachgeschoss bleibt abgeschlossen. Ich war nur etwas zu abrupt daran erinnert worden, dass ich bezahlte, und das schmerzte doch ein wenig.

Dennoch wollte ich ihre öffentlich zugänglichen Partien zu Gesicht bekommen. Ich begann sie auszupacken. Sie war perfekt und dunkel und wollüstig. Und sie lag da, ihre Glieder quer über den Teppich verstreut, und erwartete mich. Auch ich zog mich aus und ließ meinen beklagenswerten weißen Rumpf neben sie sinken. Mein Körper ist bloß ein Insekt, das in der verrückten Kathedrale herumkriecht, die mein Geist errichtet hat. Ihre Physis hingegen war perfekt, ihre Darbietung eine vollendeten Fantasieweibs makellos – vielleicht gerade deshalb, weil sie mich gar nicht mochte.

Wenn ich jemanden zum Rendezvous treffe, dann darf man sicher sein, dass ich das nur deshalb tue, weil ich zu faul bin, Selbstmord zu begehen. Das Problem mit Claudia war, dass sie mich dazu brachte, leben zu wollen. Ich begann sie regelmäßig zu treffen. Ich begleite sie ins Connaught Hotel und ins Claridge's und auch in ihre muffige kleine Absteige in der Berwick Street. Sie lockte mich sanft mit ihrem Stöhnen und Gurren. Ich lebte, aß und schlief für sie – und natürlich kleidete ich mich auch für sie. »Bin ich dir auch hübsch genug?«, fragte ich sie. Aber ist die Bescheidenheit einer Schönheit nicht genauso vorgetäuscht wie die Leidenschaft einer Hure?

Wir beschäftigten uns beide mit dem Unwirklichen. Huren und Trinker verstehen instinktiv, dass gesunder Menschenverstand der Feind der Romantik ist. Unsere imaginäre Beziehung konnte sich jedoch niemals wahrhaft verwirklichen. Das war von Anfang an unmöglich. Sie sehnte sich nach einer großen, dunklen Gestalt, die so viele Träume von Frauen heimsucht. Meine Konturen glichen ihr ein wenig. Aber ich bezahlte sie. Ich konnte zu keiner realen Person werden. Niemals könnte ich ihr Mann sein, weil ich immer wissen würde, dass sie eine Hure war. Es war unlösbar. Was mich aber keineswegs dazu brachte aufzugeben.

Das erste Gesetz von Proust kam ins Spiel: Nicht die Liebe verursacht die Eifersucht, es ist die Eifersucht, die die Liebe erzeugt.

Ich erinnere mich an ein Treffen mit einer Dame. Sie sah ziemlich gut aus für ein Supermodell. Aber ich erstarrte, als ich herausfand, dass sie mit Mick Jagger gevögelt hatte. Ich wollte nichts mehr von ihr. Für mich war sie besudelt.

Am Anfang fand ich es aufregend zu wissen, dass Claudia mit zwanzig Männern pro Tag schlief. Warum sollte ich das gegen sie verwenden? Ich meine, ein Mann kann sich quer durch die Betten schlafen, und keine Fragen werden gestellt, wenn aber eine Frau ein paar (Tausend) Irrtümer begeht – ist sie deshalb schon eine Schlampe?

Oh nein. Der, der sich von niemandem unterjochen lässt und niemals versucht, andere zu unterjochen, wird auch niemals betrogen werden. Und im Übrigen: Wie konnte ich, der ich so großen Wert auf meine persönliche Freiheit legte, die Freiheit anderer beschneiden – selbst wenn die Freiheit darin bestand, eine leibhaftige öffentliche Toilette zu werden.

Dumm nur, dass das grünäugige Monster mich schon in seinem Griff hatte: der Drache, der die Liebe mordet, indem er vorgibt, sie am Leben zu erhalten. »Ein Mann, der nicht eifersüchtig liebt, liebt nicht wirklich«, entschied ich mit einem Mal. Das klang wie eine fabelhafte Philosophie. Ich wollte nicht, dass eines meiner Mädchen auch nur mit einem einzigen anderen Mann schlief.

Das war der Anfang vom Ende. Ein Mann kann mit einer Frau nur glücklich sein, solange er sie nicht liebt. Ich fing an, das Bordell ohne vorherige Verabredung mit ihr zu besuchen und vor ihrem Boudoir – oftmals in einer Schlange – zu warten. Hinter dem dünnen Duschvorhang aus Plastik konnte ich sie hören. Ihre Stöße und ihr Gemurmel; das Stöhnen und Quietschen der Bettfedern; und, schlimmer noch als alles andere, das Gekichere und das postkoitale Geplauder. Es war lächerlich, und ich wusste, dass es lächerlich war. Aber ich hörte nicht auf, in meiner Wunde zu bohren.

Und noch immer wollte sie mich nicht küssen.

Ich besuchte mehr und mehr … und mehr … Mädchen.

Mein Lebensstil verschlang Unmengen an Geld. Es kommt einen so wahnsinnig teuer zu stehen, reich zu sein. Und da man mehr Charakter braucht, um mit dem Glück umzugehen als mit dem Unglück, scheiterte ich selbstverständlich. Der Exzess war mir zu Kopf gestiegen – deshalb brauchte ich mehr davon.

Auftritt Hugo Guinness (durch eine Falltür). Ursprünglich hatte ich ihn auf meiner Einstandsparty im Claridge's getroffen. Ich hatte ihn beobachtet, wie er in seiner purpurfarbenen Smokingjacke wie ein Luftkissenfahrzeug über den Teppich schwebte, seine Lippen snobistisch gekräuselt wie der Anus einer Katze. Er trug den albernen Gesichtsausdruck einer alten Dame zur Schau. Er war fabelhaft: strahlend vor moralischem Verfall.

»Nun ja, das ist sehr unenglisch hier«, sagte er und reichte mir seine schlaffe Hand. »Diese Trinkerei vor dem Abendessen ist eine langwierige Angelegenheit, aber ich weiß ja, dass Alkoholiker eures Schlages gern so lange wie möglich mit einem Glas in der Hand herumstehen und sich dem endlosen Gefasel überlassen«, meinte er schleppend.

Er sah hinüber zu Rachel. »Gut, ich mag sie. Sie ist ganz offensichtlich ein feiner Anblick.«

Später schlich er sich noch einmal an. »Ich halte nach jemandem Ausschau, den ich begrapschen kann, mein Liebling. Wie wäre es mit deiner Mutter? Ist sie verfügbar?«

Als Nächstes bekam ich mit, dass er mit ihr durch den Raum tanzte.

»Meine Liebe, seien Sie versichert: Dass es hier keine Musik gibt, ist nichts weiter als ein vernachlässigenswertes Detail.«

Man darf dem ersten Eindruck nicht trauen. Er stimmt nämlich immer. Ich habe des Öfteren die Meinung vertreten (gegenüber jedem, der es hören will, was auch mich selbst mit einschließt), dass Freunde nicht notwendigerweise diejenigen sind, die man am meisten mag. Sie sind bloß die

Ersten, denen man begegnet ist. Hätte man mir aber in einem Kaufhaus wie Fortnum & Mason's freie Wahl in Sachen Freundschaft gelassen, dann hätte ich mir Hugo ausgesucht. Jawohl – er stellte sich als ziemlich kostspielig heraus. Andererseits ist es nicht meine Art, bei Woolworth einzukaufen.

Hugo war wunderbar. Er war eitel, selbstsüchtig, unmoralisch und schwach. Und das war noch lange nicht alles, was ich an ihm liebte. Er war so bar jeden Inhalts, so voll von seiner eigenen Leere. Mehr oder weniger bewusst suchen wir alle nach jemandem, der unsere grundsätzlichen Glaubenseinstellungen teilt. Oder ihr Fehlen. Ich hatte ihn endlich gefunden.

Einen Monat nach der Party rief er an. »Basti-Boy, mein Süßer. Ich komme so gegen sechs Uhr vorbei. Ich habe eine Lieferung für heute Nachmittag zu dir nach Hause organisiert. Ich weiß genau, dass es in Mayfair üblich ist, die Polizei zu rufen, wenn man einen Schwarzen zu Gesicht bekommt, aber sei so freundlich und mach diesmal eine Ausnahme. Man nennt ihn English, und er ist mein Mann. Es gibt da etwas, in das ich dich einführen will. Und dann auf zu den Fetischclubs und zu all den anderen perversen Orten voller Ärsche und Aerosole.«

English tauchte wie vorhergesagt am Nachmittag auf und brachte Geschenke mit: vier saubere kleine Päckchen, eingewickelt in Frischhaltefolie. Um sechs Uhr stürzte Hugo zur Tür herein, sauste an mir vorbei und verschwand, unerklärlicherweise bewaffnet mit einer Rolle Alufolie, im Badezimmer.

Ich hatte erwartet, dass wir zum Abendessen ausgehen würden. Als ich ihn aber wieder sah, hockte er auf dem Sofa und hielt etwas in der Hand, das aussah wie ein verrückter Experimentierapparat aus einer Blue-Peter-Folge auf BBC. Es war eine Flasche, halb gefüllt mit Wasser, aus deren Mitte ein Bic-Kugelschreiber herausragte und über deren Hals ein

Stück Alufolie gespannt war. Darauf schüttete er einen Teil des Inhalts eines der kleinen in Zellophan gewickelten Päckchen. Verwirrt starrte ich auf die Szene. Aber er nahm mich gar nicht wahr. Er entzündete ein Feuerzeug mit größtmöglicher Flamme und hielt es mit zittriger Hand an etwas, das sich nun als provisorische Pfeife herausstellte.

Ich sah zu, wie der träge weiße Rauch in die Flasche absank, um danach wie ein Flaschengeist in seiner Lunge zu verschwinden. Er hielt den Rauch in seiner Lunge, gab ihn nach einiger Zeit, während er sich zurücklehnte, langsam wieder von sich. Sein Gesicht, das angespannt und unruhig gewesen war, entspannte sich nun, und seine Augenlider rutschten zurück in seinen Kopf wie die Schiebetür eines Schreibtisches. Völlige Zufriedenheit hatte sich in ihm breitgemacht.

»Scheißfröhliche Weihnachten«, wünschte er mir mit einer Stimme, als hätte er gerade einen Luftröhrenschnitt hinter sich. Und er reichte die Pfeife rüber.

Er musste mir den Vorgang erklären.

»Halt's unten, Basti-Boy, halt's unten«, redete er mir gut zu.

Ich behielt es unten. Und ich hielt es weiter unten. Und dann, als ich fast das Bewusstsein verlor, hielt ich es noch ein bisschen unten, ehe ich endlich ausatmete. Dann schloss ich meine Augen und wartete aufs Abheben.

Nichts. Absolut nichts passierte.

»Na ja, das war öde. Was war's überhaupt?«

»Äh – Crack«, sagte Hugo.

»Oho. Gut zu wissen.«

Es war ein mäßiges erstes Rendezvous. Wir rauchten ein bisschen Heroin, um »runterzukommen«, obwohl ich eigentlich gar nicht drauf war, schmissen ein paar Ecstasypillen und machten uns dann auf den Weg zu Annabel's, wo ich zur Abwechslung ein oder zwei Acidtabletten schluckte. Ich war unterwegs in einem Abenteuer, und es war blendend. Das war das Leben – ich beobachtete die gebieterischen Possen der Gutsituierten, der Gutbetuchten und der Gutgepolsterten.

Wie bei allen großen und großartigen Freundschaften waren unsere Marotten Teil der gegenseitigen Anziehungskraft. Es war wie in *Wiedersehen mit Brideshead*, nur dass ich ein Sebastian ohne Haus war und er ein Charles mit einem. Ich besaß die aristokratische Seele eines Dandys und war mittellos – er hatte die Kohle und das Herz eines einfachen Bürgers. Wir trafen uns in der Mitte und waren bereit zum Kompromiss. »Bitte, bitte, zieh dich um Himmels willen nicht ganz so lächerlich an«, beliebte er zu sagen, ehe er mich zu einer todschicken Feier mitnahm. »Und rede nicht die ganze Zeit so unglaublich dummes Zeug. Ein paar von diesen Bemerkungen reichen doch auch.«

Wir gaben ein fabelhaftes Pärchen ab. Einige Jahre lang gab es keinen Mann, der mich mehr begeisterte, wenn ich mit ihm zusammen war, und an den ich mehr dachte, wenn er nicht bei mir war. Es war nicht leicht gewesen, aber schließlich hatte ich einen Freund gefunden, der noch selbstbezogener war als ich.

Reich, über alle Maßen nutzlos und morsch bis in die Fundamente, gingen wir im rosa Dreieck verloren, in dem Typen ohne Talent spurlos verschwinden.

Wir flogen nach Miami. Ich nahm eine Concorde (schlechte Nachrichten verbreiten sich schnell) und erwartete seine Ankunft am Flughafen, verkleidet als sein Chauffeur, mit einem grauen Anzug und einer Schirmmütze. Reihenweise warteten Taxifahrer auf Reisende, die niemand so sehr mochte, dass er sie abholen würde – all die gesichtslosen »Herr Jones« und »Herr Schmidts« und »Herr Patels«. Auf meinem Schild aber stand zu lesen: »Big Boy«. Die Leute glotzten, als er hinter seinem Gepäckwagen einherschlenkerte.

Weil er zu sehr Snob war, um mit seinem Chauffeur im selben Wagen zu fahren, befahl er mir, den Bus nach South

Beach zu nehmen. »Gib zweitausend Pfund für extrem gefährliche Drogen aus«, ordnete er an. »Sie sind, das wirst du
doch begreifen Basti-Boy, eine moralische Notwendigkeit.«

Zurück im Haus erwartete mich ein Brief. »Die höhere
Gesellschaft der Königinnen von Palm Beach und all diejenigen, die Substanzen missbrauchen, heißen Sebastian willkommen.« Ich setzte mich und wartete. Schließlich tauchte
die Limousine auf. Es saßen zwei Personen drin. Für einen
Augenblick verspürte ich einen Stich der Eifersucht. Dann
torkelte ein limetten- und rosafarbiges Durcheinander aus
dem Auto, das Maulaffen feilhielt wie ein Tier aus dem Zoo.

Streng zog ich eine Augenbraue hoch.

Sie watschelte vorüber.

»Basti«, flüsterte Hugo – vielleicht ein klein wenig ver-
legen. »Ich weiß ja, dass sie wie ein paar Tonnen Gammel-
fleisch aussieht, aber vergiss nicht, dass sie sehr reich ist. Sei
also nett. Alle Erbinnen sind schön.«

Unsere Ferien hatten sich hervorragend angelassen. Und
genauso ging es auch weiter. Wir verbrachten diese wunder-
bare Hochsommersaison wie wahre Engländer – eingeschlos-
sen in der dunklen Geborgenheit unserer Crackhöhle.

South Beach ist ein Urlaubsparadies – ein mittelmäßiges.
Keiner arbeitet – außer in den Gästehäusern, Pianobars und
Restaurants, in denen jeder Weiß trägt. Ich hatte schon immer gegen Schwule Position bezogen. Das ist eine Stilfrage.
Alle sehen sie gleich aus. Und ich war immer schon ein Befürworter der Vorherrschaft des Individuellen: einer gegen
die Vielen, einer für den lebendigen Menschen und gegen
den unbekannten Toten. Welchen Sinn hat eine Schwuchtel,
philosophierte ich hochtrabend, die sich durch alle Schichten von Beleidigungen und Missbilligungen gekämpft hatte
und letzten Endes nur bereitwillig eine andere Form der
Konvention annahm?

Ach, zur Hölle damit. Die Definition eines Schwulen lautet, dass jemand Männer den Drogen vorzieht. Und in mei-

nem Fall bestand der Unterschied zwischen Heterosexualität und Homosexualität im Unterschied von zwei Flaschen Wein und einer Pfeife Crack.

Ja, die Droge gewann langsam die Oberhand über mich. Sie war drauf und dran, mich zu verführen. Ich fühlte mich mit ihr warm und sexy – und tolerant. Sogar Hugo schien süß zu sein. Wie verwirrend. Eine Liebkosung ist wie ein Schlag ins Gesicht eines Masochisten. Wir schliefen jede Nacht aneinandergeschmiegt wie überwinternde Klapperschlangen. Ich träumte davon, mit ihm zu sterben, mit einem senilen Sträfling nach einem Leben voller Niederlagen.

Wir kamen für einen ganzen Monat nicht aus unserem Bunker heraus. Warum sollten wir auch, wenn wir sabbernd in gefühlsduseliger Benommenheit verharren, in der heißen Sonne unsere *Rocks* rauchen, unsere Schwänze blasen und was nicht noch alles für Spaß haben konnten. Unser bescheidenes Heim sah aus wie das Polizeilabor des Drogendezernats. Wasserflaschen, Alufolien, Briefchen, Zigarettenstummel, Backpulver und Hunderte von Bic-Feuerzeugen. Aber wir waren glücklich. Und auf Droge weiß man auch, dass man glücklich ist.

Das einzige Problem war Emily. Mag sie ein reicher Nachkomme einer amerikanischen Dynastie gewesen sein oder auch nicht, es sickerte jedenfalls nichts zu uns durch. Das war äußerst ärgerlich – Geizhälse sind nur nützlich und annehmbar, solange es sich um die eigenen Vorfahren handelt. Hier hatten wir nun also die Frau, die Hugo in der Limo aufgegabelt und die ihn entzückt hatte. »Die Kutsche einer Königin! Was für ein fabelhafter Anfang!«, hatte er gegurrt, während er über weiches Leder strich und schon ganze Bergketten von Klasse-A-*Rocks* an ihm vorüberzogen. »Aber weißt du, was nachher passierte, Basti-Boy?«, berichtete er mir später. »Sie lehnte sich in ihrem Sitz zurück und erwartete von mir, dass ich bezahlte.«

Emily war der einzige fette Junkie, den ich jemals getroffen habe. Sie sah aus wie ein Kondom voll mit Vanillesoße. Aber das schien sie nicht zu stören. Sie saß auf dem Sofa und rauchte den ganzen Tag vom Braunen. Es war eine nicht zu tolerierende Situation. Hätten wir nicht versucht, sie zu schröpfen, hätten wir uns schändlich verhalten. Sie war ein nicht zu verfehlendes Ziel. Es war, als würde man eine Milchkuh mit einer Panzerfaust jagen. Reiner Spaß.

Gelegentlich stand sie nach einigen Tagen auf und entschied, dass sich etwas ändern müsse.

»Oh, wie mich diese Kleider langweilen. Wie könnte ich bloß meinen Look aufpolieren?«

»Ähem – wie wäre es mit zwei zusätzlichen Beinen und einem Schwanz?«

»Irgendwie fühle ich mich so uuun-wooohl. Ich werde eine Runde im Meer schwimmen.«

»Du solltest dich vorher vergewissern, ob sie das Walfang-Moratorium nicht wieder zurückgenommen haben, meine Beste.«

»Ihr seid beide aber auch so was von nett zu mir«, sagte sie und brach in Tränen aus.

»Es tut mir ja so leid, mein Schatz. Lass mich dich mit Küssen bedecken. Aber wenn ich es genau bedenke: Vergiss es! Dazu müsste ich mir eine ganze Woche freinehmen. Und du weißt doch ganz genau, dass ich keinen Job habe.«

Alle drei oder vier Tage fuhren wir zur Drogenbeschaffung in die Stadt. Wir streiften herum und sahen uns nach der passenden Umgebung um. Man spürt Drogen auf, wie man mit einer Wünschelrute nach verborgenen Wasseradern sucht. Es gibt verräterische Anzeichen – Secondhand-Mode-läden, Billigläden, Pfandleihen – Orte also, wo zweifelhafte Geschäfte in heruntergekommenen Vierteln abgewickelt werden.

Die Blicke des Bandenchefs zerkratzten den Lack unseres Wagens an der Flanke. Sie wussten sofort, dass wir Kunden waren. Eine Limousine mit zwei Dandy-Schwuchteln vorn (und einem Wal auf dem Rücksitz), die vorsichtig um die Ecke bogen. Abgesehen davon war Hugo ein ungewöhnlich lauter Autofahrer. Er schien sich in erster Linie mittels seiner Hupe zu orientieren – wie eine Fledermaus. Das schien sogar mir ein etwas zu auffälliges Verhalten im Ghetto zu sein.

Sobald wir aber die Ware in Händen hielten, verlief alles so wie immer. Gleich nachdem wir uns das Zeug erfolgreich reingezogen hatten, rannten Hugo und ich so schnell wie möglich zur nächsten Toilette und ließen Emily plappernd auf dem Rücksitz zurück. Kokain führt bei professionellen Anwendern immer dazu, dass sie die Kontrolle über ihren Schließmuskel verlieren; Amateure verlieren die Kontrolle über ihre Lippenmuskulatur.

Sie hielt nie ihr Maul. Ihr Mund war ununterbrochen offen, doch ihr Scheckbuch blieb ständig geschlossen. Auf der Rückfahrt rauchten wir uns auf den Vordersitzen zu. Es war schlichtweg ekelhaft. Sie hatte nichts bezahlt! Sie war gemein und langweilig und rauchte auch noch unsere Drogen!

Wir kehrten in den Bunker zurück. Während sich Emily wie ein vollgesoffenes Nilpferd durch die Räume wuchtete, fanden Hugo und ich neue Möglichkeiten, uns zu amüsieren. An einem erinnerungswürdigen Nachmittag zog er mit einer einzigen geschickten Bewegung seinen Gürtel von seiner Hose.

»Basti. Dein Hintern bettelt nach der Peitsche. Bück dich und sei ein braver Basti-Boy. Es wäre übrigens schön, wenn du gezäumt und gesattelt wärst, wenn ich dich das nächste Mal reiten möchte.«

»Du weißt ganz genau, dass ich wahrhaftig das Seltsame, das Abweichende und das Unbekannte verehre, mein Bester, sogar das monströs Morbide, Schleimige und das Ungesunde, aber geschlagen zu werden ist etwas völlig anderes. Es gibt einfach Sachen, die ein weißer Mann nicht mit sich machen lässt … Das ist nun mal so … Nun … Na gut, geht in Ordnung.«

Er führte mich zur Toilette.

»Runter jetzt, runter ... auf alle viere, wie ein braves Hündchen.«

Ich gehorchte.

»Jetzt steckst du den Kopf in die Schüssel.«

Ich hielt inne, plötzlich unsicher. Ich schaute zu ihm hinauf, wie es Hunde tun, wenn sie nicht sicher sind, was sie tun sollen.

»Leck die Schüssel sauber.«

Ich leckte vom dreckigen Wasser. Mein Magen kam mir hoch. Ich hielt meine Augen geschlossen. Ich wollte nicht hinsehen. Doch ich fühlte, wie sich Hugo hinter mir in Position brachte.

»Ich hoffe du begreifst, dass das, was jetzt kommt, mir mehr weh tut als dir.«

»Kümmere dich nicht um mich«, wisperte ich. Meine Stimme wurde als seltsames Echo aus der Kloschüssel zurückgeworfen.

Ich fühlte den Schwung des Gürtels, ehe ich noch die Schärfe des Schlages zu schmecken bekam. Ein knackiger, harter Schmerz, der meinen Kopf nach vorn zucken ließ. Es war mir nicht erlaubt, auch nur ein winziges Wimmern von mir zu geben. Nach etwa zwanzig Hieben hielt er mit einem Mal inne.

Er platzierte seinen Fuß auf meinem Hinterkopf und stieß ihn tiefer in die Toilette. Ich war verängstigt, aufgekratzt, unsicher, fasziniert – und all das im selben Augenblick. Er betätigte die Spülung und das Wasser ergoss sich über mich. Ich schluckte und spuckte. In einem Sekundenbruchteil voller Panik war ich mir sicher zu ertrinken. Genau in diesem Augenblick drückte er mir seinen Absatz noch heftiger gegen den Hinterkopf. Es war also Liebe.

Ich war unbestreitbar die Frau in unserer Beziehung, was eine ziemliche Leistung darstellte, bedenkt man Hugos effeminierten Charakter. Meine Lehrerin, die an der Schule die

Berufspläne mit den Kindern besprach, wäre begeistert gewesen. Beinahe zwei Dekaden waren vergangen, seit sie mich gefragt hatte, was ich denn werden wolle, wenn ich einmal größer sei, und ich hatte damals ohne von Herzen kommende Ironie geantwortet: »Eine Frau!« Nun war letzten Endes doch noch ein Wunsch in Erfüllung gegangen.

Zuweilen kehrten sich die Rollen um. Eines Abends schwebte Hugo völlig nackt in meinen Gesichtskreis und schwenkte eine eher große Salatgurke wie ein Ritter sein Schwert.

»Basti, Liebling. Zeit für einen Snacki-Snack, Guuurkee-en-Zeit.«

Er brachte sich vor dem Spiegel in Position und warf einen bewundernden Blick hinein. »Jawohl – ich liebe Spiegel, aber ich kann überhaupt nicht verstehen, warum auch andere das tun.«

Sein Hintern wackelte direkt vor mir. Es gibt ein traditionelles griechisches Sprichwort: Das Leben ist eine Gurke. Vor einer Minute noch hast du sie noch in der Hand gehalten, in der nächsten ist sie schon in deinem Arsch.

Ich dachte über die Griechen nach. Sie hatten sich so nachsichtig hinsichtlich der gleichgeschlechtlichen Liebe verhalten. Scheinbar hatten sie es erfasst. Es drehte sich alles darum, in den Spiegel zu schauen, im anderen Mann eine Nachbildung seiner selbst zu finden. Ich verlor mich in einem Strom narzisstischer Grübeleien über die Abgeschmacktheit von reproduktivem Sexualverhalten – oder vielmehr tat ich das rückblickend. Ein eingefettetes Stück Gemüse in einen Hintern zu stecken, schien ein glorreicher Akt gegen die Natur und drängte zugleich meine Philosophien dorthin, wohin sie gehörten. Wie man sieht, bedarf es eines hohen Maßes an Finesse, wenn man sich in sich selbst verlieben will.

Wir machten die letzten Reste von Drogen nieder und kehrten nach London zurück. Das Gelage hatte mir Freude bereitet. Crack? Ich hatte es genossen, aber ich konnte es nehmen oder es sein lassen. Als ich mich im Flugzeugsitz zurücklehnte, grinste ich vor Vergnügen, wie jemand, der sich mit seinen schlechten Angewohnheiten immer noch in den Flitterwochen befindet.

DAS EIN-MANN-ELENDSVIERTEL

CRACK PACKT DICH WIE der Adler den Hasen. Ich kann mich noch genau an den Augenblick erinnern. Im Taxi vom Flughafen zurück nach Hause fiel mir wieder ein, dass ich den einen *Rock* in der obersten Schublade meines Schreibtisches zurückgelassen hatte (das Crackteufelchen vergisst, gleich dem Elefanten, nichts). Mein Herz begann schneller zu schlagen. Ich lehnte mich vor. »Ich hab's ein bisschen eilig, geht's vielleicht ein wenig schneller?«, fragte ich den Fahrer. Sofort beschleunigte der Wagen. Der Haltegriff aus Plastik fühlte sich in meiner schweißnassen Hand glitschig an. Jetzt schlug – oder besser hämmerte – mir mein Herz schon bis zum Hals.

Ich wartete nicht einmal mehr auf das Wechselgeld, sondern stürmte in den Eckladen und griff mir eine Flasche Wodka. »Hatten sie schöne Ferien?«, zirpte Tariq hinter der Kasse. »Klar. Großartig.« Schon war ich zur Tür raus, fummelte mit der einen Hand nach meinen Schlüsseln und versuchte mit der anderen die Flasche aufzumachen, während mein Hirn bereits damit beschäftigt war herauszufinden, wo sich der Einwegkugelschreiber befand. Ganz bestimmt hatte ich irgendwo auf meinem Schreibtisch einen liegen lassen. Ja – da bestand kein Zweifel. Ich hatte mir doch eine Großpackung gekauft. Und es war Mineralwasser im Kühlschrank, und, ja, ich hatte auch noch Alufolie – hatte ich doch, oder? Ja, ganz sicher war da noch Alufolie.

Die Flasche zwischen meine Zähne geklemmt, zog ich die Vorhänge zu, brachte eine meiner Lieblingspornoszenen im Videorekorder in Abspielposition und fummelte dann zwei

Stunden herum, bis ich endlich meine Zwei-Minuten-Pfeife fertig hatte. Schließlich nahm ich einen tiefen Zug und bereitete mich auf meinen Blackout vor – dafür erhob ich mich natürlich: Das gibt den Lungen mehr Raum, sich auszudehnen.

Ich zog mir den *Rock* gleich ganz rein.

Das erste, was einem auffällt, ist der Geschmack. Crack schmeckt nach dem Metall eines Kanonenrohrs, nach dem Deck eines Schlachtschiffs – hart, sauber, metallisch. Die Zunge ist der Abzug. Dann explodiert es wie eine Handgranate in der Lunge.

Oh, mein Gott. Der enorme Einschlag überwältigte mich. »Oh, mein Gott. Oh, mein Gott«, murmelte es immer wieder in meinem Kopf. Ich drückte den Startknopf am Videorekorder und sank benommen zurück. Mein Bewusstsein entzündete sich wie ein Feuerwerk, entlang aller Nervenstränge. Die Frau auf dem Video öffnete ihren Seiden-BH. Was für eine herzzerreißende Ekstase. Ich fühlte, wie der Orgasmus aus meinem Schwanz hervorspritzte. Ich konnte alles fühlen, sogar meine Fingernägel, die vor Leben bebten. Es war ein Ganzkörperorgasmus. Mein Gehirn war durch meine Schädeldecke gefetzt. Da gab es kein Halten! Oh, mein Gott. Wie war es möglich, dass es so gut war? Das war der Kuss eines Erzengels. Oh, Gott! Wenn dieser Gott etwas Besseres als Crack geschaffen hatte, dann hatte er das Zeug ohne Zweifel für sich reserviert. Es war so unbeschreiblich angenehm. Es musste etwas Böses sein.

Ich gab ein langgezogenes Stöhnen von mir. Endlich hatte ich gefunden, wonach ich mein ganzes Leben gesucht hatte. Ich war zu Hause.

Ich erinnere mich daran, dass ich mich beim Aufwachen am nächsten Tag verdammt gut fühlte. Wer brauchte schon Hugo? Jetzt hatte ich einen neuen Freund. Warum soll man zu den alten zurückkehren – zum langweiligen alten Ecstasy oder zum Babykram Speed? Trinken war sowieso was für

Kinder. Ich hatte es über Nacht aufgegeben. Die Antworten auf die Fragen des Lebens würde ich nicht am Grund einer Flasche finden. Sie warteten oben im Kopf meiner Pfeife auf mich.

Ich entschied mich, wieder zu arbeiten. Immer noch malte ich Bilder von Haien, Sonnenblumen und von gelegentlich sterbenden Verwandten – und noch immer kümmerte sich die Welt nicht darum. In meinem Fall war absolutes Scheitern noch eine Untertreibung. Dennoch fühlte ich mich erfolgreich – sogar dann noch, als mir ein paar Tage nach der letzten Begegnung mit meiner Crackpfeife zu dämmern begann, dass sich auf der Leinwand absolut gar nichts abspielte. Gab es da einen Zusammenhang? Ich entschied, dass dem so sei: Nicht die Drogen ermöglichten es mir zu arbeiten, sondern erst ihre Abwesenheit machte es möglich – und um diese Abwesenheit auch richtig mitzukriegen, musste ich natürlich ab und zu welche nehmen.

Ich nahm das Problem unverzüglich in Angriff. Ich rief English, den Dealer, an und gab eine Bestellung auf. »Es gibt 'nen Fünfziger extra, wenn du in einer halben Stunde hier sein kannst«, sagte ich ihm und vertrieb mir die verbleibende Zeit mit einem Telefongespräch mit Hugo, der noch in den Vereinigten Staaten war. »Das Zeug tut sooo gut, mein Bester«, säuselte ich.

Das war eine leichte Untertreibung. Crack macht auf ungeheure Weise abhängig – was auch kein Wunder ist. Es funktioniert wie ein Diktator, der in einem Land die Macht ergreift. Es reorganisiert das gesamte Gehirn, degradiert die einfachen Freuden des Lebens und übernimmt dann vollständig die Kontrolle. Es weiß, dass es König ist, und zwingt dich von seinem Thron aus, es anzubeten.

English tauchte mit den Drogen auf (zu spät, aber er bekam trotzdem sein Trinkgeld – ich hatte keine Zeit, mich wegen läppischer Kleinigkeiten herumzustreiten), und ich ging es wieder an. Als der Hohepriester der Aphrodisiaka reinknallte, konnte ich nicht mehr aufhören, mir eine Dosis nach der anderen reinzuziehen – wie ein Laboraffe, dem man eine Elektrode in den Hintern geschoben hat, und der immer wieder auf einen Schalter springt, um sich einen Orgasmus zu verpassen.

Crack ist Sex. Aber tausend Mal stärker. Es zwingt dich zu ficken. Porno, Hure, Geliebte oder aufblasbare Puppe – das spielt kaum eine Rolle. Ich durchwühlte das Telefonbuch auf der Suche nach Begleitagenturen. Es war ein purer Reflex.

»Guten Abend. Ich brauche Gesellschaft. Vollbusig und schnell ... wär' das möglich, ja?«

Das erste Mal kam sie so schnell wie ein Schuldeneintreiber. Ich zahlte mit American Express, während sie sich auszog. Und dann warf ich mich auf sie wie ein Selbstmörder, der sich ins Meer stürzt. Aber, oh Gott, was war geschehen? Sie war absolut abstoßend. Der Kick ließ nach. Ich rannte ins Studio runter, nahm einen frischen Zug und sprang schwitzend wieder auf sie. Sie war großartig ... ganze drei Minuten. Dann kam der Abscheu wieder. Ich stieg wieder runter. Es war schrecklich. Ich steckte unschlüssig in einem taumelnden Hin und Her fest. Mein ganzes Leben war in diesem dreiminütigen Wahnsinn verdichtet. Und schlimmer noch – mein Körper befand sich in einem besorgniserregenden Zustand. Wie ich feststellen musste, gehorchte er bezüglich der Aphrodisiaka Murphys Gesetz: Weiche Drogen machen deinen Schwanz hart, harte Drogen machen ihn weich.

»Ich glaube nicht, dass du das hier bringst«, schlussfolgerte sie schließlich.

Ich war davon überzeugt, dass sie unrecht hatte. Ich wusste es. Ich konnte es spüren. In Kürze würde ich kommen.

Drei Stunden später hielt sie es, ungeachtet der Tatsache, dass sie nach Stunden berechnete, nicht länger aus: »Du bist nicht nett, wenn du auf diesem Zeug drauf bist.«

Sie hatte nicht ganz unrecht. Ich raubte keine alten Damen aus, wenn ich auf Crack war, aber ganz gewiss verrohten meine Manieren. Als ich hinunterlief, um mich noch ein bisschen zu erfrischen, sah ich, wie sie die Treppen runterpolterte. Ich war immer noch dabei, einen tiefen Zug zu tun, als ich hörte, wie die Tür ins Schloss knallte.

Das hat nichts zu sagen! Vielleicht war es sogar eine Erleichterung – wenn auch nicht die, für die ich bezahlt hatte. Vor mir lagen immer noch zwölf Stunden Masturbation, ehe die abscheuliche Morgendämmerung über eine verwüstete Stadt hereinbrach und ihre grellen Tentakel durch einen Schlitz zwischen den Vorhängen hereinreckte.

Ausdruckslos starrte ich auf das Schauspiel. Ganz plötzlich ergab die Welt keinen Sinn mehr. Ich fühlte mich wie ein Schiffbrüchiger. Mein ganzer Vorrat an Crack hatte sich scheinbar wie ein Gespenst nach dem Glockenschlag in Luft aufgelöst. Ich entschloss mich, den Vormittag vernünftig zu gestalten – auf allen vieren suchte ich den Boden nach verstreuten Resten ab, die ich vielleicht fallen gelassen hatte. Gewiss war da noch ein wenig. Ich tastete den Teppich wie mit einem Radar ab. Ich stieß auf abgeblätterte Farbsplitter, Brotkrumen, Glanzflecken, Wollmäuse. Geschlagen gab ich auf und ging ins Bett, wo ich zitternd wach lag, himmelwärts glotzend wie ein Kadaver auf einem Schlachtfeld – und mein Hirn schrie vor Selbsthass und Reue.

Die nächsten Monate sah ich die Sonne nur noch untergehen. Anfangs konsumierte ich Crack ein- oder zweimal die Woche und verpulverte ein paar Hundert Pfund pro Sitzung. Es dauerte jedes Mal ein paar Tage, bis ich wieder auf den Damm kam. Ein paar Tage relativer Normalität vor der nächsten Festivität.

Aber bald schon war auch die Normalität kontaminiert. Ich fühlte mich einsamer und einsamer. Beinahe verlassen – aber nicht verlassen genug, um aufzuhören. Ein Laster ist nicht zuletzt eine Angewohnheit, auf der der Abhängige beharrt, selbst wenn er weiß, dass sie seinem Wohlergehen schadet. Der Crackraucher muss ein kleines Opfer bringen,

so schlussfolgerte ich – ein wenig Charme, Glück, Gesellschaft, Gesundheit und Wohlstand. Und selbst wenn es
noch schlimmer kommen sollte – na und? Was ist schon die
Ewigkeit der Verdammnis für den, der in weniger als einer
Sekunde die Unendlichkeiten der Wonne gekostet hat?

Dem Sommer folgte der Winter. Mein Leben zog sich
zurück. Die Kreise wurden kleiner. Die Zeit drehte sich um
ihre eigene Achse – und diese Achse war die Crackpfeife.

Dennoch hatte ich noch immer zwei andere Konstanten
in meinem Leben: Rachel und Hugo. Sie waren meine
Freunde. Sie waren die Höhepunkte, von denen aus ich
gefahrlos meine Bungeesprünge absolvieren konnte. Und
selbstverständlich hatte ich Rachel dem Dritten in unserer
Beziehung vorgestellt. Sie hat die Crackpfeife geliebt. Wie
hervorragend wäre es gewesen, hätten wir uns in einer
Therapie oder etwas Ähnlichem befunden. Crack ließ sie reden… und reden … und reden. Und wenn ihr irgendwann
einmal der Stoff ausging, dann holte sie ihr Adressbuch hervor und redete über jede Person, die sie dort verzeichnet
fand … Wenn ich Glück hatte, konnte ich sie überzeugen,
die Leute anzurufen – was mir dann ein paar ruhige und
glückliche Stunden bescherte.

Ach, wie wenig es doch braucht, um einem das Leben
missvergnüglich zu machen: ein Kieselsteinchen im Schuh,
eine Küchenschabe in der Suppe, die Stimme einer Frau.
Fügt man dem noch Crack hinzu, wird alles ganz und gar
unerträglich. Während mich die Droge komplett sprachlos
machte, inspirierte sie Langeweiler wie Rachel zu wahren
künstlerischen Höhenflügen.

Eines Abends fing Hugo an sie zu küssen – ich vermutete,
um sie am Reden zu hindern. Dann begann er ihren rechten
Busen zu bewundern – mit seinem Mund. Ich kann mich
deshalb so genau erinnern, dass es der rechte war, weil ich
danach so eifersüchtig war, dass ich ihn tagelang nicht
berühren konnte. Es gab mir – als wäre das nötig gewesen –

einen weiteren Grund, mich selbst zu hassen. Was für eine Inzucht. Wer will schon in einem Fertigteilhaus der Liebe leben?

Tatsächlich war ich ein wenig verwirrt, weil ich nicht wusste, auf wen ich eigentlich eifersüchtig war. War ich mit Hugo zusammen, dann waren Frauen und der Rest der Welt nichts anderes als Statisten unserer Vorführung. Und wenn ich mit Rachel zusammen war ... nun ja, was die meisten Männer in einer Frau sehen, wenn sie betrunken sind, leuchtete bei Rachel auch dem Nüchternsten ein. Wir waren kein Liebespaar mehr, und dennoch erhöhte gerade das auf gewisse Weise mein Begehren. Es gibt nichts Romantischeres, als keine intime Beziehung mit der Frau zu haben, die man liebt. Es ist doch zu schön, die Frau, die man liebt, auch zu mögen.

Man unterstehe sich zu behaupten, ich sei nicht galant. Ich wollte sie nach Art der Minne behandelt wissen – deshalb unterließ ich es, ihr die Wahrheit zu sagen. Sie für ihren Teil fragte erst gar nicht danach, was natürlich immer funktioniert. Wenn man nicht will, dass man angelogen wird, sollte man keine Fragen stellen. Warum hätte sie es auch tun sollen? Sie war doch vollkommen treuherzig.

In der Zwischenzeit verschob sich mein Verhältnis zu Hugo. Er hatte das Nichtstun so perfektioniert, dass sogar er sich zu langweilen begann. Wie man sieht, besteht das Problem des Nichtstuns darin, dass man sich niemals davon freinehmen kann.

Er hatte sich selbst für einige Zeit mit einem kleinen Keramikgeschäft amüsiert. Der Gipfel seines Erfolgs, soweit ich das beurteilen konnte, bestand darin, Joan Collins Exfreund eine parfümierte Kerze verkauft zu haben. Das muss zu viel für ihn gewesen sein. Zerstört von diesem Erfolg, brach er erneut zusammen. Was nicht verwunderlich ist. Selbst der Wohlmeinendste muss zugeben, dass es mehr als erschöpfend ist, sich für Pötte zu begeistern.

Aber er beschloss, mit seinem Unternehmen in die Vereinigten Staaten zu expandieren – vielleicht würde dort sogar Joan höchstpersönlich eine Kerze kaufen. Der Absatz würde sich dann mit einem Schlag verdoppeln, in diesem Land der unbegrenzten Möglichkeiten. Er begann regelmäßig nach New York zu reisen. »Die Sache ist die, Basti, in England habe ich schon mit allen geschlafen«, schrieb er wehmütig.

»Ich hoffe, dass ich eines der wenigen Dinge bin, die du mit Bedauern in England zurücklässt und zu denen du mit Freude zurückkehrst«, antwortete ich.

Eine Weile war ich das sogar. Er besuchte mich alle paar Monate. Und ich war geschmeichelt. Ich war glücklich, meinen Champagner im Stehen trinken zu müssen. Aber eines Tages kamen keine Briefe mehr. Meine Anrufe blieben unbeantwortet. Ich hoffte, er wäre gestorben. Aber es war schlimmer als das. Irgendwann tauchte er auf, um alles zu erklären.

»Äh, tut mir leid, Basti, ich war ein bisschen schwer erreichbar in letzter Zeit. Das Ganze dauert viel länger, als ich gedacht habe.«

Ich nickte zustimmend. Es ist in der Tat erstaunlich, wie lange es dauert, etwas fertigzustellen, an dem man gar nicht arbeitet.

Offensichtlich bemerkte er eine gewisse Skepsis. »Na ja, Basti, ich halte mich gerade so über Wasser.«

»Wie? Indem du dich an deinen Pötten festhältst?«

»In Wirklichkeit habe ich mich entschieden, die Keramik aufzugeben.«

»Ah, ja. Du konntest wohl die ständige Aufregung nicht mehr aushalten?«

»Um ehrlich zu sein, ich werde heiraten.«

Leute, die in die Hand beißen, die sie füttert, lecken meist auch an dem Stiefel, der sie tritt. Doch nicht einmal ich war in der Stimmung dazu.

Wären seine Absichten ehrenhaft gewesen – das heißt,

hätte er zum Beispiel eine Dame um ihr Vermögen erleichtern wollen –, dann hätte er meinen Segen gehabt. Ich wäre sogar seine Brautjungfer gewesen.

»Ich liebe sie tatsächlich und möchte eine Familie gründen.«

»Oh, du lieber Himmel! Ich kann mir vorstellen, dass du dich mit Kindern verabredest, Liebling, aber nicht, dass du welche hast.«

»Aber ich will welche, Basti-Boy.«

Gott hat die Homosexualität erfunden, um sicherzustellen, dass die wahrhaft Begabten nicht mit Bälgern belastet werden. Bis zu diesem Tag hatte es nur drei Dinge in meinen Leben gegeben, derer ich absolut sicher sein konnte: den Tod, Steuern und die Tatsache, dass Sebastian und Hugo nicht auf der Welt waren, um Kinderwagen herumzuschieben. »Jetzt aber bitte mal ernst, mein Süßer. Sag mir, dass du mich auf den Arm nehmen willst. Ich möchte nicht, dass irgendetwas anderes als dein Schwanz bei dir großgezogen wird. Komm jetzt und nimm ein wenig hiervon.«

Ich füllte eine Pfeife für ihn. Ich fühlte mich sehr liebevoll.

»Ich will damit aufhören, Basti. Ich hab' genug davon.«

»Ich weiß nicht, was einen Mann schneller ruiniert: Crack oder die Ehe?«, bemerkte ich schleppend. »Vielleicht sollte man sich beides gemeinsam reinziehen? Ehe *on the rocks*.«

»Kannst du nicht ein einziges Mal ernst sein?«

»Was? Und damit den einwandfreien Leumund meiner Leichtfertigkeit aufs Spiel setzen?«

»Nur weil deine Ehe eine Katastrophe war, heißt das noch lange nicht, dass es bei meiner auch so sein muss.«

Zum Glück war zu diesem Zeitpunkt die Crackpfeife fertig vorbereitet.

Als es einschlug, zogen wir uns aus und gingen ins Bett. Er steckte mir seinen Finger in den Arsch, zog ihn daraufhin langsam wieder heraus, schnüffelte zuerst daran und leckte ihn dann ab.

Aber ich wusste, dass es vorbei war. Ich war drauf und dran, ersetzt zu werden. Durch eine Frau.

Als ich sie traf, stellte ich fest, dass er sie deshalb heiraten würde, weil sie gewiss der bedeutungsloseste Mensch war, den er hatte finden können. Auf gewisse Weise waren sie wie für einander geschaffen. Er war ein Töpfer, der arme kleine Schatz, und sie stellte Tapeten her, die so taten, als seien sie Kunstwerke. Ich schätze, das ging mich nichts an. Abstrakte Kunst und Töpferei sollten ausschließlich Privatsache zwischen Erwachsenen sein.

Sie war dürr, mit blondem, strähnigem Haar, und liebte die Natur (ungeachtet dessen, was diese ihr angetan hatte), Kochen und Putzen. Ihr hervorstechendstes Merkmal jedoch war ihre Geistesarmut. Sie trug ihre Mittelmäßigkeit unverfroren zur Schau. Ihre Konversation war beinahe – aber vielleicht auch nicht ganz – so langweilig wie ihre Arbeit.

Wir gingen alle gemeinsam zum Mittagessen. Sie bestellte einen Whiskey. »Um mich aufzuwääärmen.« Dann warf sie Eis rein, um ihn zu kühlen, dann Zucker, damit er süß wurde, und dann sagte sie auch noch »Auf dich!« – und trank ihn selber. Das war nicht tolerierbar. Hugo war über nichts und wieder nichts ganz aus dem Häuschen und bestand anschließend auch noch darauf, dieses Nichts heiraten zu wollen. Das hätte ich auch tun können – nach einem Pint Whiskey … und einer Handvoll Schlaftabletten. Ich betrachtete ihre verhärmten Züge. Dann lächelte ich so fröhlich wie möglich in den Spiegel. Zuletzt blickte ich auf Hugo. Es war nicht zu glauben. Männer mögen vielleicht etwas Unterscheidungsvermögen besitzen, wenn es darum geht, mit wem sie ins Bett gehen, heiraten jedoch würden sie die Nächstbeste.

»Ich fürchte, Fräulein Puckett wusste nichts mit dir anzufangen«, informierte Hugo mich später. Das war das erste und letzte Mal, dass ich mit ihr einer Meinung war.

Ich traf sie nie wieder. Hugo sah ich noch ein paar Mal bei einigen gemeinsamen Cracksitzungen. Aber sie fühlten sich bereits an wie die letzten Tage eines Sommers. Dann hörte er auf, mich anzurufen. Wie man mir erzählte, hatten sie ein großes Hochzeitsfest – die einzige Person aus London, die sie nicht eingeladen hatten, war ich. Ich bin sehr empfindlich. Ich fühle mich schroff abgewiesen, wenn die Pest mich links liegen lässt. War ich verletzt? Ich war verärgert. Es gibt nichts Schlimmeres, als nicht zu einer Party eingeladen zu sein, zu der man nur über seine Leiche gehen würde.

Die schlimmste Sorte bourgeoiser Heuchelei hatte den Sieg davongetragen. Hugo und seine Frau bewegten sich beide in den Kreisen der Bohemiens, bestanden aber weiterhin auf konventionellem Verhalten. Sie schlossen mich einfach aus. Ich hätte niemals gedacht, dass man mein Verhalten als so unanständig empfand. Ich meine: Jeder wusste doch, dass ich von erstklassigen Drogen abhängig war und den Ehegatten mit einer Gurke in den Arsch gefickt hatte.

Und was Hugo betraf? Nun ja, ich vermisste ihn. Er war grausam und hohl gewesen. Aber er hatte mir das Crackrauchen beigebracht. Er hatte mich geschlagen und ausgepeitscht. Deshalb war ich mir sicher, dass er sich auf seine eigene süße Art um mich gekümmert hatte. Ich ließ ihn in Eile heiraten, damit er es in den schicken Vororten bereuen würde. Er zog nach Amerika und gründete eine Familie. Das Beste zwischen uns ist nun der Ozean.

Ich kehrte zu meinem eigenen kleinen Leben zurück. Gelegentlich traf ich noch immer Rachel. Aber wenn man mit Drogen unterwegs ist, dann ist die Einsamkeit nicht nur erträglich, sondern unverzichtbar. Derjenige, den ich am häufigsten traf, war English.

Für den Abhängigen ist der Dealer, was der Geliebte für den Liebenden ist. Ist er nicht da, kann man jeden noch so kleinen Zug seines Äußeren genau beschreiben. Man sucht sein Gesicht unter all den Gesichtern auf der Straße. Man denkt, man hätte ihn erspäht, und das Herz bleibt einem stehen. Und dann ruft man ihn an! Das Warten wird unerträglich. Man lauscht nach draußen, nach seinen Schritten auf dem Pflaster. Man erkennt die Art, wie er anklopft. Und steht er dann vor einem, fühlt es sich an, als sei man gerettet. Man fühlt frohlockende Erleichterung.

»Check das aus. Das is' feiiiner Stoff, Mann. Phaaarmaaazeutischer Raketentreibstoff, Mann«, sagte er.

Man hüte sich vor Weißen, die Schwarze verstehen. Von mir konnte da jedenfalls nicht die Rede sein. Die Sätze purzelten in zusammenhangslosen Fragmenten aus ihm heraus. Er hielt einzelne Worte im Mund zurück, als würden sie dort Zinsen bringen. Doch er hatte Erklärungen für alles (nicht nur dafür, dass er immer zu spät kam). »Scheiiiße Mann, ich weiß genau, wie Jesus von den Toten auferstanden is'. Er war gar nicht wirklich tot.« Er sah mich an, als wäre die gesamte Menschheit blöd, wenn sie das jemals anders gesehen hatte. »Der tat nur so da oben, Mann, und dann … Mann, dann haute er ab. Was für 'ne Type. Einfach verschwunden.«

English glaubte an Wiedergeburt. Er war Martin Luther King oder Lenny Bruce oder Miles Davies – kein Schuhputzjunge, kein Portier und komischerweise auch kein Drogenhändler. Ich denke, dass sich die Niemande dieser Welt mächtig bemühen, bedeutende Jemande in einer anderen zu sein. Aber ich mochte ihn trotzdem. Er war auch nicht anders als die anderen. In der Regel reden die Menschen, ganz gleich, wovon sie sprechen, ausschließlich über sich selbst.

Nicht er, sondern seine Ware bescherte mir Probleme. Zu Anfang glich Crack dem Kuss der Götter. Langsam stellte ich allerdings fest, dass es wohl eher das Elexier der Verdammten war. Ich begann paranoid zu werden – das bemerkte ich, als ich hörte, wie die Telefonkabel über mich sprachen. Die dünne Cellophanhülle zwischen mir und dem Wahnsinn bekam Risse. Darüber hinaus hatte die Droge vernichtende Auswirkungen auf mein Vermögen.

Ich versuchte aufzuhören. Das Schwierige bei Crack ist aber, dass man es zwar aus seinem Körper kriegen kann, nicht aber aus der Seele. Ich wünschte, aufhören zu wollen. Aber ich bekam meine Gier nicht in den Griff. Wenn ich schon so viel über Drogen nachdachte, dann konnte ich sie auch gleich konsumieren, schlussfolgerte ich. Und tat es dann auch.

Ich bin der Meinung, dass meine wechselhafte Beziehung zu Crack als Ausdruck meiner inneren Verfassung gesehen werden kann. Ich sank hinab in die Tiefen der Selbstbefle-ckung und machte mich dann auf die Suche nach Erlösung. Ich konnte meinem eigenen Körper nicht entkommen oder vielmehr dem Zwang, ihn herunterzuwirtschaften, bis ich mich vor mir selbst ekelte, was wiederum den Zwang er-zeugte, genau das zu verleugnen und wieder in Form zu kommen.

Man nimmt kein Crack – man wird vom Crack genom-men. Diese Beziehung hatte inzwischen mein ganzes Leben vereinnahmt. Entweder ich nahm Crack, kam runter vom Crack, dachte darüber nach, Crack zu nehmen oder dachte darüber nach, Crack nicht zu nehmen, oder aber ich dachte darüber nach, wie es wäre, nicht mehr darüber nachzuden-ken, Crack zu nehmen.

Ich hatte alle Erfahrungen, die mein Leben für mich be-reithielt, auf eine einzige reduziert. Ich lebte überhaupt nicht mehr. Ich nahm Drogen. Meine Freunde waren in alle Win-de verstreut. Die Wände meiner Existenz hallten wider vom Echo des Nichts. Ich bewegte mich monatelang kaum aus meinem Zimmer, es sei denn, um Stoff einzukaufen. Eisen rostet, Wasser wird brackig, Pflanzen verrotten. Ich verfiel dem Verfall.

Gelegentlich verließ ich meine Wohnung, um mich in den dunklen Gassen von Mayfair und Soho rumzutreiben. Ich hatte mir eine handliche kleine Pfeife gebastelt, damit ich un-terwegs nicht auf dem Trockenen saß. Es war meine einzige kreative Leistung seit Monaten gewesen. Ich versteckte mich in einer Einfahrt, zog mir die Lunge voll und stürmte dann die Treppen eines Bordells hoch, schweißgebadet und mit wahnsinnigem Verlangen. Ich konnte nur stammeln, wie die Mädchen in den Horrorfilmen, die versuchen, den Polizisten klarzumachen, dass der schwarze Mann unter ihrem Bett lauert. Ich zischte und hustete wie ein falsch eingestelltes Radio. Meistens schmiss man mich raus. Wenn nicht, dann kriegte ich keinen hoch. Das schreckte mich aber keineswegs ab. Auf Crack ist der Wiederholungszwang eine genauso unausweichliche Kraft wie die Erdanziehung.

Stunden später schlich ich mich zurück in mein Zimmer. Scheiß drauf. Ich war mit der Erfüllung des Klischees zufrieden. Eine Frau ist bloß eine Frau, aber ein gutes Crackpfeifchen ist ein echter Killer. Ich lag im Bett und zog mir Rauch und Pornos rein. Das war das Leben – oder wenigstens der lebende Tod.

Was gewöhnliche Frauen anging, so hatte ich gänzlich aufgehört, solche zu treffen. Man möge mich nicht missverstehen. Ich hasste sie nicht – nur die, die ich bis dahin getroffen hatte. Warum sollte ich fünf Pfund für ein Abendessen verschwenden, wenn ich mir einen runterholen konnte und dann den Rest des Abends für mich allein hatte?

Es war endgültig. Ich würde mir ihre Lebensgeschichten – erzählt in Echtzeit – nie wieder anhören. Sie waren so was von uninspiriert. Meiner Erfahrung nach war das Originellste, was jemals aus dem Mund einer Frau gekommen ist, mein Schwanz.

Trotzdem fehlte mir was. Also machte ich mich auf nach Soho, um mir dort ein anderes Mädchen zu holen. Ihr Name war Debbie. Sie sah köstlich künstlich aus. Sie kostete hundert Pfund. »Das Mädchen, das nie Nein sagt«, war ihr Wahlspruch. Sonst hatte sie nichts weiter zu sagen. Ich mag schweigsame Frauen. Sie erwecken den Eindruck, als ob sie einem zuhörten. Perfekt! Liebevoll nahm ich sie mit nach Hause. Dann holte ich sie aus der Schachtel und blies sie auf. Bekleidet mit einem von Rachels Seidenhöschen und einem Push-up-BH sah sie verführerisch vollbusig aus. Um dem Ganzen aber noch mehr Kitzel zu verleihen, zog ich ihr ein enges weißes T-Shirt über. Sie wartete still, ihre großen Wimpern weit geöffnet wie Schmetterlingsflügel, während ich mein Nervensystem mit einem gewaltigen Kick Crack überschwemmte. Ihre Wimpern klimperten wie wild vor Ekstase, als ich sie bestieg. Ich versuchte das Quietschen des Gummis zu überhören. Aber es war hoffnungslos. Sie gab ein peinliches schmatzendes Geräusch von sich, als ich, hilflos und schlaff, versuchte, ihre Beine auseinanderzuspreizen. Es war, als wollte man eine Luftmatratze mit einem feuchten Salatblatt ficken – nicht, dass ich etwas so Widerwärtiges schon einmal getan hätte.

Ich kann euch sagen: Es gibt postkoitale Depression und postkoitale Depression. Eine Stunde später lag ich da, alle viere von mir gestreckt, schweißüberströmt und gekreuzigt vom schrecklichen Gefühl meiner eigenen Leere. Ich war gepeinigt von der erbärmlichen, markerschütternden Sinnlosigkeit meiner flüchtigen, vergänglichen Existenz. Angesichts eines Gottes – in dessen Macht es steht, auf unerforschlichen Wegen alles wieder in Ordnung zu bringen – ein Nichts zu sein, ist das eine. Etwas anderes ist es aber, für sich selbst ein Nichts zu sein: nichts zu sein in den Augen eines nichtigen Mannes, der gerade in das extra befeuchtete Vaginalloch einer aufblasbaren Plastikpuppe abgespritzt hatte.

Mittlerweile war mein Crackverbrauch exponentiell gestiegen. Täglich verbrauchte ich mehr. Um den Preis meiner Seele und, wie ich mir nach jeder leeren Pfeife und nach jedem Zusammenbruch an den Stränden meines einsamen Lebens immer wieder vor Augen führte, meines Bankkontos. Drogenabhängigkeit ist, wie in der Hölle zu stehen und die Flammen mit Hundert-Pfund-Noten zu füttern. An guten Tagen heizte ich das Feuer mit zweihundert Pfund an. An schlechten gingen fünfhundert in den Kamin. Ein Dealer ist ein Taschendieb, der dich dazu bringt, deine eigenen Hände zu benutzen. Doch ich hatte immer noch nicht genug.

In dem Maße, wie meine Abhängigkeit zunahm, sanken auch meine Standards. Ich kroch herum in einem Bademantel, mit hängendem Kopf und gebeugten Schultern. Manchmal erhaschte ich einen Blick auf mein Spiegelbild. Ich sah aus wie ein Kartäusermönch am Rande des Grabes, das er sich selber geschaufelt hatte. Es reichte, um mich zittern zu lassen. Mein Schweiß floss in Strömen. Draußen war Winter. Der Frost glitzerte auf dem Straßenpflaster. Die Kälte der Eisengeländer hätte einem die Hand verbrannt, hätte man sie berührt. Doch drinnen, wo ich solange als nur irgend möglich blieb, schmorte ich wie ein Schwein im eigenen Saft.

Mein ganzer Körper war eine einzige Revolte. Mein Gesicht war mit einem brennenden, scharlachroten Ausschlag bedeckt. Das Bemühen, mich nicht zu Fetzen zu kratzen, laugte mich aus. Meine Nase, die ich immer als eines meiner bedeutsamen Merkmale betrachtet hatte, trocknete aus, verhärtete sich und riss an den Nasenlöchern ein. Skrofulöse weiße Schuppen fielen von ihr ab. Um meine Lippen herum bildeten sich Beulen. Sie sahen aus wie ein Quallenpaar, das miteinander Unzucht trieb. Es war offensichtlich, dass das Elend, mit dem mein ganzes System bereits durchsetzt war, sich nun auch physisch in meinem Gesicht manifestierte.

Ich war am Ende. Verbraucht. Der alte Schauspieler hatte das Handtuch geworfen. Das Dandytum war verflogen. Nur für den Totengräber machte ich noch einen brauchbaren Eindruck. Die Welt, die ich gekannt hatte, hatte sich hinaus in die Nacht verzogen.

English hingegen gedieh prächtig. Als ich ihn kennenlernte, lief er völlig vergammelt rum. Seine T-Shirts und Jogginghosen sahen aus, als wäre er mit Mistgabeln beworfen worden. Seine Turnschuhe (ohne Zweifel die hässlichste Form von Fußbekleidung, die es gibt) waren zerfetzt. Um dem Ganzen noch den letzten Schliff zu verleihen, trug er das

Symbol der größtmöglichen Grausamkeit, die ein Mensch imstande ist, einem anderen anzutun, auf dem Kopf – eine falsch herum aufgesetzte Baseballkappe. Er saß immer in der Klemme. Eines Tages tauchte er mit einem großen weißen Verband um den Kopf bei mir auf. Er sah aus wie ein Glas Guinness. Aber nicht mal die Trinker in der irischen Erlebnisgaststätte von Shepherd Market schauten ihm hinterher, als er von der Untergrundbahn zu meiner Wohnung ging.

Aber schon nach einem Jahr ging er nicht mehr zu Fuß. Er fuhr – einen mächtigen BMW M3 – *Black Man's Wheels*. Der Rest der Veränderung ereignete sich nach und nach. Ich denke nicht, dass mir das damals aufgefallen war. Ich habe nie etwas anderes wahrgenommen als die mit Cellophan umhüllten Päckchen, die er mir, sicher in seinem Mund versteckt, vorbeibrachte. Er spuckte sie aus, nachdem ich ihn hereingelassen hatte. Sie waren schlüpfrig von seinem Speichel. Aber ich hatte sie schon ausgewickelt, ehe ich oben angekommen war.

Eines Tages jedoch dämmerte mir, dass ich in den Spiegel meines früheren Selbst blickte. Er trug maßgeschneiderte schwarze Anzüge und feine Leinenhemden. Und er hatte einen neuen, angeberischen Stil in seiner Art zu gehen – und zu reden.

»Hey!, Mann. Was geht? Schau mal, was ich dir gebracht …«

»Bitte, English … Ich brauch schnell was.«

»Jetzt wart mal 'ne Sekunde, Mann … Ich hab' dir gebracht Zeichnung.«

English hatte sich entschieden, Künstler zu werden. Er legte seine Skizzen auf dem Boden des Studios aus und ging strahlend um sie herum. Er hatte meine Identität von der Stange weg geklaut. Als wäre er zu einem schicken Herrenausstatter gegangen und hätte nach Sebastian Horsley gefragt. Seine maßgeschneiderte Personifikation meiner selbst war unheimlich genau.

Da mein Charakter nun ohne mich durch die Welt lief, bewegte ich mich durch mein Leben, als hätte es nichts mit mir zu tun. Ich wollte nichts hören, nichts sehen und nichts tun. Nicht einmal Rachel konnte mich mehr stören. Sie kam vorbei, und manchmal machte ich einen Versuch und riss ich mich zusammen. Aber zu diesem Zeitpunkt musste sogar ihr schon gedämmert haben, dass ich eine Lüge lebte.

»Liebling, du siehst nicht besonders aus. Nimmst du Drogen?«

Ich respektierte sie zu sehr, als dass ich sie mit der Wahrheit besudeln wollte. Aber eigentlich stimmte das nicht, ich wollte nur, dass sie sich verpisste und mich allein ließ – allein mit meiner Crackpfeife. Warum zum Teufel konnte sie mich nicht allein lassen?

Eines Abends beschloss sie, über Nacht zu bleiben. Ich konnte sie nicht aufhalten, obgleich ich – Gott sei mein Zeuge! – alles versucht habe. »Musst du nicht nach Hause, weil deine Mutter gleich anruft? Haben die Zeugen Jehovas nicht ein Treffen, wo ihr hin wollt? Liebling, ich möchte wirklich nicht, dass du es versäumst. Ganz sicher musst du nach Hause.«

Sie aber bestand darauf, die Nacht in meinem Bett zu verbringen. Ich wartete, bis sie schlief, und schlich mich dann runter zu meiner Pfeife. Ich kauerte mich über sie, lauschte paranoid und zuckte beim geringsten Geräusch zusammen. Wachte Rachel gerade auf? Kam sie schon die Treppen runter?

Es gab Hunderte von falschen Alarmen – bis sie dann doch ankam. Ich hörte ihre Schritte auf der Treppe. »Basti?«, fragte sie. Ich schob die Beweismittel so schnell ich konnte hinter einen Ordner, zog ein Blatt Papier hervor und gab vor zu schreiben.

»Basti? Was machst du?«

»Nichts. Nichts. Ich schreibe nur in meinem Tagebuch.« Ich begann zu summen und spielte müßig mit meinem Stift – der unglücklicherweise über keine Mine verfügte, da er in

Kürze als Pfeifenholm dienen sollte. Ein paar ätzend riechende Rauchfädchen kringelten sich spöttisch durch die Luft.

»Ich weiß genau, dass du auf Droge bist, Sebastian.«

Ich wusste das auch. Und ich wusste außerdem, dass ich in Schwierigkeiten steckte, denn sie nannte mich nur bei meinem vollen Namen, wenn ich etwas ganz Unartiges getan hatte.

Sie begann den Raum zu durchstöbern. Sie brauchte nicht lange suchen, bis sie fündig wurde

»Du liebst das mehr als mich, nicht wahr?«, sagte sie kalt, ehe sie wieder zu Bett ging.

Aber ich folgte ihr nicht hinauf. Ich blieb unten und rauchte die ganze Nacht. Den Gefühlsausbrüchen von denen, die man aufgehört hat zu lieben, haftet immer etwas Lächerliches an.

Am nächsten Morgen ging sie.

Sobald die Tür hinter ihr ins Schloss geknallt war, kehrte ich zu meiner Pfeife zurück.

Sie rief mich noch am selben Abend an. »Möchtest du darüber sprechen?«

Sie hatte ja so recht. Genau das wollte ich. Ich rief umgehend English an, um die Lage zu erörtern.

Ich war allein. So allein. Ich hielt mich nicht einmal selbst aus. Früher war es der Höhepunkt eines jeden Tages gewesen, wenn ich den ersten Blick in den Spiegel tat und mich, fertig angekleidet und prächtig, wie ich war, darin betrachtete. Nun zeigte mir das Spiegelglas nichts anderes als einen morbiden Klumpen Fleisch. Meine Anzüge hingen aufgereiht und unbenutzt unter ihren verstaubten Plastikhüllen: Kleider ohne König.

Mich kümmerte es nicht. Die Katastrophe erschreckte mich, aber sie zog mich zugleich auch an. Ich wusste, dass sie kam, und daher machte ich mich frei für sie. Ich hieß sie willkommen wie eine Hure ihren Mörder. Die Vorstellung der Auslöschung regte meinen Appetit auf das, was kommen sollte, nur noch mehr an. Ich begrüßte das Desaster mit offenen Armen. Soweit es mich betraf, hatte ich also eine Glückssträhne. Alles, was mir in die Hände fiel, ging sofort zu Grunde. Das genügte. Immerhin passierte etwas. Das war alles, was ich wollte. Ich wollte, dass etwas – was auch immer – passierte. Ich konnte die arktische Wildnis meiner Verwüstungen nicht länger ertragen.

Im Sommer 1996 ließ ich Jackie bei mir einziehen. Sie war eine alte Hure, die ihre Ware am Shepherd Market verhökerte. Ich mochte sie. Sie war ausgebrannt. Ihr Gesicht gezeichnet von gebrochenen Versprechungen. Sie war bis auf die Knochen abgemagert. Zweifellos passte sie zu mir.

Ich brachte ein Schild neben der Türglocke an, auf dem zu lesen stand: »Das ist kein Bordell«, und wir machten den Laden auf. Jeden Abend kam sie an, drehte sich eine Tüte und rollte eine alte Futonmatratze auf dem Boden meines Studios aus. Das war ihr Boudoir – eine mit Sperma vollgespritzte Matratze auf einem mit Malfarbe vollgespritzten Boden.

Das Fleisch war billig. Ihre Kunden aber waren reich. Sie wanderten von einem Herrenclub in Piccadilly zu uns runter. Jackie war nicht etepetete – aber einige der Herren schon. Trostlos für die Geschlagenen, schlug sie die Getrösteten.

Ich saß im Bett und lauschte auf ihre krächzenden Ermunterungen, ihre harschen Maßregelungen und auf das Zischen ihrer Reitgerte. Offenkundig weiß man viele Dinge an der Schule nicht zu schätzen, ehe man ein gewisses Alter erreicht hat: kleine Sachen, wie zum Beispiel von einer Frau mittleren Alters jeden Tag geprügelt zu werden. Das sind die Dinge, für die man später gutes Geld anlegen muss.

Ich zog mich zurück, um mein Leben in meinem Schlafzimmer zu verbringen. Ich brachte ein Schloss an. Es war gut so. Am Rest meiner Wohnung war ich nicht mehr interessiert. Meine Vorstellung von Bewegung war eine rege Sitzhaltung. Und selbst das wollte ich nicht. Ein Bett würde

genügen – wach zu sein war nicht unbedingt ein begehrens-
werter Zustand. Neben dem Bett stand ein Tisch, auf dem
sich alle meine wichtigen Utensilien befanden: meine Pfeife.
Am Bettende befand sich der Fernseher. Ich hatte eine Fernbedienung. Nur auf Grund der Tatsache, dass sich Fernbedienung und Pfeife so weit voneinander entfernt befanden,
kam überhaupt etwas in Bewegung. Neben dem Bett reihte
ich ein paar leere Zwei-Liter-Coca-Cola-Flaschen auf. Sie
dienten als Urinflaschen. Das Klo nebenan war viel zu weit
entfernt. Hatte ich zu Anfang zu allem Ja gesagt, so sagte ich
nun zu allem Nein (ausgenommen natürlich zu noch mehr
Drogen).

Ich war im Gefängnis meiner Einsamkeit zufrieden. So zufrieden, dass ich sicherstellen musste, dass es auch sicher war.
Nicht ich war das Problem. Es waren die anderen. Sie sollten
verduften.

Zuerst Jackie. Das war ohne Zweifel ein Fehler. Ihr Fehler.
Sie zahlte mir nicht einmal mehr Miete. Sie hatte damit aufgehört, als ihr klar geworden war, dass der Hausbesitzer keineswegs mehr Herr im eigenen Haus war. »Ich hab' einen
Joint für dich liegen lassen«, sagte sie wohlwollend. Oh, das
ist aber lieb. Dope ist die einzige Droge der Welt, zu der ich
wirklich Nein sagen kann. Ich wechselte die Schlösser aus
und trennte das Kabel zur Türglocke durch. Gut. Geschafft.

Die Nächste, bitte. Debbie.

Sicher, ich hatte sie gefickt. Aber warum wollen diese
Frauen immer Beziehungen eingehen? Ich musste sie in der
Badewanne auswaschen. Sie war so dreckig. Ich blies sie ein
letztes Mal auf. Dann holte ich ein Küchenmesser mit einer
fünfundzwanzig Zentimeter langen Klinge und rammte es
ihr in den Hals. Niemals habe ich den Blick vergessen, mit
dem sie mich angesehen hat: Sie hatte den traurigen, ernüch-
terten Blick einer Frau, für die das Leben plötzlich sinnlos geworden war. Es war vorbei. Ich gebe zu, dass ich mich für einen Augenblick verwaist fühlte. Ich war ganz aufgewühlt vor

Kummer. Aber dann kam mir zu Bewusstsein, dass eine Klopapierrolle, eingeklemmt zwischen Bettgestell und Matratze, es auch tun würde.

Rachel brauchte ich nicht loszuwerden. Sie wurde mich los. Sie schrieb mir einen Brief. »Ich verlasse dich, weil du zu viele Drogen nimmst«, erklärte sie.

»Und was soll mir das sagen?«

Immerhin schickte ich ihr als Geste des Gehorsams eine Postkarte zurück. »Wenn du mich verlässt, wird mein Herz zu Eis erstarren«, schrieb ich. Ich vermute, dass ich hoffte, es würde Speiseeis sein. Das war alles, was mein Magen damals bei sich behalten konnte.

Rachel schrieb zurück und gab irgendetwas zum Besten. Ich erinnere mich nicht mehr. Frauen versuchen immer in drei Schritten zur Freundin eines Mannes zu werden: zuerst die Mätresse, dann die Matratze und schließlich die Nervensäge. Ihr Brief wurde immer kleiner und kleiner – nicht nur, da ich sie nach und nach zu vergessen begann, sondern auch ganz konkret. Ich zerriss ihn in kleine Streifen, in die ich die *Rocks* wickelte, ehe ich sie in die Pfeife steckte. Ich nehme an, es hatte etwas mit Liebe und Hass als ihrem Gegenteil zu tun. Mädels schätzen diesen Gedanken. Ja, das war's. Ich zündete die Pfeife an. *Liebe ist etwas, das man nicht fühlen kann … länger als ein paar Minuten am Stück … was soll also der Blödsinn, jemanden für den Rest seines Lebens zu lieben?* Genau das war's. Ich machte den Porno an, lehnte mich zurück, ließ den Rauch raus und griff nach meinem schorfigen Pimmel. Ich war drei Mädels in einer Woche losgeworden. Das ging ziemlich fix, sogar für meine Verhältnisse. Wer liebt, ist ein Verlierer – aber das wisst ihr ja schon, da ihr dieses Buch lest.

Es gab nun nur noch eine Person, die in den Wind geschossen werden musste: English. Ich hielt es nicht länger aus, seine selbstgefällige Visage zu sehen. Ich brauchte einen Plan. Mit beeindruckender Geschwindigkeit fiel mir etwas ein.

»English! Ab sofort werde ich meine Bestellungen jeden

Tag aufgeben. Ich werde das Geld in einen Umschlag tun und es an die Innenseite des Briefkastens kleben. Du greifst rein. Nimmst dir das Geld raus. Wirfst das Zeug rein. Und NIEMALS und unter KEINEN Umständen darfst du AN-KLOPFEN. Ist das klar?«

»Klar, Mann ... klar, Mann ... alles in Ordnung mit dir? Vergiss nicht, auch mal an die Luft zu gehen, Mann ...«

Luft? Luft? Wozu brauchte man die beschissene Luft, wenn es auch Rauch gab? Was zur Hölle faselte er da? Der heckte sicher etwas aus. Hinterhältiger schwarzer Bastard. Ich ließ ihn nicht rein. Ich brachte ein weiteres Schloss an. Das war unumgänglich. Ich konnte die Gesichter sehen, die mich von der Straße aus beobachteten. Mich ausspionierten. Versuchten herauszufinden, was ich so tat. Hatten die nichts Besseres zu tun, als hinter ihren Vorhängen zu lauern und mich zu beobachten?

»HABT IHR SCHLEIMSCHEISSER NICHTS BESSERES ZU TUN?«, brüllte ich aus dem Fenster.

Sie machten einfach weiter. Grinsten wie die Verrückten.

»RECHT SO, IHR VERSCHISSENEN SCHEISSER, WA-RUM STELLT IHR EUCH NICHT ALLE AN UND FRESST EINE RIESENSCHÜSSEL SCHEISSE.«

Ich begann die ganze Wohnung abzudichten. Ich verklebte die Fensterscheiben mit Zeitungspapier und verhängte sie zur Sicherheit noch mit schwarzen Vorhängen. Ich stopfte jedes Schlüsselloch zu. Und jeden Türrahmen. Nicht ein flüchtiger Strahl der verdammten Sonne sollte reinkommen. Kein beschissener Hauch von frischer Luft. Das müsste reichen. Mal sehen, was sie DANN tun würden.

Was ist schon der Unterschied zwischen einem plüschigen Boudoir und einer gut gepolsterten Zelle. Ich lebte in einem Irrenhaus. Mein Hirn war wie eine Dunkelkammer, in der Negative entwickelt wurden. Alles war hassenswert, fragwürdig, ranzig, ekelerregend. Jeder war darauf aus, mich zu drangsalieren, mir auf die Nerven zu gehen, mich zu verwirren, mich zu kriegen. Die ganze Welt hatte eine Mission. Ich wollte nicht, dass sie mich rettete. Ich wollte sie loswerden.

Nur eine schwache Verbindung musste ich aufrechterhalten. Ich musste immer noch zur Bank. Sie lag in einer Nebenstraße. Das war unglaublich lästig. Ich entwickelte deshalb ein System, um den Kontakt auf ein Minimum zu reduzieren. Ich würde eine große Ladung kaufen und sie dritteln, eins für gleich, die anderen beiden würde ich verpacken und sie mir dann selbst per Post zuschicken – eine als Schnellzustellung, die andere auf regulärem Postweg. Wie brillant. Junk Mail. Jawohl! So würde es klappen. Ausflüge aus dem Bunker wären auf ein Minimum reduziert.

Und schließlich und endlich war ich allein. Allein mit meinen Fieberbläschen. Perfekt. Ich und mein Herpes.

Doch bald schon hatte ich wieder Gesellschaft. Insekten und Schlangen waren scheinbar unter meine Haut geschlüpft. Dort krochen sie herum. Genau genommen kroch alles herum. Die ganze Welt um mich herum schien in Bewegung zu sein. Möbelstücke schlängelten sich heimtückisch durch die Flure. Türen öffneten und schlossen sich wieder. Der Spiegel grinste hinterhältig wie ein Kobold. Und blickte ich hinein, dann sah ich schwarze Würmer auf meiner Zunge. Ich hatte es geahnt. Die ganze Zeit über hatte ich schon gespürt, wie sie sich dort wanden. Sie krümmten sich wie die Schatten, wie die Schwärme der Geier, die um mein Bett herum flatterten und jagten und ihre scheußlichen Schnäbel aufrissen, denen der faule, aasige Gestank ihrer Eingeweide entströmte. Ich kämpfte darum, nicht länger atmen zu müssen. Ich versuchte mich selbst abzudichten. Doch ich konnte sie nicht loswerden. Ich versuchte sie nach unten zu jagen. Aber sie flatterten unaufhörlich im Studio, und ihre Leiber schlugen gegen die Wände. Es war zu viel. Ich verlor immer wieder das Bewusstsein. Wenn ich wieder zu mir kam, wurde mein Körper von Krämpfen geschüttelt.

Es gab keinen Zweifel. Ich wurde angegriffen. Eines Abends hörte ich schleifende Geräusche an der Außenfassade. Ich zog die unzähligen Schichten von Papier und Stoffen beiseite und warf einen verstohlenen Blick aus dem Fenster. Polizisten der Spezialabteilung krochen wie Draculafledermäuse die Wände hoch. Scheiße! SCHEISSE! Sie waren hier, um mich festzunehmen. Ich versiegelte die Fenster wieder. Ruhig bleiben. Nicht verwirren lassen. Ich kann sie austricksen. Ich begann Pläne für Maschinen zu entwerfen, die die Feinde auf diesem Schlachtfeld auslöschen würden.

Ich rief eine alte Bekanntschaft aus der Unterwelt an und beschaffte mir einen Revolver. Einen Colt, Kaliber .38. Mit sieben messingummantelten Projektilen. Er kostete mich tausend Pfund. Das schien mir recht und billig. Ich schlief mit ihm, geladen, gleich neben meinem Bett. Das würde reichen, verdammt noch mal.

Selten, sehr selten, verließ ich meine Wohnung. Dann stellte sich in meiner toten Welt der scheußliche Anschein von Leben ein, der einem herumtollenden Skelett eigen ist. Das Gebein durch Drähte verbunden, zuckelte ich, an verborgenen Schnüren hängend, herum. Eines Nachts traf ich ein Mädchen auf der Straße. Normalerweise hätten wir einander nicht gegrüßt, selbst dann nicht, wenn wir uns in der Sahara begegnet wären. »Selbstmord oder ins Ritz?«, feixte ich. Sie tat nichts, außer zu lächeln. Um sie also zu bestrafen, brachte ich sie ins Hotel und zwang sie, ein Abendessen zu sich zu nehmen, während ich sie dabei beobachtete.

Ohne ein Wort zu sprechen, gingen wir in meine Wohnung. Ich starrte sie an, als sie sich auszog. Eine hohlwangige Dirne und eine ausgemergelte Vogelscheuche. Sie war abstoßend. Sie wollte fünfundzwanzig Pfund. Weil sie so verdorben war, hätte ich sie gratis gefickt. Aber sie war so schrecklich ... verfügbar. Warum sagt keine dieser Nutten jemals Nein? Weil ich gerade darüber nachdenke – warum machte sie sich überhaupt noch die Mühe zu existieren? *Wenn ich so aussehen würde wie sie, würde ich Selbstmord begehen. Nicht, dass es dazu einer speziellen Motivation bedurft hätte.*

Wenn ich sie nun aber nicht ficken würde – was ich bestimmt nicht tun würde, da ich dazu nicht imstande war –, dann konnte ich sie doch immer noch ein wenig quälen. Ich griff zum Revolver und nahm alle Patronen bis auf eine heraus. Dann ließ ich die Trommel rotieren und wieder einrasten. Ich war hingerissen von dem liebreizenden mechanischen Klick: die saubere, kalte Präzision, das befriedigende dumpfe Geräusch. Ich sog den Geruch des Waffenöls ein. Das Gewicht fühlte sich genau richtig an. Beständig und blank und wahr.

»Der is' aber nicht echt, oder?«

Das Einzige, was in dieser Wohnung nicht echt war, war ich.

Ich hob ihn an meine Schläfe, schloss meine Augen und zog den Abzug. Die Welle, die über mir zusammenbrach, fühlte sich so grausam an. Sie schwemmte mein Hirn einfach weg. Die Heftigkeit meines Herzschlags schüttelte mich. Dann brach ich mit einem glückseligen, schwindelerregenden Gefühl zusammen, ging verloren inmitten dieses herzzerreißenden Augenblicks reinen Schreckens, in dem jedes Geräusch sich dreht und windet, anschwillt und abschwillt, wogt und tanzt wie ein Engel am Strand. Ich war sprachlos vor Glück, gewürgt von Liebe.

Ha! Das Leben ist ein Nichts! Ich bin alles! Ich bin hier! Ich bin immer noch hier! Oh Himmel! Wie kann man leben, nach einer solchen Erfahrung ungestümer Freude? Ich bin strahlend wie die Sonne! Oh, was für ein wunderbares Leben! Warum hatte ich das nicht früher bemerkt! Ich werde ewig leben! (Oder wenigstens bei diesem Versuch sterben!) Ich glühte vor Liebe! Und verwendete eine ganze Menge Ausrufezeichen!

Dennoch … sich besser erst mal beruhigen. Es bringt

nichts, wenn man sich zu sehr amüsiert. Sonst grübelt man nur die nächsten Jahre darüber nach.

Das Hochgefühl, nicht gestorben zu sein, war beinahe genauso spektakulär wie der Ausdruck im Gesicht meiner neuen Freundin. Das gesamte Blut schien aus ihrem Körper gewichen zu sein; das erste Mal an diesem Abend sah sie beinahe attraktiv aus. Ich ließ die Trommel noch mal rotieren und reichte ihr dann den Revolver. »Du bist dran«, bot ich an. »Vertrau mir. Ich weiß ganz genau, dass du es mögen wirst.« Doch ich hatte keine Ahnung, warum ich überhaupt so nett war.

Trotzdem war es zwecklos. Bockig beharrte sie auf ihrer sinnlosen Hingabe ans Leben. Sie rannte sogar ... um ihr Leben.

Rückblickend wirkt das Ganze eher dumm und melodramatisch – sogar für meine Verhältnisse. Theoretisch standen die Erfolgschancen eins zu sechs. Praktisch gesehen war die Wahrscheinlichkeit, mir das Hirn wegzublasen, aber viel geringer. So ein guter Schütze war ich nun auch wieder nicht.

An einem anderen Abend schleppte ich drei Huren auf einmal ab. Ich versuchte es noch bei einer vierten. Als ich sie gefunden hatte, sah sie mir aber nicht danach aus, als ob sie passen würde. »Danke trotzdem«, sagte ich. »Drecksschwuchtel«, spuckte sie mir hinterher, als ich ging. Nun ja, selbst wenn ich nächtelang Folie rauchte, gab es doch auch Drachen, die ich nicht reiten wollte. Ich zog mit den dreien zu mir nach Hause. Ein dreiteiliger Anzug für ein dreigängiges Menü. Einer aus der Halbwelt zusammen mit den allzu Weltlichen. »So sieht es also bei dir aus«, sagte die Erste mit einem Hauch von Verachtung in der Stimme. »Dachte, du wärst ein ganz Nobler.« »Oder 'n Perverser«, kicherte die Zweite. Ich ließ mich zu keiner Antwort herab, als sie aufs Sofa schwappten. Mit einer von diesen beiden zu schlafen, musste sich anfühlen, als würden Schnecken über den ganzen Körper kriechen.

Die Dritte hingegen war reizend. Schlank. Vollbusig. Süß.
Ich wollte ihre weiche, rosige Haut liebkosen. Wenn Drogen
so sind wie das Mädchen, mit dem man für immer im Bett
bleiben möchte, dann hatte ich meine gefunden. Ein drei-
facher Southern Comfort mit Pillen.

Das hätte auch eine böse Mischung sein können, doch die
Chemie verband uns. Sie bringt Menschen aus den entfern-
testen Winkeln des gesellschaftlichen Spektrums zusammen.
Chemie bringt die sehr Reichen mit den sehr Armen zusam-
men – vielleicht deshalb, weil sie beide Opfer des gleichen
Fluchs sind. Und der heißt Arbeitslosigkeit.

Die Hübsche hatte sich sanft wie ein Kätzchen am Boden
zu meinen Füßen zusammengerollt.

»Kannst du mir dabei helfen?«, sagte die Erste, die sich
mühsam zu entkleiden versuchte.

»Nein«, antwortete ich und steckte mir die Crackpfeife an.
»Ich bin beschäftigt.«

»Was is' mit der Kanone?«, fragte die Zweite, während sie
versuchte, ein klebriges Kondom aus der Verpackung zu
ziehen.

»Wie ihr sicher auch halte ich wenig von ungeschütztem
Geschlechtsverkehr.«

Nun sollte man meinen, ein Revolver wäre die Garantie
für gute Manieren. Das stimmte aber nicht. Ein kleiner Dis-
put hatte sich entwickelt. Sie wollten mehr Geld. Ich nehme
an, sie hatten realisiert, dass dies kein schneller Job sein würde, dass ich es – mit heißer Pfeife und schlaffer Latte – nicht
bringen würde.

»Auf dieser Welt gibt es nur zwei Arten von Menschen«,
begann ich zu deklamieren, »die mit den geladenen Knarren
und die, die Schwänze lutschen ...«

Plötzlich hatte sich die Hübsche den Revolver geschnappt
und zielte. Auf mich. Und das in meinem eigenen Haus.

Nun ja, ich wollte mich nicht beschweren. Aber den Satz
»Ich wette, du hast nicht den Mumm abzudrücken« vorzu-

bringen, war in einer solchen Situation wohl auch nicht gerade das Klügste, was ich hätte tun können. Schon gar nicht, wenn der Lauf der Waffe auf den eigenen Kopf gerichtet ist.

Das Nächste, an das ich mich erinnere, war ein lauter Knall. Etwas extrem Hartes hatte offenbar die Tür getroffen. Ich nahm an, dass es ein Projektil gewesen war. Dann nahm ich an, dass ich jetzt wohl reagieren sollte. Aber ich konnte die Energie dazu nicht aufbringen. Deshalb starrte ich einfach weiter vor mich hin.

Die Kugel war in einem Türbeschlag aus Kupfer stecken geblieben. Ansonsten hätte sie wohl die Tür durchschlagen. Die Mädchen aber gingen die Wände hoch. Nach der Tatsache, dass auf einen geschossen, das Ziel jedoch verfehlt wurde, ist das Nächstbeste, was einem passieren kann, das Gesicht einer Hure zu sehen, die zum ersten Mal realisiert, dass es etwas gibt, das nicht unecht ist. »Ich konnte doch nicht ahnen …«, bibberte sie immer noch. »Ich wusste doch nicht, dass der echt war. So ein Glück. So ein Glück, dass ich ihn im letzten Moment hochgerissen habe. So ein Glück. Ich konnte doch nicht wissen, dass der echt war.« Die anderen Mädels rannten hysterisch schreiend herum. Ich hingegen blieb ruhig angesichts all des Ungemachs, das mich umgab (darin hatte ich schließlich genügend Übung). Ich sah zu, wie das Mädchen blasser und blasser wurde, während ich auf dem Bett immer leerer und leerer wurde.

Mutter hatte mir gesagt, ich sei ein Lausbube und ein bösartiges Kind gewesen. Daran kann ich mich nicht erinnern. Wie sollte ich auch? Das war vor meiner Zeit. Nun aber war ich nicht zufrieden. Ich war eine heimgesuchte, teils verängstigte und teils schicksalsergebene Kreatur, hilflos zwischen dem Desaster dieser Welt und der Verdammnis der nächsten. Draußen war es Hochsommer. Aber ich bemerkte es nicht. Wie Elektra schloss ich nun die Fenster meines Heims für immer. Ich lebte in einem Land ohne Jahreszeiten, ohne Tag und Nacht. Niemals mehr wollte ich meinen Fuß nach draußen setzen. Den ganzen Tag in einem Raum zu sitzen und Drogen zu nehmen, hielt mich wenigstens vom Unheil fern.

Ich schwand dahin. Früher hatte ich einmal achtzig Kilogramm gewogen, jetzt waren es nur mehr fünfzig. Ich sah aus wie ein Röntgenbild. Meine Kleidung – wenn ich denn welche trug – hing an mir wie die Lumpen am Stecken einer Vogelscheuche.

Essen hatte mich noch nie sonderlich interessiert. Ein Künstler, der trinkt, ist auf einem falschen Weg, ein Künstler aber, der isst, ist gänzlich verloren. Auf Crack verliert man ohnehin jeden Appetit. Der einzige Grund, warum man überhaupt noch isst, besteht darin, dass die Wirkung der Droge verstärkt werden kann, wenn man was im Magen hat. Deshalb versuchte ich, abgesehen von blauen Bohnen, von Zeit zu Zeit etwas Solides zu mir zu nehmen.

Während ich immer dünner wurde, war ich von Selbsthass übersättigt. Ich wurde zermalmt vom Gewicht meiner eigenen Schwäche. Als letzte Ausflucht entschloss ich mich, nach Paris abzuhauen. Dort würde ich ganz gewiss aufhören – oder wenigstens sobald ich mit dem durch war, was ich mir für fünfhundert Pfund angeschafft hatte, bevor ich abreiste … und mit dem, was ich mir im Wert von fünftausend Francs sofort sicherte, als ich dort ankam.

Es war mein Geburtstag. Doch ich saß eine Woche lang allein in einem winzigen Hotel. Weg von zu Hause, doch wieder daheim. Ich war der einsamste Mann auf diesem Planeten. Ich ähnelte einer stehen gebliebenen Uhr. Also entschied ich mich zurückzufahren.

Nichts hatte sich verändert – abgesehen von der Tatsache, dass die Eingangstür fehlte. Wie es schien, hatte sie irgendjemand nicht einfach nur eingetreten, sondern sie auch gleich noch mitgehen lassen – zusammen mit dem restlichen Inhalt der Wohnung. Alles, was mir geblieben war, waren meine Bilder. Die Diebe waren offensichtlich wählerisch gewesen. Sie hatten erkannt, dass die Bilder nicht mehr wert waren als der kaputte Grill für die Käsetoasts, den sie auf den Küchenfußboden geschmissen hatten. Die mit Sperma vollgespritzte Matratze von Jackie war auch noch da. Doch ohne Zweifel war meine Karriere als Puffmutter im Eimer. Was soll's? Wenn man schon nicht damit angeben kann, etwas gut zu können, dann muss man eben damit prahlen, es schlecht zu können. Auf alle Fälle: den Mund voll nehmen.

Ich war erledigt. Man weiß, wenn man am Boden ist. Das Spiel war aus. Ich rief Rachel an. Sie würde mich wiedererkennen – als das, was ich einmal gewesen war.

»Du wirst sterben, mein Liebling, wenn du nicht sofort anfängst, etwas zu unternehmen«, sagte sie. Aber sie lag falsch. Ich war schon tot. Sie besorgte mir einen Platz in einer Klinik. Clouds House in Wiltshire. In einer Woche würde ein Bett frei sein. Ich machte das Beste aus dieser Repressalie. Sieben Tage und sieben Nächte lang. Eine Zeit der Buße – oder die Zeitspanne eines Hochzeitsgelages.

Ich konnte mich kaum auf den Beinen halten, als sie mich in einem geborgten Auto aufsammeln kam. Sie musste mich stützen, als ich aus der Wohnung schwankte. Ich erinnere mich, dass das Gleißen des Sonnenlichts einer grellweißen Atomexplosion in meinem Gehirn glich. Wir fuhren los, nachdem ich meine Pfeife im Handschuhfach verstaut hatte.

Die Reise schien endlos zu dauern. Und gleichzeitig verging sie wie im Flug. Immer weiter und weiter über lange, gerade Straßen auf einen Horizont zu, den wir niemals erreichen würden. Ich erinnere mich, dass wir an Stonehenge vorbeikamen und ich mich wunderte, was das verfluchte Ding da verloren hatte. Wir hielten an einer Raststation, um Tee zu trinken. Mir war schlecht. Ich legte mich auf den Rücksitz. Das half ein bisschen. Liegt man erst mal flach auf dem Rücken, dann kann es nur noch aufwärts gehen.

Und dann bogen wir in eine enge Landstraße ein. Eine lang gezogene Allee von Bäumen war am Horizont zu sehen.

»Halt einen Augenblick an«, sagte ich zu Rachel. Sie hielt an. Wir stiegen aus. Während sie sich in der Kälte den Mantel eng um ihre Schultern zog, zündete ich an, was ich für die letzte Pfeife meines Lebens hielt. Gleich einem Gespenst verschwand mein letzter *Rock* vor meinen Augen. Er verwandelte sich in grauen Rauch, der sich in der Luft kringelte. Rachel blickte nach unten in den Schlamm. Dann stiegen wir wieder ein. »Kurbel das Fenster runter«, forderte ich sie auf. »Lass die Goldfische raus.«

IST MAN AM BODEN, KANN MAN NICHT TIEFER FALLEN

ZWEI TAGE SPÄTER WACHTE ICH AUF. Ich zog die Vorhänge zurück und sah zum Fenster hinaus. Alles war sehr schön. Die Luft. Die Berge. Der Frieden. Was für ein vortrefflicher Platz, um Crack zu rauchen. Ich kippte sofort wieder zurück ins Bett.

Ich war erschöpft. Ich war geschlagen. Aber ich trug es wie ein Mann – ich weinte eine Woche. Von Zeit zu Zeit schlurfte der Arzt herein und untersuchte mich. Ich wäre unterernährt, erklärte er mir, aber abgesehen davon ginge es mir gut. Ich füllte den Fragebogen über Abhängigkeiten aus. Meine Trefferquote betrug sechsundneunzig Prozent – niemals hatte ich ein besseres Ergebnis bei irgendeinem Test erreicht. Dann würde ich auf Beruhigungsmittel gesetzt, die mich deutlich aufheiterten – allerdings nur so lange, bis ich die Dosierung zu Gesicht bekam. Wie lächerlich! Wofür bezahlte ich hier eigentlich? Wofür hielt man mich? Ich wollte nicht, dass es mir besser ging. Eigentlich wollte ich genau das Gegenteil. Wenn jemand, den man liebt, ernsthaft erkrankt, dann besteht immer noch die schwache, aber belebende Hoffnung, er könnte sterben.

Auch das ging schief, und ich würde wohl für alle Ewigkeit schlafen. Oder zumindest nahm ich an, dass dem so sein würde. »Kein Rumgeschnarche tagsüber!« Eine herrische Matrone wuselte immer gerade dann in den Schlafsaal, wenn ich mich für mein Nickerchen bereit machte. »Zeit für die Gruppentherapie. Aufstehen. Keine Müdigkeit vortäuschen!«

Crack macht nicht körperlich abhängig. Psychisch jedoch

war ich ein Wrack. Aber selbst dann – Gruppentherapie? Verdammt, was soll's? Ich kleidete mich ganz in Schwarz, platzierte mich unbeholfen auf einem Stuhl und sagte zwei Stunden hindurch gar nichts. »Wie fühlen Sie sich?«, fragte der Gruppentherapeut. Sein flüssiger Blick tropfte traurig in seinen Bart.

»Wie Satan«, war alles, was ich herausbrachte.

»Das ist aber eine starke Behauptung.«

Darauf wusste ich nichts zu erwidern. Ich blickte hilflos im Raum herum und sah mir die Leute an. Wer waren die bloß? Freundschaftskettchen, Tätowierungen, Glatzen, Kristallkugelglotzer ... Turnschuhe! ... Was zur Hölle hatten die alle hier verloren? Was zur Hölle tat *ich* hier ... Satan hin oder her. Wie konnte ein exotischer Dandy in die Hände eines solchen Gefängnisabschaums geraten? Wie war es möglich, dass ein Nihilist sich in den Fängen von New-Age-Narren wiederfand? Es war entsetzlich. So entsetzlich wie der Anblick einer Ming-Porzellanvase in den Händen eines Schimpansen.

Ich fühlte mich hilflos. Aber eigentlich fühlte ich nicht besonders viel. Ich saß einfach da, verloren und allein inmitten des schallenden Psychogefasels. Es hörte nicht auf, ging immer und immer weiter, wie auf einem Unreality-TV-Kanal. Doch diese Typen hätten es nie ins Fernsehen gebracht – was wahrscheinlich genau ihr Problem war. Stattdessen waren sie hierhergekommen; hier war ihnen ein Publikum garantiert, das sich all den langweiligen Kleinigkeiten aus ihren endlos leeren Leben hingab und davon fesseln ließ. Es war unerträglich. Ich sah auf meine Uhr. Es war zehn. Sie würden den ganzen Tag weiterquatschen. Ich sah wieder auf meine Uhr. Zwanzig nach zehn. Verflucht! Wo war die Fernbedienung?

Das war nichts für mich. Ich suchte Zuflucht im zerschossenen Gehäuse meiner Persönlichkeit. Aus jedem Berg einen Maulwurfshügel machen. Drogen schießen und die Tür verschließen. Das war mein Motto. Vielleicht sollte ich es mir in einen Siegelring gravieren lassen. Und wenn es dann immer noch Probleme gäbe, dann wären das bestimmt keine, die ein kleiner Spaziergang zum Schneider nicht beheben könnte. Das Gefühl, gut angezogen zu sein, verleiht eine innere Gelassenheit, die einem keine Therapie zu geben vermag.

Ich isolierte mich selbst. An einem Fenster schlug ich ein kleines Lager auf und kümmerte mich um meine eigenen Angelegenheiten – in Form von Kontoauszügen, die ich monatelang nicht geöffnet hatte. Es war Zeit, Rückschau zu halten. Zu Anfang meiner neuen Karriere hatte ich so viel Geld verdient, dass ich zusätzlich zum Alkohol auch noch Crack einführen musste, um es durchzubringen. Aber jetzt war ich geschockt. Ich begann zusammenzurechnen. 2.600 Pfund. 3.400 Pfund. 4.900 Pfund. 10.500 Pfund. Mein Gott. Mehr als 100.000 Pfund im Jahr verzockt. Obwohl ich sehr wohl weiß, dass Quantität nicht Qualität ist, war das ziemlich beeindruckend.

»Es ist Ihnen nicht gestattet, etwas zu lesen, was nicht zuvor von uns genehmigt wurde.« Ein Therapeut ging vorbei. Er griff sich alle meine Kontoauszüge, schaffte sie weg und ließ statt ihrer einen kleinen blauen »Weckruf« zurück. Es stellte sich heraus, dass es sich um ein medizinisches Handbuch über den schädlichen Einfluss von Drogen handelte. Es war miserabel. Ich beschloss, das Lesen aufzugeben.

Dafür fing ich mit Essen an. Ein plötzlicher Appetit hatte sich meiner bemächtigt. Ich investierte mein verfügbares Geld in Schokolade und Kekse und andere Süßigkeiten und saß schlingend in einer Ecke. Allein.

»Sie isolieren sich, Sebastian.« Eine Therapeutin kam vorbei. Ich starrte aus dem Fenster. Sie hatte recht. Wie jede andere monomanische Existenz liebe ich Publikum – es sei denn, dieses Publikum bin ich selbst. Ich wollte diese Kreatur nicht zu genau in Augenschein nehmen – wenigstens nicht fürs Erste. Es war nicht mein Wunsch, an den Gruppensitzungen teilzunehmen. Aber ich tat es trotzdem.

Valentina, eine bernsteinbehangene Therapeutin mit orangefarbenem Haar und roten Lippen, in die ich mich nach und nach verknallt hatte, erleichterte mir das. Besser, sie anzusehen, als mich selbst. Und nebenbei war sie auch eine Freundin von Chelita Secunda! Chelita Secunda, die Frau, die Marc Bolan eingekleidet hatte. Die Frau, die die Wangen des Glamrock zum Glitzern gebracht hatte. Zugegeben, eine dürftige Verbindung, aber schließlich waren wir hier ziemlich weit ab vom Schuss. Draußen auf dem Rasen reckten sie immer noch ihre Zeigefinger und deuteten hoch in den Himmel, wenn ein Flugzeug vorbeikam.

In Clauds hielt man sich an das zwölfstufige Programm der Anonymen Alkoholiker. An diesem Nachmittag erklärte Valentina Schritt zwei. Sie schrieb an die Tafel: »Wir haben den Glauben, dass eine Macht, größer als wir selbst, uns unsere geistige Gesundheit wiedergeben kann.«

»Hat irgendjemanden mit diesem Satz Probleme?«

Ich hob meine Hand.

»Ja, Sebastian?«

»Ich glaube nicht, dass es etwas Größeres als mich gibt.«

Der gesamte Raum brüllte vor Lachen. Ich fing an, dieses Gruppending zu mögen. »Sebastian, Sie sind, wie jeder andere hier auch, bei uns, weil Sie ein Drogenabhängiger sind. Sie versuchen das zu verleugnen. Sie benutzen Witze als einen Schutzschild. Doch Sie müssen sich selbst beobachten.«

»Ich kann Ihnen versichern, dass ich kaum etwas anderes tue.«

»Sehen Sie, da ist es schon wieder. Sie haben Angst vor Nähe. Ihre Offenheit ist nur eine scheinbare. Sie wollen nicht erkannt werden.«

Nun gut, danach fühlte ich mich ein bisschen besser. Therapie führt trotz allem doch zu etwas. Einfache Menschen können sich für einen Augenblick oder zwei befriedigend komplex vorkommen.

Und so ging es weiter. Meine Finger werden niemals das

Wort »Co-Abhängigkeit« tippen ... aber, wie man sieht, ist es schon passiert. Das belegt, wie ich annehme, ein weiteres Mal, dass Therapie ihren Zweck erfüllt. Rachel war eine »Co-Abhängige«. Ich hatte eine Krankheit. Super. Ein biologisches Alibi. Es hatte mich hunderttausend Pfund gekostet, die Geschworenen zu täuschen – aber zur Hölle damit! Ich stellte mir vor, wie ich majestätisch in Stiefvaters Hospiz schwebe, wo er, gespickt mit Krebsgeschwüren, im Sterben liegt. Ich beuge mich über sein Bett. »Hey! Stell dir vor ... ich habe auch eine Krankheit!«, flüstere ich ihm ins Ohr.

Doch letzten Endes gab es kein Entkommen. Schließlich hatte ich für das, was ich gerade tat, bezahlt: einen zweimonatigen Aufenthalt im Ausbildungslager für Crackschädel. Clouds war nicht The Priory. Es gab keine Einzelzimmer. Man hatte keinen Tagesausgang. Man konnte nichts von draußen bestellen. Und es bestand auch nicht die Möglichkeit, mit Elton John den Raum für Aggressionsbewältigung zu teilen. In Clouds lag man in einem Schlafsaal mit neun anderen schnaufenden, schnarchenden und furzenden Verlierern, und es gab noch nicht einmal einen Fernseher, der davon ablenkte, oder ein Buch, in das man sich flüchten konnte. Es gab überhaupt keine Privatsphäre. Und das Essen sah aus, als hätte es schon mal jemand im Mund gehabt.

Um viertel vor sechs läutete jeden Morgen eine Glocke. Kurz darauf begann man, seine Aufgaben für den Tag zu erledigen. Ich war für das Frühstück verantwortlich. Besonders erfolgreich war ich nicht. Ich stellte anstelle von Milch Schlagsahne auf den Tisch. Jeder schüttete sie fröhlich über die Cornflakes, bis einer der Mitbewohner die Verwegenheit besaß, mich deshalb herauszufordern.

»Das ist Schlagsahne.«

»Nein. Das ist keine Schlagsahne.«

»Doch.«

»Schau mal ... Willst du mir oder deinen Geschmacksknospen glauben? *(Ich probiere)* Scheiße, na gut, ist es eben

Schlagsahne ... *(Verdrießlich)* Es ist nicht meine Schuld. Ich komme aus London *(genauer gesagt aus Mayfair)*. Ich werde mal rausgehen und nach einer Milchtüte fragen. Wie das ganz gewöhnliche Stadtmenschen so zu tun pflegen. Aber ihr Landmenschen besteht ja immer darauf, das Zeug aus einer Kuh rauszupressen – man wird mir wohl nicht vorwerfen wollen, ich sei exzentrisch, wenn ihr selber es seid.«

Es war meine Entscheidung gewesen, hierherzukommen. Und ich hatte auch noch dafür bezahlt. Das war nicht ganz so schlau. Und wo ich doch nur ein halbes Hirn hatte – warum haben sie mir nicht einfach den halben Preis berechnet?

Missmutig saß ich die Sache aus. Ich hielt mich abseits. Blieb ungerührt. Und ohne Zweifel unsympathisch. Wenn ein Mann darauf beharrt, von seinen Schicksalsschlägen zu erzählen, so mutmaßte ich in einer Gruppenstunde, dann muss an diesen wohl etwas sein, das er genießt. Nebenbei bemerkt: Das Recht, gehört zu werden, schließt nicht gleichzeitig das Recht mit ein, ernst genommen zu werden.

Die Gruppe nahm das zur Kenntnis. Eines Nachmittags wendeten sie sich alle gemeinsam gegen mich. Angeführt wurden sie von einem mächtigen tätowierten Cockney.

»Warum biste hier, Kumpel, wennste meinst, dass eh alles paletti is mit dir?«

Da hatte er nicht ganz unrecht. Aber natürlich sträubte ich mich dagegen. Bis zum heutigen Tage kann ich es nicht ausstehen, wie Krankheit zu einem modischen Statement verkommen ist. Geständnisse mit Handschlagqualität. Die ganze Art und Weise, wie das bloße Überleben als »Triumph« hinausposaunt wird.

»Ich glaube nicht wirklich an Probleme«, sagte ich. »Das Problem mit Problemen ist, dass sie Lösungen nahelegen. Es gibt aber keine Lösungen. Und selbst wenn es welche gäbe, würden wir sie nicht wollen. Wer möchte schon seiner Ecken und Kanten beraubt werden?«

Jede Woche wurden Leute aus Clouds rausgeworfen.

Weil sie stahlen, sich prügelten oder Sex hatten. All das waren Ausschlussgründe. Sogar wenn man die Hausregeln brach, war das ein Problem. Offiziell war ich schon abgemahnt worden, weil ich ohne Begleitung rausgegangen und einmal zu spät zu einer Gruppensitzung gekommen war. Der Therapeut nahm mich am Ende einer Sitzung beiseite und gab mir eine dritte und letzte Verwarnung wegen »Widerstands gegen den Heilungserfolg«. »Beim nächsten Mal sind Sie raus«, sagte er zu mir. »Sie sind für die anderen nicht hilfreich, und das ist nicht fair. Sie müssen ihnen eine Chance geben. Und das wird Ihnen dann hoffentlich auch eine geben.«

Ich zog mich in meinen Winkel zurück. Blöde Schweine, dampfte ich inmitten des Zigarettenqualms. Wer, zur Hölle, glauben sie zu sein? Was ging hier, bei diesem ganzen verdammten Unternehmen, schief? Ist die Psychiatrie nichts weiter als ein Geschäft, bei dem der Kunde immer unrecht hat?

Was war mit mir los? Warum war ich so VERDAMMT WÜTEND? Ich besah mir meine Mitbewohner, wie sie auf den schäbigen Sofas abhingen, rauchten und tratschten und Karten spielten. In Wirklichkeit mochte ich sie. Ich bewunderte sie sogar. Sie hatten den Mut zusammenzubrechen.

Hatte ich die Courage, gesund zu werden?

Ich betrachtete das stockfleckige Poster an der Wand. »Umarmungen statt Drogen!« Kein guter Tausch. Ich meine, warum stand da nicht »Millionen statt Drogen!«? Oder: »Die ganze Pracht der Welt statt Drogen!«? Selbst »Tod statt Drogen« wäre besser gewesen.

In dieser Nacht konnte ich nicht schlafen. Die Wut beginnt mit dem Wahnsinn und endet mit Reue. Scheiße. Wenn meine Angeberei nicht einmal mich überzeugte, warum sollte sie jemand anderen überzeugen? Ich glaubte, meine pseudoexzentrische Reaktion auf die Therapie sei ein Zeichen meiner wundervollen Individualität. Aber Exzentrizität verhält sich zur Individualität, wie die »Type« zum echten Charakter. Sie ist gewollt. Schlimmer noch, sie ist bloß die Maskerade der Nichtigkeit. Wahre Individualität muss man sich gleich dem wahren Charakter erarbeiten, und sie bedarf einer moralischen Anstrengung.

Und was zum Teufel machte ich überhaupt aus meinem Leben? Keine Therapie der Welt wird einem ermöglichen zu wissen, wer man ist und warum man auf der Welt ist. Trotz allem aber wurde in dieser Klinik versucht, mir etwas Gutes angedeihen zu lassen. Weshalb nur versuchte ich das zu sabotieren?

War ich es nicht gewesen, der immer versucht hatte, seinem Seelenleben gegenüber wahrhaftig zu sein – bis hin zur Unbequemlichkeit? Als die Morgenglocke läutete, hatte ich noch kein Auge zugetan.

Doch ich wusste, was zu tun war. Ich würde gesund werden.

In den folgenden Wochen warf ich mich in die Arme des Systems. Die Therapeuten ritten Attacken gegen mich – im Stil der Rothäute. Die Kreise von Missbrauch, Intoxikation und Zerstörung – Heroin, Crack, Alkohol, Spielsucht, Huren – schlossen sich enger und enger, bis ich im Zentrum angelangt war. Bei mir selbst.

Valentina hatte die Veränderung bemerkt. Nach sechs Wochen Kur schlug sie mir vor, gemeinsam Tee zu trinken. Ich ergriff die Gelegenheit beim Schopf. Nicht schlecht, jemanden zu haben, mit dem man flirten konnte. Wir saßen auf dem Balkon im Sonnenschein.

»Was für ein wunderbarer Tag.«

»Danke.«

Ich mag Vorschusslorbeeren. Aber schon bald wurde deutlich, dass Valentina Ernsthafteres im Sinne hatte.

»Ich möchte mit Ihnen über ihre Familie sprechen, Sebastian.«

»Ich nicht.«

»Das müssen wir aber.«

Oh, Gott.

»Von sehr früh an werden wir konditioniert. Wir wachsen in Ketten auf. Wenn man die Fesseln von seinen Gelenken streift, dann sind die Gelenke immer noch entzündet.«

»Was soll das heißen? Wenn es Ihnen so sehr gefällt, sich unzulänglich zu fühlen, warum rufen Sie dann nicht jemanden aus Ihrer Familie an? Wollen Sie das damit sagen?«

»Nun ja – warum rufen *Sie* niemanden an?«

Ach du lieber Gott. Ich versuchte mir meine Familie vom Halse zu halten. Mutter schrieb mir regelmäßig. Die Briefe begannen nüchtern und endeten betrunken. Mit Vater hatte ich seit Jahren keinen Kontakt mehr. Und ich wollte nicht, dass dieser Säufer wusste, dass ich ein Crackschädel war. Ich bat Schwester Ash, mich zu besuchen.

Sie kam mit Giles, dem Steinmetz, den sie unlängst geheiratet hatte. Er war ruhig und reserviert, ein schwelender Vulkan, der vor fünf Jahren vom Heroin weggekommen war und seitdem eine Obsession für Versteinerungen entwickelt hatte. Seine Wohnung war mit Schaukästen schimmernder Mineralien vollgestellt und vom Geruch von Ammoniak erfüllt, der dem Terrarium seines Hausleguans entströmte.

Ich mochte und respektierte ihn. Er hatte sich seine Würde im Dreck des Heroins bewahrt und nun auch seinen Geist neu belebt. Nebenbei bemerkt, hatte ich vom Zynismus genug. Mag er die Rüstung des Romantikers sein, das Rüstzeug des intellektuellen Dandyismus – ich hatte trotzdem genug davon.

Wir spazierten über das Klinikgrundstück. Ohne Wärme zu spenden, schwebte die Herbstsonne über unseren Häuptern.

»Haben sie dir was über die Statistik gesagt?«, fragte Giles. Er war so eine Art Veteran solcher Einrichtungen. »Ein Drittel von euch wird sauber bleiben. Ein Drittel wird wieder anfangen. Und ein Drittel von euch wird sterben.«

»Ja, aber selbst die Sterblichkeitsrate von Menschen, die beständig atmen, beträgt hundert Prozent.«

»Du weißt genau, was passieren wird, wenn du weiter Crack nimmst.«

Ich nickte.

»Aber denk auch daran, dass du nicht weißt, was passieren wird, wenn du es sein lässt.«

»Was zum Beispiel?«

»Na ja, alles Mögliche. Du wirst dich verändern. Vielleicht beginnst du zu schreiben (dieser Bastard trägt die Schuld an diesem Buch). Vielleicht wirst du wieder malen. Vielleicht suchst du dir sogar einen Job.«

»Ich sehe mich schon nach einer anderen Pfeife tanzen.«

»Ich mein's ernst. Wenn du willst, kannst du, nachdem man dich entlassen hat, vorbeikommen und mit mir zusammenarbeiten.«

Ich denke noch mit leiser Sentimentalität an den Tag, an dem ich entlassen wurde. Trotz all meines anfänglichen Widerstandes hatte mir meine Zeit im Sanatorium gefallen. Ich hatte mich in die Hände anderer Menschen begeben, und das erste Mal in meinem Leben war ich in guten Händen gewesen. Und ich hatte begonnen, meine Mitinsassen zu mögen. Als ich ging, haben sie sich in einer Reihe aufgestellt und geklatscht, während ich an ihnen entlangschritt wie die Queen bei einer Siegesparade. Sie machten das immer so. Und danach haben sich alle gegenseitig umarmt. Kaum auszudenken, wie ich das noch zwei Monate früher verabscheut hätte. Aber nun fühlte ich mich tief gerührt. Es fühlte sich an wie der letzte Schultag. Rachel kam, um mich abzuholen – ich war so verändert, dass ich nicht einmal wütend war, meinen Abgang in einer geliehenen Sardinenbüchse absolvieren zu müssen. Ich wäre sogar mit Cliff Richard zum Mittagessen gegangen, wenn das jemand verlangt hätte – solange es nicht in einem Pub stattgefunden hätte.

Am nächsten Morgen wachte ich in Mayfair auf. Mit Ausnahme der Zeit in der Klinik war dies das erste Mal seit Jahren, dass ich es nüchtern tat. Es war Oktober. Die Sonne schien immer noch. Auch ich wollte strahlen. Ich wollte ein neues Leben. Ohne Zweifel begegneten mir die Nachbarn mit neuem Respekt. Offenbar hatte Lady Diana meine Wohnung während meiner Abwesenheit besucht. (Ich hatte sie an einen Freund vermietet, der sie kannte, und sie war vorbeigekommen, um ihn abzuholen.) Jeder hatte sie – erfreulicherweise – gesehen, und es war Gesprächsstoff für Wochen gewesen. Ich versuchte zuerst unbeeindruckt zu bleiben, aber dann konnte ich meine Neugier nicht zurückhalten. »Was trug sie?« »Jeans und eine Baseballkappe«, sagte mir Tariq vom Eckladen. Ich war ziemlich enttäuscht. Wenn ich einer aus der königlichen Familie wäre, würde ich meine Krone schon zum Frühstück tragen ... und nach dem Mittagessen würde ich ausreiten und die Touristen auf The Mall reihenweise niedermähen.

Aber ich musste erst mal meine Angelegenheiten auf die Reihe kriegen. Zuerst ging ich die Berge an ungeöffneter Post durch. Ich hoffte auf Bargeld. Sehr unwahrscheinlich. Ist irgendjemandem schon einmal aufgefallen, dass Rechnungen sich im Postsystem verglichen mit Schecks mit fünffacher Geschwindigkeit fortbewegen? Ich wühlte mich durch die Rechnungen, Erklärungen und Kataloge, die Büroeinrichtungen und Rheumaunterwäsche anboten. Ein Brief erheischte meine Aufmerksamkeit. Er trug nicht nur ein geprägtes Logo, sondern er schien auch noch von einem menschlichen Wesen per Hand geschrieben zu sein. Ich öffnete ihn.

Es war ein Brief des Direktors der Grosvenor-Galerie in der Albemarle Street. Er bot mir eine Ausstellung an. Und das, nachdem ich zehn Jahre nur Ablehnungsschreiben erhalten hatte – auch eine Art, mir zu raten, das Malen aufzugeben. Und jetzt bot man mir plötzlich eine Einzelausstellung an.

Über Nacht veränderte das meine Perspektive. Niemand hasst die Welt so sehr, dass er nicht beginnen würde, sie zu lieben, sobald sie ihm eine Gunst erweist. Ich begann mein neues Leben damit, dass ich die Abdeckungen an meinen Fensterscheiben entfernte. Das Licht strömte herein. Als Nächstes organisierte ich eine Putzfrau.

Ich ging an die Arbeit. Ich hatte sechs Monate Zeit, etwas hinzubekommen. Ich wollte Arbeiten über den großen weißen Hai herstellen. Ich würde die Kraft und die Eleganz dieses Tieres einfangen, das vergossene Blut und das Licht im Wasser, das Gezappel menschlicher Angst. Ich absolvierte den Arbeitstag eines Angestellten (ohne Drogen wäre ich zweifellos Polizist geworden) und stand von sieben Uhr morgens bis vier Uhr nachmittags vor der Leinwand. Formen tauchten aus den dunklen Hintergründen auf und nahmen Gestalt an. Sie konnten aber auch genauso schnell wieder verloren gehen. Unter jedem fertiggestellten Bild wurden zehn begraben – und damit auch, wie ich hoffte, jeweils ein Drogenabhängiger zur Ruhe gebettet.

Ich blieb sauber. Die Einladungen wurden verschickt. Ich verfolgte die Publicity vor der Eröffnung. Das war der Augenblick, auf den ich mich mein ganzes Leben lang vorbereitet hatte. In die Zeitungen zu kommen – das war ein Beweis meiner Existenz! Ich ging raus und kaufte Dutzende Exemplare jeder Ausgabe, in der ich – hübsch als Geschenk für die Welt verpackt – erschien. Wenn mich das zu einem weniger guten Künstler machte, zu einem Dilettanten oder Poseur … dann sollte es eben so sein.

Am Tag der Eröffnung ging ich allein in die Albermarle Street. Ich patrouillierte langsam durch die Ausstellung, meine Absätze klackerten auf dem Boden. Die Bilder glänzten hinter Glas, sodass der Raum ein wenig wie ein Aquarium wirkte. Ich genoss den Augenblick. Hier war das Beste aus zehn Jahren Arbeit zu sehen. Ich war stolz darauf. Ich hatte versucht, den unvergesslichen Augenblick, in dem Gewalt und

Schönheit miteinander verschmelzen, zu destillieren, eine Vision des Abgrunds auf die Leinwand zu bannen, einer Balance auf der rasiermesserscharfen Schneide zwischen Sein und Nichtsein. Und die großen Goldrahmen waren sehr schön.

Üblicherweise rede ich auf einer Party mit jemandem, der mich nicht interessiert, über etwas, von dem ich keine Ahnung habe. Aber nicht in dieser Nacht. Selten ist ein Mensch so gänzlich inspiriert, wie wenn er über sich selbst spricht. Und ich trank immer noch nicht. Das war nicht nötig. Ich war trunken von meiner eigenen Pracht.

Doch die Ausstellung war kein Erfolg. Ich wurde von der Kunstwelt ignoriert. Das war nicht gerade hilfreich. Die Leute interessieren sich zumeist nicht für Kunst; sie interessieren sich dafür, was andere interessiert. Kaum jemand kaufte ein Bild. Ich stieg mit einem Scheck in Höhe von fünftausendvierhundertachtundfünfzig Pfund aus. Nun gut ... wenn die Leute meine Bilder nicht kaufen wollten, wie konnte ich sie daran hindern? Glücklicherweise ist Kunst die einzige Beschäftigung, die niemand lächerlich findet, bloß weil man kein Geld damit verdient.

Soweit es mich betraf, hatte ich voll eingeschlagen – in einer üppigen Explosion aus Samt und Seide. Es gab nicht genug Bäume auf diesem Planeten, um Zeitungen daraus zu machen, die davon berichteten, wie großartig ich war. Die nächsten paar Wochen saß ich in meiner kleinen Wohnung und las all die Zeitungsausschnitte. »Sieht so aus, als ob der Bastard ziemlich gut drauf ist.«

War ich aber nicht. Ich hätte die Warnzeichen erkennen müssen: Euphorie, Schlaflosigkeit, das pausenlose – und offenbar brillante – Abschweifen meines Geistes.

Als Nächstes erinnere ich mich, wie ich die Pornoläden abklapperte und mir zwanzig verschiedene Filme kaufte. Ich brauchte Vorrat – nur für den Fall der Fälle, versteht sich. Auch ein paar Wasserflaschen und Einwegkugelschreiber wären nicht schlecht ... Es könnte einen Notfall geben –

man kann nie wissen. Gummiband. Hatte ich. Alufolie. Gut, ich könnte … ein Hühnchen braten.

Eingedeckt mit allem, was man für das Armageddon braucht, lag ich herum und fantasierte vom ersten Flash. Neun Monate war ich sauber geblieben. Aber scheiß drauf. Wer braucht schon einen Hinrichtungsaufschub? Ich überwand meine Willenskraft und kehrte zu Crack zurück.

Natürlich wurde der Traum, der mich zum Crack zurückgebracht hatte, von der Wirklichkeit brutal enttäuscht. Wie hätte es auch so gut sein können, wie ich es mir vorgestellt hatte? Da waren der erinnerungswürdige erste Flash und der Genuss, der einem den Atem nahm, das Herz stehen bleiben und das Hirn durchbrennen ließ. »Das ist es! Ich werde das den Rest meines Lebens rauchen.« Und dann kam das übliche rasche Runterkommen, als ich den Stoff vor mir gerade so schnell wie möglich verschwinden lassen wollte – was ich auch tat –, und dann, gleich nachdem er weg war, wollte ich mehr, so schnell wie möglich. Ich meine, was zur Hölle war damit passiert? Das kann unmöglich ich gewesen sein, der das alles genommen hat.

Der Weg der Ausschweifung führt zum Palast der Weisheit, hat William Blake kundgetan – was eher ungezogen von ihm war, weil das gar nicht stimmt. Ich saß sechs Monate in einem abgedunkelten Raum und sah mir *Home and Away* im Fernsehen an.

Ich kehrte zur Nachbehandlung nach Clouds zurück.

Es war nicht gerade erfolgreich, wie ich da zweimal die Woche mit dem Zug hinfuhr, beständig rückfällig wurde und meine Sitzungen versäumte. Dennoch gab es hin und wieder eine Woche, in der ich die Finger von der Pfeife ließ. War ich dann gesundheitlich wieder einigermaßen hergestellt, fühlte ich mich wenigstens gut genug, um mich erneut fertigzumachen.

Und so ging das immer weiter – Monat über unglücklichen Monat, immer dieses erbärmliche Hin und Her. Ich stand jeden Morgen mit Aufputschmitteln auf und driftete dann auf Beruhigungsmitteln durch den Tag. Und was gab es jetzt noch für eine Zukunft? Ich hatte alles aufgegeben und im Gegenzug mit nichts angefangen. Ich hatte die Schmerzmittel weggeworfen und fand mich nun im Zentrum einer endlosen und dumpfen Qual wieder. Mein neues Wissen über mich selbst hatte überhaupt nichts geholfen, außer dass es mir nun möglich war, noch bewusster zu leiden. Ich war aus den luftigen Höhen der Verzweiflung eines Drogenabhängigen herabgestiegen, nur um herauszufinden, dass ich mich nun der gewöhnlichen Verzweiflung, am Leben zu sein, anheimgab.

»Ich wünschte, ich wäre tot. Ich wünschte, ich wäre tot«, psalmodierte ich ununterbrochen, egal, ob ich den Teekessel beim Wasserkochen beobachtete oder den Mülleimer rausbrachte. Tag um Tag saß ich in meiner Wohnung und starrte die Wand an. Ich war in mein Scheitern eingelegt wie Sauerbraten in Essig.

Ich war sechsunddreißig Jahre alt. In meinem Alter war Mozart schon seit einem Jahr tot. Marc schon seit sieben. Eines der vielen Probleme des Alterns besteht darin, dass es immer schwieriger wird, eine herausragende Persönlichkeit der Geschichte zu finden, die noch nichts erreicht hatte, ehe sie so alt war, wie man selber gerade ist. Das ganze Unglück entspringt der Kluft zwischen unseren Talenten und unseren Erwartungen. Ich blies Trübsal. In London ein Versager zu sein ist, wie draußen vor einem Bankettpalast zu verhungern, umweht vom Duft eines exquisit zubereiteten Abendessens, der sich mit dem eigenen Todesodem mischt. Vom Loser zum User und dann abgehalftert, ohne auch nur ein einziges Mal ans zarte Filet gekommen zu sein.

Ich entschied mich zu handeln. Ich wurde Hure.

Eine Agentur, die Anzeigen auf den hinteren Seiten eines Softpornomagazins schaltete, hörte auf den Namen L'Homme, von dem die Betreiber zweifellos annahmen, das hätte

Niveau. Es stellte sich heraus, dass sie sich im kosmopoliti-schen Leicester befand und von einem distinguierten Duo namens Cheryl und Rio geführt wurde. Cheryl, die Gro-schenheftromane für Frauen über das neckische Treiben in Boudoirs schrieb, war die Chefin. Rio, ein zierlicher, gelock-ter, schmalhüftiger Gigolo, die Ware.

Ich stellte mich vor, um anzufangen.

»Wir sind gerade dabei, wieder neu in den Markt einzu-steigen«, sagte Rio. »Vielleicht hast du Lust, ein paar Werbe-aufnahmen zu machen?«

Schon bald zierte ich, düster unter buschigen Augenbrau-en hervorblickend, viertelseitige Anzeigen in Frauenmagazi-nen. Ich war ihr Mann – oder L'Homme, wie ich wohl besser sagen sollte. »Männliche Begleitung erster Klasse für die an-spruchsvolle Dame, die nichts weniger verdient als das Bes-te« – das war das Versprechen an die braven Leserinnen von *OK!*.

»Du bist jetzt das offizielle Gesicht unseres Unterneh-mens«, informierte mich Rio. »Unser Aushängeschild.«

Das war tröstlich. Man fühlt sich gleich besser, wenn man mit jemandem im selben Boot sitzt – besonders dann, wenn es sinkt. Ich lehnte mich zurück und wartete in meiner Woh-nung auf Kundschaft.

Die erste Kontaktaufnahme sollte via Telefon erfolgen. Das erwies sich als Vorteil. Ich habe die Stimme eines homo-sexuellen Drogenabhängigen, dem man den vorderen Hirn-lappen entfernt und der sich entschlossen hat, seinen Kopf nicht aus dem Eimer zu ziehen. Es war sonnenklar – ich ver-scheuchte alle, bis auf die Mutigsten. Aus den ersten zehn Anrufen wurde nichts. Puh. Gott sei Dank. »Jaaa«, sagte ich affektiert zur nächsten Anruferin. »Hier spricht Sebaaas-tiaaan. Was kann ich für Sie tun?« Oh, Scheiße! Man hatte mich einfach gebucht.

Scheiße. Scheiße. Scheiße. Was sollte ich machen? Ich wollte mich zum Sklaven machen und mich selbst in die Freiheit verkaufen und so weiter und so fort ... aber ich hatte niemals angenommen, dass mich tatsächlich jemand kaufen würde. Gut. Das Wichtigste zuerst. Garderobe. Die Leute nennen mich Nutte und Zuhälter. Wie sehr ich doch wünschte, dass sie sich endlich entscheiden würden, sodass ich mich dem Kompliment gemäß kleiden könnte. Alles was glitzert, wurde jetzt verkauft – hundertfünfzig Pfund die erste Stunde und hundert Pfund für jede weitere, pauschal fünfhundert Pfund für die ganze Nacht. Das war ziemlich teuer für diesen Preis.

Ich erschien mit meiner Kappe in der Hand (und den Kondomen in der Hosentasche) vor einem Tor, das von zwei schläfrigen steinernen Löwen bewacht wurde. Dingdong. Dingdong. Während ich wartete, vollzog ich fieberhaft meine zwangsneurotischen Handlungen an den trägen Löwen.

»Guten Abend, Sebastian«, schnurrte eine Stimme, gerade als ich zum sechsunddreißigsten Mal den Kopf des einen Löwen getätschelt hatte.

»Äh. Hallo. Nette Tiere.«

»Die sehen ziemlich einnehmend aus, nicht wahr?«

Als ich sie reinbegleitete, fiel ich beinahe in Ohnmacht vor Erleichterung – nicht dass sie wie Raquel Welch ausgesehen hätte, aber sie sah auch nicht aus wie Gertrude Stein.

»Wir gehen zu einer Poolparty«, klärte sie mich während eines Glases Campari Orange auf. »Mein Ehemann, von dem ich mich gerade habe scheiden lassen, wird mit irgendeiner neuen Brünetten da sein.« Das Eis gluckste in ihrem Glas, als sie lächelte und ihren schimmernden blonden Bubikopf schüttelte. »Ich will also, dass du ein wenig als meine neue, schöne Eroberung posierst.«

Ich nickte bereitwillig. Das war ein guter Anfang. Posieren ist alles, was ich kann. »Er wird mich doch nicht schlagen, oder?«, fragte ich nervös. »Mein Leben ist meiner Feigheit geschuldet; ich hoffe, das ist in Ordnung für Sie.«

Sie kicherte charmant. Ich beobachtete, wie ihr molliger Leib, den ein rosafarbenes Kleid mit U-Ausschnitt (um die Hüfte schick gerafft, wie ich feststellen konnte) erahnen ließ, leicht erbebte.

Sie fuhr mich hin, in einem dieser mächtigen Autos mit Allradantrieb, mit denen Mütter die Kinder anderer Mütter töten. Wir betraten ein gelb gestreiftes Festzelt und mischten uns unter die Gäste, die inmitten eines Dschungels von Schnittblumen umhergingen. Ich lächelte und sagte so wenig wie möglich, betrachtete aber – beinahe schon mit einem Anflug von aufrichtiger Verehrung – meine Arbeitgeberin. Sie blickte zu mir hoch und lächelte zurück. Manche Frauen haben mehrere Eisen im Feuer. Andere wiederum halten sich an mehr als einem Feuer warm. Ich war mir nicht sicher, ob für sie nicht beides galt. Mir fing dieses Spiel an zu gefallen. Sex ist, wie jedes andere Glücksspiel, interessanter, wenn es um Geld geht.

Am nächsten Morgen küsste ich sie zum Abschied und dachte ein wenig wehmütig, dass ich sie auch gratis getroffen hätte. Doch die Kondome in meiner Hosentasche waren durch fünfhundert Pfund ersetzt worden. Und ich muss sagen, dass ich sehr zufrieden mit mir war. Ich bewerte Huren, weil diese sich auch selbst bewerten.

Traurigerweise war das alles nur Anfängerglück. Beim nächsten Mal lief es weniger gut. Ich wurde spätnachts in eine Wohnung in Chelsea bestellt. Ich kam im Zustand gewaltiger Aufregung dort an – ein Zustand, der, wie ich herausfinden sollte, jedem Job voranging – und starrte alsbald in ein feistes Gesicht. »Tolle Stimme am Telefon, zwölf Kilo mehr hat sie schon!«, lautet die Faustregel.

Allmächtiger! Sie trug Sachen aus Wolle. Vergesst die Keuschheitsgürtel – ein Alpakapullover tut es auch.

»Guten Abend … ja, danke, sehr gern hätte ich einen Drink (sehr, sehr, sehr stark, bitte) … Was für eine schöne Wohnung.« Höflichkeit bedeutet, einer Frau die Tür aufzuhalten, der man nicht die Tür zum Schlafzimmer aufhalten möchte. Unglücklicherweise aber musste ich diese nun öffnen.

Sie war besorgt, dass das Kondom reißen würde, was ich ein bisschen übertrieben fand. Sie war eine Hündin – ich befürchtete weit mehr, mir die Tollwut einzufangen als Kinder zu kriegen.

In dieser Nacht hatte ich die Grenze überschritten. Das machte alle künftigen Jobs einfacher. Ich entwickelte die Einstellung, dass jemand, der meinen Körper mehr als ich selbst begehrte, das blöde Ding gern haben konnte. Schließlich hatte ich mich nie besonders um ihn gekümmert. Niemals hatte ich ein Fitnesscenter besucht, nie hatte ich mich zu Yoga überreden lassen und auch niemals ähnlichen körperlichen Schwächen nachgegeben. Sie lassen die Seele faulen. Soweit es mich betraf, war die einzige Funktion, die mein Körper zu erfüllen hatte, mein schönes Gesicht durch die Welt zu tragen. Er war nichts weiter als ein Podest für meinen Kopf.

Ich mochte die Arbeit. Ich mag vielleicht meine Freunde, aber ich liebe Fremde – in erster Linie deshalb, weil sie meine ermüdenden alten Sprüche (noch) nicht kennen. Ich hatte diesen Job angefangen, weil ich die Liebe suchte, nicht das Geld. Und welch besseren Liebesbeweis als Geld kann es geben? Es gab eine ganze Menge Frauen, die mir nicht besonders gefielen. Aber zuweilen ist es eine Form von Liebe, einfach mit jemandem zu reden, mit dem man nichts gemeinsam hat, aber von dessen Anwesenheit man dennoch fasziniert ist. Ich verwandelte meine gesamte Persönlichkeit in eine Ware. Das war bezaubernd. Ich hatte immer schon Schwierigkeiten mit unbezahltem Sex. Das klappt nie so richtig, oder? Keine menschliche Beziehung ist dem menschlichen Begehren angemessen. Und was ist Liebe schon anderes als Prostitution? Jetzt hatte ich wenigstens einen stichhaltigen Grund, meine Geliebten zu lieben: Sie bezahlten mich.

Doch dann kam der Job, vor dem ich mich immer gefürchtet hatte. Ich sollte einen Mann im Windows on the World treffen, dem Restaurant, das sich im Obergeschoss des Park Lane Hilton befindet. Er war ungeheuer groß, fahl im Gesicht und hatte weizenfarbenes Haar, das aussah, als ob irgendjemand begonnen hätte, einen Kornkreis hineinzumähen, ohne es zu Ende zu bringen. Während eines Abendessens mit Kalbsleber erklärte er mir sein Vorhaben.

»Du sollst meine Frau vögeln, während ich zusehe.«

Ich hatte kein Problem – weder mit der Aufgabe noch mit den fünfhundert Pfund in einem braunen Umschlag. Niemand kann meine Tugendhaftigkeit überwinden – außer der Höchstbietende. Zudem war aber noch eine andere große Hürde zu überwinden – ich hatte keine Vorstellung davon, wie unüberwindlich sie sein würde, ehe ich seine Frau traf. Möglicherweise hatte Joan – wie man sie nannte – einen Wal verschluckt. Ich kann euch sagen – es hätte keine Chance gegeben, sie auf Noahs Arche unterzubringen, nicht nur, weil dann mit aller Wahrscheinlichkeit die Landungsbrücke eingebrochen wäre, sondern vor allem, weil es unmöglich gewesen wäre, ein zweites Tier zu finden, das ihr glich.

Doch sollten fünfhundert Pfund nicht genügen, um den Ekel zu verbergen?

Ich hatte eine Art außerkörperlicher Erfahrung. Wir waren schon ganz oben auf einem der höchsten Gebäude Londons. Ich flog aus dem Fenster und schwebte, während ich aus luftiger Höhe auf unser Treffen am Restauranttisch schaute. Seht uns an – uns unbedeutende Milben (sogar Joan sah aus dieser Höhe ziemlich klein aus) –, was für eine Rolle spielte es schon? Das menschliche Streben ist nichts anderes als das Krabbeln der Insekten im Gras. Wo lag das Problem?

Das Problem war, dass es einen großen Unterschied macht, ob man ein Insekt draußen im Garten hört oder in seinem Schlafzimmer. Ganz plötzlich wollte ich draußen im Garten sein.

»Es tut mir leid. Ich kann das nicht machen. Ich muss gehen.«

Ich flüchtete.

Als ich heim nach Shepherd Market schlich, wusste ich, dass dies mein letzter Job gewesen war. Mein Appetit auf Lasterhaftigkeit war mir letzten Endes wegen dem vergangen, was ihn bisher gestillt hatte.

Prostitution mag der Spiegel der Menschheit sein. Und die Menschheit läuft niemals Gefahr, sich in Schönheit zu verlieren. Ich hatte meinen Körper verkaufen wollen, um das blöde Ding loszuwerden. Aber ich hatte herausgefunden, dass man seinen Körper nicht loswerden kann – selbst dann nicht, wenn man ihn wegwirft.

Es war Zeit, wieder an die Arbeit zu gehen. In den letzten sechs Monaten war ich nicht gerade produktiv gewesen. Die paar schlechten Bilder, die ich in den kurzen Phasen der Abstinenz gemalt hatte, waren uninteressant. Ich war zu sehr von meinem Leben gelangweilt. Gefangen in der immer gleichen Routine hatte ich ein Vierteljahrhundert zugebracht. Als ich zehn Jahre alt war, hatte ich allein in meinem Zimmer gesessen und Dinge gemacht und wieder zerstört. Und seit damals hatte sich nichts verändert.

Für den Anfang schaffte ich mir eine neue Muse an. Baudelaire. Es war sein Geschmack am Elend, der ihn anziehend machte. Er wusste alles über die Bitterkeit und Enttäuschung und Schinderei des Lebens, genauso wie er deren Kehrseite kannte: die Sehnsucht nach dem Entfliehen. Und dennoch schrieb er darüber mit schwindelerregendem Genuss. Es gab da einen unglaublichen Kontrast zwischen der Erbärmlichkeit des Lebens und dem Glanz der Poesie.

Seit meiner Kindheit war ich von Sonnenblumen besessen. Sie waren groß, aufdringlich und dreist. Als Künstler interessierte es mich aber nicht, Dinge so zu portraitieren, wie sie sind. Ich wollte sie malen, wie ich sie wahrnahm: gleich hervorspringenden Dämonen, gleich Schlangen, die sich auf ihre Beute stürzen. Ich wollte diese Blumen malen, als lägen Skorpione in ihren Blütenblättern auf der Lauer. Ich wollte das Gemetzel freilegen, das die Schöpfung durchdrang, die Gewalt, die unter jeder Oberfläche brodelt.

Ich dachte an die Zeit zurück, in der ich mit den Haien getaucht war. Als die Bestien das Wasser peitschten und an Fleischbrocken rissen, war ich an die Rückseite des Käfigs geworfen worden. Erstaunt hatte ich auf die Ausgelassenheit von so viel Blut gestarrt. Die Wunden brachen wie rote Knospen auf im Meer. Es war ein Schlachthaus aus Blumen. Und genau daran dachte ich, als ich mit meinen neuen Bildern begann.

Die *Blumen des Bösen* wurden im März 1999 in der Grosvenor Gallery eröffnet. Ich hatte seit zwei Jahren nicht ausgestellt – was den Tod für einen Mann bedeutet, der nur dann zu existieren vermag, wenn ihm der Atem der Öffentlichkeit um die Nase weht. Aber keiner keuchte auch nur oder machte sich die Mühe, einen Kommentar abzugeben, oder kam überhaupt vorbei. Ich war so unbekannt, dass es sich beinahe schon um eine Geheimsache handelte. Ich kam nur mit wenig nach Hause, was mir weiterhalf, ausgenommen einem Scheck über 5.518,54 Pfund – inflationsbedingte 60,54 Pfund mehr als bei der letzten Ausstellung. Etwas befand sich also im Aufwärtstrend … ein bisschen wenigstens.

Ich gab vor, mich über mein Scheitern nicht mehr aufzuregen. Das bedeutete Linderung. Jeder erfolglose Versuch, einen größeren Bekanntheitsgrad zu erreichen, brachte mich jenem Moment näher, an dem ein Triumph unwichtig sein würde, selbst wenn man ihn mir hinterherwerfen sollte. Und das war tröstlich. Öffentlich bekundete ich Gleichgültigkeit. Innerlich jedoch zuckte ich vor Bitterkeit zusammen, wenn ich jemanden traf, der erreicht hatte, was ich anstrebte.

Mein Leben war immer zwischen hohen Ansprüchen und der Wirklichkeit hin und her gependelt. Stets hielt ich mich mit frischen Hoffnungen über Wasser, die dann neue Enttäuschungen in ihrem Kielwasser mit sich brachten. Ich landete immer wieder genau dort, wo ich mich aufgemacht hatte, und hatte keine andere Wahl, als mich für die nächste Reise einzuschiffen. Was blieb mir anderes übrig, als auf den Tod zu warten, in der Hoffnung, dass diese letzte Reise mir Neues bringen möge?

Man baut eine Ausstellung auf, voller hoher Erwartungen und Pläne. Dann sieht man die Bilder an der Wand. Es ist so enttäuschend. »Das ist's?«, fragt man sich. »Ist das alles?« – »So ist es«, erschallt die Antwort.

Als ich so verlassen in meiner leeren Wohnung saß, fühlte ich mich wie eine Katze, deren Jungen erwachsen geworden waren. Oder wie ein Vater, der gerade sein Kind im Garten erschossen hatte. Was sollte ich machen?

Was einkaufen, schien mir eine gute Antwort. Ich rief meinen Dealer am Morgen der Ausstellungseröffnung an. Es ist also wahr: Dieselbe Sonne, die die Sonnenblumen zum Blühen bringt, macht auch die Skorpione wieder lebendig.

Aber das war nicht die Antwort. Ich beschloss, in eine neue Wohnung in Soho zu ziehen. Ich würde sie frei von Drogen halten, gelobte ich emphatisch. Mit der Folge, dass ich mehrere Wochen damit verbrachte, zwischen beiden Domizilen hin und her zu pendeln. In dem einen schlief ich und rauchte Crack, und das andere besuchte ich bei Gelegenheit, um über mein neues Leben nachzudenken. Demnach, schloss ich einer brillanten Logik folgend, die sogar mich überraschte, nahm ich eigentlich gar keine Drogen. Und selbst wenn ich es tat, in Soho würde ich ganz gewiss damit aufhören.

Wenn ich in Shepherd Market mit nichts als einem Teppich aus Haferflocken und einer Crackpfeife herumsaß, realisierte ich, dass ein Junkie nichts anderes ist als das Larvenstadium des Künstlers. Die Larve und der Künstler wollen beide allein sein und sich an dem nähren, was sie gerade vorfinden.

Ich machte die letzten Drogen nieder und ging (ein wenig mitgenommen, wie ich anmerken muss). Ich ließ alles hinter mir – all die Erinnerungen, die in jedem Winkel der Wohnung spukten, die versteckten Hinweise, die bei jeder falschen Bewegung sichtbar wurden, die Zwänge, die aus jeder dunklen Ecke hervorgekrochen kamen. Keine Frage, mein Weg führte nach Soho.

Es begann vielversprechend. Ich stand zu meinem Wort und blieb einige Monate sauber. Es gab eine Menge zu tun. Ich richtete mein neues Zuhause auf die übliche Art ein. Es gab zwei Räume: ein Studio und ein kleines Schlafzimmer, beide holzgetäfelt. Aber sogar das war noch zu viel für mich – ich habe nie verstanden, was die Leute mit dem Zimmer anfangen, in dem sie gerade nicht sind. Die Küche und das Bad waren winzig. Ich war schon in größeren Frauen gewesen. Und ich konnte meine Backröhre nicht in Gang bringen. Irgendwie schien sie zu lecken. Aber das war mir egal. Ich hatte kein Bedürfnis nach einem Nest. Ich war eine Kreatur, die es vorzog, in Höhlen zu hausen.

Ich hatte keine Möbel. Keine Stühle, kein Sofa, keinen Couchtisch. Ich behielt bloß einen Löffel, eine Gabel, einen Teller und eine Tasse, sodass ich in meinen schwachen Momenten immer noch essen konnte. Alles, was sonst noch übrig war, wurde unter rotem Samt begraben. Ich kaufte ein altes Bett, das zu klein für mich war. Ich musste diagonal darin liegen. Es war schäbig, aber das erschien mir sinnvoll. Ein Bett aus Holz ist besser als ein Sarg aus Gold. Zuletzt kaufte ich mir einen Thron. Man konnte keinen großen Staat mit ihm machen, aber letztlich ist jeder Thron der Welt nur eine gepolsterte Bank. Ich war glücklich. Im Studio befand sich an der einen Seite ein Tisch, an der anderen eine Staffelei. Die Dielen waren abgezogen. Das war mein abgespecktes Leben, so wie ich es geplant hatte, das Sprungbrett, von dem aus ich ins helle Licht springen würde. In meinem kleinen Zimmer konnte ich so fürchterlich und einzigartig sein, wie ich war.

Draußen passte auch alles. Die Straße trug den Namen

Meard Street – Kotstraße –, was mir entgegenkam. Wer könnte mir bei einem solchen Namen schon die Schuld geben, wenn ganz Soho sich in einen Abwasserkanal verwandelte, der von meiner Wohnung aus gespeist wurde?

Beim Malen ist der beste Ausblick eine Ziegelmauer. Es gibt nur wenige Dinge, die beruhigender sind. Und ich hatte gleich zwei – eine für jede Perspektive. Und ich hatte auch Fensterläden. Ein Gentleman sieht niemals aus dem Fenster, sofern er nicht arbeitet. Ich hielt sie fest verschlossen. Stattdessen hatte ich Spiegel. Ich mag Spiegel. Sieht man aus dem Fenster, sieht man nichts weiter als Hässlichkeiten. Im Glas des Spiegels erscheint alles perfekt und göttlich.

Es war ideal. Ich hatte einen Käfig gebaut, um meine Träume einzufangen. Hier konnte ich schwären wie eine Krankheit.

Noch etwas anderes hielt mich in meinem neuen Heim von den Drogen fern: eine Anstellung. Zum ersten Mal in meinem Leben war ich berufstätig. Man hatte mich gebeten, eine wöchentliche Kolumne für ein neues Magazin zu schreiben, das, wie sich herausstellte, vom Hockeyteam der St.-Trinians-Mädchenschule ins Leben gerufen worden war, also von Schulmädchen, die gern über Sex tratschten und kicherten – wahrscheinlich, weil sie sich nicht trauten, welchen zu haben. Das Magazin hieß *The Erotic Review*, und die formelle Vorsteherin war Fräulein Rowan Pelling. Es war kompletter Schwachsinn. Weder war es anspruchsvoll genug, um Intellektuellen einen Kitzel zu verschaffen, noch anspruchslos genug, als das man damit auf die Toilette hätte verschwinden können – es zielte gerade mal auf die etwas extravaganteren Mitglieder des Surrey-Golfclubs ab.

Mich kümmerte das nicht. Ich nahm meine neue Arbeit ernst. An meiner Unbekanntheit wollte ich nicht selber schuld sein. Ich konnte es mir einfach nicht leisten, zu irgendetwas Nein zu sagen. Es reicht eben nicht aus zu wissen, wie man einen blendenden Abgang hinlegt. Man muss auch wissen, wie man die Bühne mit derselben Verve betritt. Meine ersten Worte an die Welt lauteten: »Ich bin kein Schriftsteller. Das Einzige, was ich jemals ausgeschrieben habe, ist ein Scheck. Abgesehen davon kann ich es kaum mehr erwarten zu erfahren, was ich zu sagen habe.« Die Kolumne war genauso wie ich: ein Leuchtturm in einem Abwasserkanal – brillant, aber sinnlos. Sie trug den Titel: *Leben in der Kanalisation*.

Es war niemals meine Ambition gewesen, Schriftsteller zu werden, und das wirkte sich zu meinen Gunsten aus. Wenn man in die Schlacht zieht und einem egal ist, ob man getötet wird, dann verleiht einem das Kraft. Gute Kunst ist nur möglich, nachdem man aufgegeben und losgelassen hat. Also legte ich los.

Das Problem war, dass ich nicht schreiben konnte. Ich hatte keine Ahnung von Rhythmus oder Handlung oder Interpunktion. Schlimmer noch: Ich verstand nicht, dass ich nichts davon verstand. Wenn die Herausgeberin es wagte, ein Komma zu verändern, drohte ich damit, sie ins Koma zu befördern.

»In Ordnung. Das war's. Ich kündige. Das ist Zensur. Sie haben Angst, die bescheuerten alten Deppen, die Ihr beschissenes Magazin kaufen, auf die Palme zu bringen.«

»Äh, nein – eigentlich nicht. Wir waren nur der Meinung, dass die ersten viertausend Worte Ihres Beitrags absolut belanglos sind ...«

»Wie können Sie es wagen! Wenn man bedenkt, dass Ihr ganzes Magazin ohne Belang ist ...«

»Nun gut, Sie laufen Gefahr, ihre Papstkrone zu verlieren. Die letzten beiden Beiträge waren Mist.«

»Nun, sehen Sie mal ... Alle meine Kolumnen sind großartig. Ein paar sind Schrott. Aber sie sind trotzdem alle großartig. Und nicht ein Einziger in der ganzen *Erotic Review* ist so gut wie ich, wenn ich schlecht bin. Warum kommst du nicht einfach her und bläst mir einen, du Zicke?«

Damals schien mir das angebracht. Warum schwierig sein, wenn man mit nur wenig zusätzlichem Aufwand auch unmöglich sein kann?

Sechs Jahre schrieb ich die Kolumne. Ich bin mir sicher, dass die Leute, die *Leben in der Kanalisation* regelmäßig lasen, es in etwa aus den gleichen Gründen taten wie Leute, die bei Unfällen anhalten, um zu gaffen. Auf jeden Fall besudelte ich jeden Monat die Ausgabe.

Im Zeitraum der letzten zehn Jahre hatte ich Notizbücher voller seichter Witzeleien, Scherze, Aphorismen und Sinnsprüchen angelegt. Als ich anfing, die Kolumne zu verfassen, sprach ich eigentlich schon nicht mehr, sondern zitierte nur noch. Und während ich so meine Auftritte verfeinerte, fiel mir auf, dass ich weit über das ursprüngliche Ziel, meine Sprache von jedwedem Unsinn wie Ehrlichkeit zu reinigen, hinausgeschossen war. Ich hatte meine Sprache jeglicher Bedeutung beraubt. Für meine Freunde wurde es geradezu unerträglich, mir zuzuhören. Ich folgte einer Konversation wie eine Möwe einem Fischerboot, um bei der ersten sich bietenden Gelegenheit das Ganze mit Geschwätz zuzuscheißen. Wenn ich nicht redete, hörte ich nicht zu. Ich wartete.

Dennoch stieg mein Ansehen mit jedem Scheitern. Die Kolumne hatte Kultstatus erlangt, und man bot mir öffentliche Lesungen an. Und zu einer solchen kam es dann schließlich auch – unglücklicherweise jedoch verließen einige Zuhörer den Saal. Während meiner Schmähtiraden gingen so viele, dass ich mich gezwungen sah zu reagieren. Wenn ich sah, dass sie sich auf die Tür zu bewegten, sagte ich: »Ach, bitte gehen Sie doch nicht. Ich werde das Gegenteil von dem behaupten, was ich gesagt habe, wenn Sie bleiben.«

Überraschenderweise folgten einige meiner Bitte. Viele von ihnen mochten die nihilistischen Spielereien schließlich sogar. Außerdem war Gelächter für mich wichtiger als Applaus. Applaus ist Pflicht. Gelächter eine Belohnung. Das Publikum neigte dazu, nach meinen Lesungen mehr zu klatschen als zu Anfang, wenn ich vorgestellt wurde. Sie waren hocherfreut, dass ich endlich aufgehört hatte. Ich kümmerte mich nicht darum. Man kann sich nicht zum Narren machen, solange man auf der Bühne steht.

Zunächst erschien mir meine neue Karriere seltsam. Ich wollte Mutter nicht erzählen, dass ich jetzt als Journalist arbeitete. Sie dachte, ich wäre eine Prostituierte. Es ziemt sich nicht für einen erwachsenen Mann, sich in einem Zimmer einzuschließen und Charaktere und Gespräche zu erfinden, die es in Wirklichkeit gar nicht gibt. Die Arbeiten werden gedruckt, die Sonne geht auf (wie üblich), und die Sonne geht wieder unter (wie üblich), und die Welt hat sich in keiner Weise verändert, und irgendjemand muss schuld daran sein. Das sagte mir nicht zu.

Als ich aber weitermachte, wurde mir klar, dass das Schreiben keine literarische Karriere bedeutete, sondern ein Spektakel der Persönlichkeit, das sich ausbeuten ließ. Es liegt nicht in der menschlichen Natur, über sich selbst die Wahrheit zu sagen. Wir alle schreiben unsere Vergangenheit um, um unser gegenwärtiges Bild von uns selbst zu bekräftigen. Ich war der klassische unseriöse Erzähler, der sich mit seiner Leidenschaft zu unterhalten über die Pflicht hinwegsetzte zu informieren. Meine emaillierte Prosa war lediglich eine Ergänzung meiner farbenprächtigen Garderobe.

Ich bin kein Schriftsteller. Ich bin Darsteller. Schreiben ist für mich nur eine Art, mich der Welt zu präsentieren. Und um die Welt sorge ich mich, nicht um das Schreiben. Die Tatsache, dass mich Worte allein nicht ernährten – abgesehen von der Tatsache, dass ich des Öfteren so manches Wort runterschlucken musste –, erschreckte mich nicht. Mein Lohn würden Herzen sein. Als Millionär der Liebe würde ich von den Zinsen Fremder leben.

Soho war perfekt. Es wurde zu meinem Königinnenreich. Und das ist die Herrschaftsform, für die ich geboren bin. Hier war mein Zuhause. Wenn man noch nie eine totale

Sonnenfinsternis gesehen hat, dann sollte man mal einen Blick auf meine Untertanen werfen, wenn ich das West End durchschreite. Ich flaniere, glänzend vor Bedeutung, lächle und grüße jedermann, indem ich an die Krempe meines Strohhuts tippe. Ich bin der Wohltäter Sohos. Ich würde mit den meisten Einwohnern ins Bett gehen.

Soho ist ein Irrenhaus ohne Mauern. Männer imitieren Frauen, Frauen imitieren Männer, menschliche Wesen imitieren menschliche Wesen. Millionen von Menschen sind gemeinsam allein. Soho ist Hunger, und Soho ist Verlangen. Gleich einem Tier, das nur aus Bauch und Penis besteht. Nie habe ich einen Ort mehr geliebt. Vor allem seine Gefährlichkeit. An einem guten Abend rechnete ich damit, dass man mir die Kehle durchschnitt.

Ich war entspannt. Nach all der hektischen Aktivität, die mit der Ausstellung und der Kolumne zusammenhing, verspürte ich den unkontrollierbaren Drang, nichts mehr zu tun. Ich schlenderte im Studio herum, versuchte die dreckigen Blicke der Staffelei zu ignorieren und dem beschämenden Anblick der Schreibmaschine auszuweichen, die in der Ecke verstaubte. Ich bin ein abstrakter Maler, entschied ich – ein extrem abstrakter. Kein Pinsel, keine Farbe, keine Leinwand, nur die reine Leere der Gedanken. Und was das Schreiben anging – nun ja, eines Tages würde ich darauf zurückkommen – und wenn es nur für einen Abschiedsbrief wäre.

Die Nachmittage verbrachte ich in den Clubs von Soho. Im Colony Room, im Groucho oder im French. In ihnen allen verweilte ich wie ein Gläubiger, der an den Kreuzwegstationen immer wieder innehält, um zu beten. Aber das Colony war und wird immer der beste Club sein. Er ist so wunderbar verliererfreundlich.

Das erste Mal hatte ich ihn im Alter von zwanzig Jahren besucht, weil ich gehört hatte, dass Francis Bacon dort gewöhnlich herumhing. Ich rannte die engen Treppen hoch und wurde prompt von Ian Board mit einem »Verpiss dich!«

abgewiesen. Ich wusste alles über Grobheiten, die als Ehrlichkeiten ausgeben werden. Ein Jahrzehnt später kam ich wieder. Diesmal wurde ich von dem wesentlich freundlicheren neuen Besitzer, Michael Wojas, eingelassen. Er kam aus Polen und sah aus wie ein Fleckchen Gras, das jahrelang kein Licht gesehen hatte, weil ein Eimer darüber gestülpt war.

Ich liebe das Colony. Es ist die einzige Bar, die ich kenne, wo die Leute tatsächlich mit einem reden. Es ist die einzige Bar, die ich kenne, wo man allein hinkommt und das Gefühl hat, willkommen zu sein. Er ist voll von Schriftstellern, Künstlern und Dichtern – also mit Leuten, die man in anderen Bars als Säufer bezeichnen würde. Es erinnerte mich an das Tardis. Von außen erscheint es winzig, aber von innen ist es riesig, und man geht dorthin, wenn man nach Liebe sucht – die dort gläserweise ausgeschenkt wird.

Zu Anfang trank ich nichts außer Limettensaft mit Soda. Zur Hölle! Im Colony nichts zu trinken war, wie in einer Kirche seinen Darm zu entleeren. Sieben Monate war ich sauber geblieben und war gelangweilt. Wenn ich clean war, wusste ich, dass es mir mies ging, wohingegen ich es nur ahnte, wenn ich drauf war. Das war der eigentliche Unterschied. Wenn man das Rauchen, das Trinken und die Drogen aufgibt, dann lebt man kein bisschen länger – es kommt einem nur so vor. Und außerdem empfand ich das alltägliche Leben immer schon als schwierig genug – es ist nicht leicht, mit Flügeln zu gehen, selbst wenn sie nur aus Rauschgold sind.

Schließlich suchte ich meine Ärztin auf.

»Ich habe aufgehört, Chemikalien in welcher Form auch immer zu nehmen, wegen dieser Euphorie, die immer als Nebenwirkung auftritt«, teilte ich ihr mit.

»Worum geht es?«

»Äh, kann ich ein paar Schlaftabletten kriegen?«

»Nein.«

»Kann ich dann eine Entfernung des vorderen Schläfenlappens auf Kosten der Krankenkasse beantragen?«

»Nein.«

»Ich fühl' mich aber scheußlich.«

»Haben Sie es schon einmal bei den Narcotics Anonymous probiert?«

»Ich brauch' keinen Hustensaft für meine Seele. Ich brauch' Drogen, damit ich mich besser fühle.«

»Sehen Sie mal ... Ich habe zu tun. Haben Sie irgendwelche echten Probleme?«

»Ja. Ich hab' das Tourette-Syndrom, du fette, hässliche Fotze!«

Im Leben eines jeden wackeren Mannes kommt die Zeit, da er sich über seine Grundprinzipien hinwegsetzen muss. Ich kehrte zu den Drogen zurück.

Diesmal war es Heroin. Ich nahm es, um dem unerträglichen Leben zu entfliehen. Ich nahm es, weil ich es gern nahm. Natürlich hatte ich es schon vorher genommen. Crack und H sind exzellente Partner. Das Yin und Yang der Welt der Chemie. Ist Crack die sexuelle Ekstase, dann ist Heroin der transzendente Frieden, der darauf folgt. Crack ist die Hure. Heroin ist die Mutter. Zusammen ergeben sie eine Mutter mit einer Möse. Besser geht's nicht.

Aber nach einer Weile lassen die meisten Crackschädel den ersten Teil weg und verlassen sich ganz aufs H. Wahrscheinlich haben sie Schlaf nachzuholen. Unglücklicherweise war es in meinem Fall nicht der Schlaf der Vernunft, den ich verpasst hatte. Ich zäumte das Pferd von hinten auf und setzte mir die Nadel.

Zum ersten Mal hatte ich jemanden auf der Damentoilette eines schicken Member-Clubs drücken sehen. Ich hatte mich zwischen Nick Cave und Shane MacGowan wiedergefunden, wenn man so will. Ich kann mich noch deutlich an den Schock erinnern, den ich verspürte, als ich Nick bei der Prozedur beobachtete. Ich entsinne mich des plötzlichen Mitleids, das mich angesichts seiner geschändeten Venen überkam. Zugleich war da aber auch noch eine makabre Faszination. Warum nehmen so viele Rockstars Heroin? Um den Schmerz, den ihre schrecklichen Musik verursacht, zu lindern? Oder ging es um etwas anderes? Irgendwann innerhalb des folgenden Monats setzte mir eine alte Heroinhand einen Schuss. Wir verbrachten die Nacht gemeinsam. Aber es wurde nie wieder annähernd so gut. Unsere Beziehung war schon zwischen Schuss und gewöhnlichem Verkehr den Bach runtergegangen. Es war nur der Fix, an den ich mich erinnern konnte. Er hielt mich so zärtlich in seinen Armen, so süß, so voller Liebe ...

Man hat nicht wirklich Drogen genommen, solange man nicht gedrückt hat. Das Ritual des Fixens ist die süßeste Form des Vergnügens, die man sich bereiten kann. Die Nadel, der Gürtel um den Arm, das Pulver im Löffel, die geviertelte Zitrone, der Filter der Fluppe, die Feuerzeugflamme, die blubbernde goldene Flüssigkeit, die man durch den Filter in die Nadel zieht, die hungrige Vene, das Gefühl, wenn die Nadel das Fleisch durchstößt und einen Schmerz verursacht, der beinahe zu exquisit ist, sodass man ihn kaum aushalten kann, zu wunderbar, um ihm zu widerstehen. Und dann das Hochziehen in die Spritze ... Oh, dieses Hochziehen! Eine feine gefiederte Explosion, die wie eine Blume erblüht. Die Ekstase, die man verspürt, wenn man die Vene anzapft, ist unvergleichlich – und dann endlich das Hinunterdrücken des Kolbens. Absolutes Glück. Man wird von einer massiven Wonne erfasst, die Droge schwärmt im Körper aus, gleich einer Prozession von Fackelträgern. Man hört die Engel singen. Man spürt den Kuss Gottes. Die ganze Welt versinkt im Glühen der Verzückung, der Zufriedenheit, des Friedens.

Wer niemals Drogen genommen hat, weiß nichts von der Glückseligkeit. Injiziert man Heroin, dann vögelt man sich selbst. Wie hätte ich davon Abstand nehmen können? Das war nicht bloß Lust, das war mein ganzes Leben. Immer schon war ich von der Vorstellung der Dekadenten eingenommen, diesen verdammten Visionären, diesen herumstolzierenden Pfauen, besessen von der arroganten Gier nach Leben. Ich wollte mich in ihre gesetzlosen Farben hüllen. Ich wollte ihre Furchtlosigkeit teilen. Manche sehen in der Abhängigkeit eine Schwäche. Für mich aber war es eine Stärke. Die Stärke, die Kontrolle zu verlieren, die Konventionen gegen den Strich zu bürsten, den banalen Einengungen zu entkommen, die das bürgerliche Leben, so wie ich es sah, bereithielt.

Ganz abgesehen davon passte Heroin zu mir als Dandy. Ich brauchte einen neuen Look. Die meisten meiner Anzüge langweilten mich. Die prächtigsten davon versuchte ich zu verticken. Ihr greller Schein schmerzte in den Augen, wenn man sie nur ansah. Schließlich fand ich einen Käufer. Billy Smart kaufte sie für seinen Zirkus ... für die Clowns. Tausend-Pfund-Anzüge wechselten für jeweils fünfzig Scheine den Besitzer. Eine Wertminderung, die ich verstehen konnte.

Als Nächstes suchte ich meinen Schneider auf und ließ in meinen verbliebenen Anzügen Halterungen für Spritzen anbringen. Jetzt konnte ich, wie Cowboys, die Patronen in die Schlaufen ihrer Gürtel stecken, sechs vorgefüllte Spritzen in das Futter meines Jacketts schieben. Vortrefflich. Wozu die Leute mit Stil vor den Kopf stoßen, wenn man das auch mit Inhalten tun kann. Ich war ein Jünger des Satins und ein Jünger Satans.

Heroin ist der Pädophile in der Familie der Drogen. Kokain zu schnupfen mag vielleicht nicht allgemein akzeptiert sein, doch in diversen Member-Clubs ist es ein absolutes Muss. Wird man aber beim Fixen erwischt (wie es mir passierte), fliegt man hochkant raus. Die Drogen meiner Wahl waren vorsätzlich profan. Halluzinogene werden oftmals als heilig betrachtet – es gibt Peyote-Kulte und Yage-Kulte, Haschisch- und Pilzkulte –, aber niemand hat jemals behauptet, dass Heroin heilig sei. Es gibt keine Hohepriester des Crack. Diese Drogen sind gewöhnlich und zerstörerisch. Wenn sie einen in ihrem Griff haben, dann kann man sich bestenfalls vorstellen, man wäre von einem Dämon besessen. Und wenn man von ihnen runterkommt, versinkt man in einem Sumpf von Schuld und Selbstverachtung. Das passte zu mir. Ich verabscheue die Idee einer bewusstseinserweiternden Droge. Ich ziehe Glamour der Spiritualität vor. Ich bin Harakiri, nicht Hare Krishna.

Heroin gibt und nimmt. Es spendet, was sich wie vollkommene Zufriedenheit anfühlt. Nichts wird gegenwärtig. Und alles scheint erstaunlich tief. Man versinkt in einem angenehmen Sirup idealer Illusion, ohne Grund und ohne Ausgang.

Ich konnte nicht aufhören. Es gibt Grade der Abhängigkeit. Aber auf Heroin ertrinkt man, ehe man überhaupt realisiert hat, dass man zu weit rausgeschwommen ist. Man begreift nicht, dass man abhängig ist, ehe es viel zu spät ist.

Die physische Abhängigkeit stellt sich sehr schnell ein. Und obwohl reine Opiate für sich genommen anscheinend nicht schädlich sind (Heroin ist in der Tat ein wunderbares Konservierungsmittel für alles und jedes – nur nicht für Geheimnisse), so ist es der Mangel an Hygiene, der die Probleme schafft.

Nach ein paar Monaten war ich in erschreckendem Maße heruntergekommen. Meine Kleidung war fleckig und steif von Schnaps und Blut. Ich nahm kein Bad mehr. Ich verlor an Gewicht. Ich verschüttete andauernd etwas, stolperte über Möbelstücke und fiel hin. Meine Hände zitterten. Mein Körper sah aus wie ein Schlachtfeld. Heroin führt dazu, dass es einen ständig juckt, und sich zu kratzen wird zum Zwang. Ich saß und schälte mir das Fleisch streifenweise von den Füssen, ehe ich halbwegs laufen konnte. Die Nadel tat ein Übriges. Meine perforierten Venen zogen sich zurück, als ob sie vor der Brutalität ihres Peinigers fliehen würden. Wenn ich meine Arme sah, gelb und blau und voller Einstichspuren, brach ich beinahe in Tränen aus. Als sich schließlich meine Venen verhärteten, konnte ich diese nicht länger benutzen. Sie ließen mich einfach nicht mehr rein. Ich fing an, in meine Hände, meine Füße, meine Leiste und in meinen Schwanz zu injizieren.

Wenn das nicht schon Erniedrigung genug war, gab es immer noch die Toiletten. Crack und Heroin verwüsten die Eingeweide. Bei Ersterem verliert man die Kontrolle über sie. Sobald ich das Telefon abgehoben hatte, um zu bestellen, musste ich schon rennen, um zu scheißen. Einmal, als ich in einer Schlange einer Wechselstube in Mayfair stand, wurde ich immer nervöser, weil die Ankunft des Dealers immer näher rückte und der Schalterbeamte noch weit entfernt war. Eine Minute fühlte sich an wie eine Stunde. Ich hampelte in meinem purpurnen Kammgarnanzug unruhig herum – dann schiss ich befreit in meine Hose. Der Kot rann an meinen Beinen herunter zu Boden.

Mit H passiert das Gegenteil. Man geht nie aufs Klo – was theoretisch ja ganz praktisch erscheinen mag. Von keiner meiner schlechten Angewohnheiten möchte ich mich lieber trennen als von der Ausscheidung. Ich war immer schon angeekelt von diesem stinkenden Körperteil, der mir immer hinterherwackelt, wohin ich auch gehe. Wenn ich sauber bin, bade ich beinahe zwanghaft. Man könnte also meinen, H wäre ein Segen. Ich konnte das Scheißen aufgeben und über Nacht zum perfekten Gentleman mutieren. Nach so langer Suche hatte ich schließlich doch noch ein souveränes Heilmittel gegen den Fluch der Ausscheidung gefunden.

Hatte ich das? Die Verstopfung, die vom Heroin ausgelöst wird, wurde von der Natur erdacht, um dem Junkie ein Verständnis für den Geburtsvorgang zu vermitteln. Ich saß stundenlang auf der Toilette, mit Tränen des Schmerzes in den Augen, meinen Füßen auf der Klomuschel und mit einem Löffel im Arsch, und versuchte verzweifelt, eine vertrocknete Wurst hervorzupressen.

Man fängt an, Heroin zu nehmen, weil man sich nach dem

Leben verzehrt, sich danach sehnt, einen Sinn zu finden, auf Erlösung hofft. Und man endet auf einer vollgepissten Treppe eines Bordells mit einer beschissenen Spritze im blutenden Arm.

Es hatte mit einer Manie für die Freiheit angefangen. Geendet war ich in einem Gefängnis, das ich mir selbst errichtet hatte. Tag für Tag saß ich in einem abgedunkelten Raum und starrte an die Wand. Ich war an nichts anderem mehr interessiert als am nächsten Schuss. Die Abhängigkeit ist der größte Stein, den der Teufel einem ins Kreuz schmeißen kann.

Was war an meinem Leben so schrecklich, dass es so weit mit mir gekommen war? Was könnte schlimmer sein? Was war mit mir nicht in Ordnung? Ich war mir gegenüber nicht einmal grausam genug, um ein angepasstes Leben zu führen. Bitter blickte ich auf meine krüppelhafte Nutzlosigkeit. Es gab nichts mehr zu hoffen. Das war alles, was ich tun wollte. Man würde eine Leiche nicht aus ihrem Grab zerren. So lasst mich allein in meinem Studio. Ich habe jeden getroffen, den ich treffen wollte – außer meinen Schöpfer.

Ich war zum Sklaven geworden. Und Heroin ist eine grausame Herrin. Man muss immer größere Dosen nehmen, aber nicht, um sich gut zu fühlen, sondern um sich normal zu fühlen, um morgens überhaupt aufstehen zu können. Man muss sich einen Schuss setzen, ehe man imstande ist, sich die Zähne zu putzen. Man muss damit weitermachen, damit man nicht anfängt, sich elend zu fühlen. Man schließt sich selbst immer enger und enger und enger in den Teufelskreis von Begehren und Erregung, Verzweiflung und Ekel ein. Bis man vollkommen festsitzt.

Aber ich musste Schluss machen – nicht dass ich von allein darauf gekommen wäre oder auch nur darüber nachgedacht hätte, ehe ich mir einen Schuss gesetzt hatte. Ich war ein Hermaphrodit geworden, ein Vampir, der über die eigenen Adern gebeugt war. Und gleich dem Vampir hatte ich

Angst zu verhungern, wenn ich meine Fangzähne herausziehen würde.

Ich nahm meine gesamte Willenskraft zusammen. Inzwischen kannte ich mich schon aus, obwohl ich, als ich das erste Mal versucht hatte aufzuhören, mehr als erstaunt gewesen war. Man realisiert einfach nicht, dass man eine Abhängigkeit entwickelt hat, bevor man versucht, sie loszuwerden. Damals, als ich nach sechs Monaten auf Heroin im Bett lag, fühlte ich mich schrecklich krank. Ich rief eine Junkie-Freundin an. Als ich ihr beschrieb, wie es mir ging, sagte sie bloß: »Du bist abhängig.« Ich selbst hatte die Ursache für meine Symptome ganz woanders gesucht.

Damals hatte ich sofort wieder angefangen. Diesmal aber war ich entschlossen. Die Entzugserscheinungen waren am Anfang nur schwach. Aber mit der Zeit, und umso mehr Abhängigkeiten man entwickelt, werden sie schlimmer. Diesmal waren sie entsetzlich. Ich schwamm im eigenen Schweiß. Meine Augen traten aus den Höhlen. Mein ganzer Körper stand in Flammen.

Ich wälzte mich zwei Tage in meinem Bett hin und her, mein Körper krümmte sich und meine Glieder schmerzten. Dann setzten die Magenkrämpfe und die Krämpfe in den Beinen ein, das Fieber und der kalte Schweiß, der wie Frost auf der Haut brennt. Zuerst glühte ich, dann fror ich. Es war, als würde die Luke eines Schmelzofens immer wieder geöffnet und dann wieder geschlossen. An Schlaf war nicht zu denken. Meine Eingeweide waren in Aufruhr. Ich war so durstig, doch mein Durst konnte nicht gestillt werden.

All das war jedoch nichts im Vergleich zu den mentalen Schmerzen. Ich stolperte durch meine Wohnung, beschwert von einer Lethargie, die so lähmend war, dass jede Bewegung enorme Anstrengungen verursachte. Es war mit einem unglaublichen Aufwand verbunden, mich im Bett auch nur aufzusetzen, das Licht anzuschalten oder mir etwas zu trinken zu holen. Ich wollte nirgendwo hingehen, und ich wollte nichts tun. Ich lag da und lauschte auf die Geräusche, die aus der Wohnung unter mir drangen, überwältigt von meiner Einsamkeit, meiner Unfähigkeit und meiner Verlassenheit. Die Geräusche wirkten so entfernt, dass sie ebenso gut aus einer anderen Welt hätten kommen können. Ohne Grund brach ich in Tränen aus. Wenn ich all meine Kraft zusammennahm und ans Telefon ging, legte ich den Hörer sofort wieder auf – ich konnte nicht einmal mehr sprechen. Ein Hallo war die Hölle. Die gesamte Infrastruktur meiner Persönlichkeit war zusammengebrochen. Ich war ganz und gar desolat.

Schließlich rief ich Giles an. Er würde mich verstehen.

»Auf wie viel warst du drauf?«

»Keine Ahnung. Ein Gramm pro Tag. Vielleicht zwei. Genug, um in der Scheiße zu stecken.«

»Lass es dir gesagt sein: Wenn du wieder anfängst, wirst du richtig im Arsch sein. Du wirst tot sein.«

Ich ließ es mir gesagt sein. Wenn einer, der selber keine Erfahrung hat, das Maul über Junkies aufreißt, kommt mir die Galle hoch. Meinungen sind schon in guten Tagen eine komplizierte Angelegenheit – aber die Nichtinitiierten neigen dazu, völlig hysterisch zu werden. Doch – was sollte ich tun? Ich ertrug den Gedanken nicht, wieder zurück in die Klinik zu gehen. Ich ertrug den Gedanken nicht, wieder mit der Droge anzufangen. Ich ertrug den Gedanken nicht, sauber zu sein. Ich konnte überhaupt keinen Gedanken ertragen.

»Versuch es mit den Narcotics Anonymous«, schlug Giles vor. »Du kannst mich begleiten. Ich gehe seit mindestens fünf Jahren zu den Treffen, und es ist gar nicht so übel. Wenn du erst einmal mit den Regeln vertraut bist, gewöhnst du dich schnell daran. Und wenn es dir dann besser geht, kannst du mit mir zusammenarbeiten. Das täte dir gut. Dein Problem ist nämlich, dass du viel zu abgekapselt bist. In deinem Fall ist es nicht gerade optimal, wenn nur du dir selbst Gesellschaft leistest.«

NA + ein Job? Ich sagte Ja zu beidem. Was sollte ich sonst tun? Wenn es um Abhängigkeit geht, ist der einzige Sieg die Kapitulation.

Das erste Treffen war grauenhaft. Ich saß in der Enge eines verrauchten Kellers im tiefsten Pimlico und starrte die Neonröhren an. Ungefähr zwanzig andere Personen saßen im Kreis. Einstiche. Trainingsanzüge. Alle von der Rolle. Scheiße. So weit hatte ich es also gebracht? Aber ich war nicht in der Verfassung, Widerstand zu leisten. Die Drogen-abhängigkeit ist eine Stripshow, keine Tragödie. Mein Cha-rakter war entblößt bis auf die freiliegenden Nervenenden. Jede Kleinigkeit brachte mich zum Weinen. Ich musste mich setzen und fing zu heulen an, wenn der Busschaffner mir ei-nen guten Morgen wünschte. Der Anblick einer alten Dame mit ihren Einkaufstüten reichte aus, um mich zum Schluch-zen zu bringen. Obwohl eine Hälfte von mir die ganze NA-Praxis verachtenswert fand, fühlte ich doch, wie mir die Trä-nen in die Augen stiegen, als sie mich willkommen hießen. Ich wollte zu ihnen gehören. Die Welt war voller Liebe. Ich liebte all diese Menschen. Sie sollten mich retten. So wie es ein Druckverband tun würde: Sie sollten diesen erbärm-lichen Blutfluss stillen. Und ich saß da in meinem Mantel, während sie von Gott und höheren Mächten und Beten und Wundern faselten – und plante meinen Selbstmord.

»Ich heiße Sebastian«, sagte ich, als man mich aufforderte, mich vorzustellen. »Ich sitze hier und sehe meine Arme an und denke mir, dass sie mit Nadeln drin besser aussehen würden. Danke trotzdem, dass ich hier sein darf.« Als ich meine Geschichte zu Ende erzählt hatte, sagte niemand ein Wort. Das magische »Teilen der Erfahrung« durfte nicht zu bloßer Konversation verkommen. Nach dem Treffen nahm mich ein Einbeiniger mit unzähligen Tätowierungen beiseite und fragte: »Hast du es schon mit Beten probiert? Versuch's mal. Es wirkt Wunder – wirst sehen.«

Nicht einmal an einem guten Tag würde ich an Gott glauben – auch dann nicht, wenn er existierte. Hör' ich Klerus, dann ist Schluss. Aber ich habe schon mitbekommen, dass in einem Flugzeug nicht gerade viele Atheisten übrig bleiben, wenn es in Turbulenzen gerät. Heute würde ich sogar die Teletubbies anbeten, würden sie mich von Drogen fernhalten. Ich war meiner selbst müde und überdrüssig. Ich konnte das alles nicht mehr aushalten, nicht einmal die absurde Grandiosität. Ich war sogar bereit, aufzustehen und gemeinsam mit allen anderen Hand in Hand den »Gelassenheitsspruch« herunterzubeten. Ich beschloss, jeden Tag zu den Treffen zu gehen. Ich würde alles tun, um mich nicht mehr so zu fühlen wie jetzt.

Ist man einmal vom Heroin herunter, dann beginnt man sich ganz langsam wieder wohlzufühlen. Man kann trinken, man bekommt wieder richtigen Appetit und erfreut sich des Essens. Auch der sexuelle Appetit kehrt zurück. Alles sieht anders aus und fühlt sich anders an: schärfer, intensiver, so. als ob jemand den Fokus eines Teleskops neu eingestellt hat, und die verschwommenen Ränder sind plötzlich wieder scharf und klar. Langsam, Sprosse für Sprosse, erklimmt man wieder die Leiter, genau wie bei dem Brettspiel. Man freut sich sogar wieder auf die Aussicht, die man haben wird, wenn man oben angelangt ist. Und dann, ganz plötzlich, wird man von einer Schlange verschluckt. Und rutscht die Leiter wieder nach ganz unten. Man ist wieder da, wo man angefangen hat. Man will nichts mehr tun. Man will nicht einmal mehr Drogen nehmen. Sogar sich selbst zu zerstören macht zu viele Umstände – und das war allemal ein Problem für mich. Abgesehen von der Zubereitung von Toasts war die Selbstschlachtung immer mein einziges Talent gewesen. »Ich bring' dir ein paar neue Fertigkeiten bei«, sagte Giles.

Giles hatte eine Werkstatt in Fulham, in der er marmorne Kaminplatten ausbesserte. Ich fing also für fünfzig Pfund pro Tag bei ihm zu arbeiten an. Das war eine ziemlich seltsame Erfahrung. In der Vergangenheit war Arbeiten für mich etwas gewesen, das sich nicht mit der Einnahme von Drogen vertrug. Es war etwas, was Dummköpfe taten, um die Qualen absoluter Langeweile zu vermeiden. Zu diesem Zeitpunkt hätte ich jedoch alles getan – alles, was die Dämonen im Zaum hielt. Nebenbei bemerkt hing mir die tägliche Routine meiner Untätigkeit zum Hals heraus.

Ich nahm meine Arbeit ernst. Ich war schon immer fest davon überzeugt, dass es wichtig ist, sich voll und ganz auf etwas einzulassen, auch wenn es sich möglicherweise als sinnlos herausstellen wird. Giles lehrte mich, wie man die Platten abzog und meißelte und setzte, und ich erhielt die Schlüssel, um die Werkstatt auf- und abzuschließen. Der Job schien genauso sinnlos wie jeder andere auch. Was soll's? Ich versuchte so professionell zu sein, wie es mir möglich war. Wenn man etwas wirklich schlecht machen will, dann muss man genauso hart daran arbeiten, wie wenn man es gut machen will.

»Du bist der einzige Mensch, der für mich gearbeitet und mich nicht bestohlen hat«, sagte Giles eines Nachmittags zu mir.

»Es tut mir leid, dass ich dich enttäusche«, antwortete ich.

Dass er in der Klemme steckte, war nicht gerade überraschend. Jeder, den er anstellte, war entweder ein Junkie, ein Ex-Junkie oder ein Ich-fang-gleich-wieder-an-Junkie. Giles jedoch neigte dazu, mit dem Herzen zu denken. Er war vom Heroin weggekommen und wollte anderen dabei helfen, das Gleiche zu tun. Die besten Heiler sind diejenigen, die ihre eigenen Wunden tragen. So etwas hätte er nie gesagt. Er sagte überhaupt nicht besonders viel. Aber er war gutherzig. Bestenfalls schien das die höchste Form der Weisheit zu sein. Schlimmstenfalls war es idiotisches Mitleid. Wie auch immer – meine Arbeit glich einem Aktionswochenende der NA.

Ein paar Monate später begannen mir die Narcotics Anonymous richtig auf die Nerven zu gehen. Als ich mich stärker fühlte, kochten auch meine alten Vorurteile wieder hoch.

Ich war doch noch nie ein Mitläufer gewesen! Große Gruppen, die behaupten, etwas gemeinsam zu haben, bereiteten mir Unbehagen – vermutlich, weil ich mich dann so schockierend gewöhnlich fühle. Die Gefahr geht von den Vielen aus. Sie zwingen einen zu Taten, die man sonst nicht getan hätte – und das auch noch in aller Öffentlichkeit.

Gruppen brauchen Erkennungszeichen. Hier sagten alle dasselbe. Und überhaupt begann mich dieses Gottgenöle zu ärgern. Es hatte bestimmt mehr NA-Treffen geleert als all die anderen reizvollen Dinge wie Überdosis, Armut und Verzweiflung. Und außerdem würde der Anblick eines gotteslästernden Junkies dem Herrn gewiss besser gefallen als der eines betenden cleanen Junkies. Er liebte doch die Sünder! Und wenn Gott schon seit aller Ewigkeit gewusst hat, dass aus mir ein drogensüchtiger Versager werden würde, warum hatte er mir dann eine solch fotogene Gestalt gegeben? Nun gut, alles, was ich mit Bestimmtheit sagen kann, ist, dass Gott schön sein muss – er hat mich schließlich nach seinem eigenen Bilde erschaffen, nachdem was die Groupies der NA behaupteten. Wo bleibt da aber der Typ, der da drüben in der Ecke sitzt – mit seinem pickligen Gesicht und dem Haarteil?

Meine Abneigung gegen das, woran diese Leute glaubten, erreichte beinahe schon ein erhabenes Niveau. Aber was hatte ich davon, wenn ich sie hasste? Wie konnte ich mich über etwas wie die NA ereifern? Keiner hatte mich gezwungen hinzugehen. Keiner in der Gruppe hatte die Rolle eines Führers übernommen. Niemand hatte nach Geld gefragt. Alles, was sie versuchten, war, anderen und sich selbst dabei zu helfen, von den Drogen wegzukommen. Und es war doch egal, dass sie sich diese seltsame Sprache gewählt hatten? Sie mussten etwas sagen. Mir wurde klar, dass die NA eine Auster waren, die Außenstehende aufnahm und diese Fremdelemente in Perlen verwandelte. Perlen aus Säuen. Warum lag ich mit so was im Kriegszustand? Ich hätte mich ja auch einfach umdrehen und gehen können.

Stattdessen saß ich bei den Treffen und versuchte Schlupflöcher im »Programm« ausfindig zu machen. Wenn meine Hand, die das Glas hält, in einem weißen Seidenhandschuh steckt, gilt dann immer noch der Satz »Niemals mehr einen Tropfen anrühren«? Wie wäre es, wieder Drogen zu nehmen, dafür aber meinen Namen zu ändern? In Clouds hatte man mir vorgehalten, dass mein Intellekt »das Programm« zum Absturz brächte. »Drogenabhängigkeit hat nichts mit Intellekt zu tun, Sebastian«, erklärten sie mir. Natürlich löste das eine Tirade meinerseits aus. »Ihr nennt es doch sogar Programm!« Ich schäumte vor Wut, als ich wie ein Roboter im Kreis herum zu marschieren begann. »Ich bin im Programm! Ich bin im Programm!«, wiederholte ich immer wieder mit einer Stimme, die an die Daleks aus *Doctor Who* erinnerte.

Um ehrlich zu sein, wetterte ich gegen die NA, weil ich Angst hatte. Ich hatte Angst, dass es funktionieren könnte. Wer wäre ich denn schon ohne meine Sucht? Wo wäre ich – ohne die Pose meines Selbsthasses? Wenn ich meine Dämonen vor die Tür setzte, würden die Engel dann gleich mit abhauen? Wie sollte ich mich verbergen, ohne die kleidsame Karikatur, die ich mir selbst geworden war? Ich fürchtete, zur Selbstparodie verkommen zu sein – ohne zuvor überhaupt ein Selbst entwickelt zu haben.

»Ich denke, ich werde die NA verlassen«, teilte ich Giles bei der Arbeit mit.

»Warum?«

»Es geht mir einfach auf die Nerven, wie sie über ihr Leben reden, als wäre es wichtiger als meines.«

Er lächelte sein übliches mildes und schiefes Lächeln. »Vergiss den Unsinn. Du bist seit sechs Monaten von den Drogen runter. Es funktioniert. Warum stellst du nicht deine Genesung ausnahmsweise einmal vornean?«

Er hatte recht. Aufhängen konnte ich mich später immer noch.

»Es gibt da so einen Spruch. Geh nicht, bevor das Wunder sich nicht ereignet hat. Ich bin jetzt über fünf Jahre sauber. Glaub mir, das ist es wert.«

»Wunder! Ja, genau. Wenn ich bloß ein Wunder sehen könnte. Nur eines, ein kleines, winziges Wunder. Wenn ich bloß einen Engel zu Gesicht bekäme oder sähe, wie das Meer sich teilt, oder wie jemand über das Wasser geht, oder wenigstens, wie einer von den Langeweilern bei der Sitzung endlich einmal das Maul hält.«

Ziemlich unwahrscheinlich. An diesem Abend führte mich Giles nach der Arbeit zu einem Treffen in Westlondon – er war der Ansicht, ich sollte es mal in einem anderen Stadtteil versuchen. Dort sprachen alle ohne Unterlass über »Gefühle«. Sie waren alle »zerbrochen« oder »voller Störungen« oder »behandelten Aspekte«. Scheiße. So ging das ab. Gefühle zu haben ist eine Schwäche; sie zum Ausdruck zu bringen ist ekelerregend. Aber ich musste mir keine Sorgen machen – die einzigen Gefühle, zu denen sie irgendeinen Bezug hatten, waren ihre eigenen. Man musste sie nur ansehen. Zur Hälfte waren es schicke Shopping-Hill-Mädels, deren Rauscherfahrungen ein ziemlich mieses Niveau hatten. Ein paar von ihnen waren überhaupt nicht drogenabhängig, sondern nur verblödete Neurotiker, die irgendwann einmal irrtümlich einen Zug in einer Crackhöhle eines Rastas getan hatten – die im Übrigen die einzigen Lichtblicke in Rotting Hill waren.

Und der Rest? Man musste wohl bewundern, wie sie sich aus dem Nichts zum Status außerordentlicher Armut hochgearbeitet hatten. Aber sie sahen ohne Ausnahme geschlagen aus, wie sie so von Treffen zu Treffen schlurften und ihren Kräutertee süffelten. Konnte man sich nicht auf angenehmere Weise gemeinsam miserabel fühlen? Es war hoffnungslos. Ich würde nie zu diesem Ort des »Verzichts« gelangen. Das war gegen meine Religion. Als Dandy habe ich eleganterweise den Umstand immer anerkannt, dass das Leben aus Niederlagen besteht – mich aber immer hartnäckig geweigert, mich dieser Einsicht zu beugen.

Beim Abendessen bemerkte Giles meine Desillusioniertheit.

»Warum gehst du nicht zu den Anonymen Alkoholikern, anstatt gleich jede Mitgliedschaft aufzugeben? Vielleicht findest du die lebensnäher.«

Ich ließ mich darauf ein. Ich fragte ihn aber auch, ob ich die Arbeit für ein paar Monate sein lassen könnte. Ich brauchte Zeit für mich – und außerdem muss man misstrauisch sein, wenn jemand verspricht, dass ein Verhältnis länger als ein Wochenende dauern würde.

Die Leute bei den Anonymen Alkoholikern waren älter, röter im Gesicht und respektabler. Sie sahen über ihre blau geäderten Trinkernasen auf uns herab. Wir waren Gesetzesbrecher. Kriminelle. Manche von ihnen konnten es nicht leiden, wenn bei den Treffen Drogen auch nur erwähnt wurden. Man sollte wohl annehmen, dass Alkohol eine Art legales medizinisches Tonikum ist.

Mist. Das war ja noch schlimmer als bei den NA. Eigentlich waren sie bewunderungswürdig. Nichts zu sagen, selbst dann nicht, wenn man spricht, ist schon eine Kunst. Die Geschichten waren allesamt endlos. Ich verschloss meine Ohren. Meine Augen wurden trüb. Mein ganzer Körper begann sich selbst einzubalsamieren.

Am Ende des Treffens sprach mich die Frau an, die im schäbigen Keller der Kirche neben mir gesessen hatte. Sie hatte wohl mein Hin- und Hergerutsche und mein unbehagliches Seufzen bemerkt.

»Es geht um Ehrlichkeit.«

»Wirklich? Das gefällt mir aber gar nicht. Es ist besser, zitierbar als ehrlich zu sein.«

»Warum lässt du nicht los? Lass Gott in dein Herz.«

Ich hatte keine Lust, sie zu ohrfeigen.

»Gott kann einen guten Menschen ebenso wenig korrumpieren wie Satan einen schlechten bessern«, war alles, was ich hervorbrachte.

Jeder, der schon einmal ein Treffen der AA hinter sich gebracht hat, wird zugeben müssen, dass man noch eher dem Selbstmord heitere Momente abgewinnen könnte. Gelegentlich gab es Treffen, die der Mühe wert waren. Bei einem vornehmen Treffen in Soho hatte der Bursche, der an diesem Tag den »Vorsitz« innehatte, schon einige Zeit geredet. Alle gängigen Binsenweisheiten waren zur Anwendung gekommen. Vor Jahren hatte er seinen vierten Schritt gemacht, also »gründliche und furchtlose Inventur in seinem Innern«, und als er versucht hatte, dies »zu überreichen«, war er mit seiner Frau in Streit geraten und hatte sie erstochen. Im Gefängnis hatte er dann das »Blaue Buch« gelesen, in dem geschrieben stand, dass sich die Menschen vor dem Erfolg fürchteten, und er hatte sich gefragt, ob dies auch sein Problem sein könnte. Er wollte seine Rede mit einer »positiven Mitteilung« für die »Neulinge« beenden. »Kommt wieder«, sagte er. »Es funktioniert, wenn ihr daran arbeitet.«

Nach seinen bewegenden Worten eröffnete eine Beisitzerin die Diskussion, damit wir alle unsere Meinungen »teilen« konnten. Es folgten fünfzehn Minuten Stille. All die Tamaras und Sophies hatten scheinbar ihre Zungen verschluckt.

Im Allgemeinen aber saß ich es aus und wurde dabei immer rastloser und unkonzentrierter. Vielleicht war ich geheilt? Es stimmte: Crack zu rauchen kam mir nicht mehr alle fünf Minuten in den Sinn. Vielleicht war ich nicht einmal ein Säufer? Vielleicht war ich bloß durstig? Die Gemeinschaft schien die Leute zu verwandeln und aufzubauen. Als Schweine kamen sie rein, und als Würstchen gingen sie wieder raus. Ich hatte die Nase voll. Es war Zeit, meine Genesung zu sabotieren.

Eine Fernsehproduktion war an mich herangetreten und drohte damit, eine kleine Dokumentation über mein Leben zu drehen. »Ich werde aber ganz bestimmt nichts tun«, protestierte ich. Das schien den Regisseur aber nicht abzuschrecken. »Wir wollen bloß einen Tag aus ihrem Leben.«

Ich hörte mir also zum letzten Mal die »12 Schritte« an, gefolgt von den »12 Traditionen«. Die beiden letzten dieser »Traditionen« besagen: »Unsere Beziehungen zur Öffentlichkeit stützen sich mehr auf Anziehung als auf Werbung. Deshalb sollten wir auch gegenüber Presse, Rundfunk, Film und Fernsehen stets unsere persönliche Anonymität wahren. Anonymität ist die spirituelle Grundlage aller unserer Traditionen, die uns immer daran erinnern soll, Prinzipien über Personen zu stellen.«

Ich wartete das Ende des Treffens ab, bis der Vorsitzende fragte, ob es noch etwas zu besprechen gäbe. »Meine Name ist Sebastian, und ich bin Alkoholiker«, begann ich. »Hallo, Sebastian«, schallte es mir aus dem Raum entgegen. »Eine Filmcrew will eine Sendung über mich machen und einen Tag aus meinem Leben filmen. Ich komme täglich zu den Treffen und habe mich gefragt, ob es möglich wäre, sie mitzubringen, um die Sitzung zu filmen?«

Alle im Raum starrten mich an, als hätte ich gerade Eierlikörpudding vor die verhungernden Kinder aus Biafra gekleckert. Blanke Entrüstung machte süffisantem, höhnischem Grinsen Platz und verwandelte sich schließlich in schallendes Gelächter. Ich fixierte mit meinem Blick einen Türrahmen und starrte teilnahmslos vor mich hin. Ich konnte nicht erkennen, was für ein Problem sie hatten. Schließlich ist es doch weit deprimierender, anonym zu sein als ein Alkoholiker.

So viel dazu! Was für ein langer Weg! Ich verließ das Treffen und kehrte nicht mehr zurück. Ich war frei. Ich würde nie wieder dorthin gehen – dafür würde ich ihnen mein Leergut schicken. Die würden schon sehen.

Aber was sollte ich jetzt tun? Mein Job als Steinmetzlehrling war vorbei. Ich war arbeitslos. Ich hatte einen Anfall von Demut gehabt, der aber glücklicherweise nicht lange gedauert hatte. Ich kehrte wieder zurück in mein Leben, wo es nichts zu tun gab und ich den ganzen Tag dafür Zeit hatte. Daran gab es nichts auszusetzen. Es gibt nichts Langweiligeres, als immer begeistert zu sein. Ich hockte gerade in meiner Wohnung und blies Trübsal, als mein Telefon klingelte. Ich hob ab – ein sicheres Zeichen, dass ich nicht auf Droge war. Es war Schwester Ash. Sie schluchzte unkontrolliert. »Kannst du kommen?« An ihrer Stimme hörte ich, dass es etwas Ernstes war. Ich bereitete mich auf das Schlimmste vor.

Sie stand in der Tür, als ich ankam. Ihr Gesicht war verschmiert und vom Weinen verquollen. Doch in diesem Moment weinte sie nicht. Sie sah blass aus und schien unter Schock zu stehen. »Komm rein«, sagte sie. Ich folgte ihr durch den holzgetäfelten Flur, vorbei an den Schaukästen mit den Fossilien, vorbei am Käfig des Leguans und betrat das Wohnzimmer.

Was war mein erster Gedanke? Ich erinnere mich an das große Sofa, den Fernseher in der Ecke, an das Muster des Läufers. Was stimmte nicht? Und da war es. Schräg an die Wand gesunken, saß die Leiche von Giles. Das Licht, das sich durch einen Riss im Vorhang in das Zimmer gestohlen hatte, spielte munter mit seinen Füßen. Im Tod hatte er sich zusammengekrümmt – als gäbe es ein Geheimnis zu verbergen, wie ich später dachte. In diesem Augenblick jedoch empfand ich nichts als dumpfe Stille, eine Stille, die wie ein Schneesturm im Kopf heulte. Ich fühlte mich leer. Es kamen keine Signale mehr an. Ich starrte nur auf den Körper. Er sah so robust aus. Das Fleisch wirkte in seiner Unbeweglichkeit spöttisch präsent. Aber da war nichts, nichts dahinter, nichts drin. Ich blickte auf die Staubpartikelchen, die im Sonnenlicht schwirrten. Wo viel Licht ist, da ist auch viel Schatten.

Keine Vorstellung vom Tod hat angesichts des Todes selbst etwas mit ihm gemein. Das war keine große Tragödie, kein herzzerreißendes Drama. Es waren die winzigen Details, die ins Gehirn krochen und dort geronnen: das halb volle Bierglas, das neben ihm stand, die verwaiste Spritze, die Unterseiten seiner Socken mit einem Loch an einer der Fersen. Wir alle haben einen dunklen Raum in uns, einen Ort, an dem unsere Verletzlichkeit haust, unsere Ängste und Zweifel. Er war dort gestorben, in diesem Raum.

Ash saß jetzt auf dem Sofa und weinte. Und ich setzte mich neben sie. Was war geschehen? Ich hatte Giles einige Monate nicht gesehen. Und jetzt – schaut ihn euch an. Er war mein Freund gewesen. Nun war er nichts weiter als Abfall. Der Tod hatte seine kindlichen Augen geöffnet und blickte mich geradewegs an.

Ich fühlte Schmerz. Ich fühlte Scham. Scham empfindet man, wenn man denjenigen, die einen lieben, zustimmt, der Mensch zu sein, für den sie einen halten. Ich war zornig, dass jemand die Drogen weggenommen hatte, die die meinen hätten sein können. Alle seine Freunde hatten Giles zu Lebzeiten bestohlen, wie er mir erzählt hatte. Und nun wollte ich ihn im Tode bestehlen. Ich ging zum Fenster rüber und schaute hinaus. Ich fühlte das Aufflackern der Erregung – Erregung darüber, dass er es war, der gestorben war und nicht ich. Der Schatten des Todes lässt das Leben heller erstrahlen.

»Er hat sich seinem Tod gestellt wie ein Skorpion«, sagte Ash zwischen ein paar Schluchzern. »Ich konnte ihn nicht erreichen.«

Wer hätte es gekonnt? Worte, Worte, Worte – bestenfalls irisierende Leuchtsignale, die in der Nacht aufflackern und rasch verlöschen. Sie konnten Giles nicht vor sich selbst schützen. Es waren der Worte genug. Schmerz kennt keine Worte.

Ich ging zu Giles und küsste ihn auf die Stirn. »Adieu.« Stumm wie ein Stein saß dieses Wort in meinem Kopf.

Ich habe nie wieder von ihm gesprochen. »Was für ein Arschloch«, pflegte ich zu scherzen, wenn mich Leute nach ihm fragten. »Du leihst Typen einen Fünfer und siehst sie dann nie wieder.«

Nicht einmal einen Monat später war ich wieder auf Heroin.

Ich kann mich noch gut an den ersten Schuss erinnern. Ich glich einem Meisterkoch mit einem gut erprobten Rezept. Ich mischte das Heroin, den Zitronensaft und das Wasser in einem rußigen Löffel und kochte das Ganze bei schwacher Hitze und unter leichtem Umrühren auf. Sobald die goldene Flüssigkeit zu kochen anfing, nahm ich den Löffel vom Feuer und ließ den Cocktail etwas abkühlen. Dann tat ich für den Geschmack ein wenig Kokain dazu, gerade so viel, wie nötig war, um mich in die gefrorenen Regionen des Herzstillstands zu befördern. Ich war auf der Suche nach dem kristallinen Moment des reinen Schreckens, wenn alles klar und alles verziehen ist.

Der geschmolzene Sonnenschein strömte durch die Nadel in die Kammer der Spritze. Ich schlang einen Gürtel eng um meinen Arm und zog ihn mit den Zähnen fest, indem ich sie fletschte wie ein tollwütiger Hund. »Kommt raus, kommt schon – wo auch immer ihr seid!« Ich wühlte in meinem Arm nach der Hauptschlagader. Dann zog ich den Kolben sanft zurück. Ein dünner Strom von Blut blühte in der Kammer auf, ein gefiedertes purpurnes Irrlicht. Und ich brach wie ein Damm, außer mir vor Dankbarkeit.

»Alles wird gut«, war der letzte Gedanke, den ich hatte, als der Inhalt der Kammer sich lehrte. Doch ich wusste, dass nichts gut werden würde. Ich spürte einen leichten Schlag. Der Raum um mich herum wurde an seinen äußeren Grenzen schwarz. Und dann nahm die Dunkelheit zu, bis meine Blicke von einem samtigen Nebel getrübt waren. Ich konnte fühlen, wie meine Augen nach hinten in den Kopf rollten.

Fünf Stunden später kam ich wieder zu mir, und die Nadel steckte immer noch in meinem Arm. Ich hatte tapfer an meiner Weigerung festgehalten, während einer Krise bei Bewusstsein zu bleiben. Aber sich mit Drogen zu töten ist ein zu risikoreiches Unterfangen. Ich hatte die Dosis falsch eingeschätzt und hatte einfach nur meinen Spaß gehabt.

Wieder einmal hatte ich die Aasgeier enttäuscht. Sogar ein billiger Tod ist nicht leicht zu haben. Ich torkelte weiter, wie ein Entfesselungskünstler, der mit seinen Fesseln kämpft. Ich versuchte aufzugeben ... ich versuchte, das Aufgeben aufzugeben ... und schließlich gab ich das Aufgeben des Aufgebens auf.

Ich kam nicht weiter. Ich hatte zwei voneinander getrennte Welten geschaffen und war in keiner von ihnen glücklich. Sauber war der Zustand, wo einem nichts passieren konnte, und es war deshalb auch der Zustand, wo nichts passierte. Auf Droge war theoretisch der Zustand, wo einem größtmögliches Leid widerfahren konnte, und trotzdem war ich nicht einmal dort in der Lage, mich umzubringen. Ich fühlte mich wie ein Totalversager. Der Winter war mit seiner üblichen Strenge hereingebrochen, und ich fühlte mich alleingelassen mit dem alten Dilemma: Wenn ich schon nicht in den Himmel kommen konnte, dann würde ich eben zu den Drogen zurückkehren – was für mich sowieso ein und dasselbe war.

Und wenn ich auf Reisen ginge? Irgendwohin, wo es keine Drogen gab? Die NA nennen das »eine Ortsveränderung machen«. Dieser schlaue kleine Ratschlag bedeutet, irgendwo hinzugehen und sich selbst dabei nicht mitzunehmen. Ich hatte das ein paar Mal ausprobiert. (Du fährst irgendwohin, wo sich Fuchs und Hase gute Nacht sagen. Ein paar Tage später rufst du deinen Dealer an. Drogen erster Güteklasse. Ein gebundenes Buch. Fahrradkurier. Die Rechnung geht auf.)

Ich dachte an Barbados. Nicht, weil ich gedachte, unter dem azurblauen Himmel, an einem von Wellen umspülten Strand, verwöhnt von gepflegten, nach Moschus duftenden Sklaven, ein Leben voll schwelgerischer Ruhe zu führen.

Und auch nicht, weil ich Ferien brauchte. Das Einzige, wovon ich Urlaub brauchte, war ich selbst. Ich hatte gehört, dass es dort kein Heroin gab. Das sollte wohl genügen. Fantastisch! Was für ein Plan!

Es gab nur eine einzige Schattenseite. Vater lebte dort.

Er hatte sich früh zur Ruhe gesetzt. Er hatte eine fatale Geschäftsidee gehabt. Er hatte ein linkes Boulevardblatt, *News on Sunday*, auf den Markt gebracht, was zu einer noch größeren Katastrophe ausgeartet war, als selbst ich mir das erträumt hatte. Sechs Millionen Pfund an Gewerkschaftsgeld waren den Bach runtergegangen. Er hatte sogar den Rentenfonds der Firma angezapft, ohne die alten Schachteln zu fragen. Komisch, wie sehr die linken Magnaten die Menschlichkeit lieben, ohne sich auch nur einen Deut um die Menschen zu scheren. Als die Aktien fielen, versuchte er mit allen Mitteln, Familienmitglieder davon zu überzeugen, Anteile zu kaufen, um den Wertpapierverfall nicht zu verpassen und sich zukünftige Geldprobleme zu ersparen. Alle stimmten zu. Alle, außer mir.

Es wurde sogar ein Buch über dieses Fiasko publiziert. Es trug den Titel *Disaster! The Rise and Fall of »News on Sunday«*. In ihm wurde einer der Leute, die für Vater arbeiteten, als der »brillante, aber widerspenstigen Sohn, den Horsley immer haben wollte, aber niemals hatte« beschrieben.

Es war ganz klar, dass auch ich etwas mit Vater zu bearbeiten hatte. Ich kannte ihn so gut, dass ich zehn Jahre nicht mit ihm gesprochen hatte – dafür aber hatte ich sichergestellt, dass ihn alle mich betreffenden Presseausschnitte erreichten, indem ich sie seinen Freunden gab. Das war traurig, und ich wusste es. Aber gewiss beeindruckte ihn meine armselige Prominenz. Ruhm war alles, was Vater interessierte.

Ich kam früh am Abend an und stolzierte über das Rollfeld. Das Erste, was ich von Vater erblickte, war ein orthopädischer Strumpf, der aus dem Auto ragte. Sein körperlicher Verfall war markant. Sein Gesicht wirkte noch verschlossener als früher. Sein Haar war grau und dünn geworden. Ihn schien das nicht zu kümmern. Er verbrachte die Tage lümmelnd in seinem Rollstuhl, mit einem ganzen Tanker voll Rum in Griffweite.

Am ersten Abend kamen wir voran. Aber am nächsten Morgen schon waren wir wieder bei den alten Mustern. Keine Frage: Rum ist dicker als Blut.

Vater hatte die unheimliche Gabe, mir zu zeigen, wie wenig er an mit interessiert war. Er fragte mich niemals, was ich machte, wie es mir und wohin ich gerade ging, oder was meine Lieblingsfarbe war. Er war an überhaupt nichts interessiert. Er hatte eine Handvoll sogenannter Freunde. Aber er bemühte sich um nichts. Er lebte … aber nur insoweit, als man ihn noch nicht legal bestatten konnte.

Ich beobachtete, wie er den ganzen Tag am Swimmingpool saß. Gelegentlich raffte er sich auf und schwamm ein wenig, wobei er seine verkümmerten Beine hinter sich herzog. Dann hiefte er sich aus dem Becken und trank weiter.

Nachmittags sah er fern. Er weinte, wenn er ein Kätzchen sah, das sich einen Holzspan in die Pfote getreten hatte. »Ich hasse Grausamkeiten. Ich verabscheue Gewalt«, sagte er. »Außer, wenn es um die eigenen Kinder geht«, brummelte ich lautlos in mich hinein. Vater war ein sentimentaler Mann – weiche Schale, harter Kern. Er war in allem schwach, mit Ausnahme der Geschäfte, bei denen er rücksichtslos war. Es sind die Schwachen, die grausam sind; Freundlichkeit ist nur von den Starken zu erwarten. Ich sah ihm zu, wie er vor dem Bildschirm zurückzuckte.

Ruhestand bedeutet halb so viel Leben und doppelt soviel Ehefrau. Armer Vater. Er hatte immer solches Pech mit den Frauen. Die ersten beiden verließen ihn, die dritte nicht. Als ich hörte, dass Stiefmutter II nach Barbados gezogen war, war mein erster Gedanke: »Oho! Tatsächlich … Ich wusste gar nicht, dass es auf Barbados Wohnwagen gibt.«

Ehrlich gesagt verachtete ich sie nicht im Geringsten: Ich schätzte sie, liebte sie und bemitleidete sie. Sich dieses arme Schwein vorzustellen, wie es durchs Leben schwabbeln muss, mit all diesen absurden Fettanhängseln am Körper. Und wie es mit dem Handikap leben muss, nur ein halbes und noch dazu verwirrtes Hirn zu haben. Warum nur? Es bricht einem das Herz.

Sie quasselte vor sich hin. Vater zufolge hatte sie eine Art Gehirnschlag erlitten. Jawohl ... ganz genau. Ein gutes Alibi, dachte ich. Abends amüsierte sie sich damit, Frösche zu salzen und dabei zuzusehen, wie sich deren Innerstes nach außen kehrte und sie schließlich sogar explodierten. »Sie sind eine Plage«, versuchte sie zu erklären. Das ging über meinen Verstand. Sie verfügte selbst gerade mal über genug Intelligenz, um ihr Leben in einem Tümpel zu fristen.

Auch Barbados interessierte mich nicht. Die Sonne schien, es gab keine Alternative. Die Hitze war lähmend. Die üppige Vegetation hing auf geradezu willkürliche und schlampige Weise herum. Für ein aufgeräumte Seele eine Zumutung. Und in Ländern, wo die Natur heftig zu Werke geht, neigen die Menschen dazu, gar nichts zu tun. Alle lagen am Pool. Gin und Tonikum. Ewige Entspannung. Die Einwohner von Barbados hatten das Konzept der Glückseligkeit erfunden. Allein das rechtfertigte ihren Untergang. Ich würde lieber in England Teller waschen, als in diesem tropischen Paradies leben zu müssen. Nebenbei bemerkt, habe ich nie verstanden, was am Meer so toll sein soll. Außer, dass es sich mit dem Land vereinigt. Ja, in der Tat ... es war schrecklich hier. Doch was hatte ich erwartet? Ich hatte mich schließlich selber hierherverfrachtet.

Ich schlief im Gästezimmer. Links von mir befand sich ein Nachtkästchen. Auf der Suche nach einem Buch öffnete ich die Schublade. Darin befand sich ein einzelnes weißes Dokument. Vaters letzter Wille – ein herausragendes Werk der Weltliteratur. Komisch genug, dass ich es las. Ganz plötzlich war mir der Ruhm egal geworden. Wie sollte man sich meiner erinnern? Selbstverständlich in einem letzten Willen bedacht.

Verfluchte Scheiße, ich war bezüglich Stiefmutter II im Unrecht gewesen. Es gibt nichts, was irritierender ist, als jemanden, der über weniger Intelligenz, jedoch mehr Gespür verfügt, als man selbst. Ich wusste bereits, dass $ie auf Geld aus war – nun würde sie fast alles kriegen. Sie und ihre zwei Kinder aus erster Ehe. Schwester Ash bekam ein wenig. Aber Bruder und ich gingen leer aus. Nicht einmal ein Fotoalbum. Nicht einmal ein Paar Manschettenknöpfe. Nicht einmal eine Erwähnung. Nicht einmal eine Erwähnung, die erwähnt, dass wir nicht erwähnt werden. Nichts.

Der Zorn stieg in mir auf: Diese Wut, die ich aus meinen Kindertagen kannte und von der ich geglaubt hatte, dass ich sie längst vergessen hätte, kochte in mir hoch. Dieser dreckige Hund. Schaut ihn euch an. Ein Säufer und Krüppel. Für nichts musste ich ihm dankbar sein, außer dafür, dass er mir geholfen hatte, die Skala meiner Gefühle zu erweitern: Niemals hätte ich mir träumen lassen, dass ich einmal den Wunsch verspüren würde, einen besoffenen Krüppel zu ermorden. Ich hätte ein Säckchen mit Sperma füllen und es ihm schicken sollen. Das war alles, was ich dem alten Scheißer schuldete. Aber jetzt, da ich hier war, konnte ich mir die Briefmarke ja sparen.

Ich sah zum Fenster hinaus. Gott sei Dank hatte sich die Sonne verzogen, und ich musste nicht raus, um sie zu genießen. Ich ging trotzdem runter zum Strand.

Eine Stunde später stand ich dort (vollständig angekleidet, wenn es beliebt), als ein Schwarzer, der auf seinem Kopf einen Korb mit Früchten trug, an mir vorbeispazierte.

»Brauchste Mangos, Bruder?«

»Nein, danke.«

»Ananas?«

»Ganz sicher nicht.« (Ich halte mich prinzipiell von frischen Nahrungsmitteln fern. In meinem Alter brauche ich alle Konservierungsmittel, die ich kriegen kann.)

»Was brauchste, Bruder? Was suchste? Brauchste Crack?«

Wohin auch immer ein Mann gehen mag, er kann seiner eigenen erbärmlichen Identität nicht entkommen. Man kann eine Reise machen, nur um die Dinge zu finden, vor denen man geflohen ist. Es stimmte schon. Es gab kein Heroin auf der Insel. Aber keiner hatte was von Crack gesagt.

Nach sechs Tagen und sechs Nächten ohne Schlaf kam ich wieder nach Hause. Ich hatte Vater nur so kurz gesehen. Eben erblickt, schon wieder entschwunden. Ich sah ihn nie wieder.

In London schaffte ich es, ein paar Monate sauber zu bleiben. Ich begann eine neue Ausstellung zu planen. Die Tage wurden wieder länger. Wie gewöhnlich war ich gemischter Gefühle bezüglich der Tatsache, dass ich clean war. Ich war mir nicht sicher, ob ich glücklich oder traurig sein sollte. Es war, als würde ich Vater dabei zusehen, wie er in einem meiner Huntsman-Anzüge verbrennt.

Ich wollte ein Mädchen. Ich war lange Zeit allein gewesen und war es müde, meine Sätze selbst beenden zu müssen. Was sollte ich tun? Wenn es darum geht, eine Frau zu wählen, muss man sich entscheiden zwischen etwas, das zahm und uninteressant ist wie ein Goldfisch, oder etwas, das wild und faszinierend ist wie ein Schaf. Wie aber konnte ich eine Freundin erwählen, wenn ich mich nicht einmal entscheiden konnte, was ich anziehen sollte?

Über Monate hinweg hatte ich meine Tage, Wochen und Jahreszeiten wie einen Kalender durchblättert – einen Kalender, wie er an der Wand in Autoreparaturwerkstätten zu hängen pflegt. Meine Aufmerksamkeit wurde nur schwach und flüchtig von den Reifen erregt (die natürlich interessanter waren als die nackten Felgen). Eines Tages aber schoss Pirelli das Kalendermädchen ab und mir stand ein Rendezvous mit Fräulein März ins Haus. Ich war mit Willie Donaldson zum Abendessen – und da war sie …

Die meisten Männer, die sich keinen Paradiesvogel fangen können, begnügen sich mit einem Hühnchen. Ich hatte Hühnchen noch nie sonderlich gemocht. Mein Gott, man brauchte sie nur anzusehen. Die Natur pfuscht niemals herum: Wenn sie jemand schön gestaltet, dann meint sie es auch so. Hier war ein Mädchen, das man unmöglich hätte erfinden können. Squaw, Fußabtreter, Trophäe, Barbie. Sie hatte den scheuen, sittsamen, jungfräulichen und frigiden Look der professionellen Nymphomanin. Wenn ich sie ansah, fiel ich vor Entzücken beinahe in Ohnmacht. Ihre Figur ähnelte einer Großtube Zahnpasta, die man in der Mitte so zusammengequetscht hat, dass sie alle Formen sprengt. Der lange weiche Nacken, das elegante S ihres Körpers, noch gesteigert durch die bemerkenswerte Kurve ihres Rückgrats, ließ ihre Brüste und ihren Hintern üppig hervortreten. Sie sah aus, als würde sie der ganzen Welt einen Kuss über einen unsichtbaren Ladentisch hinweg anbieten. Gott hätte jeden so gemacht wie sie, hätte Er das Geld dazu gehabt.

»Das ist Rachel«, sagte Willie.

Mein Gott, das könnte mir dienlich sein. Selbst mitten in der Nacht würde ich diesen Namen nicht verwechseln können. Ich könnte alle Liebesbriefe holen, die ich Rachel 1 geschickt hatte, und sie an Rachel 2 schicken.

»Hat Ihnen schon einmal jemand gesagt, dass Sie wie Ingrid Pitt aussehen?«

»Ja«, gurrte sie.

»Nun, ich bin ein Mann, der Frauen beinahe so hasst, wie Frauen einander hassen. Die perfekte Frau ist für mich diejenige, die sich um vier Uhr morgens in einen *Rock* Crack verwandelt. Aber ich mag Sie. Das Erste, was ich einer Frau zu sagen pflege, ist, dass alles, was sie über mich gelesen oder gehört hat, wahr ist.«

»Was? Dass Sie ein kompletter Volltrottel sind?«

Ich fühlte, wie ich eine Erektion bekam.

Rachel erzählte uns, dass sie eben erst gehört hatte, wie

Bob Geldof bei »dem einen oder anderen Auftritt« bekannt gegeben hatte, dass neuntausend Afrikaner verhungert sein würden, sobald er sein Konzert beendet hätte. »Nun«, sagte sie und klimperte mit ihren großen schwarzen Wimpern, »da dachte ich mir: Gut – das sind neuntausend Parkwächter weniger.«

Rachel war durch Zufall eines der berühmtesten Mädchen von Seite drei geworden. Sie hatte die Titelseiten von Magazinen geziert und war durch Filme defiliert. Und sie genoss hohe Reputation bei ihrem Fanclub, der über eine eigene Website verfügte und gänzlich ihrem Hintern gewidmet war. Kein Wunder. Es war wirklich ein erstaunlicher Hintern.

»Wenn Sie bei der Weihnachtsfeier im Büro betrunken Ihr Hinterteil fotokopiert haben, mussten Sie wohl um fünfundsiebzig Prozent verkleinern, nicht wahr?«

Ein Blick.

Ich änderte die Taktik. »In welchen Filmen haben Sie mitgespielt? *Ein Sommernachtstraum*? Spielten Sie den Allerwertesten?«

Schweigen. Ein flatternder Blick. Ein Schmollmund.

»Ich kam nur per Zufall auf Seite drei. Das war nichts, was ich wirklich wollte.«

»Was ich an Ihnen mag, ist, dass Sie offenbar keine Ambitionen haben«, bemerkte ich.

»Kann ich wohl auch kaum haben, wenn ich mit jemandem wie Ihnen zu Abend esse.«

Ein Blick. Was für ein Blick!

Das Millennium stand vor der Tür. Sollte ich die Runderneuerung meines Verhaltens ins nächste Jahrtausend verschieben? Nein. Ich hatte genug von all dem. Wenn ich nur diese Frau bekommen könnte, dann würde ich für immer mit den Drogen Schluss machen – oder könnte sie wenigstens gemeinsam mit jemandem nehmen, der wirklich sexy war.

SICH AUFFÜHREN WIE
EIN SCHWEIN, SICH FÜHLEN
WIE EIN GOTT

DANDYISMUS IST EINE FORM der Selbstverherrlichung, die einen davon befreit, sein Glück bei anderen zu suchen – besonders bei Frauen. Soweit es mich betrifft, sind die Damen auf diesem Planeten bloß Heroldstrompeten meiner Herrlichkeit. Dennoch mochte ich Rachel so sehr, dass ich mich manchmal mit Mühe daran erinnern musste, dass sie überhaupt eine Frau war.

Vielleicht war sie gar keine? Vielleicht war sie eher eine Seescheide als ein menschliches Wesen?

Die juvenile Seescheide schwimmt auf der Suche nach einem Felsen, den sie zu ihrer neuen Heimstatt machen kann, durchs Meer. Wenn sie schließlich einen solchen gefunden hat, dockt sie an und beginnt unverzüglich das eigene Gehirn zu verdauen. Sie braucht jetzt keines mehr. Sie ist glückselig zu Hause.

Im Grunde ist es ja fabelhaft, von jeglicher Bildung verschont zu werden. Das bedeutet nämlich, dass man sich inmitten wirklicher Dinge bewegt und nicht zwischen solchen aus zweiter Hand. Ich habe schlichte Gemüter schon immer den feinsinnigen vorgezogen. Rachel hatte nur zwei Fehler, die allerdings für eine Frau unverzeihlich sind: Sie konnte lesen und schreiben.

Es war Weihnachten, und sie schickte mir eine Karte. In ihrer großen geschwungenen Schrift hatte sie geschrieben: »Was schenkt man einem Mann, der nichts hat und sogar noch weniger besitzen sollte? Hartes Geld für einen harten Schwanz.« Der Karte waren fünfhundert Pfund in zehn knisternden Scheinen beigelegt.

Eine halbe Stunde später war sie am Telefon.

»Fröhliche Weinachten, mein Lieber. Ich möchte, dass du mir ein kleines Geschenk machst. Ich will, dass du nach Amsterdam fliegst und jeden Tag eine andere Hure für mich fickst, ja?«

»Ich … äh …«

»Sag nicht schon Ja, bevor ich zu Ende gesprochen habe!« Sie hatte eigentlich recht. Aber Ja ist nun einmal die beste Antwort auf ein unsittliches Angebot. Mein ganzes Leben lang habe ich mich nach einer Frau gesehnt, die die Hand liebkosen würde, die sie schlägt, die Lippen küssen, die sie belügen, und den Schwanz lutschen, der sich mächtig vor ihr aufspielt. Und jetzt, nachdem ich endlich über eine solche gestolpert war, hatte ich Muffensausen.

Mein Gott. Welches Spiel spielte sie? Eine Dame, die an die Tür des Ankleidezimmers eines Dandys klopft, ist entweder Philosophin oder geistesschwach. Zu welcher Kategorie gehörte sie?

»Nachdem du eine gefickt hast, rufst du mich immer an«, gurrte sie.

Wie konnte ich bloß Ja sagen? Doch ich stimmte zu und machte mich auf die Reise. Die schreckliche Aufregung, die mich ergriffen hatte, sagte mir, dass sich etwas Erstaunliches ereignen würde.

Ich checkte im The Grand Amsterdam ein und kleidete mich korrekt an. Die Krawatte kam um den Hals, statt um den Arm. Meine Augen waren ein Triumph aus Mascara und meine Wangen gerötet vom Rouge. Ich war so weit.

Ich zählte das Geld auf meinem Bett. »Du darfst es ausschließlich fürs Ficken verwenden«, hatte Rachel mich eindringlich angewiesen. Das würde in etwa für zehn Rendezvous reichen. Es kam zur rechten Zeit. Erst seit ein paar Monaten war ich wieder sauber und die Beute ungezügelter Lust. Mein Ruf war im Keller – was mir ein großer Trost war. Jetzt würde es noch tiefer gehen.

Ich verbrachte einen fröhlichen Tag beim Schaufenster-bummel. Aber erst als ich die letzte Gracht des Rotlichtvier-tels erreichte, erspähte ich sie, wie sie gleich einem tropi-schen Fisch hinter Aquariumglas schillerte. Was machte sie zu etwas Besonderem? Ihr Witz? Ihre Weisheit? Eine spezielle weibliche List? Nichts davon! Es waren ihre Titten.

Ich bin durch und durch billig und geschmacklos. Ich schätze die Literatur der Analphabeten, die Kultur der Kul-turlosen, den Reichtum der Armen, die Privilegien der Un-terprivilegierten, die exklusiven Clubs der ausgeladenen Massen. Ich tanze durchs Leben, ein Bein im Grab, das an-dere in Woolworth. Doch wenigstens bin ich vielseitig. Ich schöpfe gern aus der unterschiedlichsten Abarten des Plun-ders. Mein lieber Mann, dieses Mädchen war purer Trash – und künstlicher Trash obendrein.

Sie trug Netzstrümpfe mit Maschen, durch die Dorsche gepasst hätten. Einen Lederrock, der gerade noch als Gürtel durchging. Hüfthohe Stiefel – und beim Himmel, in der ganzen Natur gibt es nichts Schöneres als spitze Absätze. Sie stachen mir mitten in die Seele. Ich war verloren. Doch da war glücklicherweise noch ihr Busen – mein Retter, meine Rettungsboje im Sturm. Und wen kümmerte es schon, dass er aus Plastik war. Hat man erst den guten Geschmack hin-ter sich gelassen, wächst das Vertrauen, Fehler zu begehen – Fehler, die man wahrhaftig als die eigenen reklamieren kann.

Ich öffnete die Tür und trat ein

»Goedenavond. Hoe kann ik u helpen?«, fragte sie.

»Ich spreche kein Niederländisch«, rühmte ich mich.

Tue ich wirklich nicht. Fremdsprachen empfinde ich als eine Art Sprachbehinderung, die man mit purer Willenskraft überwinden kann. Nur dumme Menschen können schnell und problemlos eine Sprache erlernen, weil sie so hohl sind, dass sie ihr nichts entgegenzusetzen haben.

Ich hatte einen Ständer, der langsam, aber sicher zum Teil der Inneneinrichtung wurde. Es war Zeit, sie auf der weichen

Matratze besinnungslos zu reiten. Ich warf sie auf den Rücken. Aber je deutlicher ich meine Absichten machte, desto resoluter drängte sie mich in ihr Silicon Valley. Das war zwar ganz in Ordnung, aber Rachel hatte mich fürs Ficken bezahlt. Vielleicht wäre es besser, sie von hinten ranzunehmen. Ich drehte sie um. Sie beschmierte sich mit einer Handvoll Öl. Und dann mit einer weiteren. Und noch einer. Was zur Hölle ging da vor? Und warum durfte ich ihr den Rock nicht ausziehen? Das Leder knarzte ein wenig. Was mich ein bisschen störte. Aber was soll's? Jeder, wie es ihm gefällt. Ich stieß ihn bis zum Anschlag rein. Schön eng war's.

Übler Geruch stieg mir sanft in die Nase. Es roch wie … na ja, um ehrlich zu sein … nach Scheiße. Ich bekam ein leicht flaues Gefühl im Magen. Ich schnüffelte nochmals. Nun ja, für alles und jedes gibt es den richtigen Ort und den richtigen Zeitpunkt. Scheiße ist guter Dung, aber in einer Hose irgendwie peinlich. Ich sah sie nochmals an. Was für große und fleischige Hände, die sich da ins Kopfkissen krallten.

Groschen fielen, Glocken läuteten, und alle Lichter gingen an. Wie ein Sturzbach von Münzen ergoss sich das Begreifen über mich.

»Die Dame war ein Herr«, erzählte ich Rachel am Telefon.

Vor lauter Lachen konnte sie kaum sprechen.

»Ich bin so kurzsichtig, dass ich mich eigentlich mit fast jedem verabreden könnte«, versuchte ich zu erklären.

Sie machte sich nicht einmal die Mühe, ihr Lachen zu unterdrücken.

»Na, sagen wir mal, es war einer dieser Hamlet-Momente«, setzte ich nach.

»Du bist kein Perverser. Du bist eine Niete!«, kreischte Rachel.

Ein Punkt für sie. Man erkennt eine Frau daran, dass sie garantiert jederzeit ein Paar Titten zum Lutschen sowie eine Möse zum Vögeln dabeihat. Doch ich hatte es nicht einmal geschafft, diese niedlichen kleinen Kinkerlitzchen ausfindig zu machen.

Rückblickend betrachtet respektierte ich diese Frau. Wahre Freiheit ist jene, die jeder Einzelne für sich entdecken und nach der er sich neu erschaffen muss. Wenn man weiß, wie schwierig es für einen Mann ist, eine Frau zu verkörpern, so kann man sich vorstellen, um wie viel schwieriger es sein muss, eine Frau zu verkörpern, die es niemals gegeben hat, eine Frau, die schon von Anfang an ein Traumbild gewesen ist. Er war den Schatten nachgejagt und der Traumwelt treu geblieben. Und nebenbei bemerkt, sah sie verdammt gut aus für einen Mann.

Was maßte ich mir an, ihm einen Strich durch seinen Traum zu machen? Ganz instinktiv hatte ich gewusst, wie ich mich verhalten wollte. Ich hatte den Schatten gesehen, der über sein Gesicht gefallen war, seinen Blick, als er seine Kleidung, seine schützende Tarnung, zurechtgezogen hatte. Es war schon unmanierlich genug gewesen, dass ich keine Erektion mehr hatte. Ich bedankte mich, küsste ihn und gab ihm Trinkgeld, ehe ich von dannen zog. »Du bist ein echter Gentleman«, waren seine Worte gewesen.

»Nicht schlecht. Das war ein guter Anfang«, war alles, was Rachel sagte. »Wenn man glaubt, schon ganz tief in der Schamlosigkeit zu stecken, merkt man, dass es noch tiefer geht, um es mal so zu auszudrücken.«

Jeden Tag gab es eine neue Hure. Weiße, schwarze, große, kleine, fette und dürre. Manche dieser Mädchen hatten Gesichter, die einen Keuschheitsgürtel überflüssig machten. Offenbar scherte ich mich nicht besonders um Hässlichkeit. Das ist zwar ein Beweis für schlechtes Urteilsvermögen, ich aber nahm für die nächste Geschichte und den nächsten Telefonanruf, was auch immer kam.

Rachel wollte alle Details. Als ich meine Berichte, meine BlaBla-Blasen ablieferte, konnte ich ihre Erregung spüren. Das Telefon war das bestmögliche Kommunikationsmittel.

Ich bin viel zu künstlich oder viel zu verletzlich, um tatsächliche Nähe ertragen zu können. Nur fantasierte Liebe geht mir wirklich nahe.

Rachel faszinierte mich. Ich hatte keine Ahnung, wer sie wirklich war. Wie ich schon sagte, bewertete ich Huren nicht, weil diese sich offensichtlich selbst bewerten. Sie bewerten sich offensichtlich selbst, weil sie ihre Dienstleistungen in Rechnung stellen. Normale Mädchen verschenken sich und sind dann darüber erstaunt, dass man sie verachtet. Was sollte ich mit Rachel anstellen? War ich etwa von der Rolle, die sie spielte, angezogen? Oder von dem, was für sie keine Rolle spielte? Spielte für sie überhaupt irgendetwas eine Rolle?

Nach einer Woche war ich schon ziemlich abgestumpft. Der Gaumen ist wählerisch. Ich erinnere mich an das Buch *Überleben!*, über den berühmten Flugzeugabsturz in den Anden, das ich irgendwann gelesen habe. Zuerst mussten die Überlebenden ihre natürlichen Skrupel überwinden und damit beginnen, die Körper ihrer toten Kameraden zu verspeisen. Schon nach einer kurzen Weile aber hatten sie ihre Grundnahrung aus Brust und Keule satt und wurden erfindungsreicher. Sie fingen an, sich die Hoden, Innereien und Zungen einzuverleiben.

»Ich möchte dir etwas wirklich Abartiges kaufen«, schlug Rachel eines Morgens vor.

Ich hatte da schon eine Idee. Am Tag zuvor war mir in einer düsteren Telefonzelle eine fluoreszierende Karte aufgefallen. »Reife Frau« stand darauf geschrieben. Nun ja, wenn eine Frau erst einmal zugibt, dass sie reif ist, dann bedeutet das ganz offensichtlich, dass sie, gleich einem köstlichen Stück zerlaufenen französischen Bries, inmitten des Aufruhrs strenger Gerüche in der Käsetheke Amok läuft.

Ich bin nicht unbedingt bekannt für mein übertriebenes Verständnis gegenüber alten Menschen. Ich habe mir sogar schon überlegt, eine Hilfsaktion für sie zu starten. »Stoppt die Alten!« würde sie heißen. Und warum auch nicht? Man sehe sie sich bloß an, wie sie vor sich hin sabbern, die Steuergelder für ihre Heizkosten vergeuden, wie sie wertvollen Platz auf den Bürgersteigen okkupieren, wie sie mir die Zeit stehlen mit ihrem endlosen Gequatsche mit den Angestellten an der Supermarktkasse ... Ich meine: Glauben die etwa, sie sind Menschen, oder was? Ach bitte, macht doch mal hin und sterbt endlich an Unterkühlung.

Vor der Tür hielt ich kurz inne und holte noch einmal tief Luft. Das bisschen Extrasauerstoff hatte ich bitter nötig, sonst wäre ich in Ohnmacht gefallen. Gewiss, es gibt keine außergewöhnliche Schönheit ohne gewisse Unregelmäßigkeiten in den Proportionen. Aber trieb ich die Sache nicht selbst für meine Begriffe etwas zu weit? Sie war um die Siebzig und lag wie schmelzende Butter auf den Laken ausgebreitet. Ich mag ja viel Butter, vor allem zu Käse. Aber hier musste ich mich über mindestens achtzig Kilo hermachen.

Genau genommen sah sie nicht einmal so übel aus, vorausgesetzt man hat ein Faible für die Dehnungsstreifen Siebzigjähriger und einen Begriff von Schönheit, bei dem ein Gesicht einer Toilette gleicht – so wie Picasso sie gemalt hätte. Ihre Augenlider hingen wie drohende Lawinen über ihren Wangenknochen, ihr Mund glich einer einsturzgefährdeten Kaverne. Ihre Haut war so dick mit Kosmetika bedeckt, dass der Boden des Amazonas ohne Zweifel mehr natürliches Licht abbekam. Wie ich feststellte, trug sie Strümpfe. Sie waren entsetzlich zerknittert. Doch dann bemerkte ich, dass sie gar keine Strümpfe trug.

Ich zog mich aus und legte mich neben sie ins Bett. Wir trafen einander in einer grotesken Umarmung.

Wenn ich ihr Fleisch anfasste, dann federte es nicht elastisch, sondern kroch, wie die Haut, die sich auf kaltem Vanillepudding bildet, wieder in seine Ausgangsposition zurück. Ihr Hals war faltig wie der eines Truthahns. Ihre Fotze sah aus wie eine Schüssel voller Fleischabfälle, und ich stellte mir vor, wie die Aasfliegen darüber summten. Fett und glücklich.

Ich schoss meine Ladung in die alte Kröte, und mein Liebesknochen fiel mit beinahe hörbarem Knacken sofort in sich zusammen. Ich war von mir angewidert. Ich blickte auf ihren Kadaver hinab. Nicht sie war es, die ich hasste. Ich war es. Das war mein Schicksal. Die Alten leben wie die Maden im Speck der Jungen. Ich lächelte, und sie lachte. Wie hold und frei ihr Lachen doch war.

»Aber weißt du, Rach«, hörte ich mich an diesem Abend ins Telefon sagen, »ich habe sie beneidet. Ich habe mich danach gesehnt, so alt wie sie zu sein, befreit von diesem entsetzlichen Warten. Ich will einfach verwelken, damit mein Schmerz ein Ende hat.«

Schweigen.

»Nun, wenigstens werde ich entsetzlich übertreiben. Ich meine, worin besteht der Witz, ein idiotisch weit fortgeschrittenes Alter zu erreichen, wenn man nicht absonderlich sein kann?«

Mehr Schweigen.

»Äh, versuch mich doch zu loben, auch wenn dich das anfänglich befremden sollte.«

»Ich will mit dir ficken.«

»Oh, wie schön. Zuweilen schätze ich ja normalen Sex. Zum Beispiel nach einer Zigarette.«

»Du hast noch zwei Tage und noch hundert Pfund übrig. Ich will noch eine Geschichte. Etwas ganz Spezielles.«

Als ich Rachel, mein Mädchen von Seite drei, zum ersten Mal traf, habe ich noch angenommen, dass sie nichts weiter war als das Lebenserhaltungssystem für ein riesiges Paar Brüste. Jetzt verstand ich, dass sie das Süßeste war, was Gott jemals erschaffen hatte – und dass er vergessen hatte, sie mit einer Seele auszustatten.

Diesmal war das Bordell ein Folterkeller, der von Kirchen umgeben war. Die Hölle ist das Rotlichtviertel des Himmels. Man hatte mir eine Losung gegeben, die mich durch den Perlenvorhang geleitete.

Ein Zwerg hieß mich willkommen. Er war ein halber Scheißkerl. War das alles, was sie sich hier leisten konnten? Er war das Anhängsel eines dreiviertel Scheißkerls mit Holzbein. HA!, dachte ich. All diese Schwachköpfe mit ihren Holzbeinen – es ist so lächerlich, darauf fällt doch keiner rein.

Ich hatte keinen Bedarf an Holzbeinen. Mir stand der Sinn nach Härterem. Man brachte mich in eine dunkle Kammer. Sie war so finster wie mein Mascara. Langsam gewöhnten sich meine Augen an die Dunkelheit. Der Abschaum menschlicher Körper umdrängte mich. Das war die Schlachtbank des Lebens. Überbleibsel zerstörter Kadaver von den evolutionären Schlachtfeldern.

Ein kahles Haupt glänzte im Licht einer flackernden Kerze. In ihrem Schein sah ich eine pelzbedeckte Frau. Eine andere lachte. Sie hatte einen Schädel, der dem eines Esels glich. Wieder eine andere schrie vor Zorn. Irgendjemand war gerade mit seiner Peitsche an ihren ledernen Chaps hängengeblieben. Und etwas abseits lag in einem Bett, das in einer Mauernische stand, eine wunderschöne Amputierte. Sie hatte keine Arme. Und keine Beine.

Auf sie fiel meine Wahl. Wir vereinigten uns, indem meine vier Glieder und ihre vier Stümpfe gleich einem riesigen Insekt ekstatisch flatterten.

Was beim Fürsten dieser Welt tat ich da? Ich sah auf sie herab. *Es gäbe so vieles zu sagen, aber deine Augen hindern mich daran.* War es die Seele, die aus diesen unersättlichen Augen heraus schrie? Sie waren weit geöffnet und dennoch geschlossen. Was flüsterte sie in dem ihr gebliebenen Innern? Fragte sie sich, wann man sie befreien würde? Sie war eine Frau, die jemanden brauchte, der sie fütterte, sie herumtrug, sie sauber machte. Ich hatte sie gefickt.

»Ich bin zu weit gegangen, Rach.«

Zu weit. Man braucht einen starken Charakter, einen elastischen Geist und spirituelles Durchhaltevermögen, will man aus der Dekadenz eine Tugend machen. Das hier aber war grausam. Ich hatte angenommen, dass man die Seele in etwas Monströses verwandeln müsse. Und um dies zu erreichen, muss man sich die Maske des Tieres anlegen. Doch war es eine Maske? Oder war ich selbst zum Monster geworden? Die Vorstellung war atemberaubend.

Ich war unter Krüppeln aufgewachsen. In meinen Zwanzigern hatte ich eine Weile befürchtet, ich könnte dieselbe Krankheit wie Vater bekommen. Ich wollte das Leben selbst angreifen, für das, was es gewagt hatte, ihm anzutun – und damit uns allen. Ich wollte dem Schicksal die Revolte ins Gesicht schreien. Das Leben war nichts weiter als eine Disco für Krüppel und Spastiker. Nur ein Tanz deformierter und verrottender Tiere auf ihrem Weg zu Staub und Vergessen.

Und was war mit der Frau? Hatte ich sie missbraucht? Oder machte diese Frage sie zu einem Opfer? Sie war kein Opfer. Sie war eine Kriegerin. Sie war eine Kaiserin des Stils. Anstatt vor dem, was sie war, zu fliehen, hatte sie es in ein Juwel verwandelt. Sie schwamm gegen die Flut und besiegte sie. Missgestalt ist immer kühn, wie Byron bemerkte.

»Denkst du, Gott wird mich auf der Stelle mit einem Blitz erschlagen?«, fragte ich Rachel, halbherzig lachend und doch verzweifelt darauf hoffend.

»Vielleicht sollten wir ihm einen Augenblick Zeit lassen, nicht wahr?«

Das Leben hört nicht auf, komisch zu sein, wenn Menschen sterben oder verkrüppelt sind. Ebenso wenig hört es auf, ernst zu sein, wenn Menschen lachen. Wenn man nicht einmal über Spastiker lachen kann, über wen soll man dann lachen? Über mich?

In Wahrheit hatte die gesamte Erfahrung mein Herz erweicht. Auf seltsame Weise ist das Bordell die Heimat der Spiritualität. Es ist beinahe so, als ginge man hin, um zu beten. Man muss all seine Kleider ablegen, ehe man ins innerste Heiligtum vorgelassen wird. Dann findet man auf Knien heraus, dass in allem Tugend und Sünde waltet. Man entblößt seine Seele. Legt man alle Pracht ab, offenbart sich die Menschlichkeit. Das ist die heilige Prostitution der Seele.

Ich flog heim zu Rachel. Zur Feier meiner Rückkehr machte sie ein Käsesoufflé – und es ging sogar auf. Sie deckte den Tisch, und nach dem Abendessen kuschelten wir uns aneinander. Ich hatte keine Angst mehr vor ihr. Sie war wie ein Marshmallow am Lagerfeuer. Und sie bemerkte die Veränderung, die in mir vorgegangen war. Wenn man mich vorsichtig behandelt, werde ich häuslich und gefügig.

Es gibt keine Ausnahme von der Regel, dass jeder gern die Ausnahme von der Regel sein möchte. Ich jedoch hatte ein Mädchen gefunden, für das es keine andere Regel außer der Ausnahme gab. Ich betete die Luft an, die sie atmete – und wenn man eine Frau wahrhaftig anbetet, dann verzeiht sie einem alles. Sie hingegen wusste: Liebt eine Frau einen Mann wahrhaftig, dann wird er sie dazu bringen zu tun, was immer sie will. Ein Mädchen von Seite drei verstand also, was keine Feministin jemals begreifen würde: Ein folgsames Mädchen beherrscht seinen Mann.

Rachel fühlte, was andere Frauen nur wissen. Um in der Welt erfolgreich zu sein, muss man wie ein sexy Püppchen aussehen, doch zugleich weise sein. Eine Frau sollte gerade über so viel Intelligenz verfügen, dass sie mich vergöttert, aber wiederum nicht über so viel, dass sie mich durchschaut. Rachel ging noch einen Schritt weiter. Sie durchschaute mich, und ihr gefiel die Aussicht trotzdem.

Die Liebe ist das Klosett der Gefühle. Doch zu guter Letzt hatte ich mich ganz und gar jemandem hingegeben, der mich brauchte. Als ich das getan hatte, war sie wie eine Rose erblüht. Das erste Mal in meinem Leben war ich gemeinsam mit einer Frau glücklich. Für gewöhnlich wollen Liebende ihre Gedanken teilen und den anderen an sich binden. Sie sagen »keine Fesseln«, um gerade daraus eine Henkersschlinge zu knüpfen. Niemals wieder! Ein für alle Mal hatte ich mich aus dem klammen, dunklen Kerker ewiger Liebe befreit.

Es war Rachels Geburtstag, und ich wollte ihr zeigen, wie sehr ich sie schätzte. Was sollte ich ihr kaufen?

Es läutete an der Tür. Ich sagte Rachel, dass mein Geburtstagsgeschenk auf dem Bett läge. Dort saß Claudia, meine Lieblingshure, sittsam bei ihren üppigen Brüsten. Oh Lust, welch' verhängnisvolles Ei, von Lust gelegt! Wir lächelten wie drei Schiffbrüchige in der Wüste. Doch ein Lächeln ist schon ein halber Kuss ...

Nach jahrelangen Bemühungen ließ sich Claudia, hier und jetzt, mit Rachel, schließlich von mir küssen.

Wahres Glück liegt in der Dauer des Augenblicks. Endlich war ich glücklich. Wenn der Augenblick doch nur gedauert hätte!

Ich war gierig. Ich wollte mehr. Ich wollte Rachel und Drogen.

Sauber zu sein ist schön und gut, aber zwecklos, wenn man die Macht, die es mit sich bringt, nicht missbraucht. Ich wusste, dass ich die Schönheit in den gewöhnlichen Dingen irgendwie entdecken musste. Aber wie? Ich hatte mich von allem losgesagt – mit Ausnahme Satans. Und was kann man schon tun, wenn man erst einmal in den verbotenen Apfel gebissen hat?

Verzichtet man lediglich auf das Heroin, dann stiehlt man sich um die Kernfrage herum. Es ging nicht ums Pferd. Es ging um seinen bleichen Reiter. Es war nicht das H, um das sich das melodramatische Gerede von den Entzugserscheinungen drehte. Nicht das *Horse*, sondern der Horsley. Und es war nur eine Frage der Zeit ...

»Liebling! Ich liege da und fantasiere von Doktorspielen. Ich will mich auf deinem Bett räkeln, mit Brüsten, die in einem weißen BH aus dem Ausschnitt meines Kleides springen. Ich will, dass du mir einen Schuss setzt. Bitte, Liebling. Biiitteee.«

Ein Speedball ist eine Mischung aus Heroin und Kokain. Das Koks katapultiert dich gleich einem Orgasmus in den Innenraum, während das Heroin für eine sanfte und warme Landung bei der Rückkehr auf die Erde sorgt.

Rachel streckte sich im Bett aus und reichte mir ihren Arm dar. Ich kontrollierte die Dosis. Sie spreizte leicht ihre Beine, und ihre zinnoberroten Fingernägel strichen über ihr Höschen. Ich war von Zärtlichkeit und Liebe überwältigt, als sie meine Hand drückte und mein Gesicht zu ihren Brüsten herabzog. Sie schloss ihre Augen, und ihr Gesicht strahlte.

»Das ist ... zu viel ... zu viel des Guten ... Liebling ... So angenehm.«

Ein Tröpfchen schwarzen Blutes perlte über ihren blassen Arm. Wie Dracula beugte ich mich über sie und leckte es mit der Spitze meiner Zunge auf.

Schon nach einer Woche hatte Rachel herausgefunden, dass sie sowohl für die Rolle des Doktors wie auch für die der Schwester Talent besaß.

»Liebling, du machst das fantastisch. Immer triffst du die Vene.«

So sahen die guten Zeiten aus. Schließlich war es Liebe. Wir stießen einander die Nadeln ins Fleisch, wir nutzten den Schmerz, um einander das Reich des Genusses zu erschließen, und zwangen den Genuss zurück in die Kammern des Schmerzes.

Doch derlei Verlockungen konnten nicht von Dauer sein. Letztendlich ist es genauso glamourös, Heroin und Crack zu nehmen, wie Methedrin einzuwerfen. Innerhalb weniger Monate war Rachel zu einem Schwein am Trog geworden. Ständig hatte sie die Pfeife in der Hand oder im Mund. Sie verschaffte sich einen Kick und machte dann sofort alles für den nächsten klar.

»Leg dich hin und genieß es. Das ist doch Verschwendung«, rüffelte ich sie alle paar Minuten.

Ich war erfüllt von Ekel und Verachtung. Sie war vollständig außer Kontrolle geraten. Es gab da etwas mir beunruhigend Bekanntes in ihrer krankhaften Gier – was alles nur noch unerträglicher machte. Auf Koks pflegte sie in der Mitte des Schlafzimmers zu stehen und sich die Nase so lange zu putzen, bis sie blutete. »Da steckt noch ein bisschen was vom Zeug fest. Aber es ist schon fast wieder draußen«, wiederholte sie zwölf Stunden lang.

Das Heroin machte sie schmalzig und sanft. Wir nahmen eine Ladung, kuschelten uns aneinander und besprachen unsere Hochzeitspläne. Als aber die Heroinlieferungen seltener wurden, fing ich an, das Zeug für mich zu bunkern. Einmal hatte sie ein bisschen zu viel erwischt und brach bewusstlos auf meinem Küchenfußboden zusammen. Mein Gott, wie melodramatisch, dachte ich, als ich über sie rüberstieg. Auf alle Fälle mehr Stoff für mich. Ich setzte mir einen Schuss auf dem Klo. Scheiße, hoffentlich ist sie nicht hinüber. Ich will keine Bullen in meiner Wohnung. Ich gab ihr einen Tritt, als ich zurück ins Bett ging. Sie grunzte. Sehr gut – ich werd' mir noch ein bisschen Crack einpfeifen, ehe das Schwein wieder aufwacht.

Dann war ich wieder an der Reihe.

Rachel hatte eine Freundin mit in die Wohnung gebracht, die ein bekanntes Oben-ohne-Modell war. Wäre ich sauber gewesen, hätte ich wahrscheinlich davon geträumt, mit zwei Mädchen von Seite drei oder mit drei Mädchen von Seite zwei zu schlafen, aber wir hatten Wichtigeres zu tun. Mein Spritzenfest war schon eine Weile im Gange, ehe die beiden ankamen, und mein Körper war bereits randvoll mit Heroin, Alkohol und Crack – eine ungewöhnliche Mischung, die man für gewöhnlich nur bei Leichen findet.

Es war etwa fünf Uhr nachmittags. Stoßzeit. Ich bereitete einen riesigen Speedball vor und saß auf meinem Thron, um die Dosis zu kontrollieren. Einen Schuss in den Arm. Einen Schuss ins Dunkel. Einen Schuss in den Kopf.

Ich wusste sofort, dass ich zu viel erwischt hatte. Ich stand auf, weil ich dachte, wenn ich mich ein bisschen im Raum herumbewegen würde, um meinen Kreislauf anzuregen, würde ich nicht komplett wegkippen. Natürlich war das Gegenteil der Fall. Das Gefühl einer allmählichen körperlichen Auflösung überflutete mich. Ich lief zum Fenster, um Halt zu finden. Ich spürte, wie es mir die Beine wegzog und ich zusammenbrach.

Die Mädchen starrten auf mich hinunter und sahen, dass ich vom Braunen blau angelaufen war. Sie zogen in Erwägung, nach einem Krankenwagen zu verlangen, wickelten stattdessen aber meinen Kopf in kalte Handtücher und hauchten mir mit ihren zarten Lippen wieder Leben ein. Heroin ist nicht giftig – man erstickt an einer Überdosis, indem man zu atmen vergisst.

Schließlich schafften sie es, dass ich wieder auf die Beine kam, und führten mich im Studio hin und her. Zwischen uns herrschte ein Gefühl der Verlegenheit. Wenn ein Augenblick gemeinsam ausgestandener Gefahr vorüber ist, bereuen die Menschen ihre unüberlegte Offenheit – Gefühle, die man gezeigt hatte, musste man jetzt wieder vergessen machen. Aber das dauerte nicht besonders lange. An alles, was an diesem Abend passierte, nachdem ich wieder bei Bewusstsein war, kann ich mich so gut erinnern, weil im Admiral Duncan eine Bombe hochging. Aber wir hatten eine ganze Menge im Schlafzimmer zu tun und kümmerten uns nicht darum, was draußen los war.

Alles, was aufsteigt, muss auch wieder runterkommen. Doch es kommt die Zeit, wo nicht alles, was heruntergekommen ist, auch wieder hochkommt. Oh Gott, schon wieder *cold turkey*. Die Belagerung des Raums. Eine ganze Woche lang lag ich im Bett. Aber diesmal war es schlimmer als zuvor. Rachel lag neben mir. In der Vergangenheit war sie heruntergekommen, um nach mir zu sehen, wenn ich krank war. Sie hatte Früchte und Schokolade mitgebracht. Essen auf Bleistiftabsätzen sozusagen. Aber man brauchte sie sich nur ansehen. Sie warf sich hin und her und keuchte und schwitzte. Es war nicht auszuhalten. Ich sah mir *Kick it like Beckham* an und schluchzte wie ein kleines Kind.

Wie üblich war ich etwa nach einem Monat wieder bei Kräften. Zumindest dachte ich das. Gewiss, ich hatte teuflisch viele Drogen eingeworfen. Keine große Sache. Jetzt würde ich eben teuflisch sauber werden. Ich muss zugeben, dass es da eine gewisse Folgerichtigkeit gab. Ich würde ein »Nein« dort einsetzen, wo früher ein »Ja« gestanden hatte, und mich dem Extremismus von der anderen Seite her nähern. Das würde funktionieren. Sollte jemand glauben, ich hätte ein schlimmes Drogenproblem, sollte er erst einmal abwarten, wie ich es lösen würde!

Ich hatte einen Plan!

WENN DAS LEBEN SCHON SINNLOS IST, KÖNNEN WIR EBENSO GUT AUSSERGEWÖHNLICH SEIN

IM AUGUST 2000 TRAFEN WIR UNS zu dritt am Flughafen Heathrow. Wir waren eine unausgeglichene Mannschaft. Da war Dennis Morris. Er kam aus dem East End, war karibischer Herkunft und ein bekannter Punkfotograf. Ich gebe zu, dass sich mein Interesse für Fotografie im Großen und Ganzen auf Portraits von mir beschränkt, doch kein anderer als er hatte all die Kultbilder von den Sex Pistols geschossen.

Da war Sarah Lucas. Sie ritt auf der Welle ihres Erfolgs als britische Künstlerin, doch ich wusste über ihre Arbeiten nichts Genaues. Schlimmer noch: Sie kannte nichts von mir. Künstler interessieren sich eben nur für sich selbst.

Und dann war da noch ich. Ich stand kurz vor einer neuen aufregenden Erfahrung. Ich sollte gekreuzigt werden.

Flugziel waren die Philippinen. Zugegeben, ein Ort, den ich normalerweise nicht einmal überfliegen würde, doch man muss einräumen, dass man in unseren Tagen für eine Kreuzigung keine große Auswahl hat.

Auf den Philippinen aber ist es ein jährliches Ritual. Am Karfreitag nehmen die Bewohner eines kleinen, staubigen Dorfs unweit von Manila an einem Ereignis teil, das mittlerweile ziemlich bekannt geworden ist – möglicherweise auf Grund der emsigen Werbung, die das örtliche Tourismusbüro betreibt. Wenn man die Küche schon nicht empfehlen kann, muss man es eben mit etwas anderem probieren.

Die Rücksichtsvolleren begnügen sich, wie es scheint, mit Selbstgeißelung. Vermummt und mit entblößtem Oberkörper ziehen sie um das Dorf und peitschen sich mit Bambusgerten, in die winzige Glasscherben eingesetzt sind. Die Haut hängt ihnen in Fetzen vom Rücken. Während sie sich so für ihre Sünden geißeln, stimmen ihre frommen Frauen in den Hütten am Wegesrand die Bußlieder zur Fastenzeit an. Ständig wachsende Scharen von Zuschauern versammeln sich und kaufen Limonade bei den kleinen Jungs, die sie von ihren Fahrrädern aus feilbieten, und die mit den ansässigen Hamburgerbuden, die ihre preisgünstigen »Fasten Happen« anpreisen, im Wettstreit liegen.

Die ganze Veranstaltung ist ein brodelnder, chaotischer, blutbespritzter Zirkus, bei dem tiefe Hingabe und gieriges Unternehmertum aufeinanderprallen. Das ergibt eine grässliche Mischung. Das Ganze verströmt die Aura eines viktorianischen Varietés. Und man würde es wohl auch für ein solches halten, wären da nicht die »Märtyrer«, jene kleine Gruppe von Büßern, die sich entschlossen haben, sich kreuzigen zu lassen – ans Kreuz gebunden, mit Nägeln, die durch Hände und Füße getrieben werden.

Zumeist sind es junge männliche Filipinos, die sich jedes Jahr diesem himmelschreienden Leiden für den Glauben unterziehen, aber auch eine sehr kleine, weiß gekleidete Nonne war einige Jahre unter ihnen. Sie glauben, dass sie durch den Schmerz dem Göttlichen näherkommen, dass ihre Gebete für kranke Verwandte, für das Ausbleiben von Überschwemmungen und für eine gute Ernte von einem liebenden Gott erhört werden. Für sie ist es ein zutiefst bedeutsamer Anlass, der untrennbar mit ihrem römisch-katholischen Glauben zusammenhängt. Für die Horde internationaler Journalisten aber, die jedes Jahr um die besten Plätze kämpfen und das Ereignis durch die Linsen ihrer riesigen Fernsehkameras betrachten, ist das ganze eine Freak-Show – eine verlässliche Geschichte für einen ereignislosen, gemächlichen *Bank Holiday*.

Nur einmal hatte sich ein Ausländer kreuzigen lassen, erzählte mir das Dorfoberhaupt. Es war ein Japaner. Und er hatte vor Schmerz geschrien. Er habe vom Kreuz herunter geheult. »Ein Mann schwachen Glaubens«, hatten die Ortsansässigen geflüstert. Und sie hatten recht gehabt. Offensichtlich hatte er das Filmmaterial von seinem Martyrium für ein SM-Pornovideo verkauft. Das hatte die Gefühle der Bevölkerung verletzt. Man beschloss, dass kein Außenstehender jemals wieder gekreuzigt werden sollte.

Ich jedoch war gekommen, um sie zu davon zu überzeugen, mich teilnehmen zu lassen. Und das verlangte eine ganze Menge Überzeugungsarbeit. Ich musste beweisen, dass ich ein Künstler war, und dass Kunst weniger eine Freizeitbeschäftigung als eine Art Priesteramt ist; dass, obwohl wir von religiöser Kunst sprechen, Kunst selbst eine Religion ist, ein Akt der Hingabe an ein transzendentes Ziel. Schließlich gestatteten sie mir, meine eigene private Zeremonie durchzuführen. Ich war der erste Abendländer, der an einem Ereignis teilnahm, das unter dem Namen Karabrio bekannt ist.

Als Dandy war ich von dem Vorhaben ganz begeistert. Immerhin hatte Christus tief greifendes Stilbewusstsein bewiesen. Er war der ultimative Dandy. Allein Kraft seiner Persönlichkeit und seines Beispiels begründete er eine ganze Bewegung. Man wird nicht durch Zufall Guru. Hatte Ghandi bewiesen, dass man die Welt beherrschen konnte, indem man höflich blieb, dann hatte Christus ein für alle Mal Zeugnis dafür abgelegt, was man mit der Macht des Charismas erreichen kann. Er hatte darüber hinaus am Kreuz ein Bild erschaffen, zu dem man aufblicken und das man bewundern muss. Es wird an den Wänden der Kirchen angebetet. Und Stil bedeutet ja weit mehr, Leute anzuziehen als Sachen. Alle großen Stylisten ziehen Leute an – nur nicht mit den schauderhaften Klamotten Christi.

Natürlich fürchtete ich mich auch. Für gewöhnlich hat man ja keine Chance, sich auf den Schmerz vorzubereiten. Ich aber hatte zwei Monate, in denen ich um ihn wusste, auf ihn wartete und mich mit dem Gedanken an ihn herum-

quälte. Ich hatte Albträume. Ich fürchtete, dass etwas schiefgehen könnte. Ich war Künstler. Ich wollte mir meine Hände
nicht ruinieren.

Ich las alles über Kreuzigungen. Eine medizinische Ab-
handlung war ganz besonders hilfreich. »Stunden grenzen-
loser Qual, zyklisch wiederkehrende Spasmen, reißende
Krämpfe in den Gelenken, unregelmäßig auftretende Ersti-
ckungszustände und schneidender Schmerz, da sich das Opfer bei seinem Auf und Ab an dem rauen Holz des Kreuzes
die Haut vom Rücken reißt.« Dieser ausgeklügelte grausame
kleine Zeitvertreib, so wurde erklärt, war in erster Linie als
Folter entwickelt worden und nicht etwa, um jemanden
schnell zu töten. Aber es war auch eine bevorzugte Hinrich-
tungsart, weil sie ein verlängertes Schauspiel des Sterbens
bot. Die meisten verendeten erst, nachdem man ihre Beine
gebrochen hatte – wenn sich ihr Brustkorb nicht mehr heben
und senken konnte, erstickten sie. Doch bis dahin konnten
sie bis zu drei Tage am Kreuz hängen; oftmals starben sie an
einem Hitzschlag oder sie verdursteten, ehe das geplante
Ende herbeigeführt werden konnte. Die Römer hatten den
Vorgang bis aufs Äußerste verfeinert. Offensichtlich gibt es
einen Nerv, der durch die Mitte der Handinnenfläche läuft.
Auf den hatte man es abgesehen. Die Hand krampfte sich
dann zu einer Klaue zusammen. Ich fürchtete mich vor dem
Schmerz. Ich fürchtete aber auch, mich zum Narren zu machen. Doch ebenso bin ich fest davon überzeugt, dass ein
Künstler darauf vorbereitet sein muss, einen Narren aus sich
zu machen. Er lässt sich zwischen einer dressierten Robbe
und einem Selbstmörder einordnen. Aber ich machte mir
Sorgen, ob ich es mit diesem Akt mutwilliger Selbstbeschä-
digung nicht doch etwas zu weit trieb.

Fühlte ich mich mutig? Nein – in gewisser Weise war das
Ganze für mich kein Beweis des Mutes. Ich wusste aus ir-
gendeinem Grund, dass ich es tun musste. Für mich ist der
Prüfstein jeder Kunst (und jedes Menschen) die Frage, ob sie

dem Gelächter standhält, ob sie sich am Rande der Selbstzerstörung bewähren wird. Ich wollte die Beschränkungen
des Lebens durchbrechen, gegen die Grenzen meiner Wirklichkeit anrennen. Ich wollte die gepanzerten Fantasien überwinden. Ich wollte nackt sein, um vielleicht bei dieser Gelegenheit herauszufinden, wer ich war. Es lag in meiner Natur,
so zu handeln. Und deshalb hatte es nichts mit Mut zu tun.
Mut ist die Tapferkeit, über seine natürlichen Anlagen hinauszugehen. Nein – ich war kein Held. Doch ich bin nicht
ganz sicher, was ich war. Auf jeden Fall fürchtete ich mich.
Vielleicht bedeutet Mut, das zu tun, wovor man sich fürchtet, und man kann seinen Mut gar nicht unter Beweis stellen,
ohne sich zuvor zu fürchten. Ich weiß es nicht. Alles, was ich
weiß, ist, dass ein echter Mann nicht über Sieg oder Niederlage nachzudenken braucht. Er schreitet unbekümmert vorwärts, auf sein absurdes Schicksal zu.

Und da war ich nun in Heathrow, bereit, gemeinsam mit
Dennis und Sarah an Bord zu gehen. Wenn man etwas derart Drastisches vorhat, ist es am wichtigsten, dass man jemanden an seiner Seite hat, der es auch bezeugen kann. Es
gibt nichts Verdrießlicheres, als ohne Publikum im Hinterhof
eines Gefängnisses gehenkt zu werden. Dennis würde also
Fotos schießen, und Sarah würde filmen.

Tatsächlich war sogar eine Fernsehgesellschaft an mich
herangetreten. Ich hatte aber abgelehnt – was seltsam scheinen mag, kennt meine Eitelkeit doch keine Grenzen. Doch
ich wollte ein intimes Portrait. Und außerdem – was wäre,
wenn etwas schieflaufen würde? Dann wäre ein Fernsehteam
nicht gerade von Vorteil. Und mein Arzt hatte mich gewarnt,
dass es eigentlich nur schiefgehen könne. Ich hatte mit dem
Gedanken gespielt, eine Organspendekarte in meiner Tasche
mit mir zu führen, auf der geschrieben stehen sollte: »Im Falle eines Herzanfalls bitte eine Pressekonferenz einberufen.«
Doch ich entschied mich dagegen.

Wir waren eine sonderbare Truppe von Kollegen. Dennis

und Sarah sind totale Gegensätze. Sarah war beschwingt, Dennis mürrisch. Die Ausdauer, mit der er sich seinen Verstimmungen hingab, war beinahe rührend. Er insistierte unentwegt, dass die Bedienungen zu lahm oder dass die Leute unaufmerksam seien, weil er eine dunkle Hautfarbe habe. Doch warum sollte man jemanden wegen seiner Hautfarbe diskriminieren, wenn es genug andere Gründe gibt, ihn nicht zu mögen? Schlechtgelaunt ging Dennis durchs Leben, immer mit dem Wunsch auf den Lippen, den Geschäftsführer sprechen zu wollen. Seine unerschütterliche Überzeugung bestand darin, dass man ihm ein »Bein stellen« wollte. Die »Mächte, die am Werk waren« verschworen sich die ganze Zeit gegen ihn. Nach einiger Zeit hoffte man geradezu, dass sie auf ihm herumtrampeln würden – so wie Sarah, die einmal aus Versehen auf seine weißen Turnschuhe trat. »Man tritt verdammt noch mal niemals auf die Schuhe eines schwarzen Mannes«, brauste er auf. Er war kurz davor, sie zu schlagen. Glücklicherweise hatte Sarah diese fröhliche Unbefangenheit, die sie gleich noch mal auf die Turnschuhe treten ließ.

Ich hätte mir keine zwei unterschiedlicheren Mitstreiter wählen können. Sarah glich einem zauberhaften Kind, das im Glanz seines eigenen Charismas funkelt. Sie tanzte wie eine Marionette, deren Fäden Engel in Händen hielten. Dennis saß wie die Puppe eines Bauchredners auf dem Knie eines äußerst streitlustigen Taxifahrers.

Wir hatten fünf gemeinsame Tage bis zur Kreuzigung, und so machten wir uns auf den Weg zu einem Hotel unweit des Strands. Als wir ankamen, warfen wir nur einen Blick darauf und entschieden, dass die Natur der geeignete Platz ist, um die Stadt anzubeten – und schickten den Fahrer geradewegs zurück nach Manila, um was aufzustellen. Er kam zurück mit einer Ladung Marihuana, die ausgereicht hätte, um uns eine anständige Zuchthausstrafe zu bescheren, und wir verbrachten den Rest der Zeit damit, im Paradies herumzuliegen und uns zu fragen, was wir tun sollten.

In der Nacht vor der Kreuzigung hatte ich Geburtstag, also nahmen wir unser letztes Abendmahl zu uns und zogen uns dann auf den Balkon zurück, um zu rauchen. Ich könnte nicht sagen, ob ich eine angenehme Zeit verbracht habe oder eine entsetzliche. Solche Probleme hatte Sarah nicht: Zweifellos befand sie sich in der Hölle. Vollkommen paranoid flitzte sie herum, um ihr Zeug zu verstecken. Sie sah tatsächlich ziemlich zwielichtig aus, wie jemand, der auf öffentlichen Bedürfnisanstalten herumlungert. Auch ich trug nicht gerade zur Verbesserung der Lage bei. »Wir werden bestimmt hingerichtet, wenn man uns hier mit Stoff erwischt.« Es folgte eine ziemlich lange Pause. »Tja, das würde unserer Unternehmung einen kleinen Dämpfer verpassen, oder?« Hysterisch lachend fiel ich vom Stuhl. Ich blickte hinauf zu Sarah. »Wenn bei meiner Hinrichtung auch nur ein Spritzer Blut auf meinen Samtanzug kommt ... dann bist du tot!« Ich stand wieder. »Sagt, was wäre euer letzter Wunsch angesichts des Erschießungskommandos?« »Sex«, antwortete Dennis. »Drogen«, antwortete Sarah. »Nun ja«, sagte ich, »ich persönlich würde mich für eine kugelsichere Weste entscheiden.«

Doch dann dämmerte der Morgen der Kreuzigung. Die Angst reißt der menschlichen Tragödie die Maske herunter. Doch seltsamerweise fürchtete ich mich nicht. Ich war ruhig. Es war zu spät, um auszusteigen. Ich befand mich im Auge des Taifuns. Ein eigentümlicher Friede erfüllte mich.

Ich ging gegen meine Nervosität mit meinen üblichen Zwangshandlungen vor – Dinge zu berühren und abzuzählen, die Handlungen immer und immer zu wiederholen, um dann, wenn ich dachte, es wäre vorbei, plötzlich umzukehren und wieder damit anzufangen. Ich versuchte einen Gott, an den ich nicht einmal glaubte, mit bedeutungslosen, pseudoreligiösen Mitteln milde zu stimmen. Würde diese Kreuzigung klappen, betete ich, dann wäre es ein Zeichen: Ich würde in der Lage sein, diesen hinderlichen Zwang ein für alle Mal abzulegen.

Im Hotelzimmer half mir Sarah dabei, ein Stück weißen Musselins zu einer Art Lendentuch zu schürzen. Darüber kleidete ich mich an. Ich fühlte mich verlogen, wie ich so in Anzug und Sonnenbrille herumlief, mit einem Lendenschurz darunter. Sarah schnappte sich den Erste-Hilfe-Koffer, und auf einmal wirkte alles komplett lächerlich: ein kleines Reise-Erste-Hilfe-Set – für den unwahrscheinlichen Fall, dass man auf eine Holzlatte genagelt wird.

Ich war bereit. Ich betrachtete mich im Spiegel. Ein Gentleman sollte immer tadellos angezogen vor sein Erschießungskommando treten. Und den Schießbefehl selbst erteilen.

Ein ortsansässiger Tourismusbeamter, der mir schon bei einigen Vorbereitungen geholfen hatte, fuhr uns nach San Pedro Cutud, das nur wenige Stunden entfernte, in den äußersten Randbezirken der endlosen Barackensiedlungen Manilas gelegene Dorf, wo die Kreuzigungen stattfanden. Während der Fahrt schwiegen wir. Unaufgefordert huschten meine Gedanken wie Schatten herum. Einen Augenblick dachte ich an Blut und Nägel, und schon im nächsten, dass ich mich an diesem Morgen hätte rasieren sollen. Wir rumpelten über Schotterpisten, vorbei an Holzhütten und morastigen Gärten, in denen kümmerliches Gemüse spross oder verrottete. Alles war arm und dreckig. Es war nur zu offensichtlich, wie sehr ich hier aus dem Rahmen fiel.

Wir besprachen die letzten Details. Was auch immer dort geschehen mag – hört nicht auf, Bilder zu schießen, erklärte ich Dennis und Sarah. »Ich habe euch gebeten, mich als Künstler zu begleiten, nicht als Ärzte. Ihr dürft nicht wegsehen.« Ich sah meine Trübsal blasenden Freunde an und war auf einmal mehr als dankbar, dass sie mich begleiteten.

Als wir im Haus des Dorfoberhaupts angekommen waren, setzten wir uns um einen Tisch herum, in dessen Mitte ein Glasgefäß stand. Darin befanden sich zwei Nägel – die man, wie ich annahm, durch meine Hände schlagen würde. Sie waren viel größer, als ich sie mir vorgestellt hatte: etwa zehn Zentimeter lang, mit großen runden Köpfen, oben dick, doch spitz zulaufend. Sie waren in Alkohol sterilisiert worden. Ich stellte fest, wie schön sie gearbeitet waren. Die Dorfbewohner, die sich um den Tisch versammelt hatten, blätterten müßig den Stapel von Zeitungsausschnitten durch, den ich hergeschickt hatte, um zu beweisen, dass ich ein Künstler war. Sie hoben die Ausschnitte hoch, glotzten sie an, sahen auf die Nägel – und dann sahen sie mich an. Die Neugier war ihnen deutlich in die fragenden Gesichter geschrieben. Sie lächelten.

Ich wurde Ricardo vorgestellt. Er würde mich ans Kreuz schlagen. Es war in etwa so, als würde man seinen Anästhesisten vor dem chirurgischen Eingriff treffen – mit dem Unterschied, dass er sich nicht mit mir unterhalten konnte und keine Schuhe an den Füßen trug.

Er ergriff meine Hände, rieb deren Innenflächen zwischen Daumen und Zeigefinger, fühlte die Knochen, suchte nach dem Punkt, wo er den Nagel hindurchschlagen konnte, ohne bleibende Schäden zu verursachen. Das ging nahezu beiläufig vor sich. Aber er war eben auch ein Experte. Jedes Jahr an Karfreitag nagelte er die »Märtyrer« an. Er kannte nur zwei Worte der englischen Sprache: »no« und »problem«. Ich hoffte sehr, dass die beiden miteinander in Zusammenhang standen. Ich sah nach den anderen, um etwas Beistand zu erheischen. »Es sieht so aus, als ob Ricardo weiß, was er tut, nicht wahr?« »Tut er«, bemerkte Sarah treu ergeben. »Aber egal. Selbst wenn er keine Ahnung hat, ich kann ohnehin nichts dran ändern.«

Ich wurde ersucht, ein Rechtsdokument zu unterzeichnen, mit dem ich bestätigte: »Kraft meines eigenen Willens unterziehe ich mich dieser Prüfung und erkläre mich bereit, alle wie auch immer gearteten Folgen, die mit dieser Kreuzigung verbunden sein können, mögen sie physischer, seelischer oder psychologischer Natur sein, zu tragen.« Formell entlastete ich alle Personen, die mit diesem Geschehen zu

tun hatten, von jedweder »strafrechtlichen, verwaltungs-
rechtlichen oder zivilrechtlichen Verantwortlichkeit, die aus
einer physischen Versehrung oder dem Tod im Anschluss an
die Kreuzigung resultieren könnten«. Meine Hände waren
feucht, als ich meine Unterschrift hinkritzelte. Jemand fragte
mich, ob ich Schmerzmittel wolle. Ich lehnte ab. Es war
schon komisch. Einen großen Teil meines Lebens hatte ich
ohne ersichtlichen Grund damit zugebracht, alle meine Gefühle und Empfindung zu betäuben. Jetzt aber, wo ich tatsächlich mal ein paar Drogen hätte gebrauchen können,
lehnte ich ab.

Draußen war ein herrlicher Tag. Die Sonne schien. Die
Papageien sangen. Ein paar weiße, bauschige Wolken waren
am Bilderbuchhimmel zu erkennen. Ein ausgezeichneter Tag
für eine Kreuzigung.

»Jetzt bin ich wirklich ziemlich aufgeregt«, ermutigte ich
die anderen. Nervös tastete ich meine Hände ab. »Hände
sind schon ziemlich zähe Dinger, oder? Und der Schmerz
wird schon nicht so schlimm sein«, stellte ich fest. Ich glaube, meine Furcht war zu groß, als dass ich sie hätte zeigen
können – nicht einmal mir selbst. Bald würde es vorbei sein.
Sie hatten gesagt, dass ich eine halbe Stunde oben sein würde. Eine halbe Stunde! Das ist ziemlich lange, wenn man an
ein Kreuz genagelt ist.

»Nun ja«, bemerkte Dennis, »fünf Minuten sind nicht genug ... Ich meine, versteh mich nicht falsch ...«

»Was? Du bist nicht etwa ein Sadist, oder?«, fragte Sarah.

»Ich werde die Zeit dazu nutzen, mir ernsthaft Gedanken
zu machen«, witzelte ich, doch mein Mund blieb trocken.

»Du musst uns sagen, was dir durch den Kopf geht«, er-
mahnte mich Dennis.

»Oh nein! Du willst doch nicht auch noch Reden schwingen, während du da oben bist?«, keuchte Sarah.

»Du wirst mir den Mund nicht stopfen können«, sagte
ich. »Stell dir vor ... Na ja, andererseits ...« Wir prusteten los

vor Lachen – Gelächter ist das beste Schmerzmittel, das es gibt.

Die Kleinkunstveranstaltung war offenbar ein wohlgehütetes Geheimnis geblieben. Einige Neugierige stürzten aus ihren Häusern, als wir langsam durch das Dorf fuhren. Sie starrten durch die Scheiben ins Auto herein. Ich sah in ihre Gesichter. Sie lächelten und plapperten. Was dachten sie? Sahen sie in mir einen fanatischen Gläubigen oder einen Spinner ... oder bloß einen Engländer auf Reisen?

Wir hielten an, und drei junge Frauen, gehüllt in Tücher in Blau, Rosa und Weiß, stiegen zu. Sie hatten sich freiwillig bereit erklärt, wie Marias am Fuß des Kreuzes zu stehen. Sie sahen in ihren selbst genähten Kleidern so zerbrechlich aus – wie kleine Kinder, die sich für eine Schulaufführung verkleidet hatten. Mir blieben die Tränen im Hals stecken. Ich war beschämt, dass sie sich all die Mühe für mich gemacht hatten. Ich wäre am liebsten unsichtbar geworden, hätte gern meine Augen geschlossen und wäre einfach verschwunden. Ich wollte die ganze Welt verschwinden lassen, einzig allein dadurch, dass ich nicht mehr hinsah. »Wie fühlst du dich?«, fragte ich Dennis. Es erschien mir einfacher, ihn zu fragen als mich selbst.

»Aufgeregt«, antwortete er.

»Ich dachte, dass ich mich richtig fürchten würde«, vertraute ich ihm an, »aber in Wirklichkeit tue ich das gar nicht.«

»Du machst einen sehr ruhigen Eindruck«, sagte Sarah.

Der Monsunregen hatte die Felder außerhalb des Dorfes, wo die Kreuze aufgestellt worden waren, überflutet. Der kleine runde Hügel, den die Dorfbewohner Kalvarienberg nennen, war eine weit entfernte Insel inmitten eines funkelnden Sees. Wir bestiegen behelfsmäßige Flöße, und Sarah ließ sich wie Kleopatra auf einem wackeligen Plastikthron nieder. »Gut, dass alles überschwemmt ist«, sagte ich. »Sonst wäre wohl das ganze Dorf hier, um zuzusehen.«

Sarah lachte und klopfte mir auf die Schulter. »Dreh dich um«, meinte sie.

Ich tat es und sah, wie die Dorfbewohner jedes verfügbare, noch so marode Boot zu Wasser gelassen hatten. Wohin ich auch blickte, sah ich, wie dunkle Häupter hin und her schaukelten. Man hatte sogar Babys zu diesem Ausflug mitgebracht.

Drei Männer zogen gerade das Kreuz hoch, als ich vom Floß stieg. Es hob sich schwarz und roh vom azurfarbenen Himmel ab und gemahnte an einen Grabstein.

Plötzlich war ich unsicher. Worum um alles in der Welt ging es hier? Warum tat ich das? Konnte ich mir ein Symbol aufladen, das bedeutungsvoller war als ich selbst? Ich fühlte mich belanglos und töricht. Wer war ich, um so was zu tun? Ich hatte das Gefühl, dass mich diese Erfahrung zerschmettern würde.

»Filmt mich bitte nicht, während ich mich entkleide«, sagte ich zu Sarah. Ich fühlte mich wie eine geschälte Garnele – sonnenverbrannt und rosa. »Sehe ich albern aus?« Wieder heischte ich verzweifelt nach Bestätigung. Scham überwältigte mich. Ich war schutzlos und nackt. *Jesus hatte unrecht. Es ist besser, gut gekleidet zur Hölle zu fahren als in Lumpen in den Himmel.* »Du siehst gut aus«, sagte Sarah. »An deiner Stelle hätte ich aber ein Unterhemd und Hosen angezogen.«

Ich fasste immer noch zwanghaft meine Kleider an und zählte die Berührungen, als man mir mitteilte, dass das Kreuz bereit sei. Ich legte mich darauf und streckte meine Hände, eine nach der anderen, Ricardo hin, der sie zuerst mit Alkohol abrieb, ehe er seinen Daumen in die Mitte der Handfläche drückte, um erneut die richtige Stelle zu finden. Meine Arme wurden mit zwei Stoffbändern auf beiden Seiten an den Querbalken gebunden – vermutlich, um zu verhindern, dass ich reflexartig zurückzuckte und die Nägel dabei herausriss. Meine Füße standen auf einer kleinen Plattform aus Holz.

Ich suchte in Ricardos Miene nach einem Anzeichen, dass alles gutgehen würde. Er sah mich an. »No problem«, grinste er. Und dann brachte er die Spitze des Nagels vorsichtig in Position und hämmerte, überraschend behutsam, sechs oder sieben Mal drauf.

Ich hatte mir für diesen Augenblick vorgenommen, an etwas Erhebendes zu denken – vielleicht an die beiden Rachels, und wie sehr ich sie liebte –, aber der Schmerz, der jeden Hammerschlag begleitete, löschte alle Gedanken aus meinem Kopf. Es war unbeschreiblich. Viel schlimmer, als ich es mir vorgestellt hatte. Nie zuvor war mir etwas vergleichbar Qualvolles widerfahren. »Das ist es«, war alles, was ich dachte. »Das ist das Ende.« Doch ich schrie nicht auf.

Als der zweite Nagel eingeschlagen wurde, war ich beinahe schon ohnmächtig. Meine Augen schwammen in Tränen, als das Kreuz hochgezogen wurde. Ich glaube, dass ich das Bewusstsein verlor und dann wieder zu mir kam. Dankbar bemerkte ich, wie mich die Endorphine warm durchfluteten. Um mich herum erhoben sich Geräusche, die dann langsam verklangen, verschwanden und wiederkamen; sie wanden sich spiralförmig um meinen Kopf, stiegen auf und ab, wie flatternde Engel. Das Kreuz stand aufrecht. Ich blickte hinaus in den Raum. Da war nichts. Nur das Licht über dem Wasser. Nur die Endlosigkeit der Luft. Ich war so winzig. Wie ein Insekt war ich aufgespießt zwischen zwei Ewigkeiten – zwischen der Unendlichkeit des Sees und der Unendlichkeit des Himmels. Zuweilen wurde mir bewusst, wie die Farben kräftiger wurden, der Himmel sich verdunkelte und wie die Spiegelungen, schärfer als Speerspitzen, mich blendeten. Mein Körper setzte Halluzinogene frei. Manchmal nahm ich die Menschen unter mir wahr. Manchmal hörte ich das Klicken des Kameraverschlusses. Mein Kopf fiel mir wie der einer Flickenpuppe auf die Brust. Als Nächstes bemerkte ich, wie ich stürzte, wie ich fiel, wie ich mich in die Schwärze hineindrehte. Ich war leer.

Man spritzte mir Wasser ins Gesicht. Hände umfassten mich und halfen mir. Besorgte Stimmen hallten und schrien. Ich war wieder bei Bewusstsein. Sarah lag am Boden. »Verdammt, was ist bloß los mit ihr?«, fragte ich mich. Später stellte sich heraus, dass sie in Ohnmacht gefallen war.

Später fand ich auch heraus, was mit mir geschehen war. Die Fußleiste war durch den Regen in Mitleidenschaft gezogen worden und gebrochen. Die Nägel waren herausgerissen worden und ich war vom Kreuz gefallen. Die Schreie stammten von Dorfbewohnern, die entsetzt zurückgewichen waren. Nur Ricardo war auf mich zugestürzt. Er hatte mich in seinen Armen aufgefangen.

Anschließend erzählte man mir, dass die Fußleiste angeblich noch niemals zuvor gebrochen sei. Wären die Nägel nur wenige Zentimeter tiefer ins Holz getrieben gewesen, oder wären nicht gleichzeitig auch die Armschnüre gerissen, dann hätte ich nur noch an den Händen gehangen, oder sie wären von den Nägeln zerrissen worden. Stattdessen hatten sie sich aus dem Holz gelöst und steckten noch in meinen Händen, als ich abstürzte.

Sechs lange und blutige Schnittwunden liefen über meinen Rücken, dort wo die Befestigungen der gebrochenen Fußstütze mir die Haut beim Fallen aufgerissen hatten. Man war der Ansicht, sie müssten genäht werden. Ich konnte sie weder sehen noch spüren, und auch meine Hände fühlten sich seltsam taub an. Ich schloss meine Augen und sprach ein Gebet. Ich versuchte meine Finger zu bewegen. Und sie ließen sich alle bewegen.

Meine erste Reaktion war weder Erleichterung noch Freude, noch Triumph. Ich war untröstlich. Ich war gedemütigt worden. Das stand für mich außer Zweifel. Ich hatte verloren. Ich war von einem Gott, an den ich nicht glaubte, zurückgewiesen worden; er hatte mich von seinem Kreuz gestoßen, weil ich die Rolle seines Sohnes übernommen hatte, weil ich ein Atheist war und überhaupt eine Katastrophe. Ich hatte einen kompletten Narren aus mir gemacht. Ich war auf dem besten Weg, zu einer Witzfigur zu werden. Der Film würde in die Jeremy-Beadle-Show passen.

Vor meiner Kreuzigung war mir bewusst gewesen, dass ich vielleicht zu weit ging und das völlige Scheitern riskierte. Nun, da ich damit konfrontiert war, war ich sprachlos. Schweigend fuhren wir zurück ins Hotel.

Ich hatte mich nach dem Strahlenkranz der Herrlichkeit gesehnt. Nun war ich von Schande gezeichnet. Ich hatte versagt.

Doch am Abend fühlte ich mich schon etwas besser. Die physischen Schmerzen nahmen deutlich und entschieden zu. Und je stärker sie wurden, desto stärker spürte ich das Leben. Mein Appetit kehrte zurück. Ich war eingetaucht in einen Strom der Dankbarkeit. Ich wollte essen, trinken und Sex. Alles, was das Leben bejahte.

Doch meine Hände und mein Körper waren in Verbände gewickelt. Sobald ich mich bewegte, hatte ich Schmerzen. Sarah brachte mich zurück auf mein Zimmer. »Die verdammte Kreuzigung war richtig geil, und ich hab mich voll in den Typen verknallt, der da oben hing«, sagte sie.

Ich fummelte an der Türklinke rum, bis Sarah sanft vor mich hintrat und die Sache in die Hand nahm. Dankbar sah ich auf sie herab. Sarah war für mich beinahe so etwas wie eine Schwester geworden – nur hatten wir nicht so oft Sex.

Schon am nächsten Tag war ich ziemlich stolz – das war kein Zeichen von Arroganz, sondern einfach der Stolz, die Sache durchgestanden zu haben. Ich hatte es überlebt, und nun blieb mir dieses herrliche Ereignis, mit dem ich arbeiten konnte. Es verlieh mir seltene und intime Einsichten in mein Selbst und das Thema meines Lebens. Es verschaffte mir ein Zentrum und machte mich demütig. Es war, als hätte ich diesen warmen und kuscheligen Raum in mir drin, in dem die Kraft und das Geheimnis zusammenfinden, gleich einem heimlichen Geliebten – doch dieser Geliebte war ich selbst.

Dennis und Sarah überredeten mich, mir den Film anzusehen. Es war nicht leicht, doch auch auf seltsame Weise berührend – als ob ich einem Fremden zusehen würde und nicht mir selbst. Eine unbehagliche Mischung aus Mitleid und Liebe machte sich in mir breit. Doch ohne den Unfall, stellte ich fest, wäre das Ganze nicht so gut gelungen. Man hätte das Kreuz wieder gesenkt, die Nägel aus meinen Händen gezogen, und ich wäre aufgestanden. Das hätte prosaisch ausgesehen. Stattdessen hatte sich etwas völlig Unerwartetes ereignet. Es kam wie ein Schock. Es schien, als hätte sich ein Desaster in Kunst verwandelt.

Ich sah, wie ich vom Kreuz abfiel, wie die Filipinos ihre Arme nach mir ausstreckten, um mir zu helfen, wie sie mich sanft berührten, als wollten sie Lebensenergie auf mich übertragen; wie Ricardo mein Herz massierte, von dem er geglaubt hatte, es wäre stehen geblieben. Ich bin bewusstlos, mein Mund steht offen, meine Lippen hängen schlaff herunter. Sie betten meinen Körper wie einen Leichnam auf einem Gemälde von Caravaggio. Ich sehe so blass und doch so ruhig aus. Als wäre all mein Blut aus mir gewichen. Ich sehe aus wie ein Stein, den man auf ein Grab gelegt hat.

Ich verbrachte drei Tage zur Erholung auf den Philippinen. Sarah musste abreisen, und ich hatte nicht viel zu tun. Manchmal saß ich einfach im Dorf und unterhielt mich mit den Bewohnern. Sie sagten mir, dass sie glaubten, ich sei vom Kreuz gestürzt, weil ich gestorben wäre, wenn ich länger daran gehangen hätte, und Gott habe meine Hände geschont, weil ich Maler sei. Die Wahrheit sah anders aus. Als ich beobachtete, wie sie leichtfüßig durch den Schlamm schritten und ihrer täglichen Arbeit nachgingen, stellte ich fest, dass ich einfach viel schwerer als jeder Einzelne von ihnen war. Schlechtes Zimmermannshandwerk war der Grund, was Jesus, der Zimmermann, wahrscheinlich gut verstanden hätte. Dennis wollte den Film »Unterwerfung« nennen. Ich fragte mich, ob wir ihn nicht »Gibt es einen Gott oder bin ich zu fett?« nennen sollten.

Im Flugzeug nach Hause saß ich schweigend da. Man fragte mich immer wieder, was mit meinen Händen geschehen sei. Nachdem ich zu viele lange und zusammengelogene Erklärungen abgegeben hatte, beschloss ich, die Wahrheit zu sagen. »Eigentlich hat man mich gekreuzigt«, erklärte ich einem Mann in der Schlange vor der Toilette. Er bekam einen Lachanfall.

Zwei Wochen später wurden die Verbände abgenommen. Meine Hände waren etwas steif, aber bedauerlicherweise war fast nichts zu sehen. Ich wollte Narben haben – als Beweis, dass es geschehen war. Ich brauchte sie. Die Geschichte hatte die Runde gemacht. Wenn ich die Straßen entlangspazierte, sprachen mich Fremde an und sagten: »Ich kann nicht glauben, dass man Sie gekreuzigt hat. Zeigen Sie mir ihre Wundmale.« Wenige, die nicht sahen und doch glaubten.

Doch so seltsam sich das aus meinem Munde auch anhören mag, ich wollte keine Aufmerksamkeit. Ich fühlte mich völlig isoliert und allein. Als Künstler wollte ich die Liebe der Welt und ihre Bewunderung, doch nun war ich in einer anderen Sphäre angekommen. »Ich erkläre mich bereit, alle wie auch immer gearteten Folgen, die mit dieser Kreuzigung verbunden sein können, mögen sie physischer, seelischer oder psychologischer Natur sein, zu tragen«, hieß es in der eidesstattlichen Erklärung, die ich ohne nachzudenken unterzeichnet hatte. Die physischen Wunden waren nichts im Vergleich zu den psychischen.

Ich sah auf die in meinem Studio herumliegenden Malerpinsel. Ich sah auf die Packung mit den hundert Einwegspritzen. War ich bloß auf der Suche nach einem anderen Kick gewesen?

Ich traf die Vene beim ersten Versuch. Ich hatte mir vorgenommen, meinen Einsatz als Künstler zu erhöhen. An den

Punkt zu kommen, an dem ich, metaphorisch gesprochen, mit meinem eigenen Blut malen würde. Ich wischte mir das Blut liebevoll vom Arm und spülte die Spritze sechs Mal durch. Welcher Schmerz ...? Wen kümmert's ...?

Rachel kam mich besuchen. Ich schluchzte in ihren Armen. »Wann hört das auf?«, fragte ich. »Wenn du willst, dass es aufhört«, antwortete sie.

Als ich langsam wieder zu Kräften kam, versuchte ich zu malen. Meiner Arbeit sollten das Mysterium und die Kraft religiöser Kunst innewohnen. Wenn Künstler versuchen, universelle Kunst statt persönlicher zu schaffen, dann scheitern sie ausnahmslos – es ist immer das Persönliche, dass ein Kunstwerk zu einem universellen macht.

Ich bereitete große Leinwände vor und nahm sie gespannt in Angriff. Ich war bereit, den Versuch zu wagen, die Dunkelheit sichtbar zu machen.

Ich scheiterte. Die Bilder verstanden nicht, was ich von ihnen wollte. Nach monatelanger Arbeit stand ich mit leeren Händen da. So wie nachts alle Katzen grau sind, war auch das, was auf der Leinwand übrig blieb, kaum zu entziffern.

Verschwendete ich meine Zeit? Ich konnte mit dem dreidimensionalen Kaleidoskop der Wirklichkeit nicht in Wettstreit treten. Ich lungerte im Studio herum und grinste die Farben höhnisch an. Ich war nicht glücklich mit den Ergebnissen. Als ich mich kreuzigen ließ, hatte ich mich gequält, um herauszufinden, warum ich mir selbst so treu ergeben war. Jetzt quälte ich die Farbe – doch sie gab rein gar nichts preis.

Ein Jahr verging. Was die Drogen anging, wurde ich rückfällig. Mit der Kunst wagte ich einen Neustart. Ich machte ein paar Sachen, mit denen ich zufrieden war, und begann wieder, Kontakt zu Galerien aufzunehmen. Es war kein großer Erfolg. Manche dachten, ich sei krank und verwirrt. Manche fanden alles viel zu heftig. Und manche konnten ihre Gleichgültigkeit kaum verbergen. Aber eins hatten sie alle gemeinsam: Sie boten mir keine Ausstellung an.

Gern würde ich behaupten, dass ich das mit tapferem Hochmut hinnahm. Doch ich war am Boden zerstört. Ich fühlte mich sogar noch verletzlicher und ungeschützter, als ich es auf den Philippinen gewesen war. Ich hatte der Welt den ungeschminkten Sebastian gezeigt, das rohe Material – und er war abgewiesen worden.

Selbstmitleid ist die zerstörerischte Droge. Sie macht schnell abhängig und ist äußerst genussreich. Und ich hatte mir einen riesigen Vorrat davon angelegt. Mein Motto »Steh auf und zieh los!« war selbst aufgestanden und losgezogen. Zwischen mir und der Welt war es aus. Sie würde schon sehen, was sie davon hatte.

»Warum organisierst du nicht einfach selbst eine Ausstellung?«, fragte Rachel.

Darüber hatte ich noch nicht einmal nachgedacht. Typisch, dass Rachel das begriffen hatte. Was ist Weisheit schon anderes als die Fähigkeit, dem Jammer eins aufs Maul zu schlagen? Warum wollte ich, dass diese Hunde von Kunsthändlern mich anpissten, um mich als ihr Territorium zu markieren? Sie waren widerlich. Ich hatte schließlich die ganze Arbeit getan. Warum sollten sie auf meinem Rücken ihr Geld verdienen? Ich raste und schäumte. In Wahrheit wäre ich nur zu gern verramscht worden – aber keiner kaufte was.

Im Frühsommer 2002 eröffnete meine Ausstellung. Crucifix Lane, London. Das war reiner Zufall, aber nichts reüssiert besser als eine Adresse. Ich hatte einen höhlenartigen Eisenbahnbunker gefunden, über den alle zehn Minuten die Züge hinwegdonnerten und in den niemals ein abscheuerregender natürlicher Lichtstrahl eindringen würde. Der Regen aber hatte damit kein Problem. Und mir war es egal.

Mein Film *Crucifixion* wurde am Institute for Contemporary Arts gezeigt. Am Eröffnungsabend gab es eine Podiumsdiskussion: »Eine Illusion annageln: Will Self und Sebastian Horsley im Gespräch«. Es hätte heißen müssen »Will Self im Bewusstseinsstrom und Sebastian Horsley in Schweigen gehüllt.« Es war ausverkauft. Ich denke, sie waren wegen Will gekommen – wahrscheinlich, um sein Sackgesicht zu sehen.

Ich hatte mit Will schon früher zusammengearbeitet. Er hatte die Texte für den Ausstellungskatalog *Blumen des Bösen* geschrieben – als Gegenleistung hatte er ein Bild bekommen. Die Texte waren wirklich hervorragend. Es gab nur zwei kleine Schwierigkeiten: Sie waren völlig unverständlich und ich wurde nicht erwähnt. Und wo ich gerade daran denke – auch die Bilder wurden nicht erwähnt. Oder doch? Ich kann das anhand solcher Sätze nicht ergründen: »Ich ersetze die Bindungen, vertusche das Vorgehen und warte auf Aurora, die mir voranreiten soll, unerreichbar und unberührt im Mikrowellenbeutel ihrer makellosen Haut.« Und ich hatte nicht einmal eine Mikrowelle gemalt. Ich hatte ja keine Ahnung, dass er mich so wenig ausstehen konnte.

Nachdem der Film zu Ende war, begann er mich ins Kreuzverhör zu nehmen. Er gebrauchte viele große Worte, die er in so langen Sätzen aneinanderreihte, dass sie bis East Harlow reichten – oder auch nicht; ich habe mir nie die Mühe gemacht, das nachzuprüfen. Er benutzte Worte in Gegenwart von Leuten, die diese nicht verstanden, was nichts anderes bedeutete, als dass er auf niveauvolle Weise doof war.

»Du bist zutiefst postchristlich, oder?«, fragte Will. »Es war ein rein existenzieller Akt.«

Sarah Lucas stand schwankend auf, rülpste und fluchte und lallte, was doch etwas grob war, da ich gerade dabei war, Will ins Wort zu fallen. »Lord Byron, LORD VERDAMMTER BYRON, SO WAS VON EINEM VERDAMMTEN SCHEISS-FICK?«, war ihre wohldurchdachte Meinung.

Will war unglaublich irritiert. Ich war ziemlich erleichtert. Mit besoffenen Langweilern komme ich viel besser klar als mit postchristlichen Existenzialisten. Wir brachten den

Abend schnell hinter uns, und er wurde im Nachhinein von einer pedantischen Nutte in der *Times* parodiert.

In den folgenden Wochen überhäufte mich die Presse mit Worten. Wenn auch nicht immer sonderlich eloquent. »Kunstfreak lässt sich kreuzigen«, zierte die Titelseite der *News of the World*. Ich hatte schon immer gewusst, dass ich geschmacklos war, doch es war schön, das bestätigt zu finden. »Eine gotteslästerliche Beleidigung«, lästerten sie gegen mich. »Ein übler Angriff auf die Meinung der großen Mehrheit der Bevölkerung«, ereiferte sich ein Politiker. »Das heiligste Dogma des Katholizismus wird als billiger Werbetrick missbraucht.« In Irland forderten Politiker die Menschen angeblich dazu auf, die Ausstellung zu boykottieren. Warum fordern sie ihre Leute nicht dazu auf, mit dem Bombenlegen aufzuhören?

Alle zogen mit. Bald schon stand jeder bei mir auf der Matte. Ich wurde zu einer *Today*-Sendung eingeladen und saß dort dem missmutigen John Humphrys gegenüber.

»Nun, Herr Horsley, Sie haben wohl versucht, Christus nachzuahmen, aber Sie sind da oben nicht gestorben, oder?«

»Es tut mir sehr leid, Sie enttäuschen zu müssen, Herr Humphrys.«

Jeder schien eine Meinung zu haben. Von »Unser St. Sebastian« im *Independent* bis zu »ein narzisstischer, nihilistischer Spinner« in *Hot Press*.

Ich las alles, was die Zeitungen über mich berichteten. Ich musste herausfinden, wer ich war – ein Schamane oder ein Showman; »ein Possen reißender Geck, ein Neon-Narziss« (*Observer*) oder jemand, der den Versuch unternimmt, »die Kunst wieder mit Schönheit, Eindringlichkeit und Kraft auszustatten« (*Sunday Times*). Alles Mögliche stand zur Auswahl. Von »pervers« (*Radio 2*), »arrogant« (*Telegraph*) bis zu »ein schamloser Exhibitionist« (*Time Out*) – nun, auf alle Fälle beschimpften sie mich in Worten, die ich gern hörte.

Man beschuldigte mich, ich hätte einen Werbegag abgezogen – was ein starkes Stück ist, wenn der Zeigefinger ausgerechnet von einer Zeitung erhoben wird. Doch kein Künstler sollte sich von so etwas abschrecken lassen. Entscheidend ist, dass nichts, was über einen berichtet wird, langweilt. Und selbstverständlich ist Malerei ein Werbegag. Ein Gedicht ist ein Werbegag. Ein Lied ist ein Werbegag. Das Motiv eines jeden Künstlers ist: »Schau her, Mama!«

Nur wenn jemand wagte zu behaupten, meine Bilder seien »kraftlos und konventionell«, führte das zu heftigen Überreaktionen. Ich schüttete mir drei Flaschen Bordeaux nach dem Abendessen rein und dachte ernsthaft darüber nach, ein Killerkommando loszuschicken.

Am nächsten Morgen sammelte ich mich wieder. Ein Künstler sollte sich immer vor Augen halten, dass ihn niemand darum gebeten hat zu schreiben, zu malen oder auszustellen. Wenn man das nicht vergisst, hat man kein Recht, sich zu beschweren oder sich entmutigen zu lassen. Die Öffentlichkeit, die man gerufen hat, wird man nicht mehr los.

Ich unternahm einen Spaziergang in der Bond Street und schaute auf einen Sprung bei Tiffanys rein. Dort gab es haufenweise billigen Klunker, der in hübschen Schächtelchen erhältlich war. Ich kaufte was und gab es Rachel. Das Schächtelchen verlangte ich aber zurück. Ich schiss hinein, beträufelte es mit Parfüm und versah es anschließend wieder mit einer Schleife.

Als die angriffslustige Journalistin an diesem Abend nach Hause kam, fand sie ein exquisites kleines Geschenk an ihrer Türschwelle.

Sie freute sich aber nicht und trug es zur Polizei. Und dann zum Schauprozess – in die Medien. Ich konnte mich verteidigen. Es war ein Kunstwerk. »Die Scheiße und der Feind«. Will Self hatte ein Bild für seine freundlichen Zeilen bekommen. Nun hatte auch sie ihren eigenen postmodernen Pseudo-Manzoni. Sie war Kritikerin. Ich war Künstler. Ich konnte mit Kunst umgehen. Sie konnte Kritik vertragen. Ich weiß ja, dass man die andere Backe hinhalten soll – ich persönlich ziehe es aber vor, Arschbacken zu spreizen.

Man ließ die Anklage fallen. Als ich mich beruhigt hatte, war ich über mein Benehmen zunehmend verstört. Ich hatte die Kontrolle verloren. Wahrer Adel erwächst aus kontrollierten Gefühlen. Rache und der Durst danach zeitigen nur negative Effekte. Wird man von jemandem verletzt, dann wird man von diesem Ereignis beherrscht. Wenn man nun in den Rachemodus schaltet, steht man im Bann des Ereignisses. Und was noch schlimmer war: Es hatte sich gezeigt, dass ich mit jeder Kritik umgehen konnte, solange es sich um hemmungsloses Lob handelte.

Oder noch viel schlimmer: Es kümmerte mich nicht, was über mich geschrieben wurde, solange es nicht wahr war. Sie hatte behauptet, dass ich mit meinen Bildern nichts zu sagen hatte. Vermutlich hatte sie recht.

»Wenn du da leer hinaufsteigst, wirst du auch wieder leer herunterkommen«, hatte Dennis gesagt. Man sollte darauf hören, wenn Freunde die eigenen Performances kritisieren. Macht die Kritik Sinn, dann ändere die Performance. Macht sie keinen – wechsle deine Freunde.

Ich hatte mich entschieden, meine Kunstwerke in Interviews zu erklären, indem ich mich selbst als einen »Method Painter« beschrieb. »Ein Künstler muss sich jedem Extrem zuwenden, um seine Empfindsamkeit durch den Exzess und das Leid zu erhöhen, damit er mehr fühlt und besser kommunizieren kann«, erklärte ich (zugegebenermaßen etwas lang und umständlich). »Wie kann man eine Kreuzigung malen, ohne ans Kreuz geschlagen zu sein?«, fragte ich herausfordernd.

Das war nicht nur dumm – man sehe sich doch einfach Rembrandt, Rubens, Caravaggio, Grunewald oder Francis Bacon an –, sondern nicht einmal wahr. Ich habe mich kreuzigen lassen, weil ich gekreuzigt werden wollte. Ich wusste, dass das kein besonders modisches Unterfangen war, aber das interessierte mich nicht. Ich wollte in einer Welt, die den Poeten feindlich gesinnt ist, einfach etwas Außergewöhnliches vollbringen.

Aus diesem Grund waren die Bilder das Schwächste bei der ganzen Sache. Ich habe Kunst schon immer mit großem *I* geschrieben. Doch verfügte *Ich* über die Posen und die Anmut eines Genies, hatte aber kein Talent? Die Wahrheit ist: In Wirklichkeit interessiere ich mich gar nicht für Kunst. Das spiegelt sich in meinen Bildern. Für einen Affen wären sie erstaunlich – oder wenigstens war ich dieser Ansicht, bis ich das Bild sah, das der Schimpanse Congo gemalt und das Picasso an der Wand hängen hatte.

Was haben Sie, mag man vielleicht fragen, gegen Malerei? Und was haben Sie gegen die Wand? Bilder ruinieren Wände häufiger, als das sie diese dekorieren. Was haben Sie gegen Skulpturen? Und was haben Sie gegen ein Sofa? Seien wir ehrlich, es gibt keine Möbel, die so geistlos sind wie Kunst. Aus diesem Grund besuche ich niemals Galerien. Kunstgalerien sind für mich die Friedhöfe der Kunst. Dorthin geht Kunst, wenn sie gestorben ist. Ein öffentliches Urinal ist für mich von größerem Interesse als eine öffentliche Kunsthalle – und noch viel interessanter als ein öffentliches Urinal in einer öffentlichen Kunsthalle.

Kunst zu machen ist im Grunde konservativ. Unkonventionelles kann in einem bestimmten Rahmen wieder konventionell sein. Es wäre viel radikaler gewesen, hätte ich mit Stricken angefangen. Kunst ist bloß eine Ware, ein Objekt, wie eine Waschmaschine, nur viel nutzloser.

Der Schlüssel zum Geheimnis, ein Krieger in dieser Welt zu sein: Hinterlasse keine Spuren. Weder gute noch schlechte. Dandys sind zugleich Revolutionäre und Zauberer, die dich etwas glauben lassen, das nicht existiert. Auch ich wollte so radikal wie die Wirklichkeit sein. Gekreuzigt zu werden war der zentrale Akt, alles andere fiel dahinter zurück. Das Kielwasser der Schnecke ist ihr Schleim.

Die Ausstellung tourte nach New York, Irland – und dann nahm ich Litauen in aller Gelassenheit. Ein Jahr zuvor noch war ich in ganz England unbekannt. Nun war ich auf der ganzen Welt unbekannt. Natürlich liebte ich das. Man hatte mich auf der Straße schon immer bemerkt. Nun wurde ich zuweilen auch erkannt. Aber es war seltsam. Früher hatte ich alles, was ich wollte. Nun war ich drauf und dran zu bekommen, was alle andere wollten – was nicht im Mindestens so interessant war. Warum will jeder in dieser Kultur, von Beckett zu Beyoncé, dasselbe? Die ganze Chose war verlogen. Ist es nicht viel besser, ein anonymer Prominenter zu sein als eine berühmte Null? Einst war ich ein Universum gewesen, nun war ich nur mehr ein Sternchen – oder vielleicht ein schwarzes Loch?

Ich rollte die Bilder ein und trieb die Performances voran. Nach Jahren der Übung hatte ich schließlich meinen Ausdruck gefunden. Was ich getan hatte, war reine Expression.

Jesus ließ sich kreuzigen, um die Menschheit zu retten. Ich hatte mich kreuzigen lassen, um meine Karriere zu retten. Meiner Meinung nach war keiner von uns beiden sonderlich erfolgreich.

DER TOD WÄRE MEINE GEBURT

ES IST SCHON ERSTAUNLICH. Hätte ich geahnt, dass ich so lange leben würde, dann hätte ich nicht so sehr auf mich geachtet. Bleibt man sauber, verlängert man sein Leben um zehn Jahre, lautet die gute Nachricht. Ich habe vor, diese zehn Extrajahre voll zugeknallt zu verbringen. Dennoch mache ich mir ein bisschen Sorgen. Es könnte Probleme geben. Denn mehr und mehr scheint mir mein Wille zum Sterben abhanden zu kommen. Ich tue zwar weiterhin mein Bestes, um unglücklich zu sein, doch irgendwie macht mir ein gewisser Frohsinn dabei einen Strich durch die Rechnung.

Als ich jung war, hatte man mir immer erzählt: Du wirst sehen, eines Tages wirst du verstehen, wenn du älter bist, wenn du mehr Erfahrung hast. Aber wie alt genau muss man dafür sein? Und wie viel Erfahrung muss man haben? Ich habe die Vierzig überschritten und nichts mitgekriegt. Ich war gekreuzigt worden. Doch ich könnte nicht wirklich sagen, warum. Hatte ich mich dabei tatsächlich entblößt und den Dandy abgelegt? Oder war das alles nur eine andere Art von Performance gewesen? Hatte ich mir mein Gesicht heruntergerissen, um die Maske darunter zum Vorschein zu bringen? Versteckte ich mich, in dem ich mich ganz sichtbar machte?

War meine Kreuzigung vielleicht ein Akt des Vatermordes, ein Schuss ins Dunkel, der meinem atheistischen Vater galt, dem Mann, der nicht einmal eine Kirche betrat, wenn seine Tochter heiratete, und dem kein Geist heilig war, außer dem, der aus der Destille kam?

Ich werde es niemals herausfinden. Kurz nachdem die

Kreuzigung über die Bühne gegangen war, starb er. Das war ein zufriedenstellender Zustand, wie die Ärzte wohl gesagt hätten.

Wie so oft kam ich zu dieser Zeit vom Heroin runter. Ich lag in meinem Krankenbett. Er lag auf seinem Totenbett. »Hab ein schönes Leben«, waren seine letzten Worte – die ersten Worte seit Jahren, die er an mich richtete. Seine Stimme am Telefon war kaum zu verstehen. Vielleicht hätte ich da sein sollen, dabei sein, beim »letzten Abgang«, doch stattdessen schrieb ich ihm einen Brief, um meinen Frieden mit ihm zu machen. Der Heroinentzug macht einen so unglaublich sentimental. Trotzdem glaube ich, dass man seinen Feinden vergeben soll – wenn man keine andere Möglichkeit mehr hat, ihnen auf den Leib zu rücken.

Als ich von seinem Tod hörte, wurde ich von einer Woge der Freude erfasst. Er kam mir auf so vielfältige Weise entgegen. Für mich als Dandy war Vater die beständige Anklage meiner Ohnmacht. Er hatte die Unverfrorenheit, mich daran zu erinnern, dass ich dem Menschengeschlecht und nicht dem der Götter entstammte. Deshalb habe ich mich nie zuvor so innig dankbar, so beruhigt, so friedlich, so aufrecht und so voller Frieden gefühlt wie an dem Morgen, als ich erfuhr, dass er nun tot war.

Ich ging nicht zu seiner Beisetzung. Ich passte mich seinem Stil an. Wo warst du, als ich nicht für dich da war?, pflegte er immer zu sagen. Auch sonst kam keiner. Er hatte keine Freunde. Die ganze Zeremonie hätte in einer Telefonzelle stattfinden können – und das wäre vielleicht auch so geschehen, wenn seine Frau nicht zu fett gewesen wäre, um hineinzupassen. Selbstverständlich aber setzte ich am Morgen der Trauerfeier ein Zeichen. Ich stand auf und kleidete mich an. Ich entschied mich für einen rosafarbenen Kammgarnanzug mit einer darauf abgestimmten purpurrot-silbergrauen Krawatte. Als ich fertig war, sah ich aus wie Wagner – nur pompöser. Das war nicht gerade feierlich. Ungeahnt sind doch die Möglichkeiten der Kleiderwahl, die der Kummer bietet!

Mein tiefes Leid hielt ich verborgen – mein Herz war schwarz. Ich war in Trauer – kein Wunder, war ich doch beim Letzten Willen nicht bedacht worden.

Erstaunlich, dass ein so enges Band wie das zwischen Vater und Sohn zwischen Personen bestanden haben soll, die einander beinahe überhaupt nicht kannten. Vielleicht war es meine Schuld. Ich hatte schon immer zu viel vom Leben und den Menschen und den Beziehungen erwartet – weit mehr, als es tatsächlich zu erwarten gab. Und immer, wenn ich herausfand, dass meine Erwartungen enttäuscht wurden, fühlte ich mich abgelehnt. Doch vielleicht war es gar keine Zurückweisung; da war einfach nichts. Den Vater zu verlieren war jedoch nicht wie jede andere persönliche Katastrophe das Ereignis eines einzelnen Tages, sondern der Dauerzustand meines Lebens.

Darin bestand vielleicht sein Erbe. Ich bin Vater zu mancherlei Dank verpflichtet – ohne seine Zurückweisung wäre ich gewiss kein Künstler geworden. Meine ganze Selbsterschaffung war eine Art obskurer Rache an ihm und der ganzen Welt. Ich male und schreibe aus Selbstverteidigung. Es ist großartig, wenn groß von einem gedacht wird. Das Gegenteil davon stellt die Seele auf den Prüfstand. Herzlichen Dank also, wenn ihr denkt, ich sei Abschaum.

Meine Exfrau Ev starb etwa zur selben Zeit. Es traf mich wie ein Schock. In der Regel ergeht es Männern weitaus besser als Frauen. Sie heiraten später und sterben früher. Es ist eine große Verschwendung, wenn jemand eines natürlichen Todes stirbt. Traurigerweise tat sie das. Sie litt an einer Arterienerweiterung. Eines Morgens verstummte sie ganz plötzlich am Telefon, und schon ein paar Tage später wurden auch alle anderen lebenserhaltenden Maßnahmen eingestellt. Sie war erst vierzig und verliebt.

Ich glaube nicht, dass man dem Zwang zu trauern nachgeben muss. Wenn ich von einem Todesfall höre, dann sage ich zwar selbstverständlich »Wie schrecklich!« und senke den Blick, solange dies angebracht scheint, in Wahrheit aber scheint mir der Tod das geringste Übel zu sein, das einem Menschen widerfahren kann.

Ich hatte nicht das Gefühl, dass ich bei Ev genauso versagt hatte wie bei Giles, bei dem ich, der perversen Logik des Lebens folgend, meine Freundschaft in dem Maße erkalten ließ, indem sein Bedürfnis danach wuchs. Ev und ich hatten nicht die Zeit gehabt, nach all dem Unheil, in das wir uns gegenseitig hineingezogen hatten, wieder zusammenzufinden. Wir hatten nur einen Bruchteil von dieser seltsamen Vertrautheit geteilt, die frühere Geliebte später gemeinsam so genießen können.

Denke ich heute an sie, bleiben mir, anstelle einer zusammenhängenden Vision eines Lebens, das sich zwischen der Geburt und dem finalen Verschwinden spannt, bloß ein paar verwehte Bruchstücke – Paprika-Käse-Sandwiches im Park; Ev, wie sie mein Haar rosa färbt; Kate Bushs »Under the Ivy«; ein bisschen von ihrem Edinburgher Akzent. Und ich bin froh über diese wenigen Dinge, die sich mir inmitten des Bedauerns erhalten haben.

An ihrem Begräbnis nahm ich teil. Ihre Freunde hatten ihren Sarg in ein neonrosa Tuch geschlagen, und Beth Orton sang »It's a Wonderful World«. Es gab eine kleine Ansprache vor der Trauergemeinde, bei der Evs Lebensgeschichte erzählt wurde. Der Sprecher unterließ es zu erwähnen, dass sie verheiratet gewesen war. Ihre Freunde hatten mich rausgestrichen. Trotzdem war es eine schöne Feier. Bei Begräbnissen pflegt man so nette Dinge über die Verstorbenen zu sagen, dass es mich regelrecht traurig stimmt zu wissen, dass ich meines um ein paar Tage versäumen werde.

Immer noch schien ich mehr als begierig zu sein, genau dort hinzukommen. Ich nahm nach wie vor Drogen. Aber ich hatte die Nase voll davon. Jederzeit wäre ich freudig gestorben, wenn das irgendeinen Sinn gehabt hätte – es gab aber keinen. Darüber hinaus wage ich zu bezweifeln, dass es überhaupt einen Unterschied gemacht hätte.

Ich war fertig. Ich hatte es in den Kliniken versucht und mit beinhartem kalten Entzug. Ich war bei den NA und den CA und den AA und den RAC gewesen. Ich hatte Therapien ausprobiert, Entziehungskuren, Bewegungsprogramme und nicht enden wollende Rehas. Und manchmal hatte ich es sogar auf die Reihe bekommen – etwa einen Monat lang. Kurzzeitig stützte sich all meine Hoffnung auf Ibogain, ein afrikanisches Wurzelpulver, das die Bwiti in Gabun mit ihren verstorbenen Vorfahren in Kontakt bringen und die Drogenabhängigen in England vom Kontakt mit H abbringen sollte. Es funktionierte. Ich las sechs Seiten im *Observer*, die seine Wirkungen priesen, und tatsächlich war ich schon nach etwa einer Woche wieder auf Crack. Aber wie sollte ich nun mit den Ahnen der Horsleys Kontakt aufnehmen? Sie wären ohnehin nicht zu den Treffen erschienen. Sie wären im Pub geblieben.

Schließlich begann mir aber trotzdem etwas zu dämmern. Wenn ich auf Drogen war, ging mein Leben den Abfluss runter. Wenn ich von den Drogen runter war – na ja, dann steckte ich immer noch in einem Abflussrohr, aber ich begann zumindest wieder nach oben zu kriechen. Drogen versprechen Freiheit. Doch sie machen dich zu einem Gefangenen. Nüchtern zu sein fühlt sich an wie ein Urteilsspruch. Aber man bekommt einen Pachtvertrag für ein neues Leben angeboten.

Als ich langsam erwachte, fand ich mich inmitten meiner fünften Lebensdekade wieder. Ich hatte zwanzig Jahre damit verbracht, Drogen zu nehmen, so als wäre es nur eine Nacht gewesen. Wenn man Drogen nimmt, hat man die Absicht, es so lang wie möglich mit ihnen auszuhalten. Aber es gibt immer ein Ende. Man redet sich für gewöhnlich ein, dass man seine schlechten Angewohnheiten hinter sich lässt. In Wahrheit aber sind es die schlechten Angewohnheiten, die einen verlassen. Ich habe mit Drogen Schluss gemacht, weil Lust und Schmerz ununterscheidbar wurden. Ich habe mit Drogen Schluss gemacht, weil sie mich zu glücklich machten. Ich habe mit Drogen Schluss gemacht, weil sie mich zu unglücklich machten.

Ich kehrte zu den Narcotics Anonymous zurück. Ich hatte mir angewöhnt, mir kleine Dosen zu impfen, die verhindern sollten, dass ich mir das große Ding einfing. Nun aber wollte ich richtig aufhören. Wenn man seinen Frieden mit der Autorität macht, dann wird man selbst zu einer.

Ich kann kaum in Worte fassen, wie sehr ich Religion verachte. Sie ist eine Illusion, die bestenfalls zu kleinen Kindern passt. Doch waren Drogen etwas anderes? Hat ein Drogenabhängiger im Grunde nicht auch eine religiöse Sicht aufs Leben? Der Glaube an das Vergessen – nur ein weiterer Versuch, dem Mut zu leben auszuweichen, uns über unsere Schwächen hinwegzutäuschen, uns vor dem Stürmen des Lebens zu schützen? Immer schon hatte ich den Verdacht, Spiritualität sei eine Art Drogenhandel. Waren Drogen also ein Weg, mit Gott zu dealen?

Nicht, dass ich es nur einen einzigen Augenblick bereut hätte. Wenn ich mein Leben noch mal leben müsste, würde ich wieder dieselben Drogen nehmen ... nur früher ... und noch mehr davon. Ich hatte sie genommen, weil sie es mir erlaubten, mich gut zu fühlen. Das scheint ein vollkommen legitimer Grund zu sein. Doch nun war ich so weit, damit aufzuhören. Es war nicht unmöglich. Wenn die Sünde süß ist, dann kann die Buße nicht bitter sein. Blicke ich heute zurück, dann scheint der Pfad der Verwüstung, dieses mutwillige Gemetzel, einen neuen Weg geebnet zu haben.

Ich bin jetzt seit einem Jahr sauber. Ich bin immer noch abhängig. Ich wäre verloren, wenn es nicht so wäre. Ich habe jedoch die Abhängigkeit davon, Drogen zu nehmen, durch die Abhängigkeit, keine mehr zu nehmen, ersetzt – aber ganz im

Stillen. Manchmal ist das Flüstern lauter als das Gebrüll. Das ist ganz in Ordnung so. Als ich Heroin und Crack aufgab, fand ich zu meinem Erstaunen heraus, dass all meine Freuden auch von einem Hund geteilt werden können. Schließlich ist der Hund doch der beste Freund des Menschen.

Das einzige stilvolle Ende einer Autobiografie ist ein Abschiedsbrief. Wohlan, hier kommt meiner:
»Ich habe mich entschieden meinem Leben ein Ende zu setzen, weil es mich zu teuer zu stehen kommt.«
Wie alle aufrechten Dandys wissen, sind die Selbstmörder die Aristokraten des Todes. Sie sind Repräsentanten des Stils, der über das Leben triumphiert. Meine Existenz ist ein Kunstwerk. Es verlangt nach einem Rahmen – wenn auch nur, um sich von der Tapete abzuheben. Ein Selbstmord würde sich gut machen. Er würde zum Mobiliar passen.
Nicht, dass mir noch viele Möbel geblieben wären. Ich habe mich mein ganzes Leben lang wie eine Klofrau benommen, die gerade in der Lotterie gewonnen hat. Nun ja, jetzt hat Fortuna ihren Nachttopf über meinem Haupt ausgegossen.
Ich bin beinahe bankrott. Ich habe mit Geld um mich geworfen wie mit Liebe. Und jetzt bin ich in einer nervenaufreibenden Lage – ich bin ein reicher Mann ohne jedes Bargeld.
Dandys kämpfen wie alle Spieler gegen das Schicksal und unterliegen am Ende. Ich kann den Zwang gut verstehen, immer weiter spielen zu müssen. Jede aufgeschlagene Karte und jeder Würfelwurf bringen neue Erregung. Ich habe immer in der Hoffnung gelebt, dass ich mich schlussendlich zu einem Sieg herablassen würde. Neunzig Prozent meines Geldes habe ich in Huren investiert. Den Rest in hochwertige Drogen. (Man soll bekanntlich nicht alles auf eine Karte setzen.) Was dann noch übrig blieb, habe ich verprasst. Oh ja.
Als König kam ich in diese Welt, mit einer *Carte blanche*

werde ich sie verlassen. Ich glaube daran, nichts zu sein – jedoch mit so viel Stil wie irgend möglich. All unser hoch geschätzte Besitz ist bloß Gerümpel, das bis jetzt noch nicht zu Bruch gegangen ist. Hätte ich mehr Geld gehabt, wäre ein erstklassiger Gammler aus mir geworden.

Ich bin ein Mann von billigem Geschmack, der nicht über die Mittel verfügt, diesem auch zu frönen. Ja doch, ich bin sparsam. Ich gehe rüber ins Ritz. In der Zeit der Finanzkrisen scheint mir ein wenig Extravaganz angebracht. Dort, wo wir nichts wert sind, sollten wir auch nichts wollen. Genügsamkeit verkrampft den Stil, äußerste Armut genauso wie große Gefahr bereichern ihn.

Doch trocknet eure Tränen! Ich habe alles Geld, das ich brauche – gesetzt den Fall, dass ich heute Nachmittag pünktlich um vier Uhr nachmittags das Zeitliche segne.

Ich habe einmal die Geschichte eines Gentleman aus North Carolina gelesen, der von einem Telefonanruf aus dem Schlaf gerissen wurde. Er tastete nach dem Hörer, griff sich aber stattdessen unglücklicherweise seine Smith & Wesson. Er entlud sie in sein Ohr. Seine Lebensleitung war für immer unterbrochen worden. Nun ja, auch ich werde mich bald für ein Nickerchen hinlegen. Mein Colt, Kaliber .38, liegt geladen auf meinem Nachtkästchen. Ich warte auf euren Anruf. Aber nicht vergessen: Wie Gott will auch ich nur Lobgesänge hören.

Und so mach' ich eben ein wenig weiter. Noch bin ich nicht am Ende meines Lieds. London zum Beispiel ist meiner Garderobe fürs Erste noch nicht müde.

Manchmal frage ich mich, was schiefging. Was habe ich verpasst?

Liebe?

Keineswegs. Wozu sollte man das Leben mit einer Person teilen, wenn man es mit der ganzen Welt teilen kann?

Glück?

Man ist niemals so glücklich oder unglücklich, wie man

sich einbildet, es zu sein. Ich bin glücklich, weil ich die Grenzen des Glücks begriffen habe. Ich bin glücklich in meinem Wissen, dass es kein wahres Glück gibt. Zufriedenheit beruht nicht auf großem Wohlstand, sondern auf geringem Bedarf.

Nur von einem wollte ich, dass es mich glücklich macht. Es bedeutet alles. Es ist die Kunst. Und dennoch kann kein Künstler jemals ahnen, ob sein Werk von bleibendem Wert ist. Ehe es zu spät ist, vermag er niemals zu sagen, ob sich die Ausdauer lohnt oder reine Torheit ist. Dennoch ist oftmals der Tod der beste Karriereschritt, den ein Künstler machen kann. Ist man erst mal tot, dann hat man es geschafft.

Wie steht es mit dem Ruhm? Alle dürsten wir danach. Unsere Ambitionen brechen hervor wie glänzende, farbenprächtige Insekten aus ihren prosaischen Larven. Doch dann werden wir gefangen, durch die Konvention mit Chloroform betäubt und für den Rest unseres Lebens in kleinen, spießigen Schächtelchen mit Nadeln aufgesteckt. Geflattert war ich gleich der Eintagsfliege. Über dem trägen Strom des Lebens drehte ich meine schillernden Pirouetten. Eintagsfliegen mögen nur einen Tag leben. Doch was soll's? Für den Tag zu leben ist alles, wofür zu leben es sich lohnt. Nebenbei bemerkt, bedeutet Dandy zu sein, als Märtyrer zu leben. Und ist ein Märtyrer einer, der berühmt wird, ohne irgendwelche Fähigkeiten zu besitzen, dann bin ich gar nicht so schlecht unterwegs – zumindest nicht, was die Fähigkeiten betrifft.

Was will ich mehr? Auf lange Sicht gesehen bin ich sicher, dass ich nichts erreichen werde. Mein Name wird ruhen. Ich werde kein großes Kunstwerk hinterlassen. Nach mir werden keine Straßen, Krankenhäuser oder Wohlfahrtseinrichtungen benannt werden. Nicht einmal ein Virus wird meinen Namen tragen.

Aber es war es wert. Ein Kunstwerk *zu werden* war der Zweck meines Lebens. Und ein Kunstwerk sollte niemals nach seinen Mängeln beurteilt werden. Jawohl, ich bin lachhaft, vulgär und absurd. Aber ich erfülle auch keinerlei gesellschaftliche Erwartungen. Ich bin die sinnlose Explosion von Farbe in einer sinnlosen und farblosen Welt.

Ich bereue alles. Aber was soll's? Zuletzt habe ich allen Grund dazu.

Das Leben ist eine Tragödie. Wir werden an irgendeinen einsamen Strand gespült und verbringen unsere Leben damit, Hütten zu errichten und vorbeifahrenden Schiffen zuzuwinken. Dann wechseln die Gezeiten. Die Wellen donnern an Land und spülen die Verlorenen fort.

Zurück bleibt eine Wüste. Am Ende weinen wir allein in einer leeren Kirche. Erinnere dich meiner, flüstert der Staub.

Nun gut – wenn mein Gesicht einmal wie ein alter Schuh aussehen wird, wird es zweifellos ein handrahmengenähter Oxford-Schnürschuh von Lobb sein.

Die Welt bestand und drehte sich schon, bevor ich geboren wurde (auch wenn ich nicht ganz verstehe, wie das möglich sein soll), und zweifellos wird sie auch nach meinem Ableben weiter vor sich hin eiern. Man kann auf sein Leben zurückblicken und es als gut oder schlecht hinnehmen. Viel, viel schwerer fällt es, zugeben zu müssen, dass man völlig unwichtig gewesen ist, dass die endlosen Mühen des Menschen in der großen Summa aller Dinge von gleicher Bedeutung sind wie das Krabbeln einer Kakerlake. Das Universum ist uns weder freundlich noch feindlich gesinnt. Es ist bloß gleichgültig. Das versetzt mich in Ekstase. Ich bin in einem Nirwana der Negativität angelangt. Ich kann der Sinnlosigkeit ins Gesicht sehen und dennoch die Versprechen in den Sternen lesen.

Rückblickend kann ich getrost sagen, dass ich in Wahrheit gar kein Leben gehabt habe. Ich habe nur in einem Zimmer gesessen und bin dann gestorben. Das scheint mir aber kein Anlass zur Trauer. Es ist eher komisch. Ich bin meine Straße auf einem mit Rauschgold verzierten Schinderkarren entlanggezogen. Und wenn nur einer dein Publikum ist – was soll's? Wir müssen unser Bestes geben, wenn das Beil der Guillotine bereit ist zu fallen.

Lasst uns nicht weitermachen, als würden die Dinge am Ende gut ausgehen. Nichts geht gut aus. Alles Tröstliche ist Schwindel. Ich werde nicht aufhören, mein Gesicht den letzten Sonnenstrahlen zuzuwenden. Jetzt bin ich ein ausgesöhnter Sebastian. Ich kann den Pfeilen gestatten, sanft in meinen Wunden zu ruhen.

DANKSAGUNG

Man wird an dieser Autobiografie wohl keinen Fehl finden – mit Ausnahme der schmählichen Wahl des Themas. Sollten Sie mit dem Produkt nicht zufrieden sind, dann kommen Sie bloß nicht zu mir, um sich zu beklagen. Es ist nicht meine Schuld. Sicherlich – Sie können sich nicht vorstellen, dass ich dieses Buch tatsächlich alleine geschrieben habe. Hier sind die Leute, denen Sie die Schuld geben können.

Ich möchte Maria Alvarez danken für ihren Glauben daran, dass ein legasthenischer Crackschädel überhaupt einen Stift in die Hand zu nehmen vermag; Rowan Pelling für die Voraussicht, dass aus verschlungenen Wurzeln monströse Blumen erwachsen; Annie Blinkhorn für die Pflege der fleischfressenden Pflanze. Ich danke Patrick Walsh dafür, mein Doppelagent gewesen zu sein. Ihm ein Buch anzuvertrauen ist in etwa so, wie seine eigene Tochter einem Zuhälter zu überantworten. Es bringt jede Menge Spaß.

Leo Hollis dafür, dass er mich angeheuert hat, und Fourth Estate dafür, dass sie mich gefeuert haben.

Huldigend verneige ich mich – oder ich würde es zumindest tun, würde mir diese Geste nicht den Anzug zerknittern – vor Rachel 1, die mich gleich einem mütterlichen Vögelein mit Wörtern gefüttert hat. Es ist ziemlich schwierig, eine beschäftigte Exfreundin zu überreden, ein Buch für einen zu schreiben – trotzdem: Vielen Dank, mein Liebling. Aber war es nötig, dass du während dieser ganzen Zeit so ekelhaft bezaubernd sein musstest? Und ich danke Willy – der tuntigen Vogelscheuche –, dass er mir tapfer sein Mädchen, sein Haus und seine Kinder geliehen hat.

Wahrhaft alles verdanke ich dem größten Herausgeber der Welt – Matthew Hamilton, der ein trojanisches Horsley gebaut hat, um die Feinde zu vernichten; und seiner Mitherausgeberin, der unwahrscheinlich bezaubernden Iokaste. Sollte es tatsächlich so sein, dass Autoren von ihren Verlegern gelinkt werden, dann kann ich nur sagen, dass ich immer noch gespannt darauf warte.

Auch meinen deutschen Verlegern Wolfgang Farkas und Lars Birken-Bertsch bin ich zu tiefem Dank verpflichtet. Ihr habt mir die Gelegenheit geboten, mich den Deutschen – hübsch als Geschenk verpackt – darzubieten. Das war zwar eine Bombe mit einer etwas langen Lunte, doch wenn sie jetzt doch noch hochgeht, bin ich mir sicher, dass es auch krachen wird.

Ich danke meinem Übersetzer Andreas L. Hofbauer und seinem Lektor Hendrik Rohlf dafür, das Unmögliche versucht zu haben. In Erwartung, euren ganzen Landkreis zu verführen, habe ich nun schon begonnen, selbst Deutsch zu lernen. Ich kann schon zwei Worte: »Sebastian Horsley«.

Chrish Klose möchte ich für das wunderschöne Cover danken. Ich wollte immer schon ein Cartoon werden. Mein Streben danach, endlich im höchsten Maße trivial zu werden, scheint Fortschritte zu machen. Der Ruhm muss einen nicht ruinieren. Man denke nur an Skippy oder Tim. Sie sind meine einzigen Vorbilder. Langsam, aber sicher beginne ich meinen rechtschaffenen Ruf abzuschütteln.

Das Verhältnis zwischen einem verständigen Menschen und seinem Lesestoff entspricht der Aufmerksamkeit, die man einem Buchumschlag widmet und zugleich der Geringschätzung, mit der man den Inhalt bedenkt. Wo wäre ich, wenn die Leute ein Cover nach dem Inhalt seines Buches bewerten würden? Nun ja … möglicherweise werden sie's tun, und das wiederum verschafft meiner scharfen Presselady Julia Strack, die man nicht genug dafür loben kann, sich für mich in die Schusslinie zu wagen, jede Menge Arbeit.

Zu tiefstem Dank verpflichtet bin ich Mutter, die so stilsicher daran gescheitert ist, eine Matriarchin zu sein, sowie Schwester Ash und Bruder Jake, die die ganze Last getragen haben. Das Problem mit dem Genpool besteht darin, dass es keinen Bademeister gibt.

Ebenso möchte ich Jessica Berens für das gemeinsame Ertrinken danken, Catherina Blyth, für die Welle, die sie geschlagen hat, und Alexander Larman dafür, gepfiffen zu haben.

Mit Freude möchte ich meine vielen Musen ins Gedächtnis rufen: Baudelaire, Rimbaud, Wilde, Byron; Tim, Marc Bolan, Johnny Rotten, Quentin Crisp; Paul Stanley, Francis Bacon, Axl Rose und die Dadaisten: Sie alle gingen mir voran, allesamt Dandys, aneinandergeseilt wie Bergsteiger, die sich zu den höchsten Gipfeln der Schönheit aufmachen. Ungeniert erkläre ich meine Bewunderung für sie alle. Man wird unschwer erkennen, wie ich meine Spuren überall in ihrem Schnee hinterlassen habe. Das einzig Ursprüngliche an diesem Buch ist die Sünde.

Und zum Schluss komme ich auf einen extrem beeindruckenden Hintern zu sprechen – ich möchte Rachel 2 danken. Verdreht, verrückt, exzentrisch, übergeschnappt. Ein Haupt voller Federn, ein Herz aus Schmalz. Es gibt auf dieser Erde keine andere Frau wie sie. Wäre sie ein typisches Exemplar, so wäre das das Ende der Kultur – keine üble Sache.

Ach ja … wahrscheinlich sollte ich auch Ihnen danken, werter Leser. Ich glaube aber nicht, dass das eine große Rolle spielt. Ich schreibe ausschließlich, um Mädels zu kriegen – und die Sorte, auf die ich stehe, sind Analphabeten.

Für jeden kommt die Zeit, wo er erkennen muss, dass ich anbetungswürdig bin.

Die deine ist nun gekommen.

INHALT

Der Übersetzer möchte Kristina Loos dafür danken, dass sie immer ein offenes Ohr für schräge Details hatte. *It's been truly a slice!*

Die Übersetzung auf Seite 12 von Oscar Wildes Gedicht »Keats' Grab« folgt derjenigen Rainer Gruenters, wie sie sich in Oscar Wilde, *Werke in zwei Bänden*, Bd. 2, München 1970, S. 576, findet.
Die Passage aus William S. Burroughs *Naked Lunch* auf Seite 27 folgt der Übertragung von Carl Weissner in *William S. Burroughs I*, Frankfurt/M. 1978, S. 387.

Die Originalausgabe ist 2007 unter dem
Titel »Dandy In The Underworld« bei Sceptre/Hodder & Staughton, London, erschienen.
© by Sebastian Horsley, 2007

Cover: Chrish Klose, die Sachbearbeiterinnen, Berlin
Lektorat: Hendrik Rohlf
Typografie + Satz: Frese, München
Druck und Bindung: Freiburger Graphische Betriebe
Printed in Germany

ISBN 978-3-936738-43-8